此生不渝

我的台灣、美國、大陸歲月

邵玉銘

送給——

漢儀、梅儀，

希望你們的人生更精彩，更有意義

目次

第二十章　穿梭兩岸，搭建和平橋梁　391

序言

二〇〇九年，台大名譽教授齊邦媛出版《巨流河》，引起海峽兩岸讀者廣大回響，為中國現代史留下一本珍貴的紀錄。她這本書，不僅敘述個人生命的經歷，更反映了大時代的身影與潮流。在她大作的感召下，我也寫下這本一生的紀錄。假如一個國家歷史的全貌，可由其人民一片片拼圖組成，這就是我的一片拼圖。

今年是中華民國建國一百零二年。狄更斯先生《雙城記》有道：「這是最好的年代，也是最壞的年代；這是智慧的年代，也是愚蠢的年代；這是有信仰的年代，也是懷疑的年代。」我覺得這些語句也很貼切地描寫了中國及台灣過去一百零二年的歷史。

我現已年過七十。一生可分為三個階段。第一階段，自一九三九年出生到一九六五年赴美留學，在這個階段中，一些經歷影響了我的一生。

第一，極為坎坷的童年。

一九三九年，抗戰第三年，我出生於東北哈爾濱。一九四二年，父親因在大學參加祕密抗日組織，遭日本憲兵追捕，而逃往關內，從此展開他的流亡生涯。一九四五年，我隨著母親萬里尋親，從哈爾濱到西安與父親團聚。一九四七年，隨父母從西安回東北家鄉，由於國軍收復東北失利，全家又從瀋陽逃難到上海，再轉來台灣。所以從六歲到九歲，不到四年時間，我追隨著父母，走過大江南北，並且跨過台灣海峽。我的生命，可說是隨著國家命運而起伏，「國仇家恨」這四個字，在我童年的心坎即烙上深刻的印記。關於幼年流

離失所，齊教授說她小學換過七所，我也換過四所。

第二，人生方向因偶發事物而改變。一九五七年五月，台北發生「劉自然事件」。一位美軍因細故槍殺國人劉自然，肇事者由美國軍事法庭審判，竟判決無罪釋放，引發數千台北市民搗毀美國駐華大使館之重大事件。我小時生於「偽滿洲國」、長於抗戰，民族意識特強，此一事件使我義憤填膺，深知「弱國無外交」，但更需要外交，所以將大專聯考原填之台大外文系志願，改為政大外交系，這一更改，決定了我一生的學業與事業。

另外一件事使我決定赴美留學。政大外交系畢業後，我於一九六四年順利通過特考，進入外交部北美司服務。服務期間，我國駐美大使蔣廷黻向外交部建議，希望外交部每年能選拔兩位年輕外交官赴美深造，但外交部限於經費無法辦理。蔣廷黻先生是著名外交家及史學家，為我畢生最敬仰的前輩之一，他的建議啟發了我留美深造之心，在考取國內「中山獎學金」後，於一九六五年赴美留學。

我人生第二階段是從一九六五到一九八二年，在美國生活了將近二十年。這個階段中，我遭受幾個強烈的衝擊。

首先，美國在一九六〇與七〇年代，正經歷兩個震撼整個社會的運動。其一是民權運動。這個運動中，黑人只不過要求和白人平等享受憲法下的公民權利，但許多地方政府對他們的回應是，用警棍、催淚彈、警犬、消防車水龍予以襲擊，甚至將他們拘提入獄。最後，領導民權運動並獲得諾貝爾和平獎的金恩（Martin Luther King, Jr.）牧師，竟死於白人種族主義者的槍下。

其二是反越戰運動。雖然大多數人民支持美國參加越戰，但是，反越戰人士指出，美國在越戰（一九六五—一九七三）投注的炸彈總數，是西方盟國在二次大戰所投炸彈總數的一倍，美國已將越南變成殺戮戰場。我來自一個以反共堡壘著稱的中華民國，面對美國主戰與反戰兩派之爭，我該支持哪一派？在以上兩個運動的影響下，我於芝加哥大學決定攻讀美國歷史與政治。

在美國面對的第二個衝擊，是一九七〇年底，台灣與香港在美留學生發起了保衛釣魚台運動。它原本只

是一個單純的愛國運動，但是翌年十月，中華民國在聯合國席次由中華人民共和國取代；一九七二年二月，美國尼克森總統訪問中國大陸，全美掀起一片「中國熱」。在這些發展下，參與保釣運動的台灣留學生分成左、右兩派。一派高喊毛澤東萬歲，以及回歸祖國大陸；另一派則堅持反共，並誓言與台灣共存亡。在這個對立之下，我應該站在哪一邊？

一九九七年，我出過一本小書《漂泊：中國人的新名字》，余光中先生在序中，對我在美國此時的遭遇，有這樣的描述：

> 如果說，漂泊的背景是江湖，則美國之為江湖對於作者更有雙重的疏遠（double alienation），一則因為人在異國，二則因為意識型態的分歧，在異國遇見的同胞往往形同陌路，甚或成為仇敵。內戰而要演到外國去，也太令人傷心了吧！

對我的第三個衝擊，來自歐美學術界對中國共產革命的兩極化評價。一九七二年，位居美國研究中國問題首席地位的哈佛大學費正清（John King Fairbank）教授說：「毛澤東的革命是數百年來，發生在中國人民身上最好的事情。」但是，哥倫比亞大學著名教授察哥里（Donald S. Zagoria），則認為中共在大陸的統治為所有暴政之首：「在所有的暴政裡面，有一種號稱要為受害人帶來好處的暴政最為嚴苛，因為施暴者自認良心無愧，而受害人卻感到其無比殘酷。」面對這些南轅北轍的評價，我該如何取捨？

在美國異鄉作客，國族意識自然濃厚起來，再加上海峽兩岸尖銳對立，使我在美國求學及任教期間，一直鑽研二十世紀中國的一些重大問題，例如共產主義革命為何成功？國民黨政府為何失敗並遷台？中共政權在毛澤東統治下之功過為何？中國未來將往何處去？更重要的是：台灣生存的意義為何？她的前途何在？對我而言，這些問題已不僅是學術上的探討，其答案將決定我人生的方向。

對我的第四個衝擊，是一九七九年美國和台灣斷交並和大陸建交。當國家遭受如此重大打擊，我該如何

共赴國難？午夜夢迴，「夢中憂患尚如山」之感常襲心頭。

我在美國將近二十年，幾乎都是在以上衝擊中度過，這些千迴百轉的心路歷程將在本書一一坦述。

一九七九年四月，美國和台灣斷交後四個月，我回台灣共赴國難。一九二五年，詩人聞一多結束在美國留學生涯，他回國時，他說他「只是跟著一個夢走罷了」。作家鍾理和在一九五六年出版《原鄉人》中有這樣一段話，「我不是愛國主義者，但是原鄉人的血，必須流返原鄉，才會停止沸騰！」所以，我也是跟著一個夢回來了；我在美國二十年思念台灣的血液，也因為回到原鄉而停止沸騰。

從一九七九年到今天，是我人生的第三階段，這三十多年，是我在台灣耕耘並與之相濡以沫的日子。

這三十多年，正值中華民國與台灣歷史上最有成就的時期。一九七〇年代以來，在退出聯合國及美國與我斷交的打擊下，國內要求改革的呼聲與黨外爭取民主的運動同時出現，蔣經國總統厲行革新並進行十大建設；一九八〇年代，他又做出開放黨禁、解除戒嚴、開放老兵赴大陸探親、開放報禁等一連串重大決定，從此啟動了台灣政治民主化、經濟自由化、社會開放化及兩岸關係正常化的時代列車。

李登輝總統任內，終止動員戡亂時期，終結萬年國會，然後進行總統直選。二〇〇〇年，民進黨陳水扁執政，是中華民國遷台五十五年後，第一次政權輪替。二〇〇八年，馬英九所屬國民黨重新執政，這是政權第二次輪替。根據許多西方政治學者的說法，一個國家政權經過兩次輪替，其民主政治即可鞏固，所以，今天的中華民國是一個真實的民主國家。

個人何其有幸，從一九七九年回國服務迄今，都能投身於此一使台灣脫胎換骨的再造大業。本書將個人經歷與感想寫出，為此一大業做見證。

在這三十多年，我工作的範疇有三。

第一個範疇是在行政院新聞局服務（一九八七—一九九一年）。我的工作分為兩部分。第一部分是擔任政府發言人，同時兼任蔣經國與李登輝兩位總統，以及俞國華、李煥及郝柏村三位行政院長之發言人。在新聞局四年半任內，我竟服務了五位長官，可見台灣政局變化之大與權位更替之快。李總統上任後，由於國民

黨內部政潮洶湧，李總統和其三位行政院長之關係出現裂痕，甚至衝突，我夾身其間，左右為難。

第二部分工作是處理新聞局本身業務。

在新聞局任內，適逢解除戒嚴、開放大陸探親與兩岸交流等重大國家發展。國家既然解除戒嚴，個人認為新聞局也應更換角色，其工作應從「管理」與「處罰」改為「解嚴」與「興利」。

解嚴後的新聞局，首先面臨的是開放報禁。開禁前，台灣地區只有三十一家報紙，每份最多只能有三大張十二頁。新聞局於一九八八年一月一日開放報禁，報紙張數、價格及印刷所數目均完全開放，中華民國終於成為一個言論自由的國家。

新聞局因為主管國內出版、廣播電視及電影事業，這些事業也須「解嚴」，這包括開放兩岸記者採訪、開放大陸出版品進口、開放台灣及大陸之禁歌、開放赴大陸製作廣播電視節目及拍片、開放大陸影視節目及歌曲來台演出、開設電影分級制度等等。

在「興利」工作上，新聞局於一九八七年底推出第一屆台北國際書展，以提升台灣在國際出版界之地位。經過二十餘年之努力，該書展規模現已居世界第四，僅次於德國法蘭克福、義大利波隆那（Bologna）及美國書展。

其次，是於一九九〇年一月開辦第一屆「金曲獎」，提高流行歌曲的社會地位，使之與「金馬獎」、「金鐘獎」和「金鼎獎」居於同等地位。舉辦二十四屆以來，它已成為華人音樂界最重要的年度盛會。

第三，是在海外成立「中華新聞文化中心」。個人認為中華文明為世界四大文明之一，而台灣既是中華文化之繼承者也是發揚者，應將之呈現給國際社會。經過四年規畫，第一個中心於一九九一年八月，在美國紐約地標——洛克菲勒中心——內成立，其規模被譽為紐約市最大外國文化中心。其後，又在巴黎與香港成立兩個中心。

第四，是建立「公共電視台」。在我任內，成立公視籌備委員會及公視法立法小組，取得內湖將近五千坪土地，並經立法院通過二十餘億之預算。本來以為可順利建台，但我一九九一年九月離職後，竟又經其後

兩位行政院長及三位新聞局長之努力，始於一九九八年開播，距孫運璿院長之最初提議，竟拖延十八年之久。其原因是政黨間各懷心胎，行政院、立法院及監察院各有立場，三家由黨政軍控制之無線電視台不願給予支持，民意代表與學者專家欠缺共識等等。由於該台在建台過程中遭受以上各方勢力之角力，造成成立後每年預算不足，以及公視法內容有重大偏差之結果。近年來，該台在藍綠政黨攻防之下糾紛不斷，令人扼腕。希望該台能早日走出陰霾，還全民一個健康而清新的頻道。該台建台之歷史與近年狀況，個人認為充分反映了解嚴後台灣政治與文化史上的糾葛與紛爭。更令我意外的是，我竟在二〇一三年七月當選公視董事長，自當鞠躬盡粹，為公視服務到底。

對於新聞局以上「解嚴」及「興利」工作，迄今尚未見新聞局同仁或學者專家加以說明或分析。新聞解嚴，係國家解嚴政策中重要之一環，為求為歷史留一紀錄，本書可說是首次加以披露，以供研究中華民國新聞發展史之參考。二〇〇八年，為台灣開放報禁二十週年，大陸一些報刊即曾採訪我[1]，要我說明台灣新聞解嚴之經過，可見大陸媒體也希望其新聞能早日解嚴。

另外，新聞局為因應兩岸開放與交流之需，必須採取較開放之措施，但又深受當時政府整個大陸政策之制約，而該大陸政策既保守又嚴謹，所以新聞局無法大開大闔地處理其業務。關於此一窘況，坊間似亦尚無相關書籍出現，本書可予彌補。

第二個工作範疇，是在國立政治大學國際關係研究中心（簡稱國關中心）服務。我於新聞局服務之前後，在該中心一共服務了九年。該中心由蔣中正總統於一九五三年下令成立，是一研究「匪情」之機構，其最重要出版品，即稱為《匪情月報》。它的重要任務有二：一是研究國際暨大陸問題，並將成果提供層峰及政府參考；二是將成果廣送國際社會，提高台灣對中國事務之發言權。

政府遷台後，國家形象有二：對於西方反共人士，台灣是一個反共堡壘；但是對西方學術界，尤其是自由主義人士，他們認為台灣政府只是一個右翼的獨裁或威權性政權，他們對蔣氏父子也有很多意見。台灣國家形象之好轉，始自一九七〇年代的「經濟奇蹟」；到了八〇年代，隨著台灣政治民主化及兩岸關係正常

化，這些自由主義人士才逐漸在政治上接納台灣，但仍懷有一定成見。一九七九年，美國與中國大陸建交。大陸在一九八〇年代又走向改革開放，所以世界各國研究中國問題學者，已可逕往大陸做研究。在這種情況下，台灣對中國大陸之研究，不再享有原先獨特的地位。

面對以上挑戰，我在國關中心最大的任務，是將一個成立三十年的「匪情研究機構」轉變成具有公信力的學術單位。總之，這個中心必須以扎實的研究成果來詮釋中國大陸的發展，並和世界重要中國問題學者及機構交流。迄今，此一交流工作已長達五十餘年，無論從規模與歷史言，該中心在世界同性質機構中應名列前茅。

在該中心服務期間，另一工作重點，是要向國際社會說明中華民國的發展與生存的意義。兩岸關係開放後，還要解釋我們的大陸政策及台灣對大陸的影響。為了達成這些任務，我參與了許多學術外交活動，例如到美國和英國國會演說或作證、舉行重要國際會議、參加國際學術組織爭取會籍等。介紹這些活動，並非為個人生涯留紀錄，主要是反映中華民國在緊縮的國際空間下，一個學術機構如何為國家發聲與爭取權益。

工作的第三範疇，是化解兩岸敵對關係。無論在總統府「國家統一委員會」擔任研究委員，或在政大國關中心服務期間，為了達成任務，從一九九二年起到二〇一三年，二十年間多次赴大陸參加各種會議。但更重要的是，和大陸對台工作單位（如「國台辦」），尤其和「海協會」（海峽兩岸關係協會）之負責人士（如汪道涵和唐樹備等人），針對兩岸關係進行多次深入的溝通。

在這二十年的溝通過程中，最令我感慨的是，大陸不僅不承認我們是一個國家、不承認我們的政府、不接受一國兩區的劃分，甚至連我們一九九一年頒布「國統綱領」內所提「互不否定對方為政治實體」，都不接受。對於該綱領中「一個中國原則」，以及願意在自由、民主、均富的原則下追求中國統一等用語，大陸也從未給予正式肯定。兩岸從一九八七年開放往來至今，雖然雙方經貿關係日益密切，但是雙方在政治上不

1《鳳凰周刊》（廣州，二〇〇八年二月十五日）；《南方都市報》（廣州，二〇一〇年七月二十一日）。

斷衝撞的結果是，現在「國統綱領」與「國統會」已經是名存實亡，甚至於名實均亡；台灣從原先有追求國家統一的目標，到現在只剩下「不統、不獨、不武」的立場。為何會有這種結果？我在本書首次披露二十年來和大陸高層談話的紀錄，讀者應可從中獲得一些答案。

中華民國之前途，並不必須受制於大陸政府，她的生存和發展，還要看她對大陸甚至在世界上扮演何種角色。

大陸上海大學朱學勤教授，以這樣感人的話語，說出他對台灣的感受與期許：

> 我從飛機上看下去，台灣翠綠欲滴，真如一葉孤舟，漂浮在萬頃波濤，使人憂，使人愁。寶島非別處，她比中國更中國，她是我們的過去，更是我們的未來。

大陸人士對台灣有如此高之評價，我們怎可妄自菲薄?!

美國史丹佛大學胡克（Sydney Hook）教授，是美國學術界公認為二十世紀最有影響力的哲學家。在一九八四年，我和他有一次深談，他給台灣三點非常懇切的建議：

> 台灣必須要做到三點，才能贏得世界支持：第一，台灣一定要做為中華文化的維護者與發揚者，因為你們的文明是世界四大文明之一、是整個人類的資產；第二，台灣一定要實行完全的民主，以提供大陸人民另一選擇，因為舉世都關心中國大陸未來的動向；第三，台灣必須要能告訴世界她生存的意義何在？

我認為他正確又睿智地指出台灣應走的方向。

我生命真正的動力，來自國家愈挫愈勇所給的啟發與激勵。歷經八年抗戰，中國人民終於勝利地度過那

段血淚交并的歲月。台灣從五〇年代的風雨飄搖，到今天已走出一條自由民主的康莊大道。我生命的變化，都與國家命運的起伏息息相關，所以和國家建立了一份極為濃郁的感情，並因感恩而圖報，這貫穿了我一生的思維與行事。所以，我取「此生不渝」，做為本書的正書名。我一生，八年生活在中國大陸，四十五年在台灣，將近二十年在美國，所以以「我的台灣、美國、大陸歲月」，做為本書之副書名，本書即是我在這三塊土地生活的紀錄。由於我親身經歷了這七十餘年中國、台灣及美國歷史的一些重要發展，我在書中提出我的觀察與看法，由於它們源自許多學術性的資料，在本書相關章節附上註釋，以供讀者檢視。

謹希望本書能有助於國人對這七十餘年國史的了解，並從而生出信心與力量。

第一章　童年的「流亡三部曲」

一、老家北大荒

我的故鄉，在東北嫩江省（現為黑龍江省）蘭西縣，位於被人稱為「北大荒」的土地上。她的自然風貌，壯闊無際。冬季皚皚白雪，在豔陽下閃閃發光；夏天的松花江，魚躍鷹揚。北大荒是一片表面蒼茫而實際充滿生機的地方。

東北除原有的滿人外，歷代漢人赴東北者，包括被流放之罪犯、被清軍捕獲之戰俘、被貶謫之官員、涉入文字獄之文人雅士，但最多的還是前往墾荒之民眾[1]。清代詩人方拱乾（一五九六—一六六七）因案全家被遣戍寧古塔（今黑龍江地區），曾有詩道盡心情：「迢迢白浪絕黃沙，新搭茅蓬認作家。逐客已悲身萬里，來人猶說是中華。」[2]至於赴東北流人開疆闢土的情景，乾隆年間有詩道：「投荒萬里天涯外，寧古方知盡務農。」[3]

1 李興盛，《東北流人史》（哈爾濱：黑龍江人民，一九九〇）。

2 龍吟詩社編，《黑龍江歷代詩詞選》（哈爾濱：黑龍江人民，一九九〇），頁六八。

3 李興盛，前書，頁二九五。

我的高祖父邵珍，祖籍山東省泰安縣。清末，由於饑荒，獨自一人先往熱河承德墾荒，後移往嫩江省蘭西縣，逐漸積蓄田產。至祖父邵成章，已成大地主，在蘭西、青岡和呼蘭等縣均有土地，在哈爾濱市亦有房產。記得父親邵中毅告訴我，他小時隨著祖父騎馬巡視田產，來回各縣需數天才能走完。除小部分土地僱人自耕外，其餘均分租給佃農，每年收租甚豐。邵家和佃農關係良好，佃農如需錢周轉，祖父也從寬借貸，若事後無法歸還也就算了。記得家門口一幅對聯是「忠厚傳家遠，詩書繼世長」，雖屬通俗無奇，但我到今天還記得紅紙上的那些斗大金字。

印象中，老家是座深宅大院，四周高籬圍繞，並築有防賊碉堡。進了大門，左邊設有馬房，養著十幾匹馬外，還有豬圈和狗窩；右邊則是長工宿舍；中間的正房就是家人居住的地方。

小時候，由於堂兄弟姊妹很多，常一起嬉耍。記得我常揀雞蛋，穿著藍布大褂兜著雞蛋，一個不小心摔倒，弄得滿身蛋黃，爺爺奶奶對我疼愛有加，從不責罰。奶奶習慣將零錢塞在袖口褶縫裡，於是那褶縫就成了我「挖寶」的對象，拿到錢就去買零嘴吃。奶奶對我幾乎是有求必應，爺爺則比較嚴謹、不苟言笑，記得深冬時，皮帽子下的鬍子常掛著冰溜，我對他不敢造次。

曾祖父及祖父均娶滿人女子。祖父母育有五子一女，唯一想念書的是家父（排行老四），因此他在家鄉念完小學後，即赴哈爾濱念中學，後入哈爾濱農業大學，成為全縣唯一的大學生。東北鄉下為農業社會，耕田需要人力，所以有早婚習俗。為了幫助照顧「小丈夫」，媳婦常比兒子大幾歲。家父十七歲時，祖父母就預備給父親提親。父親為新時代青年，主張自由戀愛，不肯回鄉結婚。祖父竟發一「父病危，速回」之電報，將父親騙回家，然後舉行早已準備好的婚禮。父親為孝子，只得同意，但在家中另間小屋睡了三天，而不與母親同房，以示抗議。父親畢竟是明理之人，不願遷怒於比他大四歲的母親，再加上母親秀外慧中，又是大家閨秀，頗為人稱道，父親婚後遂帶她回到哈爾濱，繼續他的學業。

我生於一九三九年，是東北九一八事變的第八年、抗戰的第三年。我家與日本憲兵隊為鄰。小時，我常坐在家門口，望著對面高樓上巡邏的日本兵，來回踱著方步，肩上的刺刀閃閃發光，令我有些畏懼。我雖不

了解「滿洲國」的體制，但我知道當時東北是在日本統治之下，像所有東北人一樣，從小就有反日情懷。

二、父親抗日，投奔西安

一九四二年底，家父在農業大學參加一個祕密抗日組織——「反滿抗日救國會」。不幸事機洩漏，日本憲兵隊大肆抓人。父親決定逃離東北，但不敢將實情告知祖父母及母親，以免他們擔心，託詞要前往關內辦事，翌年春節即可返家。父親單身離家，留下媽媽和我。父親（一九一九—一九九七）在去世前，曾留一未出版的回憶錄手稿——《我的一生》，內中提及他離家時和我的一段對話：

> 當時行色匆匆、心神不定。這時銘兒約四歲，他愣愣望著我，我一時衝動將他抱在懷中，淚流滿面，銘兒問我：「爸爸您要去哪裡？什麼時候回來？」我說：「過年的時候回來……」銘兒又說：「那您為什麼哭了呢？」此話一出，家人哭成一團。

父親離家後，第一站先去河南省開封市，拜望當時曾在哈爾濱農業大學教書的張姓老師。父親一直在東北長大，到了開封，才對抗戰大局及國共關係有較深了解。父親因自小景仰國父孫中山先生，決定投靠國民政府，參加抗戰行列。由於河南屬汪精衛的偽南京維新政府管轄，日軍又出沒無常，父親決定前往由國民政府控制的陝西省西安市。

到了西安，父親已是人窮財盡。當時正巧中央警官學校正科班招生，該校校長為蔣中正委員長兼任。父親為了求學，也為了將來就業，決定報考。同榜學生兩百餘人，多為淪陷區各大專流亡學生，父親以第二名錄取，於一九四五年四月入學。

喜極而泣。

三、母子萬里尋親

父親在赴西安前，寫信給祖父母及我母親，表示將進入後方，但並未說明確定去處。母親收到此信後，喜極而泣。

母親也出身地主之家，親母去世後，由後娘帶大，頗遭歧視，不給她念書。後母為其親生子女，僱一私塾老師在書房授課，不外念些《百家姓》、《千家詩》等書籍。當後母兄妹還未會背誦課文時，母親在隔壁偷聽，用心加上決心，已能朗朗上口，這更使其後母對她忌恨，時常遭受打罵。所以，對母親而言，二十一歲嫁給父親——既是家鄉首富之子，又是大學生，是她一生幸福之所寄。如今突然接到父親來信，說是將去大後方，母親認定應是重慶地區，便本著「出嫁從夫」的傳統觀念，決定萬里尋夫。但祖父母因為考慮到時局動盪，對一個未受過教育的婦道人家帶著幼子長途跋涉，堅決反對。然母親心意已決，祖父母只好退而求其次，要求將孫子留在家裡，母親不同意，執意要攜子尋夫，祖父甚至以不給盤纏為要脅，但母親不為所動。最後，在母親堅持下，祖母心軟，大概也怕她孫子旅途中無錢吃苦，偷偷塞了一份頗豐的盤纏給了母親。於是母子兩人，於一九四五年一月，開始了為期四個月的萬里尋親之旅，母親時年三十，我六歲。

母親知道父親有位張老師住在開封，開封就成了第一站。我倆先從哈爾濱坐火車到山海關，再從山海關坐火車到開封。但一到開封車站，該站因有日軍軍車經過，已遭陳納德將軍所率領之飛虎隊轟炸，死傷慘重，屍體狼藉四處，百姓驚慌逃難、互相推擠，母親和我必須抓緊車站之鐵絲網，以防跌倒。

到了開封，母親找到張老師，在他家住了一個月。在開封又聯絡上父親在哈爾濱農大同學劉裕庭，他們夫婦此時也想到大後方追隨政府抗戰，經過他們的規畫，決定先到西安再往重慶。

由於此時隴海鐵路已被炸毀，我們從開封到西安只能先步行到陝西省潼關，共六百多公里，然後從潼關坐火車到西安。為了躲避日軍及皇協軍（由日本華北方面軍組成的偽軍），決定走鄉間小路。從開封先到鄭州，再經過十八盤等地，進入潼關。沿路若無汽車可坐時，就得坐板車、或騎驢、或步行。此時河南地區為

不同部隊所控制，除日軍、皇協軍外，尚有中央政府軍、中共之新四軍，甚至地方土匪。母親必須一一因應，遇到地方土匪，有時還得交付「買路錢」。當時各地使用不同幣制，母親在東北時是用偽滿國幣，到了華北則用冀東政府儲備券，在中央政府控制地區則用法幣或關金券。她將各種錢幣藏在大衣內層，以免被沒收。

旅途中，旅館小又貴，有時無房間時，只能睡在旅館走道上，但也要付錢。路上有時找不到飯店，就只能用白水煮麵條，加點鹽巴或辣椒粉果腹。

走路對母親是很大的折磨，她有雙「解放腳」（即裹腳後又放開者），不良於行，一路疼痛不堪。加上環境衛生差，有時得喝河水，所以她在路上開始打擺子（即瘧疾），飽受忽冷忽熱、上吐下瀉的煎熬，她仍咬緊牙根，白天雞鳴即起趕路，天黑投宿。

沿途經過十八盤鄉時，旅程開始更加艱難，一路上除了上山就是下山，最高海拔達一千多米，素有「九山三水十八彎」之稱，境內大小山頭有一百多座。我年小走不動，母親只得僱一驢子，把我放在驢背上，如遇山勢過陡，就由驢伕抱我而行，母親則和劉太太相互扶持前進。由於母親打擺子，時好時壞，有一次她實在走不動了，自認大限已到，懇求劉氏夫婦將我帶到西安，她就死而無憾了。但劉氏夫婦堅決表示既然同行，生死同命，母親只得作罷，休息了一、兩天後，重新上路。我想母親最後有毅力走完全程，一是她對父親的熱愛，二是她一定要將我交給父親，以盡到做妻子的責任。

一行四人終於在三個月後抵達潼關，進入國軍控制地區。母親此時已身無分文，只好賣了兩件衣服，才能買火車票前往西安。母親到西安時，人瘦了一大圈。由於一路打擺子，加上喝的都是河水，以後一生再無月事，無法懷孕，這也注定我一生為獨子的命運。

在這漫長的旅程途中，時而遇到政府軍與日本軍作戰，或政府軍與八路軍開火。耳邊的槍聲、路邊的屍首、成串的難民，我雖只六歲，迄今仍難忘記。日後我陪父親參加東北同鄉聚會，大家總愛唱「流亡三部曲」，每當唱第一曲「松花江上」時，我就會想到這段流浪的經歷，不禁熱淚盈眶，不能自已。「松花江上」

遂成為我生命中的第一首歌，那歌詞的每個字我都記得，像刻在心上一樣：

我的家在東北松花江上，
那裡有森林煤礦，
還有那滿山遍野的大豆高粱。
我的家在東北松花江上，
那裡有我的同胞，
還有那衰老的爹娘。
九一八，九一八，
從那個悲慘的時候；
九一八，九一八，
從那個悲慘的時候，
脫離了我的家鄉，
拋棄那無盡的寶藏。
流浪，流浪，
整日留在關內流浪，
哪年哪月才能夠回到我那可愛的故鄉，
哪年哪月才能夠收回我那無盡的寶藏，
爹娘啊！爹娘啊！爹娘啊！
什麼時候才能歡聚一堂？

從哈爾濱到西安，可說是我「流亡」的第一部曲。

到了西安以後，劉叔叔（裕庭）有好幾天看到有位邵再新先生在《華北新聞》寫了一系列有關日本掌控偽滿洲國及其一路逃亡遭遇的文章，頗引起西安地區讀者注意。劉叔叔讀後，猜想是父親所寫，到報社打聽到父親地址，即來警校找尋父親。

好友異地重逢，當然是欣喜萬分，但令父親更驚訝的是我們母子已到西安。三人一見，抱頭痛哭，母子終於完成了尋夫與尋父之心願。

然而，在西安見到父親，並不是困厄的結束，而是另一段苦日子的開始。父親在警校靠公費，只能自足，母親和我馬上面臨生活的問題。幸好有位同鄉徐景新營長，係胡宗南將軍部屬，願意僱我母親為管家。但母親不方便帶我上班，不得已將我寄託在西安市兒童教養院。該院由國民黨元老于右任先生創辦，收容軍眷兒童及貧苦孤兒。我原是想與父親團聚，才跋山涉水而來，不料現在竟連母親也無法陪在身邊，有如孤兒，只在週日才得和父母團聚。

教養院的生活非常清苦，孩子們穿的衣服是軍人的舊衣服或兒童織布自製的衣服。平時每天兩餐，以玉米、小麥、麩皮為主，有時不得不吃發了霉的高粱米和帶有沙粒的大米。居住的是草棚，遇到颳風下雨或寒冬大雪天氣，就淒苦不堪。還記得教養院衛生環境很差，很多院童都患有寄生蟲的毛病，而我第一次在茅坑看到蛔蟲時，嚇得魂都沒了。院內兒童除了上課學習外，還要從事生產勞動，學習謀生技能。

由於全家經濟困頓，父親必須常在《華北新聞》副刊寫些雜文或短篇小說，賺取稿費養家。當時在該報寫文章的還有名作家無名氏，他的名著《塔裡的女人》正在該報發表，非常轟動，父親得以相識。記得星期假日時，父親會用稿費買些牛、羊肉，而我同母親則到王寶釧苦守的寒窯附近野地摘些薺菜，一家人和父親的幾個同學一齊包餃子，算是吃頓團圓飯。但第二天我又得回到教養院，眼巴巴期盼下一個週日的到來。由於這個經驗，我一生對薺菜餃子情有獨鍾。

在教養院過了一年後，由於父親稿費增多，加上母親靠針線手工，做鞋賣錢，我才能進入西安一所小學

念一年級及二年級。

四、返鄉東北

一九四五年八月抗戰勝利，父親尚未完成學業，迄一九四七年六月父親終於畢業，由於政府正進行接收東北工作，全部同學均被派往東北各省市實習。

從西安到東北途中發生了一件驚險萬分的趣事。當時搭的火車是運貨的板車，其中有塊木板掉了，留了一道很寬的縫隙，我身旁一位家父的杜姓同學，平躺其上倒還無妨，一翻身不小心竟掉到火車輪下。幸好他瘦骨嶙峋，僅受點擦傷，待車輪駛過才又緊追車廂而上，大家一面為他捏把冷汗、一面也慶幸他大難不死，此人後來在台灣位居高級文官，果有「後福」。

父親到瀋陽後，奉派遼寧省開原縣警察局實習，一家人借住瀋陽市鐵西區啤酒廠宿舍，我進小學念三年級。這時國軍與共軍為爭地盤已爆發許多軍事衝突。我九歲，對國共恩怨之歷史並不清楚，令我不解的是，國共共同抵抗日本，是天經地義之事，但為何在抗戰之後，同是炎黃子孫也要殺得你死我活？有時爸爸給我講解，我似懂非懂，從未想到這個疑問跟隨了我一生。

在瀋陽時期，有幾件事讓我深深體驗到戰亂的災難與人性的險惡。

第一件事，有關住家附近啤酒廠的故事。該啤酒廠原是附近小朋友利用酒廠機器隙縫玩捉迷藏遊戲的地方。但在蘇聯軍隊占領期間（蘇聯於一九四五年八月進入東北，一九四六年五月始撤軍），將機器搜刮一空，整個廠房空空蕩蕩，所以到我去時，鄰居小孩再也無法玩捉迷藏了。當小朋友告訴我此事時，使我仇日之外，又多了個蘇聯。

第二件事，是一位開雜貨店老先生性侵幼童之事。我的一位同學常去那家店玩，每次總會帶幾個糖球回來，讓我好生羨慕。他在拗不過我對他的盤問後，終於告訴我：「只要你讓那老頭『為所欲為』，你也可以

同我一樣有糖球吃。」當時我年幼，不懂何謂「讓那老頭『為所欲為』」，有天便傻呼呼地跟著去了。老頭給我糖球後，沒多久，就開始對我毛手毛腳，嚇得我拔腿就跑。戰亂期間，小孩子無錢買糖，這一位老人居然利用孩童弱點來滿足他的獸慾。

第三件事，是在戰亂中，不單是老人，連青少年也展現出人性的醜陋面。家父為了籌措逃難旅費，叫我在家門口擺地攤變賣家中藏書。擺了一天，眼看太陽西下，一本也沒賣出去。這時跑來一個十幾歲的男孩，和我搭訕，對我先表示同情，然後說附近冰河對岸有人要買書，可以帶我去。我當然喜出望外，對這位大哥感激得不得了，馬上找個布袋把書都裝起來。這位大哥說怕我扛不動，就熱心地替我背著布袋，我就尾隨他走過冰河。孰料，才一過河，他拔腿就跑，我在後面拚命追，不僅未追上，連鞋子都跑掉了。最後，天黑回家，一方面害怕挨罵，一方面又充滿委屈和憤慨，不禁擁抱父母嚎啕大哭起來。

五、逃難上海

一九四八年三月，遼北四平街失守，長春十萬國軍被共軍包圍，瀋陽岌岌可危。父親知道若瀋陽失守，擔任警職的他恐有生命危險，遂決定再度踏上逃難之路，先赴上海，再前往南京，到內政部尋求重新分發工作。

從瀋陽逃難到上海，我們一家三口，先化裝成農村人家。逃亡路線是從瀋陽先搭火車到新民屯，但新民屯到錦州，因鐵路被炸，必須步行。到錦州之前，一定要渡過大凌河，河橋已為共軍炸塌，殘破的橋身隨著湍急的河水搖搖晃晃，所以必須爬過橋身過河。父母自顧不暇，只得僱一壯漢背我過橋，橋長約三百公尺，一家三口在橋上爬了一個鐘頭才過橋，母親一雙解放腳如臨深淵，而我更是嚇得半死。

從錦州搭火車到秦皇島，再坐船赴上海。一路上，看到火車車廂內及車頂都擠滿了逃難人潮，有人甚至僅抓著車門生鏽的鐵把手。我親眼看到，有人因下車方便或購買食物時，火車突然開動，以致親子或夫妻從此永別。我對火車內外紛沓雜攘、人心惶惶的景象，很像帕斯特奈克（Pasternak）在《齊瓦哥醫生》及龍應

台在《大江大海一九四九》書中所描寫的逃難畫面，一生難忘。

一九四八年六月，一家人抵達上海，先在虹口區租間小屋住下來。

父親親歷東北局勢逆轉，一路逃難只見人潮多由北往南下，少見由南北上，知道人民對政府已失去信心，內戰結局不問可知，決定前往南京之內政部，要求改派台灣工作。父親到南京時，正值蔣中正與李宗仁當選正副總統之慶賀活動期間。事實上，由於李宗仁抗命競選，蔣李已勢同水火，但南京市面歌舞昇平、官場爭名逐利，父親嘆息不已，更堅定他前往台灣避難之決心。父親拿到派令後，特別帶著母親和我，到南京中山陵拜別國父陵寢。記得那天天氣晴朗，中山陵莊嚴肅穆、氣象萬千，是我生平第一次瞻仰國父遺容。平日常聽父親講述國父生平事誼，早生景仰之心，那天我也隨著父母向國父三拜九叩而別。一家人於七月自上海搭華聯輪來台。

假如把從瀋陽逃難到上海算成我「流亡」的第二部曲，那此次跨海赴台則可說成是我「流亡」的第三部曲。

我六歲隨母親從哈爾濱赴西安、八歲從西安返回瀋陽、九歲又從瀋陽到上海，四年之內，我的小腳追隨母親的「解放腳」，走過大江南北，甚至跨過了台灣海峽，所以我跟母親的感情特別深厚。而在這些逃難的過程中，我自母親學到了兩件一生受用無窮的事：一是果斷。只要認清方向，必定勇往直前，這可見於她萬里尋夫的決心；二是吃苦耐勞。在旅途中，無論跋山涉水，無論飢寒交迫，她都堅定地攜著我的小手，走到我們的目的地。

總之，我的童年歷經抗日與國共內戰，從一個日本殖民地的滿洲國，來到另一個曾為日本殖民地的台灣。我的生命，可說是隨著國家的命運而起伏，「國仇家恨」這四個字，在我幼小的心靈已烙上深深的印記。從小，內心一直有兩個盼望：第一，盼望著國家能夠強大起來，再也不讓她的子民遭受帝國主義的凌辱；第二，國家不要發生內戰，造成兄弟鬩牆、人民流離失所之慘局。這些童年的經歷與感受，影響我一生許多的抉擇。

六、台灣——香蕉天堂

一九四八年七月，我們全家抵達基隆，先在北投警察招待所住下。寶島給我第一個美好印象，是我吃到生平第一根香蕉；但另一經驗，則是酸苦，因為我沒吃過柚子，不知要剝皮。不久，父親奉派到台中市警察局服務，我進入台中市忠孝國小就讀四年級。因為小時一直各地流浪，未能好好念書，所以對於現在能安心念書，極為珍貴，讀書特別用功。

我是班上唯一的外省小孩。那時台灣社會普遍貧窮，學校裡學生都打赤腳。記得第一天上學，母親特地為我縫了一雙黑布鞋，結果被同學笑稱為「包子鞋」，看到同學都打赤腳，我趕緊脫下，再也未穿。當時學校規定每天早晨要先跑四百公尺，學校的運動場跑道是用煤炭渣鋪成的，對別的學童無妨，對第一次光腳的我，苦不堪言，跑了兩、三個星期後才適應。

當年我還出了一件糗事。老師認為我是外省人，國文程度應該較好，派我參加作文比賽。他不知我從小沒寫過作文，但是不敢抗命，只好硬著頭皮參加。記得題目是「學問為濟世之本」，我一個字也寫不出來，偷瞄隔壁女生寫著：為國家做事要有高深的學問等等，頓時讓我覺得她用字妥當，好了不起！而我自己卻繳了白卷。

另外，該年是二二八事變的第二年。我是外省小孩，因而受到一些同學「霸凌」，在下課休息時間，常被人打一拳、踢一腳。過了一個學期，我和同學的感情逐漸融洽，大家玩在一起，我也能說一口道地的閩南話了。

在該校，我還有一些溫馨的回憶。記得那時每週六下午，風和日麗，在學校大樹底下和同學打彈珠，耳邊不時傳來旁邊音樂教室的琴聲，如「甜蜜家庭」等。此時戰亂、逃難都離我遠去，現在能念書又過著安定的日子，初次覺得生命竟是如此美好！

在忠孝國小念書期間，還有一項榮譽，即被派擔任學校少棒隊的啦啦隊隊長，這大概又是因為我的國語

標準，喊起加油口號，比較字正腔圓。但是令我難忘的事，倒不是隊長榮譽，而是體育老師的日本腔英文。他受過日本殖民教育，對棒球一些術語，完全日本發音。例如一壘（first）為「發斯道」；二壘（second）為「賽幹道」；三壘（third）為「撒道」；界外球為「花魯報」（foul ball）。另外，他說美國有一位棒球明星，叫做「貝不魯斯」。我一九六五年到美國留學後，才知他的「貝不魯斯」是Babe Ruth。

在台中讀了兩年，父親調職到屏東，我也轉學至屏東中正國小讀六年級。小學畢業後，我大概念書太認真，同時考上高雄中學與屏東中學，前者名列第七，後者為榜首。由於高雄中學名聲較好，決定就讀。後因每日搭火車通學，費時費力，所以讀完初一，就轉往屏東中學就讀。

中學時代，受到父親的影響，養成我對文學的愛好，從《古文觀止》到武俠小說、偵探小說、言情小說，無所不讀，學校圖書館及住家附近租書店的書幾乎被我讀光。有時走路看書太專心，還發生好幾次掉落路邊水溝的窘事。作文若寫「我的志願」這類題目，我一定寫著將來要做個「大」文學家。大概書讀多了，作文成績非常好，常被指派參加校際作文及演講比賽，並常得冠軍，每一獲獎即會記功加分，記得有一學期我的操行成績竟為一〇四分，成為笑談。

屏東中學裡，影響我最大的有三位老師。他們和我父母一樣，都是大學流亡學生，但出身大陸名校，也都經歷過國難與家仇的磨練。國文老師張廷錄，他喜教我們讀陸游和杜甫關心民間疾苦的詩。歷史老師庫春熙為滿人，講到滿清時代為外人欺侮受辱的歷史，會淚泛眼眶。地理老師馬國華是東北人，講到東北國仇家恨，則不勝唏噓。這三位老師挑起我內心本就脆弱的神經，更使我覺得沒有國，哪有家？沒有家，哪有我？

高三下，父親調職台北市，我只好參加轉學考試，正好成功中學有一名額，被我考上。看榜後，我興奮的一路上唱著貓王「Only You」回家。大學聯考報名時，因為喜歡文學，自覺中文程度尚可，但為了加強英文能力，決定以台大外文系為第一志願。五〇年代，社會上崇尚理工風氣不如今日興盛，在許多決定念文法的學生中，有不少「氣吞山河」之士。但我在填了台大外文系之後，後來為何改變了主意？

第二章 生涯多轉折

一、劉自然事件

一九五七年五月二十四日，距離大學聯考不及兩個月，班上同學都在埋首苦讀。突然，隔壁班的國文老師路逾（著名詩人紀弦）來到教室，激動地說：

同學們，今天是中華民國國恥日。今年三月二十日，我們的同胞劉自然，在陽明山美軍宿舍的院子裡，被美國上士雷諾（Robert G. Reynolds），以「自我防衛」為理由，從劉某背後開槍，將之射殺。這個案子交由美國軍事法庭審理。昨天下午，以罪證不足宣判雷諾無罪，並立即遣送回美。

紀弦老師又說：

就算殺人不能償命，也不能夠宣判無罪。所以，為了維持中國人生命的安全、國家的尊嚴，我希望同學一起到美國大使館去抗議。

我知道一九四三年，美國同意取消對我國的不平等條約。中國自鴉片戰爭以來，最痛恨外國人在華享有治外法權。雷諾在台涉嫌犯罪，怎可交由美國審判？事後了解，一九五〇年代，台灣面對中共威脅，美國決定協防台灣。美方認為中美法律觀念與制度均不同，美軍涉案，要求仍由美國軍法管轄，我國政府迫於情勢，只得同意。雖然如此，對於此一無罪判決，我和同學義憤填膺，所以全班四、五十位同學立刻前往美國大使館抗議。中學時喜歡舞文弄墨，偶爾還寫點小詩，對於詩人紀弦如雷貫耳，在他要求下，我立刻帶頭，前往抗議。

這件事情，在當天的《聯合報》有篇很長的社論，內容非常煽動。該社論質問：「雷諾之宣告無罪，我們不禁對美國的法律發生懷疑；對美國人尊重人權的崇高精神，也不無表示疑問。不然的話，那就是美國人的生命價值遠優於我們中國人。劉自然的被殺，雷諾的逍遙法外，不就是血淋淋的一件事實嗎？」

當天上午十點，劉自然的太太手持中英文招牌，第一行寫著「殺人者無罪」，第二行則是「我控訴！我抗議！」等字眼。中國廣播公司記者又請劉太太向全國同胞喊話。由於各報和電台的報導與聲援，台北群眾非常激動。所以和同學到了美國大使館時，已經有數千人圍住該使館。不久，有人丟石塊、翻牆進入美國大使館，毀損大使館各種物品，裡面的汽車也被推翻，全館體無完膚。這時有一青年手拿國旗爬上旗桿，升起青天白日滿地紅國旗，數千群眾歡呼若狂，高喊：「中華民國萬歲！」

美國大使藍欽（Karl L. Rankin）在軍警保護下，含淚離開。群眾打完大使館後，又衝到美國新聞處，接著又包圍美國協防台灣司令部。由於警察逮捕了一些抗議民眾，所以群眾又衝到台北市警局，在警局外縱火燒車，有人甚至衝進警局，造成警察與示威群眾互有傷亡。最後蔣中正總統以廣播勸導民眾，整個事件到當夜十一點，才逐漸平靜。

我和部分同學也隨著群眾擠在台北市警局外抗議，直到深夜才回家。半夜時分，父親也回來了，他跟我說：「今天警察局差點被占領，我是值日官，在指揮中心處理緊急狀況。」我告訴父親，我在警察局外面示威，父子幾成敵人，不禁相望苦笑。

當日民眾死傷四十餘人，並有一百多人被捕。政府將台北一干治安首長免職，俞鴻鈞內閣並引咎辭職，但被慰留。此事件最後在美國嚴重抗議下，我政府正式道歉、修復美國大使館，並賠償暴動所造成的損失[1]。

經過了激動亢奮的一天，那晚我失眠了。

我開始對聯考選系重新思考，決心要以行動報效國家。最直接的辦法是從軍，但我是獨子，母親不會同意。那要進哪個科系最能報國？經過這個事件，我立刻覺得文學是怡心養性，寫作基本是發洩感情，於國事無補，所以我決定重新挑選第一志願。第二天我起了大早，到圖書館翻遍各大學科系的資料，意外發現國立政治大學有外交系，突然想起五四運動的口號「內除國賊，外抗強權」，如改念外交，將來在外交戰場上，可以折衝樽俎，為國爭光。當下立刻衝到聯招會，要求更改第一志願。該會辦事的老先生不肯，說已經過了期限，不可更改。我對他曉以大義說：「難道你反對內除國賊、外抗強權？」他是老兵出身，看我報國情殷，受到感動，就讓我更改。至今想來，當時我和他有無涉及夥同篡改文書之罪，已不可考。

自從那天起，我更加努力準備聯考，結果以三七五分考取政大外交系。那一年，三七五分正好也是台大外文系錄取的底分。多年後，有次碰到王文興、楊牧等人，閒聊後才知道我們是同年參加聯考。我常想，假如我沒更改志願，是否後半生也和他們一樣成了作家？總之，這一更改，就決定了我的下半生，這是我生涯的第一個轉折。

二、就讀政大外交系

一九五七年至一九六一年，就讀於政大外交系。第一學期非常用功，成績表現似是全班第一。我固然喜

---

1 栗國成，〈一九五七年台北「劉自然事件」及一九六五年《美軍在華地位協定》之簽訂〉，《東吳政治學報》，第二十四期（二〇〇六），頁一—六八。

國立政治大學外交系二十一期同學畢業合照。（一九六一年六月）
二排最右是全班最有名同學蕭萬長，二排正中是我。

歡外交，但仍醉心於文學。第二學期開始，我就在政大西語系選了很多英文課，又不能忘情台大外文系，所以偶爾跑去旁聽莎士比亞、翻譯和英詩等課程。因為心有旁騖，接下來七個學期，外交系的第一名成績，都由同班同學蕭萬長包辦。

大學期間，兩本書對我生命的方向影響很大。一本是我國「農業復興聯合委員會」（農復會）主任委員沈宗瀚博士所寫的《克難苦學記》。這本書詳述他如何以一窮困農村子弟能克服萬難，從小學一直讀到美國康乃爾博士學位。

他苦讀英文的敘述甚為感人：

> 黎明即起，至操場朗誦並背誦英文生字四、五十個，入晚專讀英文課本或作文，夜間常溫讀至一、兩點鐘或甚至雞鳴始睡。精力不繼，則於夜半食生雞蛋兩枚，蛋冷凍使余清醒，並不致飢餓。自認乃省錢衛生之方法。有時倦不能支，則閉目凝神片刻後復

讀。有時甚至以指甲切肉，或以拳搥頭自醒。余不善記憶，以背誦生字為最苦。常自言木頭，何尚不刻入此字，故將手錄生字小冊藏於袋中，隨時隨地取出閱讀，人多見而笑之。[2]

我在政大及日後留學讀書，均以他為榜樣，這本書對我一生影響極大。

政大外交系有位鄭震宇教授，曾任駐巴拿馬公使，英文素養極高，說寫均極流利。他告訴我他在英國求學時，如何學習英文：

> 我每日上午五時半起床，然後跪下背誦一篇英文演講或文章，直到背會後，始起來吃早餐。

在沈宗瀚博士和鄭震宇老師兩位榜樣激勵下，我雖沒效法他們那種「苦行僧」的方法讀英文，但我也做了番努力。那時大學生不流行帶書包，男生喜帶幾本英文洋裝書，女生則帶本《簡愛》（*Jane Eyre*）或《飄》（*Gone with the Wind*），以顯示英文程度好及氣質佳。只有我每天手帶《梁實秋英漢字典》來學校，以便隨時查閱，但這也等於公開表示自己英文不行，不過我不以為意，一帶四年，直至畢業。

第二本書是戴爾・卡內基（Dale Carnegie）一九三二年出版的《林肯外傳》（*The Unknown Lincoln*），由台大名教授張心漪翻譯[3]。該書將林肯早年淒涼身世、中年有悍妻又喪子、堅決解放黑奴、並領導內戰保住美國統一等事，敘述得動人心弦。

書中引述林肯總統一八六五年三月，第二次就職演說中之兩段話。此時內戰南北雙方死傷人數已逾六十萬人，而且尚未結束。林肯對於這種懲罰，歸諸於上帝的旨意，表示他的馴服，他說：

2 沈宗瀚，《克難苦學記》（台北：正中，一九五四），頁四二。

3 戴爾・卡內基（Dale Carnegie）著，張心漪譯，《林肯外傳》（台北：暢流，一九五四）。

> 我們用愛心來希望——我們用熱誠來祈求——願這場天譴的大戰爭能迅速結束。但若上帝的旨意要延長它，直到兩百五十年以來不得酬報的奴隸的勞力所積的財富為之喪盡，直到每一滴因鞭笞而流的血都由另一滴劍刃的血來償清，三千年前說的這句話，如今仍能適用，「上帝的裁判是真實而公平的」。
>
> 永無惡意，慈悲待人；堅信真理，願我們努力於未完成的工作；為國家裹紮傷口，善待為國作戰的人及他的孤兒寡婦——力盡本分，使我們本國及世界各國能獲得並維持公正與永久的和平。

這兩段話所展現林肯堅貞的宗教信仰，對奴隸制度之憤恨及他對美國與世界的關懷，讓我感動到潸然淚下。這本書使我對美國這個國家充滿好奇，促使我後來到美國留學研讀美國現代史，並做為一生治學之主題。

在政大，有兩位教授對我一生立身處世影響深遠。一位是英國修女，我選修她的「英語會話」，她開啟了我的宗教情懷。我喜歡英詩，對英國詩人威廉・漢里（William Henley，一八四九—一九〇二）一首名為〈不屈的勇者〉（Invictus）的詩極為欣賞，認為它充分反映人類奮鬥不屈的精神。有一次，和她散步，我就背誦這首詩給她聽：

> 夜幕低垂將我籠罩，
> 兩極猶如漆黑地窖，
> 我感謝未知的上帝，
> 賦我不屈服的心靈。
>
> 即使環境險惡危急，
> 我不會退縮或哭嚎，

立於時機的脅迫下，
血流滿面我不屈服。

超越這般悲憤交集，
恐怖陰霾獨步逼近，
歲月威脅揮之不去，
我終究會無所畏懼。

縱然通道多麼險陜，
儘管嚴懲綿延不盡，
我是我命運的主人，
我是我心靈的統帥。

然後我請問她的看法。她只淡淡地回答說：這首詩反映了人的驕傲與自信，但未顯示出對神的期盼及神對人的恩典。我一生常思索她這個回答，也影響了我對人及神的看法：人力有限，神祐無窮，所以我永遠心懷謙卑，並經常禱告。

另一位對我有極大啟發的就是上述的鄭震宇老師，他勉勵學生要有大志氣、大抱負。他特別跟我說，世間人才分三等：第三等人才，一生追求的是「無風無浪」，只希望過著平凡而安逸的生活；第二等人才，一生追求的是「乘風破浪」，希望能度過難關，然後享受勝利的成果；但第一等人才，則追求「興風作浪」，以扭轉乾坤、開創新局為職志，他指出國父孫中山先生，即是第一等人才之典範，他希望我能以做第一等人才為人生目標。他這份訓誨，激勵了我的一生，以後無論在任何工作崗位，我都注重改革，更追求創新，但

因才疏學淺，未能達到他希望的境界，但是我人雖未能至，心則嚮往之。

一九六一年六月，政大外交系畢業。經教育部和外交部遴選，參加第八屆國際學生會議，並擔任中華民國代表團首席代表。共有十八個國家參加會議，期間長達一個月，在日本各大都市開會。初次出國，能與上百位國際學生領袖開會並發表演講，為一難得經驗。會議期間，發生一件極為感人之事。會議至京都舉行時，大家順便前往奈良旅遊，並住一宵。我因腳疾，疼痛萬分，時已半夜，不得不前往一日本老醫師家求治。他不以深夜為意，仍給我動一小手術。但當我付醫藥費時，他堅持不收，送拒再三後，他就到書房，用毛筆很認真地寫了四個大字：「以德報怨」。我拜讀之下，感動莫名，沒想到蔣中正總統戰後對日之政策，竟使一些日本人民如此感激。他又用筆寫了兩行字，大意是說，戰後承蒙蔣總統將其當兵兒子遣送回國，永生不忘等語。

三、初進外交部

既然念外交，當然應該進外交部，所以我於一九六四年，參加外交人員特考，幸蒙錄取，被分派到外交部北美司，在二科擔任薦任科員，負責中美文化與法律等業務，這是我人生第一份公職。

從一九六四年春天到一九六五年九月，我在外交部北美司服務了一年半。對我來說，當年因為劉自然事件，決定念外交系，現能分發到北美司（當時在部內號稱天下第一司），我心滿意足。北美司司長蔡維屏先生，是美國伊利諾大學政治學博士。科長錢復，是耶魯大學國際關係學博士。除了司長與科長學養俱佳外，外交部裡更是名士才子如雲，例如駐美大使蔣廷黻、駐希臘大使溫源寧（曾任北大、清華教授）等人。我在部內各司實習時，曾拜讀這些名家所撰寫的報告和公文，覺得如入寶山，大開眼界。

在部裡，第一個讓我受益匪淺的人，就是蔡維屏司長。蔡司長對我的磨練值得一提。我記得到北美司後第一份公文，是有關當時我國一名船員事宜。他在休士頓跳船潛逃，因有開放性肺結核，被美國警方逮捕送

醫，我休士頓總領事館被迫代墊醫藥費兩千多美元。北美司派我到交通部開會，催討代墊費用。會後，寫了生平第一份公文，說明開會經過。

因為從小參加作文比賽，總是下筆千言，寫起公文也是洋洋灑灑，將全案以兩、三千字詳細說明，自認面面俱到而呈核。錢科長很客氣，略為潤飾就上呈司長。公文送上去不到十分鐘，工友就說司長有請。我心中竊喜，大概司長要有所嘉勉。不意，司長看到我，面色嚴肅地說：「邵科員，你覺得這份公文寫得怎麼樣？」我回答說：「司長，我把相關的事都寫進去了。」他把公文往我面前一丟說：「這是寫公文，不是作文比賽。請你拿回去，用一半的字數再寫一遍。」生平從沒被師長刮過這樣的鬍子，我滿臉通紅，恨不得找一個地洞鑽進去。馬上回座，花了一個鐘頭重寫再呈，內心七上八下。十分鐘後司長又召見，問我：「邵科員，你覺得這次寫得怎樣？」這是個兩難的問題，我不能說好，也不能說不好，只得回答：「我遵照司長指示，用了一半字數重寫。」他面色稍霽，改幾個字就把公文還給我說：「寫公文，三個字能講清楚的事，不要用第四個字；做人、做事都應如此！」這個訓示，對我有醍醐灌頂之效，我服膺一生，以後無論是寫公文或文章，都力求簡潔扼要。

蔡司長工作極為努力、認真。星期一到星期六辦公，星期天準備演講稿或重要報告。大概因為我在他的訓勉下，公文寫得尚可，所以他星期天上午經常要我加班，聽他口述重要文件。他中午十二點左右離開，我便利用下午整理稿子，翌日送呈。一星期幾乎上班七天，當時覺得辛苦，事後實在感恩。古語說「嚴師出高徒」，我雖非高徒，但他絕對是嚴師，影響我一生的工作態度。多年後，他以外交部次長身分，調到國立政治大學國際關係研究中心擔任主任，我也在多年後擔任同一職位。更萬萬沒想到，二〇〇九年五月我奉命出任「行政院北美事務協調委員會」主任委員（與位於華盛頓之「美國在台協會」總部為對口單位，該會主席為薄瑞光〔Raymond F. Burghardt〕）。一九七九年一月台美斷交，蔡主任出任這個委員會的第一任主委，我是第十一任。能追隨他在三個機關服務，實是三生有幸。

又有一事，對我亦意義非凡。劉自然事件後，一九五九年立法委員馬曉軍遭美軍駕車輾斃；一九六四年

又發生數名美軍黑人士兵，在彰化集體強暴我農村女子之事件。在這些事件後，中美政府知道必須妥為處理雙方關係，終於在一九六五年八月三十一日簽訂「在華美軍地位協定」，內容和美國與其他國家簽訂的協定，大致相同。談判中最重要的事，就是美軍在華犯罪管轄權的問題。該協定規定，中美雙方對美軍在華犯罪共同行使管轄權，倘有權行使的一方，經另一方的請求，可以同意捨棄管轄權的行使。這個案子我方主要談判人士是蔡司長和錢科長，我負責整理文件。我做夢也沒想到，會在劉自然事件的七年後，參與此項重要工作，捍衛國家權益，算是當年決定投考外交系的初步收穫。

四、留學美國：蔣廷黻大使的感召

在北美司工作一年半，一切順利、愉快。依照規定，服務三年後即可外放。沒想到生涯再一次發生變化。

一九六四年下半年，我國駐美大使蔣廷黻向外交部建議，指出美國塔夫茲（Tufts）大學「佛萊契爾法律外交學院」（Fletcher School of Law and Diplomacy），是美國研究國際關係歷史最悠久之學院，與哈佛大學有合作關係，也是世界各國年輕外交官深造之所，蔣大使建議部方每年派遣兩名年輕同仁，前往進修。我接到公文後，簽報上呈，但沈昌煥部長批示，礙於經費無法辦理。

這事雖然如此結案，卻啟發我前往一讀的想法。同時眼見蔡司長、錢科長都獲有美國知名大學博士，我自然興起「見賢思齊」的念頭。但我出身公教家庭，在一九六〇年代，根本沒有餘錢出國深造，所以立即查看有無公費留學可以報考。該年教育部公費沒有國際關係學門，但是中國國民黨設有「中山獎學金」，每年錄取八名左右派往歐美及日本進修兩年。我突然記起在政大畢業前，曾由師長盛情推薦入黨，當時也不便拒絕，這使我有了報考資格。該項學科考試由大學教授出題，口試委員都是元老名流，如前清華大學校長羅家倫，前教育部長、駐德大使程天放等人。沒想到，我以榜首通過考試，但已過了佛萊契爾法律外交學院申

赴美國留學，與父親在台北松山機場合影。（一九六五年九月）

請入學期限。幸我錄取後，該學院院長史都華（Robert Stewart）應邀來台訪問，我被委以接待工作，向其稟告個人狀況，承他破格錄取，所有問題迎刃而解。我本想念完碩士就回國，所以向外交部請求留職停薪，但當時部內人手短缺，不願年輕同仁出國留學，所請未准，只好辭職，但部方為示薄懲，竟批示：「呈請辭職不准，應予免職。」

留學原本不在我生涯規畫之中，但因蔣廷黻大使的建議，加上他又是我極為敬仰的歷史學家，因而走上留學之路。但外交部竟將我免職，心中實感不平。所以在該學院獲得碩士後，由於國內沒有機關可以投效，只好繼續留美攻讀博士，直到一九八二年底回國，在美一晃眼就是十七年。我稱這是生涯第二次轉折，外在的變化，改變了原定的計畫，也就是俗語所說「計畫趕不上變化」吧！

第三章　美國新英格蘭的留學生涯

一、佛萊契爾法律外交學院

美國人喜歡把美國說成是一個「機會之地」（land of opportunities），又說人生的極限，可直逼蒼穹（Sky is the limit），這就是「美國夢」（American dream）的定義。

然而，對二十六歲的我而言，這個夢想與我無關。到佛萊契爾法律外交學院（以下簡稱佛萊契爾學院）念書，只有一個目的：上山學藝，學好十八般武藝後，下山回國，希望有朝一日能在外交崗位上為國爭取權益。

一九六五年九月，我在父母及親友的祝福下，在松山機場上了飛機前往舊金山。由於中山獎學金的獎額不足，當時「亞洲協會」（Asia Foundation）台灣分會主任洛克屋（William W. Lockwood）先生，特別送我一張到美國的機票。亞洲協會總部在舊金山，在亞洲大多數國家都有分會，主要工作是促進美國與亞洲各國菁英分子之關係。

我在舊金山下機，亞洲協會派了一位二十餘歲的白人小姐接機。這位小姐明豔動人、慧黠靈巧，畢業於當時頗為前衛的加州大學柏克萊分校。接機後隨即帶我到百老匯街（Broadway）一家牛排館吃午餐，店內牆上掛了各種獸頭，讓我大開眼界。她遞給我一份菜單，我正凝神研究時，猛抬頭，一個完全上空的女侍者赫

然出現眼前，嚇我一跳，滿臉脹紅，不知所措。這時這位接機的小姐對我促狹地笑著說：「我們協會有責任協助亞洲學生認識美國各式各樣的文化，你早晚都會有文化震撼（culture shock），與其晚不如早，所以我特別帶你到這兒來吃中飯，這是美國有史以來第一家有合法執照的上空牛排館。」

那頓飯，除了跟這位小姐談話外，我不敢東張西望。後來念美國現代史才知道，一九六〇年代正是美國所謂「反主流文化運動」（counter-culture movement）時期[1]，也是性解放的年代，這家飯店是展現反主流文化的最佳例子。飯後，她帶我到加州大學柏克萊校區。我們來到校區前的電報街（Telegraph Avenue）。在這條街上我看到各式各樣的人，有留長髮的嬉皮、剃了大光頭的男生、印度克里希納（Hare Krishna）教派的信徒、念易經和信禪宗的人士、高唱反戰和性解放歌曲的歌手、支持婦女平權、倡導環保及促進種族平等（尤其是解放黑人）等抗議人士。我不禁目瞪口呆，有如進了大觀園的劉姥姥，大開眼界。這位小姐又笑著對我說：「我就是這個學校畢業的。你到東岸的大學，校風會比較保守。但我必須告訴你，對六〇年代的美國大學生來說，加大才是他們的麥加聖地，真正的精神堡壘。」那一天使我開竅，對美國社會的形形色色，大感好奇。

校園巡禮後，我搭機直飛紐約。當晚拜訪大學同班同學龔姓夫婦。夫妻倆都在中國飯館工作，先生做服務生，太太管帳。他們告訴我許多有關台灣留學生的情況。當年我國學生赴美留學，如未得到獎學金，申請簽證時，都必須向美國領事人員出示在美國銀行有兩千美元的存款證明，才能拿到簽證。這些錢都是父母向親友四處張羅，再把錢匯到美國帳戶。所以，我國留學生到美國的第二天，就是去銀行把錢匯回台灣，還給親友。沒有獎學金，就一頭栽進中國餐館打工。他們必須工作一年後，攢足錢才能去念書。有的在餐館工作後，因為收入不豐或語言能力不足，就再也沒能離開。當年念人文與社會科學的學生，很少能拿到獎學金，大部分的獎學金都由理工科學生取得，所以念人文與社會科學的留學生，幾乎全都得去打工。第二天，我搭機到波士頓，轉往佛萊契爾學院，正式展開留學生涯。

麻州約有台灣三分之二大，是美國很小的一州，是十七世紀英國清教徒最先登陸之地，美國獨立革命即

從該州波士頓附近展開。這些清教徒自認是上帝的選民（the chosen people），認為美國沃野千里，是上帝給他們的恩賜。當地名門世家都是美國社會菁英，被稱為波士頓婆羅門（Boston Brahmins）人士。該州一些商人在十八世紀末期開始經營中美貿易，該州也有許多傳教士到中國傳教，所以和中國的關係比美國任何一州都來得密切。

麻州是全美高等教育最發達的州，有一百多所大學，州內名校有哈佛大學及麻省理工學院（MIT）等。另外，也有很好的小型文理學院（Liberal arts college），如衛斯理學院（Wellesley College），蔣夫人宋美齡暨兩位姊姊均畢業於該校，柯林頓總統夫人希拉蕊（Hillary）亦係校友。

佛萊契爾學院位居塔夫茲（Tufts）大學內，校園老樹參天、綠野滿地。學校之師資與設備均佳，根據《美國新聞暨世界報導》雜誌評鑑，該大學在美排名第二十五，亦算是名校。佛萊契爾學院有兩百多位研究生，來自世界各地，以美國最多。學生畢業後，大多從事外交、國際組織和國際經濟方面的工作。該院也有來自各國政府的年輕外交官員，可謂是個小型聯合國。從該院畢業的著名台灣校友，有關中、徐小波、丁守中等人。

我每天的生活很單純，就是上課念書。另外，由於該院與哈佛大學有合作關係，所以也常到哈佛上課。在該院，我專攻四個領域。第一是「國際政治」，老師是歐根斯基（A. F. K. Organski）。他有兩個理論，至今仍記得並頗為佩服。第一個理論是有關國家的綜合國力問題。他指出強國必須具備四個條件：一、領土夠大；二、人口夠多；三、現代化程度夠高；四、政府治理國家的能力夠好。他認為第一、二項條件必須先天具備；而現代化則是時間早晚的問題，只要在人力、財力齊備之下就可達到；第四項條件也沒獨門祕方，大多數國家經過長時間磨練都知道如何治理國家，就如同治理公司一樣。根據此一理論，歐教授預估到二十世

1 關於反主流文化活動，請參閱 Edward P. Morgan, *The 60s Experience: Hard Lessons about Modern America*（Philadelphia: Temple University Press, 1991），尤其是頁一六九—二一七。

紀末、二十一世紀初會有四大強國出現：美國、蘇聯、中國和印度，至於英國、德國、法國和日本這些國家，領土和人口都不夠豐碩，所以一定逐漸排在後面。我到美國留學時，中國大陸一窮二白，印度獨立還不到二十年，也是國弱民窮，當時認為美蘇成為世界強國當然合理，但中國和印度能在二十一世紀初躋身四強之列，實在無法想像。但時至今日，以中國和印度近年發展的趨勢看來，他的預測完全實現，實有遠見。他的第二個理論有關「權力平衡」（balance of power）。一般國際政治學者都認為國家之間如果勢力互相均衡，就不會有戰爭，因為彼此均無把握打敗對方。他說，這是大錯特錯。當兩個國家或集團勢均力敵時，因為有一戰而勝的可能，反而會在野心太大或估算錯誤時發生戰爭，例如法國和德國，均陷於第一次和第二次世界大戰之中。反之，國與國之間只有在強弱懸殊的狀況下，才不會發生戰爭，因為弱國不堪一擊而不敢發生戰爭，強國也不需發動戰爭就可屈服弱國[2]。這位恩師在美國政治學界的死對頭，就是我後來就讀芝加哥大學政治學的泰斗——摩根索（Hans Morgenthau）教授，他主張「權力均衡」，認為國家間勢力均衡才能維持和平。

第二個專攻領域是美國外交史。老師巴特利特（Ruhl Jacob Bartlett）對美國外交史如數家珍，他一副紳士派頭，講課不疾不徐、娓娓道來，同學都聽得入迷。這個領域後來就變成我專攻的對象，尤其是中美關係。

第三個領域是美蘇關係及蘇聯外交政策，老師是休曼（Marshall D. Shulman）。我因出生東北，與蘇聯為鄰，所以對蘇聯的對華政策特感興趣。在他指導下寫過一篇有關一九四五年八月國民政府與蘇聯簽訂「中蘇友好同盟條約」的論文。

第四個領域是中共研究。一九六六年初，中國大陸爆發文化大革命。當時在台灣念中國現代史，內容從鴉片戰爭開始，講到五四運動或抗戰就大致結束，對中共崛起和國共內戰等問題，多略而不談。關於大陸淪陷，都說是因抗戰八年，民窮財盡，中共乘機造反，得到蘇聯援助，再加上美國對中共認識不清而未給予我政府足夠之援助，造成大陸淪陷。至於國民政府貪污與腐敗等事，絕不觸及，這是當時台灣大學生對中國現代史的了解。

文革爆發後，中共宣稱這是觸及靈魂深處的革命。政府要「為人民服務」，人民則應無私無我。毛澤東「為有犧牲多壯志，敢叫日月換新天」的詩句，在許多華人間流傳，全世界都注意這個將近八億人口國家的大革命。我當時不僅想了解文革，也想知道中國共產黨為何革命成功及國民政府為何失敗。在學院和同學一起生活，課餘飯後，他們常問這些問題，我幾乎無法回答。他們亦問對中國前途的看法，當然不能只以「暴政必亡、反共必勝」這種八股回答，所以中共研究就成為我認真學習的課題。

那個年代，美國的東亞研究，哈佛大學穩居第一把交椅，所以我很自然就跑到哈佛大學旁聽「現代中國歷史與政治」一課。六〇年代中期以後，美國大多數知識分子都反對美國參加越戰，對中共、北越和古巴的共產革命，從好奇、嚮往到最後給予支持。所以，選這門課的有兩百多人，恐怕是當時哈佛大學最熱門的課程，晚到的學生只得坐在走道或窗邊。這門課由費正清（John King Fairbank）、史華慈（Benjamin Schwartz）和林白克（John Lindbeck）三人合授。

費氏畢業於哈佛和牛津名校，一九三〇年代曾在中國受教於蔣廷黻，二次大戰後，在重慶擔任美國新聞處處長，對中國局勢有親身體驗，對國共兩黨重要人物及學界名人亦有來往。他對國民黨及蔣中正甚為厭惡，對中共則頗為欣賞。一九四六年返美後赴哈佛大學教書。在他一手領導下，將哈佛變成西方世界研究現代中國最權威的學府，迄今亦然。一九六〇年代起，美國各主要大學都紛紛投入現代中國研究，其現代中國課程之重要教授，幾乎都出自其門下，所以他的學生戲稱他是「約翰王」（King John）。史華慈亦是名師，專攻中國思想史，張灝和林毓生兩位中央研究院院士，均對他執弟子之禮。林白克則較無名氣。費正清上課，只見他手插口袋、踱著方步，談到國民政府和蔣中正時，就面帶不屑，語氣與用字非常尖刻，一副成見十足的模樣。個人覺得談論學術問題應該立場中立，但他完全不是。對剛從台灣來美國的我，心裡很不是滋味，更加強我要把現代中國歷史與政治研究透徹的決心，以研判他所言所寫是否公允。

---

2 A. F. K. Organski, *World Politics* (N. Y.: Alfred A. Knopf, 1958).

關於費氏，我還有一段經歷，也影響我後來讀博士時選校的決定。

在佛萊契爾學院念了一年後，中山獎學金也只剩一年就要結束。我當年離開外交部，既然被免職，我即決定攻讀博士學位，將來從事學術工作。於是我向史華慈老師請教，他建議我到哈佛大學攻讀，不過，他補充一句：「你要到哈佛念有關現代中國領域，必須跟費正清先生請教，只要他點頭就能解決獎學金等問題。」

一九六六年五月下旬某日，我到費府請益，他和他太太費慰梅（Wilma）一聽我從台灣來，立刻打開該月十六日《中央日報》海外版，上面載有一千五百多位台灣學者（由中央研究院院長錢思亮領銜）抨擊費正清與鮑大可（A. Doak Barnett，任教哥倫比亞大學）兩人的聯名信。該信斥責他倆要求美國改善與中華人民共和國關係並支持後者進入聯合國等主張。另在該年三月，有一百九十八位美國亞洲問題專家曾發表聯合聲明，提出同樣要求[3]。由於這種主張違反我國國家利益，因此大概是在我政府策動下，這些學者就在《中央日報》國內版及海外版刊登他們的聯名信，駁斥兩人及其他有此主張的美國人士。費氏夫婦指著此信，大表不滿，並對台灣政府大肆批評，場面尷尬，弄得我無法再向費氏請益。我回去一想，還是不去哈佛為妙，因為在美國念研究所，指導教授操生殺大權，萬一他將對台灣政府的不滿遷怒於我，則我這研究生的小命將不保。我不去哈佛列其門下的另一原因是，文革期間發生許多慘劇，但費氏在美國報章雜誌一再發表稱讚文革的文章，我無法接受。

一九六七年六月我拿到碩士學位，告別了佛萊契爾學院和哈佛大學。

這兩年期間，我除了每日在校園內享受知識的饗宴，最使我難以忘懷的是新英格蘭秋天的楓葉景觀，真是萬紫千紅、美不勝收。有時週末和同學開車進入深山或田野，繁華美景，飄浮眼前。走在落葉之上，可聞沙沙之聲；躺在厚重處，柔軟如毛毯。所以，每次賞楓之旅，都是盡興而歸。若是晚宴時，點一盤緬因州（Maine）三磅重的龍蝦，再喝杯波士頓地區著名的亞當斯（Samuel Adams）啤酒，那可真是快活似神仙了。

二、美國參加越戰的爭議

兩年求學期間，正值越南戰爭如火如荼，美國人民支持與反對的雙方嚴重對立並發生衝突，幾乎每日均有遊行或流血事件發生。最嚴重的一次流血事件，發生於一九七〇年五月，在俄亥俄州肯特州立大學（Kent State University）校園。該日學生進行反戰示威活動，該州國民兵（National Guards）對他們開槍射擊，造成四人死亡、九人受傷之慘劇，結果引發美國數百間大學四百多萬學生之罷課運動，這使美國各地反戰活動達到最高潮。

美國參加越戰所引起的爭議，牽涉到美國的立國精神、意識型態、如何處理國外戰爭，以及這個戰爭對美國社會的影響等問題。我置身在這個大環境裡，也開始研究這些問題，而經由研究，也得到了一些答案，所以我日後取得博士學位，在美國大學任教時，即講授「越戰」課程多年。中華民國一向以反共著稱，還常自誇有最久的反共經驗，可惜我們的經驗幾乎都是失敗的經驗。個人覺得越戰無論對美國、蘇聯、中國和台灣都有教育意義。

一九五〇、六〇年代是冷戰年代，美國有了韓戰（一九五〇—一九五三）的痛苦經驗，對北越及越共在南越的革命運動，認為是以蘇聯為首、中共為輔赤化世界運動的一部分。當時美國總統艾森豪認為，假如不加以制止，會產生「骨牌效應」，整個東南亞都會被赤化。甘迺迪總統於一九六一年就任，也持相同看法。

美國參加越戰第二個原因是，為了防止中國勢力進入東南亞。美國國防部更常用「黃色人潮」（yellow horde）形容中共，等於是十九世紀末年西方形容中國是「黃禍」（yellow peril）之再版。

第三個原因是，美國認為對付任何侵略戰爭，如不及時遏阻，將養虎貽患。越戰期間，美國國防部特別引述一九三八年德國入侵捷克，英國不僅未加反對，其首相張伯倫（Neville Chamberlain）反而與希特勒簽

---

3 *New York Times*, March 20, 1966.

訂「慕尼黑協定」。美國認為這種綏靖（appeasement）政策，鼓勵了希特勒發動第二次大戰。

在以上的考量下，美國開始於一九六五年派遣大批美軍進入南越。到一九六八年，美軍在越南已達五十四萬人。

美國人民反對介入越戰的意見，大致可歸納成四種：第一、他們認為美國軍事、工業和資本家是一個龐大的共同體（complex），這個共同體是美國參加越戰的背後力量，戰爭可為他們帶來龐大利益，所以美國人民必須要反對越戰，沒有理由為這個共同體的私利而參戰。

第二、美國參戰違背了立國精神。十八世紀，美國為了爭取從英國獨立而進行獨立戰爭，本身就是一個崇尚革命的國家。一九五四年越南脫離法國殖民而獨立，北越固然是一共產政權，但它最主要目標是為了越南人民爭取獨立，美國出兵反對北越此一目標，已使美國變成一個反動（reactionary）的反革命國家。

第三、美國不應將自己自由與民主的生活方式強迫加諸別人身上。美國政府或官員在越戰期間，展現出強國的自大與跋扈。美國參議員傅爾博萊特（William Fulbright）即以「權力的傲慢」（arrogance of power）一詞，批評美國在越戰時期的作為。當時美國空軍四星上將李梅（Curtis E. LeMay）曾威脅北越說：「如果北越不放棄作戰，美國應將北越炸回到石器時代。」[4]密西根大學學生主編的一份諷刺性刊物，推出以「殺一共產黨徒以報效耶穌」（Kill a Commie for Christ）為名的漫畫系列，諷刺美國在越南的「聖戰」行為，這個漫畫系列在越戰期間爆紅。

第四、美國在越戰所用的手段（武力）過於殘酷，已把其追求目的（維持南越的自由與民主）的正當性摧毀殆盡。美國在越戰期間所投炸彈總數，是西方盟國在二次大戰所投炸彈之一倍。除了燃燒汽油彈（napalm）外，美軍在越戰期間又噴灑了兩千萬加侖「橘劑」（agent orange），這種化學噴劑灑在越南的樹林與土地，讓許多農地無法耕作，其目的是將南越農人趕往美國所控制之城市地區，以使越共無法獲得農民的支持，其結果之一是造成五十萬名兒童一出生就成為畸形兒[5]，反戰人士認為美國已把越南變成一個殺戮戰場。

這些反戰的理由說服了我，所以我在理智上，反對美國參加越戰；但在情緒上的反戰，則是受到新聞媒體對越戰的報導，以及反戰人士所進行的各種活動。

每晚六點半回到宿舍看晚間新聞，常見到一些畫面。例如，美國一顆炸彈將一個越南村莊炸毀，突然有一老百姓手腳被炸飛。有兩個畫面，我至今仍難忘懷：有位十歲左右小女孩，因為村莊被炸，所以全身赤裸哭叫著往外逃生（這位小女孩在越南淪陷前逃往美國，現已成人，在一次電視訪問中露面）；另一畫面是有位南越軍官，拿一把槍抵著一位越共的頭，然後開槍，這名越共立刻腦漿四溢。當美國民眾看到美國這世界第一強國，竟如此殘酷地對待貧窮又弱小的越南，以及支持腐敗的南越政府，罪惡感油然而生。另外，每天的晚間新聞頭條都是先報導戰果。例如，越共傷亡人數幾乎都是上千人，南越政府軍傷亡數百人，而美軍傷亡人數只有一、兩位數。經過一年多，有些反戰人士將這些傷亡人數加以整理，結果發現，如果越共死傷人數屬實，則其總數早就超過官方所宣布的越共人數，這就成了笑話。事實的真相是，美方一方面是虛報戰果、二方面是因為越共不穿軍服，所以連一般老百姓的屍體都算進去，此事被揭發後，美國國防部再也不公布戰果人數了。

我反越戰另一個因素，是受到當時一些反戰歌曲的感動。這些歌曲多為民歌形式。記得無論在學校宿舍或是哈佛廣場（Harvard Square）附近酒吧，常聽到這些歌曲，其中最著名的一首是巴布狄倫（Bob Dylan）的「在風中飄蕩」（Blowing in the Wind），其中兩段如下：

> 一個人要壓過多少的道路，
> 你才會說他是個大人？

---

4 "Curtis E. LeMay," U.S. Centennial of Flight Commission, http://www.centennialofflight.gov/essay/Air_Power/LeMay/AP36.htm。

5 "Agent Orange," Wikipedia, http://en.wikipedia.org/wiki/Agent_Orange。

一隻白鴿要飛過多少海洋，
才能在沙上安眠？
是的，砲彈要炸飛過多少次，
它們才會被永遠禁止？
答案，我的朋友，飄蕩在風中，
答案飄蕩在風中。

一個人要仰望多少次，
才能看到天空？
是的，一個人要有多少雙耳朵，
才能聽到別人在哭喊？
是的，要多少人死亡，
他才知道死屍的數目？
答案，我的朋友，飄蕩在風中，
答案飄蕩在風中。

這首歌嚴厲譴責越戰的殘忍及諷刺人性的冷酷。我和同學在酒吧喝酒，幾分醉意後聽到這首歌時，總是難以忍住眼淚。

最終，美國於一九七三年自越南撤軍。兩年後南越為北越所占領，胡志明生前推動的統一大業終於完成，也完成了越南人民擺脫外國統治的目標。美國從一九六三年起介入越戰，歷經十年奮戰，終至失敗。

這個戰爭對越南帶來極為慘重的傷亡。北越及越共軍人陣亡一百一十萬人，南越軍人陣亡二十餘萬人，

但南北越平民死亡達兩百萬人。美軍陣亡人數僅有五萬八千人[6]，相較於越南軍民死亡人數，有天壤之別。

我認為美國參加越戰，還犯了以下錯誤的思維和認知。第一，美國認為如不參加越戰，共黨勢力（尤其中共勢力）將赤化東南亞。越戰結束至今，除了越南及其鄰近之寮國，並無其他東南亞國家被赤化。

第二，美國低估越南的民族主義力量。我的體會主要來自中日八年抗戰的經驗。美國與北越軍力的對比，很像是抗戰期間中日軍力的對比。我國當年在軍力，尤其是武器，都遠不如日本，但抗戰期間，我們拖住日本八年，使日本進退兩難，這是中國民族主義力量的展現。美國從一九六五年起到一九七三年，也是深陷越戰泥淖八年，這是越南人民民族主義力量的展現。我的另一觀察，是一九四〇年德國轟炸倫敦及一九四一年六月德軍進攻蘇聯，德國在這兩個戰役亦都為英國及蘇聯的民族主義所擊敗。

在反越戰期間，我對美國人民反戰的論述及力量實在敬佩，他們激發了美國人民的智慧、良知和勇氣，終於逼使政府放棄一個不該打而又打不贏的戰爭。總之，從越戰引起的許多辯論，使我對國際關係、戰爭及革命等問題，有了深入的了解，讓我知道這些問題的複雜性，必須要從多重角度去分析它們。而最重要的是，任何政治的決定，不能不計生命的犧牲、要尊重別國人民的政治選擇及不能毀壞大自然的生態，這些心得，對我日後思考國家或國際重大問題都有很大幫助。

三、反主流文化運動

美國在越戰期間，還有所謂「反主流文化運動」（counter culture movement）。這項運動的思想導師是馬庫斯（Herbert Marcuse，加州大學社會學家），最有名的著作是《單一面向的人》（*One-Dimensional Man*）。他認為工業化讓人類思想和行為只剩單一面向。資本家透過大眾媒體、廣告和流行思維，使人產生一種虛假

---

6 "Vietnam War casualties," Wikipedia, http://en.wikipedia.org/wiki/Vietnam_War_casualties。

的需要；人類為了滿足這種需要，就跳進資本主義的生產與消費制度，變成生產機器的工具或消費機器的一環，誤導人類以為快樂是可以用金錢或物質來換取。因此，他主張人類必須要以「大拒絕」（great refusal）來反對消費文化，只有這樣，人類才能從資本主義的消費文化中解脫。他除了反對歐美的資本主義，也批評蘇聯式的共產主義，認為這兩者對人類都造成傷害。

一九六〇年代的「反主流文化」人士，除了拒絕美國生活中的物質主義、反對科技掛帥外，為了紓解個人心靈的寂寞和壓抑，他們使用引起幻覺的藥物，或訴諸東方神祕主義、佛教禪宗，或性解放。六〇年代的搖滾樂遂成為另一種宗教。從哲學層面來看，他們是盧梭的信徒，珍惜人性和淳樸的自然，認為人類對自然的任意改變或破壞，是人類對世界產生「疏離感」的主要原因。

舊金山灣區的知名樂團「傑佛森飛機」（Jefferson Airplane），最能反映反主流文化的精神。該樂團團員身穿奇裝異服，他們演唱會的大海報上，有隻美國老鷹，一個爪子抓住幾顆炸彈，炸彈上寫著「和平」，另一個爪子抓著大把美鈔，美鈔上寫著「自由」，而老鷹頭頂上有面旗子，寫著「低級品味」[7]。

但是，反主流運動也帶來許多放浪形骸或墮落糜爛的生活方式，如「嬉皮族」（hippies）即是。知名左派人士吉特林（Todd Gitlin）對他們的描寫是：「早上喝卡布奇諾咖啡，下午開批評大會和吸毒，晚上就做愛。」[8]

關於性解放，地下刊物《交媾》（*Screw*）有句名言：「要做愛，不要作戰。」（Make love, not war）我記得有次在哈佛校園看到一位女大學生，上身穿著一件很緊繃的T恤，恤上有這樣一句話——「貞潔是對它自身的懲罰」（Chastity Is Its Own Punishment）。

我雖然不同意反主流文化的許多負面言行，但對它追求心靈的解放、回歸大自然、爭取社會正義與促進人類互愛等努力，還是感受很深。這大概就是一個人到了新環境，受到影響所產生的「社會化」（socialization）現象吧！這種感受對我日後在行政院新聞局服務時期有很大影響，它使我在處理新聞、廣播電視、電影及出版等業務時，都採取比較開放的態度，使我比較能夠容忍不同的意見和尊重多元的思維。

四、打工與交友

雖然關心美國社會的發展，但生活的現實還是把我拉回到經濟問題。我的中山獎學金，一年只有一千八百美元，繳了學費與生活費，就無錢購買書籍與衣物。再加上當時留學生有股風氣，每個月要寄點錢給父母，以示孝順。為了這些原因，我第二年就開始找尋打工機會。一位衣姓學長告訴我，哈佛大學暑期學校（summer school）有調酒課程，一個晚上學費五美元，三個晚上就可畢業。我欣然前往，三天後領到我在美國的第一張畢業證書——「哈佛大學暑期學校調酒師證書」，該班還另送我一本著名的《波士頓先生調酒指南》（*Mr. Boston Bartending Guide*）。

我翻看報紙，發現「高貴土耳其人」（Grand Turk）酒店在徵調酒師。這個店名取自十八世紀英國海軍名將納爾遜（Horatio Nelson）所統率的一艘戰船。這家酒店很高檔，設備典雅有致，老闆是富有的猶太企業家。酒單由紐約一位知名調酒師設計，酒單上的名稱引人好奇，例如「泰國老虎之奶」（Thailand Tiger's Milk）、「墨西哥灣之死亡」（Death in the Gulf Stream，據說是海明威最愛）等。我在美國認識的猶太人，對中國人普遍友善，他們覺得我們同是歷史悠久、文化深厚的民族，而且都注重子女教育。另外，他們很感謝二次大戰期間，中國政府接受猶太人來華避難。老闆看我居然有哈佛大學調酒師證書，立即僱用。我從一九六六年到六七年，在那裡工作了將近一年，其間有些難忘的經驗。

有人說調酒師是酒客最好的心理醫生。酒客三分酒意後，就會把他們得意與失意的事向調酒師傾吐，調酒師只要面帶微笑、頻頻點頭就能擄獲顧客的心，除了小費多給以外，有時還可彼此成為朋友。對我這個外國人來說，這使我對美國社會及風土人情有了較深入了解，這是我在學校學不到的。也由於和酒客上天下海

7 Edward P. Morgan, *The 60s Experience*, p. 179.

8 Ibid., pp. 185.

式聊天，我學到了很多課堂以外的英語，包括市井小民的俚語和粗話，對我英文會話能力幫助極大。

另外，從美國男女在酒店互動的情形，我也了解了美國一些社交文化。記得有一次，有位哈佛大學的男學生帶女友來喝酒。酒過三巡，男生跑到我面前給我五美元小費，他說：「請你把她的酒加兩倍的酒量。」明顯地，這位男生希望我幫他把女生灌醉。我當時才二十七歲，自認是孔孟信徒，頓時怒火中燒，我心一橫，不僅沒把她的酒加量，反而把他的酒加了一倍的量。後來他每隔二十分鐘左右，就做同樣要求，我就繼續反其道而行，幾次下來，他已搖搖欲墜，回家了事。下班後，覺得自己「日行一善」，很得意地跟室友艾爾（Alfred）說：「今晚，我拯救了一位處女給你！」他在了解事情原委後，反而故意罵我說：「你這個剛下船的中國佬笨蛋！」（You, dumb Chinaman fresh off the boat!）他說，這一帶有許多哈佛與麻省理工學院的優秀學生或權貴子弟，是美國少女網羅金龜婿的對象。那位女生可能對今晚的男士充滿憧憬，被你這樣一攪和，說不定破壞了人家的好事，我一聽，瞠目結舌。過了一週，那個男生又來了，不過換了女友，又做同樣要求。這下我陷入天人交戰，我的決定是對雙方均不多加酒量，讓他們順其自然發展。我這位室友品學兼優、處世練達，後來出任美國「國際貿易委員會」主席，是部長級官員，與我結為一生好友。

學院裡許多美國男女同學，都是一時俊秀，跟他們相處兩年，從他們身上也學到很多美國的交友文化。有位美國女同學桃樂絲（Dorothy）跟我說：「星期三晚上十點是我們女生週末約會的截止期限。男生在這之前約我，我願意的話，就會接受；但在這時間之後打來，就算我願意，也不能接受。」我問原因，她說：「因為在這個時間之後約我，如果我答應了，就代表我沒有行情。」

另外，我有幾位同學還去參加「約會服務社」（dating service club）。花上五美元，填好一些徵友條件，該社就會挑選十五位相符的小姐名單給你。我問一位伯布（Bob）同學：「約了對方，萬一所看非人，不是白花錢了嗎？」他回答說：「我沒那麼笨。第一，我會先打電話給她，只花一毛錢，如果聲音好聽，我才請她喝兩毛五的咖啡；如果見面後發現她才貌雙全，下一步則請她看電影；如果還是喜歡她，才約她吃飯。每一步都予管控，做最小投資，得最大收穫。」伯布是猶太人，屬老謀深算型，日後果然事業有成，曾任一家

世界級大銀行副總裁，現任美國政府某部會副卿，姑隱其名。

在一個宛如小型聯合國的學院求學，自然交到許多美國學生以外的朋友，從他們身上學到書本裡沒教過的國際關係。許多歐洲學生固然知道美國對二次大戰戰後西歐復原的貢獻，但認為美國財大氣粗、對歐洲人頤指氣使，深表不滿。他們特別喜歡批評美國文化，會對我說：「美國，哪有文化？街頭巷尾，除了麥當勞、可口可樂和中古汽車市場，還有什麼？我們歐洲則有大教堂、歌劇院，美國根本只是個暴發戶。」

在學院兩年期間，念書交友，在假期（如感恩節、耶誕節）會接受美國同學邀約，赴其父母家度假，使我親身體驗美國人的家庭生活。再加上校外的打工經驗，對美國社會已有所了解，兩年下來，我已不是室友艾爾所說的「剛下船的中國佬笨蛋」了。

畢業前還有一件有趣、也可視為榮幸的事：出任「佛萊契爾小姐」（Miss Fletcher）的評審主席。該一比賽，小姐除容貌出眾外，還要才藝超群。參選規則上還特別註明，優勝者將由來自台灣的「仕女鑑賞家」（connoisseur of women）邵某加冕。

我想同學給予我這份美的差事，大概有兩個原因：一是一九六六年文化大革命開始，全球關注，全院只有我一個中國人可以詢問，我又滔滔不絕地回答，所以眾所矚目。二是他們到我打工的酒吧喝酒，我都給過折扣。第二個原因應該是主因。

好同學桃樂絲當選「佛萊契爾小姐」，她日後出任位於華府的名校——聖約翰霍浦金斯（Johns Hopkins）大學國際事務學院教授。加冕前必須致詞，我就說：「對於大家給我『仕女鑑賞家』之美譽，頗不敢當。對於仕女鑑賞，我最多只限於中國仕女，因為美國人常說的話——『中國人的機會』（Chinamen's chances）（註：此指中國人在美國鮮少機會），這使得我到美國來，一直沒有機會跟美國的仕女親近，令人遺憾。不過我必須指出，中國男人比世界上任何國家男人更會鑑賞他們的女人且更熱愛她們，而她們也以愛回報，假如不是這樣，請問中國怎麼會有八億人口？」同學們立刻哄堂大笑。我在此特別提到「中國人機會」一語，是想借題發揮，諷刺一下美國過去對華人的歧視。

我一九六七年六月畢業，拿到碩士學位，但是前途茫茫。中山獎學金已經用罄，本來想去哈佛攻讀博士，卻發現費正清對台灣充滿敵意，再去申請其他學校已過了期限，只好先就業一年。所以在畢業前，我在《紐約時報》求職版面刊登一則小廣告，另外又向數十所大學發出求職信函。

五、「美國之音」工作

從一九六六年開始，連續兩年暑假都在華盛頓「美國之音」的中文部擔任編譯和主播，週薪九十美元，一個月三百六十美元，勉強夠用。我非常喜歡這個工作。一來「美國之音」是世界最大的廣播機構，可資學習之處甚多；二來華盛頓貴為首都，氣象萬千。該台中文部是臥虎藏龍之地，其中有兩位著名文人，一位是吳魯芹，前台大名教授又是大散文家；另一位是高克毅，英文名為「喬治高」（George Kao），是我國翻譯大師，他最有名的譯作是《大亨小傳》（*The Great Gatsby*）。一九六〇年代，中國學者在大學裡任教，還可得到比較平等的對待，但在美國其他公私機關服務仍受歧視，只能說是討份生活罷了。以吳魯芹和高克毅兩位先生之才華，屈居美國之音中文部，就是例子。

一九六七年夏天，回到「美國之音」工作，使我意外地接觸到兩位大陸人士，讓我對「文化大革命」有了第一手的了解，這對我後來沒有變成「毛澤東迷」或「文革狂」有很大關係。

第一位是繆真白先生，是中共駐敘利亞大使館商務專員。一九六六年七月，他向美國大使館請求政治庇護，獲准後來到華府，接受我的訪問。他解釋投奔自由的原因是，他對中共一九五八年的「三面紅旗」運動特別反感。中共宣稱透過這個運動，中國可向共產主義階段的社會過渡，要超英趕美。繆氏對「大躍進」的批評如下：「人民不分男女老少，日夜守著土高爐，把家裡的鐵鍋、鐵勺放進去煉鐵。全國各地不分城市、鄉村組織了公社、辦食堂、吃大鍋飯。毛澤東說這就是共產主義的基層組織、這就是通向共產主義的現實道路，但是這個運動使中國的經濟遭受了極大的災難，人民默默忍受了三年半飢半飽的生活。」

另外，他對文化大革命也提出批判。他說：「文化大革命把毛澤東的個人權威無限神化，使我心裡打上愈來愈多問號：既然黨的基本路線是群眾路線，為什麼對毛澤東個人要神化？既然黨要實行大民主，容許任何人都可以提意見，為什麼有人對毛澤東的政策提了一點意見，就被打成反毛、反黨、反社會主義的分子？這些問題改變了我對共產黨的根本信念，所以我決定投奔自由。」

他對文革期間全國上下進行全面批鬥，更表不滿：「為什麼不讓大家有充裕的時間工作、學習，多搞一些生產、多辦一些學校，讓國家經濟發展得快一些，讓人民生活變得好一些呢？結果把整個大陸鬧得四分五裂。」他認為文革的目的，不是為服務群眾，而是少數人利用群眾做排除異己的鬥爭。

這是我第一次聽到大陸官員說出對大躍進及文革的感受。

但使我更為震撼的是，訪問中國中央音樂學院院長馬思聰先生，他有中國小提琴第一人之美譽。一九六六年文革開始，中央音樂學院的文革造反派把馬思聰打成「反動學術權威」，還到馬先生家抄家。一九六七年一月，他的夫人和一雙兒女從大陸逃到香港，全家再到美國馬里蘭（Maryland）州定居。

馬思聰一生對中共黨國都有貢獻。但在他赴美後，被中共定為「叛國通敵分子」，株連馬氏親友數十人，到一九八五年始得平反。我和馬氏夫妻及他們的女兒，做了幾次深談，使我對文革的暴行及中共政治鬥爭的殘忍，有了深切的認識。看他們一家人驚魂甫定，在異鄉重新展開生活，內心非常同情。

這兩個訪問，對我意義極為重大。我在留學頭兩年期間，看到也聽到許多美國人及中國知識分子對毛澤東、中共革命及文革的頌揚之詞。訪問後，我對這些頌詞開始反感，等於是打了左傾預防針，這也是一九七一年保衛釣魚台運動發生後，我會站在和左派學人或學生對立的一方。

到了八月，「美國之音」的工作即將在月底結束，而兩個月前刊登的廣告和發出的求職信又全無回音，我開始每日焦慮不安。「美國之音」有位同事對我很照顧，常帶我去參加教會活動。在海外，身心寂寞、感情空虛，所以慢慢接觸基督教教義，雖然並未深入了解，但我總覺得信仰對身心有所幫助，遂在暑期受洗。受洗後，經常禱告，希望能有條出路。說來也巧，正在山窮水盡之時，八月中旬有天晚上，接到美國南卡羅

萊納州（South Carolina）紐伯利學院（Newberry College）歷史系主任梅鐸（John Meador）的電話，說他人在華府，因為系裡有位教授臨時辭職，希望與我面談。我對這個學校一無所知。兩人見面，相談甚歡，他說一、兩天內會回覆是否錄用，這對我來說，是黑暗中的一道曙光。

兩天後，他寄了聘書給我，雖然我還無博士學位，他仍給我助理教授職位。我是歷史系新進人員，除了教東亞史外，還必須要教一些基本課程，如世界通史和美國現代史。講授這兩門課，遠遠超過我的學養，但不教又如何維生？人有求生本能，我從小就相信「勤能補拙」、「天下無難事，只怕有心人」，所以接到聘書的第二天，就跑到書店，買了一大堆與課程相關的書籍，尤其是教科書，開始苦讀。到了月底我買了輛最便宜的金龜車（Volkswagen），便欣然上路直奔南卡州紐伯利學院。

系主任梅鐸介紹當地的前市長夫人畢萊克薇爾（Blackwell）給我認識。市長官邸頗大，我向她租房一間。畢夫人是位心寬體胖的南方世家婦女，笑聲朗朗，走路咚咚作響，對我非常友善。我想到前一、兩個星期還前途茫茫，現在居然到了《亂世佳人》（*Gone with the wind*）的南方家鄉，走馬上任出任教職。懷著既興奮又忐忑不安的心情，開始了我的教書生涯。

第四章　「亂世佳人」家鄉的教書生活

一、三更燈火五更雞

到南卡羅萊納州之前，我對美國南方的印象，多來自《亂世佳人》這部影片。這部影片結尾時，男主角白瑞德（Rhett Butler）和女主角郝思嘉（Scarlet O'hara）有段極精采的對話。風流倜儻的白瑞德多年迷戀美麗動人的郝思嘉，但她屢屢使他傷心，最後，他決定離她而去。當他對她說要離開時，她問：「啊，我親愛的，假如你走了，我該怎麼辦？」他只淡淡地回答說：「坦白說，親愛的，這不關我事。」但這時，郝思嘉已經愛上他，她安慰自己說：「明天，我總會想辦法把他找回來。畢竟，明天是另外的一天。」

紐伯利學院位於紐伯利市，是個有一萬餘人的小城，該城最著名的地標就是這所學院。它是美國路德教會（The Lutheran Church in America）所辦的四年制學院，約有一千名學生。美國的私立學院或大學，絕大多數都是由基督教會或天主教會所創立。這種學校，學生最大來源是教會信徒的兒女，因為父母希望子女維持自己教派的信仰。學院的學生男女各半，校地九十畝，建築物都是美國殖民時期樣式，古色古香。南方這種文理學院，多少帶點貴族氣息，是美國中上家庭子女就讀的學校。該院在南方同性質的學校中，評鑑名列前茅，學生絕大多數為白人。自一八五六年建校以來，已有一百一十年歷史，我恐怕是該校師生中第一位華人。

我每星期有三門課，每一門課花兩天時間準備。那兩天中日以繼夜地閱讀各種書藉，但真正做筆記的時

間是上課前一晚，從晚上八點到半夜凌晨，可說是「三更燈火五更雞」。美國大學教科書都是老師自行選擇。我對每一門課的講授，都根據類似的三、四本教科書，參酌其優點，寫成授課大綱。每一個大綱下列出一些子題，每個子題下又分要點，要點下又寫出主要內容及實例。等到第二天上課時，我記憶猶新、娓娓道來、現學現賣，好似熟食還有熱度，學生的反應十分良好。另外，我還盡可能利用圖表加以說明，並要求圖書館購買教學影片，例如列寧格勒的大圍城、太平洋戰爭、珍珠港事變等。有時也會準備幾個幽默的故事或笑話。幾個月後，跟學生較熟時，他們忍不住問我：「老師，你是個外國人，對美國歷史暨世界通史怎麼那麼清楚？」我當然謙虛以對，但不好意思跟他們說：「我只是比你們先讀過兩、三天而已。」

事實上，剛開始時，我緊張得要命，因為在佛萊契爾學院只念過美國外交史，並非美國現代史，現在居然靠著死念死記也過了關。至於另外一門課「世界通史」，使我更加頭大。美國在一九六〇年代以前，只授「西洋通史」，到了一九六〇年代後，美國介入更多世界事務，觀點也較全球化，就改為「世界通史」。在台灣，只在高中時念過外國史地，考上政大後，只讀過西洋外交史。所以初教「世界通史」，簡直像新兵還沒入伍就上了戰場。我的準備方法與教美國現代史一樣，充分準備，全力以赴。由於世界通史，五花八門，初入寶山，樣樣新奇，故備課時讀來津津有味。上課時談西方藝術史，一定談到梵谷、高更、畢卡索的畫，但是去美國前均未見過。上課時，我只是將所讀資料，擇其精要，轉述給學生而已。多年後，有機會到世界各地博物館見到真跡，倒也一看就懂其精竅，這都要感謝當年授課時的用功。

我知道同事，包括系主任梅鐸，都懷疑我這位台灣學者到底能不能勝任？他們只知道佛萊契爾學院是一名校，塔夫茲大學名列美國大學排名前二十幾名，哈佛大學更不必說，所以他們對我也不敢小覷。

我為何能在留美兩年後，即能以英語授課？遠因是來自於前述沈宗瀚博士和政大鄭震宇老師苦讀英文的感召，在政大時，對英文一直認真學習。近因是，我不敢苟同哈佛大學一些台灣留學生的生活方式。記得該校附近有棟公寓，十餘位台灣留學生住在一起。他們吃中國飯、看武俠小說，甚至偶爾打個八圈麻將。同胞生活在一起，衣食住行互相照顧，當然其樂融融，但是英文程度，除了所修專業課程外，幾年下來，他們英

文程度和剛來美時進步有限。

我因念外交，將來勢必要和洋人交往或理論，英文是必要武器，所以進入佛萊契爾學院後，只和美國學生住在宿舍，外加上課，那是一個二十四小時全天候的英文環境。對來自台灣的「祖國同胞」，我只維持友誼，絕不近交，因為知道將來回國服務後，還可膩在一起。另外兩個增進英文能力的原因是，一、經常讀《紐約時報》或《時代》（*Time*）與《新聞周刊》（*Newsweek*）；二、在「高貴土耳其人」酒店打工一年多，常和顧客聊天或吹牛。就在這些嚴格自律下，兩年來，我已可用英語授課，自己都覺得不可思議。

我的同事從學生身上耳聞對我授課的許多良好反應，所以，他們最後完全接受了我，只是他們不太了解我講課流暢是怎麼辦到的。該學院校長是一位英美文學教授，有天他忍不住問我：「你在不在意我到你課堂上旁聽？」我有點生氣，只能回答說：「隨時歡迎。」但他始終沒來，因為那樣做，不僅對我不禮貌，也有失其校長身分。多年來，每一思及這段授課經驗，雖然過關，但內心仍餘悸猶存。我想除了用功備課之外，大概是我求生意志堅強，有如過河卒子，只能勇往直前。

當地有兩個社團，一是扶輪社，一是同濟會（Kiwanis Club），這是美國大小城鎮都有的社團組織。一個台灣來的教授在白人的大學教書，很快就在小城傳開。不久，我接到這兩個社團邀請去演講，每次都由校長陪同。當時越戰正白熱化，我又來自亞洲，他們都希望聽我對越戰的看法。我應邀在扶輪社以「中國的威脅與美國的困境」為題發表演講。

美國這時已陷入越戰的泥淖，五十餘萬大軍進退不得，再加上美國國內反戰浪潮高漲、民權運動此起彼落，中國大陸亦被文革弄得沸沸揚揚，所以我一開頭就引用英國詩人威廉·亨利（William Ernest Henley）的一句詩，說明當時美國所面對的情境，「在此處悲憤與淚水之外，隱見死亡的恐怖逼來。」（Beyond this place of wrath and tears, looms but the horror of the shade.）

美國政府從韓戰到越戰，都認為中共是美國在亞洲最大的敵人，對此，我指出西方對「黃禍」（Yellow Peril）的恐懼其來有自：

拿破崙說過：「中國是睡著的獅子，一旦醒來，會震撼整個世界。」十九世紀美國國務卿海約翰（John Hay）也說：「中國是世界未來的戰略地帶，人類命運將在此決定。」毛澤東則認為北美和西歐是世界城市地區，而亞洲、拉丁美洲和非洲就是世界的鄉村地區。亞、拉、非三洲人民占世界絕大多數人口，只要先在這三洲進行共產主義革命成功，即可包圍歐美城市地區，如此可完成世界革命。

我再提出美國不僅面對越戰的失利和中共的威脅，她的另一個困境是不知在目標與手段之間如何取捨：

> 美國在越戰陷入一個目標與手段之間的掙扎。為了戰勝，是不是可以採取任何手段？美國軍方曾經表示，美國軍事能力可將北越炸回到石器時代，有人甚至主張必須使用核子武器。但是，美國人也常說民主與共產主義最大不同，就在於民主的建立與運作是採取和平的方式，而共產主義正好相反，它為達目的可以不擇手段。那麼美國該怎麼辦？

我在演講中並沒給予答案，我只是指出美國這種困境，但我隱約地批評美國在越戰使用大規模毀滅性武器（如橘劑）的不人道行為。結語，我引用了聖經《傳道書》的一段話：「贏得競賽的並不一定是跑得最快的，在戰爭中也不見得強壯的就會贏」，來提醒美國不要以為「船堅砲利」就可以贏得戰爭。

事後，我接到幾通電話，包括校長的，對我的演講頗表讚許，這大概是他後來沒到課堂旁聽的原因。

在紐伯利這個小城，我是唯一的中國人，無論去逛街、購物或用餐，大家都很好奇地看著我，許多人最初以為我是日本人。幾個月下來，城裡的居民對我開始友善起來。我和房東與同事，相處非常好。原因之一是他們非常欣賞我做的中國菜，如青椒炒肉絲、番茄炒蛋等。美國人烹調方式只有燉、煮、煎，他們不會「炒」菜，故認為我是烹飪達人。我的女房東亦以烹飪達人著稱，一到週末，她煮南方大菜，我做中國家常菜，並外加調製美酒，所以賓主盡歡。美國南方人比較閉塞，有人一生都沒出過國，對東方，尤其是中國，

覺得神祕；對裏小腳、納妾，充滿好奇。再加上他們向我詢問毛澤東、蔣介石，我都坦誠以告，他們對我的解答甚為滿意，所以關係日趨熱絡。

二、《南方的心靈》

在南方一年，除了教書外，也開始觀察美國南方的景色與人情世故。我特別去了查爾斯頓（Charleston）市，這座沿著大西洋海岸建立的美麗城市，是《亂世佳人》影片男主角白瑞德發跡之地，其建築物多為美國殖民時期風格，有貴族氣息。城外更有許多美侖美奐的莊園（plantation），房子高大堂皇，大樹排立、綠草如茵，有的比《亂世佳人》中的塔洛（Tara）莊園還要氣派。

從紐伯利市往南走，我去過喬治亞州亞特蘭大城（Atlanta），曾到一九三九年首映《亂世佳人》的戲院重看這部電影。再往南走，我去了邁阿密，是迷人的退休、度假城市，有濃厚的西班牙色彩。再向南到基衛斯（Key West），拜訪海明威故居及有名的落日海灘。再往西南走，我到紐奧良市波本街（Burbon Street）聽爵士樂。從紐奧良往北走，我到田納西州的曼菲斯（Memphis）聽貓王當年的名歌「溫柔地愛我」（Love Me Tender），那是我大學時代追女朋友時常唱的歌，也是我一生唯一一曲走天下的西洋歌曲。

我固然欣賞南方的美景，但也清楚地感受到美國南方人與北方所謂「洋基佬」（Yankees），無論英語腔調、氣質和情懷，頗不相同，為什麼？

當我向系主任梅鐸提出這個疑問時，他立刻送我凱許（W. J. Cash，一九〇〇—一九四一年）所著的《南方的心靈》（*The Mind of the South*）[1]。梅鐸是南卡州人，教授美國南方歷史。他送這本書給我時說：「假如你想了解南方人的內心世界，包括七情六欲，這是幾十年來公認最深刻的一本。我也許不該把這本書

1 W. J. Cash, *The Mind of the South* (N. C.: Alfred A. Knopf, 1941).

給你，因為它不是講南方人的光榮面，而是陰暗面。」他這番話引起了我的好奇，遂仔細讀完它。

《南方的心靈》於一九四一年出版。凱許是一位新聞記者，本書是他的成名作。通觀全書，主要講南方文化的理念。這些理念包括：他們認為政府的角色應該保守，不能過度干預個人；主張強大國防，並認為人民有擁有槍枝的自由；他們強調家庭生活，反對任何外界（南方以外）的干涉，當然包括不可干預他們擁有的奴役制度；他們認為人有不同膚色，是上帝的安排，掌控黑奴不必有罪惡感。凱許指出，對南方人來說，美國白人是一個優勢的族群，他們擔心黑人會強暴白人婦女，這倒不是說為了保護婦女，而是為了維持美國男性白人的自尊；南方有權勢的白人，除了掌控黑奴，還壓制貧窮的白人，而這些貧窮白人的人生理想，就是變成有權有勢的白人，所以對待黑人，白人不論富貧都同一陣線；由於這種種族主義及社會階級之區分，使得南方社會充滿歧視與封閉，這造成南方經濟不振、社會落後，並缺乏正義感。

凱許對南方這一切非常憤怒、對南方的未來感到悲觀。他說，對一位南方白人來講，追求知識、舞文弄墨、尋找心靈生活，不是什麼高尚的志趣，簡直有如太監的口味。他又指出，美國內戰（一八六一——一八六五）之後，整個美國朝工業化邁進，但南方還是深受過去農業時代的影響，不是走向未來，而是追懷過去。

看完這本書，我突然想起《亂世佳人》影片中，白人與黑人關係融洽，黑人都樂天知命，在棉花田裡愉快地工作，其實這些都是假象。事實上，黑白人之間的關係極不公正，白人榨取黑人，黑人對白人也是充滿怨恨。總之，這本書說明了美國南方人個性與理念的偏執，以及為何堅持擁有黑奴制度，最終造成與北方發生內戰，南北雙方死傷高達六十餘萬人，超越美國此後所有戰爭死傷人口之總和，極為慘烈。直至今日，美國南北方人士之心結，仍未能完全消除。

看完此書後，再去檢視一年來我所居住的南方，尤其是黑人與窮苦白人的生活，才了解其歷史之淵源及今日美國南北發展之重大差距。美國的東岸和北方以工商業為主，但在南方，農業占很大比重。以高等教育來說，美國《美國新聞暨世界報導》每年都針對美國各地大學及學院給予評鑑。以二〇〇二年為例，四十所最佳大學裡，南方只有八所，前十名裡只有一所。南方各州平均國民所得均低於北方和東西兩岸。

關於白人歧視黑人的例子，我自己有過兩次經驗。有一次我到診所看病，廁所分白人、有色人種（colored）兩處。一九六四年通過的「民權法案」規定，任何公共設施不應有種族區分，但到了一九六七年，南方許多地區仍未實施。我知道自己可以進白人廁所，仍故意問護士小姐：「我該去哪間？」她回答：「白人那間。」但我說：「我沒那麼白。」她一時不知如何回應。我的房東有個女兒，正值雙十年華，有天我問房東太太：「萬一妳女兒交了黑人男友，妳預備怎麼辦？」她立刻提高嗓門大聲說：「要真這樣，我會殺了她。」一九九八年，二十年後，我再次訪問紐伯利學院，順便拜訪女房東，她已是古稀之年，對我已不太認得，我跟她聊天時，她女兒正好帶了個黑人男友回家，我看她已默默接受。

到紐伯利學院教書，是我人生的一個意外旅程。雖然感激學校給我很好的待遇及尊重，但總覺得南卡羅萊納州是個落後之地，不宜多留，所以一年後還是決定回學校攻讀博士學位。路德教會在全美一共辦了二十八所大學，紐伯利學院是其中之一。為了提升師資，讓教師都能有博士學位，該教會每年提供優良教師攻讀博士的第一年全額獎學金，條件是將來要回路德教會的大學教書，如果不回來或沒修到博士，則要將獎金全數歸還。我在紐伯利學院表現不錯，一申請就獲得該項獎學金。

三、以歷史為志業

獎學金有了，那我該進修哪個學術領域？外交、政治或歷史？正在研究時，台灣某好友寄來《蔣廷黻選集》，共六冊，我沒事就一一拜讀。

一九三〇年代，中國知識分子所爭辯最大的問題是：先抗日，還是先剿共？一九三三年四月，蔣廷黻在《獨立評論》發表〈未失的疆土是我們的出路〉一文。他引用明朝遺臣夏允彝一段話：「我之兵力每以討寇，寇急則調邊兵以征寇，東夷急又輟剿寇之兵將以防東夷，卒之二患益張，國之耗竭，而事不可為矣。」夏允彝所指之寇為流寇李自成，夷是滿清，所以明朝江山是先被流寇所破壞，再被清兵所消滅。蔣廷黻又

說：「現在中國當時局勢與明末何等相像，共黨勢力蔓延之廣幾等於明末的流寇，而有組織、有計畫、有主義則過之。現在的日本，論基本勢力之雄厚、野心之大、軍器之精，都遠過於三百年前的滿清。」他的結論很簡單，「先剿匪，後抗日，這是當然的步驟！」[2]蔣廷黻在一九三三年，就指出中共革命比日本侵華對國家更為致命，他的高瞻遠矚，令我萬分欽佩。

於是，我開始研究他的學術背景，發現他曾在俄亥俄州著名的奧柏林學院（Oberlin College）主修歷史，獲文學士學位，然後進入哥倫比亞大學攻讀歷史，於一九二三年獲博士學位。回國後任教清華大學，成為中國近代外交史專家，望重士林。他一九三五年起，工作轉入外交領域，曾先後出任駐蘇聯大使、駐聯合國常任代表及駐美大使，亦曾獲任中央研究院院士。我想蔣廷黻先生一生功業如此輝煌，實乃奠基於其歷史——尤其外交史——的素養，見賢思齊，我當即決定以歷史為博士學位之專攻領域。

既然決定念歷史，我選擇主修美國現代史及外交史。另外，我對中國現代史頗有興趣，決定列為輔修。鑑於一九六〇年代，美國白裔之中國問題學者，對中共革命多有頌揚之謬論，費正清為其中之最，修習中國現代史，我決定一定要跟在美國之華裔學者學習，因為他們經歷過現代中國的變遷，應該較能掌握其真相。在此一決定下，查了一些美國名校介紹，發現芝加哥大學歷史系有許多名師正符合我的要求。如教美國南方史的富蘭克林（John Hope Franklin），他後來出任「美國歷史學會」會長，這是美國史學家的最高榮譽。另位日裔美籍學者入江昭（Akira Iriye），他的專長是美國與東亞關係，在學界無人出其右，後來亦出任「美國歷史學會」會長及「美國外交史學會」會長，一人得兩高位，實為殊榮。

至於芝大有關現代中國政治和歷史，亦有名師。歷史系的何炳棣，華裔美籍學人，亦是中央研究院院士。政治系的鄒讜，也是華裔美籍學人，是國民黨元老鄒魯之子，在中美關係領域望重士林。另一位歷史系教授孔復禮（Philip A. Kuhn），專攻清史及民國史，出身於哈佛，已聲名鵲起。

我選擇芝加哥大學的另一原因是，該校為美國名列前茅的研究型大學，向以研究風氣嚴謹著稱，在美國高等教育史上，曾推出許多教育改革措施。在我一九六八年前往就讀時，全球華裔學者獲得諾貝爾獎只有兩

人，即該校物理系畢業生楊振寧和李政道。基於以上各種原因，我決定申請該校，一九六八年初欣獲錄取，於秋季入學。

四、黑色的一九六八年

一九六八年，恐是美國二十世紀歷史上，內憂外患最甚的一年。

第一件大事是，越共從一月到四月對南越展開「猴年攻擊」（Tet Offensive），並進攻在西貢的美國大使館，南越政府軍傷亡慘重，對美國政府與民間帶來極大震撼。此後，美國的越戰情勢開始走下坡，近六十萬之眾的美軍無法戰勝越共與北越部隊，這是美國有史以來第一次在海外戰場失敗，美國人民對越戰之信心已開始瓦解。

第二件大事發生在四月，位於紐約的哥倫比亞大學發生學運，數千名學生占領行政大樓，反對該校與政府出資之軍事研究單位發展合作關係，認為涉入美國參加越戰，助紂為虐。結果，校長召來兩千名警察，把學生打得頭破血流，七百名左右學生被捕，學運持續一個月，是美國一九三〇年代以來，最大的學生運動，引起全球之注意。

第三件大事是，四月四日，美國民權運動領袖金恩牧師（Martin Luthur King, Jr.），在田納西州曼菲斯市（Memphis）支持當地黑人清潔隊員反抗不公平待遇時，被刺身亡。他在被刺前晚演講，提到有人要取其性命，他說出一些十分耐人尋味的話，可謂一語成讖：

> 像任何人一樣，我也希望長壽，而長壽也有其意義。但我已經不關心了，我只要貫徹上帝的旨意，而

2 蔣廷黻，《蔣廷黻選集》（台北：文星，一九六五），第二冊，頁二八七—二八八。

> 祂已經容許我走到山頂之上。我向下望去，我已看到祂所應許之地，（但是）我也許無法和你們一起到達。今晚，我要讓你們知道，做為一個族群，我們一定會到達那應許之地。今晚，我很高興，我什麼事也不擔心，我也不怕任何人，（因為）我的雙眼已看到上帝降世的榮光。[3]

我記得當晚電視播出他被暗殺的畫面時，由於我對美國黑人的同情與對金恩牧師的尊敬，使我不由得眼淚奪眶而出。一八六三年，林肯總統簽署「黑奴解放宣言」，兩年後，林肯死於白人種族主義分子槍下。相隔一百零五年後，種族歧視的魔咒還是不能解開，一個年僅三十九歲、曾獲得諾貝爾和平獎的年輕生命，就在白人仇恨的槍下犧牲了。

第四件大事發生在六月五日，甘迺迪總統的弟弟羅伯・甘迺迪（Robert Kennedy）正在加州進行爭取該年民主黨總統提名競選活動，勝利在望。但一名巴勒斯坦人對他同情以色列極為不滿，開槍行刺，翌日，羅伯傷重不治。

美國發生這一連串悲劇，全國陷入一片愁雲慘霧。當時美國人似乎都在問一個問題：「這個國家是不是完了？還是瘋了？國家怎麼陷入如此慘境？社會怎麼變得如此殘暴、沒有人性？」就在這樣的氛圍下，我結束了在紐伯利學院一年的教學生涯。我猶記得離開該校時，由於金恩牧師的被刺，我甚至不想再多看美國南方一眼。

臨行的前晚，我在日記上寫了幾行字，表達了我對未來的期待：

揮一揮手，作別小鎮的沉靜與落寞，
帶著一年累積的思維與夢想，
我將走向一個新的地方，
在那兒，

我祈求讓我生命走出亮光。

六月，我離開紐伯利市的第一站是華府，前去聲援當時在華府進行的民權運動。金恩牧師將他的人權運動分成兩階段。第一階段側重反對種族隔離，爭取「司法人權」；第二階段為改善黑人生活，爭取黑人的「經濟人權」。在他逝世前，他發動成千上萬的美國窮人，尤其黑人，從美國四面八方聚集到華盛頓，展開「窮人戰役」（Poor People's Campaign），希望能對國會施壓，通過他們所要求的「經濟權利法案」，以三百億美金幫助美國窮人就業、保障每年最低收入等事項。五月，金恩牧師逝世後一個月，他們在華府國會大廈不遠處，蓋了一座「復活之城」，供前來抗議人士落腳。可惜由於建材單薄、人滿為患，加上連日大雨，現場泥濘不堪，到了六月中旬只得草草收場，他們所要求的法案，也未通過。我在「復活之城」待了兩天後傷心地離開。

由於距離芝大開學，尚有三個月的時間，我決定到哈佛大學圖書館去念書，為芝大進修預做準備。週

兩名酒保多年後合影。右者為韓國延世大學教授金達中。

3 Clayborne Carson, et al, (Eds.). *The Eyes on the Prize: Civil Rights Reader* (New York: Penguin Books, 1991), pp. 418-419.

末閒暇時，難免又回到「高貴土耳其人」酒吧小酌數杯。我那調酒師寶座，在離開佛萊契爾學院時，已傳給我另一位也拿中山獎學金的政大好友。老友重逢，每次前往不僅免費，還頻頻加酒，使我好幾次都腳步踉蹌而歸。酒店老闆為了使酒店有東方色彩，所以他僱用的侍者，都是在附近大學攻讀的亞洲學生，有韓國、台灣、泰國和日本人。他們出國前，在本國都出身中上之家，到了美國打工，難免有些委屈。我倒是看得滿開，因為美國人從小就送報、鋤草、洗車、漆房子或是當店員，都是自食其力。也發現一九六〇年代的越南英雄人物胡志明，年輕時一直打工維生，在巴黎、倫敦、紐約和波士頓當過廚子、洗衣工及麵包師傅[4]。就把胡志明打工經歷告訴我的亞洲朋友，笑說我們現在已有普羅階級打工經驗，將來回國正可從事革命事業，他們聽後都大笑。這幾位調酒師朋友，現在有人是泰國最高法院大法官、有人是韓國大學校長、有人是中華民國五院院長之一，也有人是中華民國政府部長級官員。這個酒館之經理為金達中，韓國人，後來成為該國著名政治學者，並出任世界「國際政治學會」首任亞裔會長。古語說：「將相本無種，男兒當自強」，用來形容這批調酒師或侍者，應屬恰當。

4 "Ho Chi Minh," Wikipedia, http://en.wikipedia.org/wiki/Ho_Chi_Minh.

第五章　芝加哥大學：隨師習道記

一、芝大校訓、學風與學運

一九六八年八月下旬，我從麻省劍橋市一路開車到芝加哥，該城為美國第三大城，僅次於紐約與洛杉磯。美國中西部遠離美國兩岸政經中心，民風又比較淳樸，以為從此可以安心念書了。但是在八月二十八日晚上八、九點，駕車駛進芝加哥市區時，面對的不是一城寧謐，反而是全城沸騰、警笛狂鳴。才知道該日是美國民主黨總統提名大會。會場外有一萬多名反越戰人士，手舉標語進行示威活動。市長戴利（Richard Daley）動員兩萬多名警察及國民兵，用棍棒、催淚瓦斯把示威者打得頭破血流。事後媒體評論說，這不是「群眾暴動」，而是「警察暴行」，成了各媒體頭條新聞，但大多數民意支持市長的強硬手段。

我就在這樣一個警民衝突的夜晚進入芝加哥。到了芝加哥大學附近，因路途不熟，一不小心轉入單向道，被警察開了張罰單，這是我到芝加哥收到的第一份禮物。

芝大是一八九〇年由美國石油大王洛克斐勒捐款，與美國浸信會教育協會共同創立。校舍為英國哥德式建築，高雅挺拔，莊嚴肅穆，頗具美感。芝大校訓是「讓知識愈增愈多，讓人類的生命愈來愈豐盛」（Let knowledge grow from more to more; and so be human life enriched.）。我去芝大念書時，校長李維（John Levy）特別強調大學要注重研究社會的問題並提出解決方案，所以芝大是一個兼重思想與現實的學校。

美國芝加哥大學的英國哥德式校園建築。

在追求知識及豐盛生命的校訓下，芝大有兩大特殊校風。

第一，學校是一個追求學術卓越的社區。芝大第五任校長赫金斯（Robert M. Hutchins），在對大一新生的演說中明言：「芝大是一個學者的社區（community of scholars），最主要的活動是追求知識。」

反映此一校風具體作法，是其組織架構。芝大學生只有一萬五千人左右，研究生占百分之七十，大學生只占百分之三十。另外，師生比高達一比四。這些比例為美國其他大學所無，清楚顯示其為一研究型大學。

芝大校友畢業後出任大學教職之比例，名列全美（或世界）第一。芝大師生及校友，迄今一共贏得八十七座諾貝爾獎，居世界第二（英國劍橋大學第一，共九十名；哥倫比亞大學第三，共八十二名）。但也因如此，仍在校園任教的得主不下十餘人，所以芝大有個笑話：在校園開車請小心，不然可能撞倒一位諾貝爾獎得主。哈佛大學出過八個美國總統，它的笑話則是：在校園開車請小心，不然可能撞倒一個未來總統。

吾師芮效衛（David T. Roy）寬敞辦公室。這種優渥環境想是芝大教授獲得眾多諾貝爾獎的原因之一。

我的兒子漢儀，也受我的影響，前往芝大念書。他入學後有一天寫信給我，「爸爸，您知道嗎？最近哈佛大學有份學生刊物，根據『有趣和好混』標準，公布全美大學排名。第一名是佛羅里達州立大學，而第兩百九十八名是美國海軍官校、第兩百九十九名是西點軍校、第三百名也是最後一名就是芝加哥大學。」他問我：「您為什麼會推薦這種學校給我？」芝大大學生約有五分之一畢業前即離校，大多是被當掉或受不了它嚴謹的訓練而轉學。不過，也有許多學生特別喜歡這種校風，漢儀即是其中之一，他在芝大取得政治系學士學位，現任美國微軟（microsoft）總公司設計總監。根據他的說法，他能勝任工作，是基於在芝大所受的嚴格訓練。

芝大第二個特殊校風是強調博雅（Liberal Arts）教育。芝大認為知識分子對人類有史以來知識之精華，都應有基本的了解。為達到此目的，芝大為大學生在四年內設計了四十二門課程。這又分成兩大部分，第一部分稱為「共同核心」（common core）課程，共二十一門，占四年課程總數之一半，它包括八大領域：一、人文學

小兒漢儀畢業於芝加哥大學時合影。（一九九七年六月）

科等；二、物理科學；三、社會科學；四、生物科學；五、外國語文；六、文明（civilization）研究；七、數學；八、藝術、音樂、戲劇（擇一）。

芝大認為大一、大二學生知識不足，也不完全了解自己的興趣，所以大一、大二不分系，全體學生必須讀完「共同核心」課程，使他們了解自己性向與志趣，如此在大三、大四，即可依其志趣修習第二部分的二十一門專門學科課程。芝大這種先博後約的訓練，是希望學生能具有一個均衡的知識基礎，曾被美國一些高等教育評鑑刊物和網站，評列為全美第一。

芝大這種作法還有兩種考慮：第一、學生修習「共同核心」課程後，對人類核心價值有了基本了解，一生才具有思想交流與凝聚社會共識的能力；第二、大學只提供基本知識，學生如想走入專業領域，應該等到研究所，因此美國大學法、商、醫等學院，都是研究院，只有大學畢業生才能申請。

我這位研究生，發現在所選的人文與社會科學課程中，有很多學理工的大學生也來上課，他們因為念過「共同核心」課程，可以跟我談人文

與社會科學，但我卻無法跟他們談理工科學，這是因為我出身於過早分系的台灣教育制度。在台灣高中，高二就分組，一進大學就分系，所以從高二到大學畢業這六年，學生彼此之間念的學科天南地北，幾乎全無交集。在這種制度下，台灣的大學畢業生，除了自己專業外，對其他領域幾乎一無所知。尤有甚者，這種知識的疏離，再加上畢業生進入社會以後，各自從事不同的工作，使得他們對於國家的方向、社會的發展及所謂人生的核心價值都難產生共識，個人認為這是今天台灣一片紛擾與亂象的重要原因。今天，在國家或族群認同上，我們連自己身分是中國人、台灣人或兩者皆是，都莫衷一是。反之，如果知識分子間能有一些共同的知識與價值觀，社會共識較易凝聚，才能進而解決問題。

記得芝大畢業多年後，我有次到麻州衛斯理學院（Wellesley College）看望小女梅儀，碰到一位曾在芝大大學部畢業的柯恩（Paul Cohen）教授，我提到芝大核心課程，他眼睛馬上一亮說：「大一、大二是我一生求知最興奮的時光。因為我們都念了牛頓、愛因斯坦、柏拉圖和亞里斯多德，所以無論在教室、餐廳、咖啡館，同學們都有共同話題，好不熱鬧。」又說：「這種腦力激盪所產生的智慧火花，是知識的饗宴（feast of knowledge），一生受用無窮。」誠哉斯言！

芝大是學季制，一年四季，一季十二個星期，選四門課，修習社會科學或人文學科的學生，通常要繳四個研究報告（每個報告約十五到二十五頁）。所以每個學季，前四星期上課、找資料、決定題目，剩下八星期，除上課外，還要完成四個報告，可謂是忙得喘不過氣來。記得我在芝大那四年，好像沒有正眼瞧過別人，也鮮少停下來和同學聊天，每天所想的就是要繳的四份報告。芝大總圖書館，極為現代化，每天早上八點開放到翌日凌晨一點，只有星期天上午不開放。我每天早上十時左右進入圖書館，約半夜十二點或凌晨一點離開，此時身心俱疲，常到校園附近吉米（Jimmy's）啤酒屋喝一、兩杯啤酒，再回宿舍睡覺。圖書館設備齊全，沙發寬度及長度幾乎等於一張小行軍床，隨時可在那休息，甚至睡覺。圖書館內也有餐廳，可以進去一整天不必出來，讓你專心用功。

芝大的教授，每人在圖書館都有個研究小間，老師與學生在圖書館各就各位、努力向學。由於師生每週

有固定會面時間（約一、兩小時），所以在圖書館不可打擾老師。我初到芝大，不知成規，有時在圖書館遇見老師會向他們請教一、兩問題，他們多面露不耐之色。我的一位教授，每週只會見學生兩小時。由於他的學生較多，每個人平均只給五分鐘，五分鐘一到，祕書會敲門提醒時間到了。如有重大問題，學生只好另行請見。除此之外，師生幾乎不相往來。

初到芝大，有次我向孔復禮老師說明「一日為師，終生為父」的道理。他回答說：「豈敢，豈敢。」他又說：「我只是教你念書，除此以外，千萬別對我期望太高。」我對美國師生關係之淡薄，最初有些反感，但看到老師們專心向學，完成其人生的理想，又有何不對？如果把時間都給了學生，他們自己又如何精進？所以，最後對他們反而非常尊敬，但仍希望他們能多騰出一點時間給學生。記得有位同系好友，廣東人，在芝加哥大學念了八年，拿到博士學位，老師只跟他握手恭喜而別。他對我說：「我跟隨此師八年，他連杯咖啡都沒請過我！」我聽了也有點難過，但不知如何回答。

芝大教授分六級：助理教授、副教授、正教授、講座教授、優異服務教授（Distinguished Service Professor）及校級教授（University Professor）。這六級教授薪水各異，到第六級，薪水不次於大企業的董事長或總經理、或政府部會首長。在各級之內，薪水亦因教授表現優劣而異，是一標準的資本主義模式。因此，教授因為收入豐碩，絕無兼差撈外快情事，均專心向學、孜孜一生。反觀，台灣的大學教授只分三級（助理教授、副教授和正教授），每級薪水一致，完全不計績效，毫無激勵作用，這也是台灣之大學學術研究風氣不振之主因。

攻讀博士第一年期末，就要考博士資格筆試，決定是否准許繼續攻讀，所以對我壓力很大。我第一年是拿了路德教會的獎學金，要是沒通過這項筆試就得走路。所以到芝大的前九個月，每天都苦讀到昏天黑地。第二年六月參加考試，以優等（honors）通過，學校給我福特基金會（Ford Foundation）所贈三年博士獎學金。在獲知得到此三年全額獎學金時，我高興得跳了起來，這如同一九六七年夏天在華盛頓得到紐伯利學院的聘書一樣，我又可繼續活下去了。

芝加哥氣候春、夏、秋宜人，但冬天氣候嚴寒，如果站在戶外不戴耳罩和手套，會得凍瘡。所以每到冬天，師生的情緒都會很低落。芝大前校長葛雷（Hanna Gray）有次開玩笑地形容芝大的冬天生活，「我不能說是灰色（這與她的姓氏同義），這樣說對我有點困難，但可以說是米色（beige）。」

不管芝大冬天生活是灰色或米色，芝加哥到底是大城市，各種活動都有，藝文活動更是豐沛。根據一項評鑑，「芝加哥交響樂團」名列美國第一、世界第五。至於美國著名藝人來城表演更是如過江之鯽。我雖是一清貧研究生，但遇到心儀藝人表演，還是會縮衣節食購票以一瞻風采。記得一九七〇年春夏之交，著名反戰、反主流文化的民歌天后瓊拜雅（Joan Baez）到芝城經典（Paragon）戲院演唱，我買了站票聆聽。那晚她抱著出生數月大的小男嬰走上舞台，唱她最著名反戰歌曲之一——「花落何方？」（Where Have All the Flowers Gone?）。由於她丈夫大衛（David）拒絕當兵而入監，她在唱這首歌時，特別說這首歌是獻給大衛的。歌詞如下：

花落何方？
每朵花都被女孩採走，
人們何時才能得到教訓？

女孩們都到哪兒去了？
每位女孩都找到了丈夫，
人們何時才能得到教訓？

那些年輕男人都到哪兒去了？
每位年輕男人都當兵去了，

人們何時能得到教訓？
那些阿兵哥都到哪兒去了？
每位阿兵哥都到墓地去了，
人們何時能得到教訓？
那些墓地到哪兒去了，
每塊墓地都鋪滿了鮮花。
人們何時能得到教訓？

在舞台柔美的燈光下，她抱著小嬰兒，唱著這麼催情感人的歌曲，獻給在獄中的丈夫，聽眾大多眼眶泛紅，令人不反越戰也難。

到了芝大本想安心念書，可惜不到半年就發生學生示威運動。一九六八年，反越戰運動如同傳染病迅速散播各地，美國許多大學紛紛掀起示威運動。芝大學運起因於社會系女教授狄克森（Marlene Dixon）。她是一位馬克思主義信徒，也是女權運動者，十一月，她和上百名學生杯葛新校長李維的就職典禮。他們示威的標語是「工作、讀書、打敗別人、殺人」，批評美國社會的功利與無情，人一生就是這四件事情，而殺人一語，是指美軍參加越戰。翌年二月，社會系決議不再續聘這位教授，這引發四百多名學生占領學校行政大樓兩個星期。學校有備而來，校長立即宣布學校放假，有些職員甚至留了字條：「同學們，請幫我的盆栽澆水。」

美國學生當年流行反政府、反資本主義、反主流文化，再加上學業壓力，所以只要一有藉口，就展開示威行動。以芝大為例，我看很多學生參加示威，主要是順便紓解學業壓力。我記得女兒梅儀，聽到爸爸及哥

哥對芝大嚴格訓練常發怨言，就堅決拒絕前往。她說：「我到大學不只是求知，還希望有個快樂的大學生活。」所以，她大學先赴麻州之衛斯理學院（Wellesley College）念大一，後畢業於賓州大學（University of Pennsylvania）。

我冷眼旁觀看這個學運，受益良多。學生鬧學潮最希望校方施暴，這可激發更多同學參加。李維校長（後出任美國司法部長）採取軟性策略，對那些占領行政大樓的學生說：「一切請便，如你們還有什麼不滿，歡迎隨時回來。」弄得學生啼笑皆非。這和哥倫比亞大學校長的反應截然不同。哥大校長召集兩千名警力入校，棍棒齊飛，血流如注，鬧到舉世皆知，學生反而愈戰愈勇。

小女梅儀畢業於美國賓州大學時合影。（二〇〇二年六月）

一九九〇年三月，台北中正紀念堂廣場上舉行「野百合學運」，提出「解散國民大會」、「廢除臨時條款」、「召開國是會議」及「政經改革時間表」四大訴求。那時我在行政院新聞局服務，郝柏村先生擔任行政院長。我怕他會採取嚴厲反制行動，特別跟他說明哥大和芝大處理學生運動的不同作法，郝院長表示同意芝大作法，認為學生運動還是以理性溝通、溫和勸解為宜，該學運終以和平落幕。

我在芝大四年期間，三位名師對我影響最大，我下面就敘述追隨他們求學的心得。

二、主授美國歷史的恩師——富蘭克林

我到芝大修了一門美國南方史，授課老師為富蘭克林，為一非裔美人，出身哈佛，身材修長，紳士派頭，笑容可掬。當他知道我這個從台灣來的學生，居然在一所南方大學教授美國現代史，非常驚訝，然後他說：「你是我教學生涯中唯一來跟我修習美國歷史的台灣學生。」此後對我特別友善，維持了一生的師生情誼。他不是一位象牙塔學者。他在一九五〇年代，即加入民權運動。美國最高法院終於在一九五四年，做出取消公立學校內黑白隔離的判決，這是美國民權運動最重要的里程碑之一。二〇〇五年，他獲頒「美國總統自由勳章」（Presidential Medal of Freedom），這是美國政府給予文人的最高榮譽，一生著作等身。他給我最大的啟示是，學者也必須要將他的學術投入濟世工作中，才能善盡公民責任。

在跟隨他修業期間，對五〇年代興起的民權運動也深入研究，使我對美國黑人對種族平等所做的努力、犧牲與奉獻，有著極深的感動。

許多白人認為，人類既然有不同種族與膚色，就要各安其位，所以種族隔離是合理的。金恩牧師形容他們的三段論法為：「所有人都是依照上帝的形象而製造的，上帝不是黑人，所以黑人不是人」。

一九六三年五月，金恩牧師在阿拉巴馬州伯明罕（Birmingham）市發動上千名黑人遊行。警長康納（Bull Conner）先是棍棒齊飛，然後祭出水龍，這種水龍的水壓，每一平方吋達一百磅，可以沖掉樹皮，所以許多黑人都被水柱吹翻了。水龍之外，還派出警犬咬人。這些衝突透過媒體的報導，全美及全世界都看到這些欺凌黑人的景象，引起極大反感。

一九六三年是林肯簽署黑奴「解放宣言」的百年紀念年。八月二十八日，二十五萬美國人民前往華盛頓，其中四分之一是白人，是美國有史以來最大的群眾集會，演講台就設在林肯紀念堂前的石階上。金恩發表了大家公認是二十世紀最引人注目也最感人的演講——「我有一個夢想」（I Have a Dream）。他以低沉但充滿感情的語調說：

> 一百年前，一位偉大的總統……簽署了「解放宣言」。對於那數百萬為不正義火焰灼傷的黑人來說，這個重大的宣言是一道希望的曙光。……一百年後，在一片物質富裕的海洋裡，黑人還是生活在孤單而貧窮的島嶼上。一百年後，黑人還是在美國社會的角落裡飽受折磨，有如被流放在自己的國土。
>
> 我有一個夢想，有一天，這個國家能站起來並實踐它信仰中的真正意涵：「我們認為這些真理都是明顯易見的，人人生而平等。」……我有一個夢想，我四個孩子有一天能生活在一個國家，他們被評斷的標準，不是他們的膚色，而是他們人格的內涵。
>
> 我們要加速那一天的到來，屆時所有上帝的兒女、黑人和白人、猶太人和外邦人、基督教徒與天主教徒能夠握著彼此的手，唱出黑人的一首古老靈歌：「終於自由了！終於自由了！感謝偉大的上帝，我們終於自由了！」[1]

記得齊邦媛教授曾在其鉅著《巨流河》裡，批評日本自甲午戰爭起即不斷欺壓中國，她說：「我終生不能了解，人與人之間，國與國之間，怎麼會有那麼持久的、不停歇的傷害？」三百多年來，黑人及其他少數族群，被白人不停欺壓。在一九六〇年代，我親眼看到黑人示威被警察施暴、黑人住宅被白人三K黨丟炸彈、民權人士被白人暗殺，我義憤填膺，久久不能自已。美國這種反對種族、宗教或性別歧視的抗爭活動感動了我，讓我知道平等與正義是任何社會都要追求的目標，這種體認影響了我後來回國服務在工作上的一些作為。

台灣在一九五〇年代有句名言：「時代創造英雄，英雄創造時代。」個人認為美國民權運動是「英雄創造時代」，遠大於「時代創造英雄」。如果沒有金恩牧師與民權運動人士的智慧、勇氣與奮鬥，他們不可能

---

1 William Safire, et al, (Eds.). *Lend Me Your Ears* (N. C.: W. W. Norton, 2004), pp. 560-565.

推翻三百多年的種族歧視制度。金恩是最擅用媒體的革命家，他這種特重文宣的革命行動，與國父當年在海外革命時，到各僑居地演講、募款、發行報紙的作法一樣，即「鼓動風潮，造成時勢」，最後革命成功。

二〇〇八年，我們都非常驚訝但也欣喜地看到歐巴馬當選美國總統。個人認為，沒有金恩牧師當年的奮鬥，就沒有今日歐巴馬選舉的成功。金恩牧師打開了黑人命運的大門，而跨進大門取得勝利最高冠冕的人，就是歐巴馬。歷史不斷的向前行進，一八六三年，林肯解放黑奴；一九六三年，金恩牧師宣布了他的夢想；二〇〇八年，歐巴馬實現了他的夢想。

一九六〇年代，民權運動最著名的歌曲是「我們將會勝利」（We Shall Overcome），它的歌詞如下：

我們將會勝利，
我們將會手牽手走在一起，
我們所有的人都將獲得自由，
我們並不害怕，
我們也不孤單，
我們總有一天會勝利。

這首歌在每一個民權運動的聚會、遊行、示威場合都被吟唱。一九七〇、八〇年代，台灣黨外人士聚會時，也常常高唱這首歌。

三、主授美國與東亞關係的恩師——入江昭

在芝大歷史系我另一位名師，是日裔美籍的入江昭。他年輕時來美留學，獲哈佛大學博士學位，其著作

大都在闡釋美國、中國與日本三個國家之相互關係。

他對日本軍國主義之評論尤有見地。他指出一九三〇年代日本軍人抱持一個「帝國理論」：帝國一定要有充足的土地與資源，才能完成帝國的大業。所以日本軍人認為，日本占領東北固然解決帝國土地與資源的部分問題，但東南亞有石油、各種礦產與其他資源，更有助於日本完成其帝國宏圖。蘆溝橋事變半年後，中國東半部江山已受日本控制，但戰事陷入膠著。一九三八年起，日本想跟蔣委員長談和，但蔣先生堅持日本必須將所有在關內的部隊都撤回東北，關內不得有一兵一卒，日本無法接受。在中日戰爭期間，美國廣大民意（包括羅斯福總統）都親華反日，美國遂在一九四一年八月初，凍結日本在美國資產並禁運石油至日本，日本為取得石油等戰略物資，決定進攻東南亞，尤其是荷屬印尼。但是日本知道出兵東南亞，必定引起與美英之戰爭，所以，為了先下手為強，日本終於在該年十二月八日（日本時間）偷襲珍珠港，太平洋戰爭於是爆發，此一戰爭導致日本最後失敗的命運。

入江老師對日本軍國主義思想的主要批評是，日本思維都是以日本國家發展及經濟利益為考量，日本帝國主義缺少可為他國接受的普世價值。但其他國家，例如中國倡導的反帝國主義、蘇聯倡導的反法西斯主義、美國倡導的「民族自決原則」，這些訴求都具有普世價值。入江師認為日本的帝國主義理論過於自私狹隘，無法為其他亞洲人民接受，所以他總結說：「日本帝國主義在中國的失敗，是一個思維的失敗（failure of ideas）。」[2]

我並非因他批評日本軍國主義思維而敬佩他，而是他在討論日本軍國主義之失敗，不從軍事角度著手而從思想方面批評，實是一針見血之論。事實上，日本在二次戰後，失去東北、韓國與台灣之土地與資源，並未妨礙她成為世界經濟大國之地位，可見土地與資源並非成為帝國之必要條件。入江老師在一九八八年當選

2 Akira Iriye, "The Ideology of Japanese Imperialism," in Grant K. Goodman, ed., *Imperial Japan and Asia: A Reassessment* (N. C.: East Asian Institute, Columbia University, 1967).

為「美國歷史學會會長」，為亞裔美人中第一人。他解釋歷史現象能獨具創見，使我想起魯迅名句「於無聲處聽驚雷」。

入江師另一專業領域是中美關係。中美兩國關係，始自美國對中國之貿易。一七八四年，美國第一艘商船——中國皇后號（Empress of China）——抵達廣州，從此展開了中美兩百二十餘年的關係，這些關係牽涉到經濟、政治、宗教及文化層面。在這段期間，美國人司徒雷登（John Leighton Stuart），於一九〇四年來華，為美國南方長老教會在華中地區之傳教士。一九一九年至一九四六年出任在北平之燕京大學校務長（實為校長），任職將近三十年之久，將該校建設成與北京大學和清華大學齊名的大學。於一九四七年至一九五二年，他出任美國駐華大使。其一生志業及貢獻，牽涉中美關係宗教、文化及政治三個層面，其聲望及影響力，在所有在華美國人士中無人可及。所以，在入江師指導下，司徒雷登一生行誼就成了我博士論文的題材。

四、主授中國現代史的恩師——孔復禮

我從九歲抵台到二十六歲離開台灣來美留學，這十七年間，一直在政府反共抗俄的教育下成長。教科書對中共革命成功的解釋是，中共利用八年抗戰國破家亡之際，靠蘇聯的援助而革命成功，但是對中共革命成功自身所做的努力，均未加說明。另外，我到芝大時，中共之「文化大革命」正如火如荼，我更想知道其真正內幕。其實，我更想知道的是：一、中國大陸將往何處去？二、中華民國將往何處去？三、我自己又將往何處去？第三個問題已非學術問題，關係到我人生方向的選擇。

芝大歷史系主授中國現代史的是孔復禮（他另一中文姓名為孔飛力）。孔師方面大耳、兩眼炯炯有神，其談話與著述，都要言不煩，精闢又幽默。

孔老師指導學生的方法非常獨特——學生必須先自行磨練。我向他請教：「我想研讀中國現代史，該如

何訂定我的讀書計畫？」他說：「中國現代史可分成十九世紀清史、二十世紀民國史及中共史三大類。你到圖書館依此三大類別編一書目（Bibliography）。」我問他書目內容為何？他則聳聳肩說：「這你要自行設法。」不得要領之下，我只好先到圖書館翻遍所有書目類書籍。幾經比對後，以三個月時間，我將這一書目分成通論、政治、社會、思想與文化、經濟、外交、軍事等七大主題，每一主題分別列出重要中英文著作，著作包括書籍與論文兩類。他看過初步計畫後，表示同意。但當我問他如何分辨重要著作？他笑笑說，這要你在研讀後自行判別。

在這一指示下，又經過三個月的努力，我編出共計一百五十頁的書目，由於我對三大類別的每一主題都列出約一百餘種書籍及論文名稱，故共計兩千餘筆。這可把我嚇壞了，這麼多筆，該如何選擇閱讀？孔老師教我先自行大致研讀，把兩千餘筆依其重要性用三顆星、兩顆星及一顆星標出。我又用了九個月時間完成此一指示。最後由孔老師覆閱，他再勾出一些他認為重要者，並與我討論，最後定稿裝訂成冊。孔老師也要了一本，放在其書架。多年後我到哈佛去看他，我那本書目還放在他書架上。

記得編書目那一年半，我幾乎每天早上十點到圖書館，直到半夜才離開，每日純粹就是翻書加上閱讀，但等到書目編成後，我已把中國現代史的重要書籍及論文都大致翻閱了一遍，受益匪淺。不過經過這一年半的磨練，實在累人，本來頗感抱怨，但有天我突然領悟孔老師這種訓練學生的方法，實在高明。想起小時候看過許多武俠小說，記得有本敘述一位年輕人為了要報父母不共戴天之仇而上山學藝。老師父每天只叫他挑水，每天要上下台階三百多階。第一年沒教他一招半式，第二年亦復如是。到了第三年，少年生氣了，痛哭流涕地向師父抱怨：「三年來，您連一招半式都不教我，我如何報仇？」師父回答說：「現已三年期滿，明天我開始教你。這三年，你挑水，已練了腳力、臂力和體力，基礎功夫扎得深，才能習得好武藝。」後來這位年輕人果然練就一身武功，得償報仇心願。所以孔老師訓練學生的方法，幾乎就是這位老師父訓練徒弟的翻版。當然，孔老師這種辦法，對他亦有用處，他在看我勾選那兩千餘筆資料時，一定發現一些他不知道的資料，這大概是為什麼他也要了一本我的書目，所謂「教學相長」，此應係一例。

在芝大念書期間，正值中共文化大革命熾熱進行期間，美國人民反越戰運動進行得如火如荼，加上美國社會反主流文化蔚為風潮，所以一時毛澤東、胡志明、卡斯楚（Fidel Castro）這些反美反西方的共黨領袖，在美國校園裡立刻成為英雄。記得一九七〇年四月，時任中華民國行政院副院長的蔣經國先生訪美遇刺，幸未受傷，但我的一位美國老師竟說：「真糟糕，居然沒刺中！」另一位華裔教授在課堂上也表示，他很後悔訪台期間與蔣中正總統握手，言下之意，深以此為恥。校園裡另有幾位教授竟穿起毛裝、掛起毛像，校園瀰漫著親中共的氣氛。

但是在美國學術界捧毛最力的仍是費正清教授，他討論中共與文革的文章，分別見於《紐約時報》、《外交事務》（*Foreign Affairs*）等重要報刊。他主要論點是以中國過去傳統，如仇外、藩屬體制和蠻夷之別等例子，來說明毛氏政權之本質或行為，甚少討論共產主義對中共行事之影響。

我實在忍無可忍，就在孔老師課堂提出一份批評費正清的報告——〈老神話或新現實：我對費正清教授所謂「中國世界秩序」的思考〉。我的報告主要論點如下：

一、中國共產黨的行為既不是沿襲中國傳統，也不是依恃文化的驕傲，其目標是建立一個現代化的社會主義國家。

二、美國於五〇年代加入韓戰，支持台灣的國民黨政府，並從日本至越南設立了一道防衛線以阻止中共在亞洲擴張勢力，面對此種種圍堵作為，中共當然仇視美國，此與中國人仇外的傳統幾無關聯。

三、關於文化大革命，它絕非費氏所言是拳亂的翻版，它既是重訂國家方向的行動，也是中共領導人物之間的權力鬥爭。我這篇報告，後來在一九九一年，在《中國時報》刊出[3]。

孔師是費正清門下最寵愛弟子之一，這可由孔師在一九七八年承襲費氏在哈佛的講座教授見之。在美國念研究所，指導教授對學生之學業可操生殺大權，我當著他的面，在課堂上以正式論文批評他的恩師，孔師竟無一語批駁，反應平靜。孔師係一自由派學者，對台灣政府也有意見，但他能尊重學術自由，對我提攜有加，包括推薦我獲得福特基金會三年博士獎學金，此種高風亮節，令人敬佩。

孔師還是一位冷面笑匠，而且待人寬厚。記得有位同學提出一份有關一八四二年中國某地區發展的報告。我好奇地問這位同學：「為何選擇一八四二年？」孔師大概覺得我多此一問，便搶著回答說：「因為它是一八四一年之後，又是一八四三年之前。」另外，有次他託我暑假替他轉寄信件，預備先拿錢給我。我說：「不必，我會逐筆記下郵資，我會『很猶太』地處理此事（I'll be very Jewish about it）。」說完，我突然想起他是猶太人，心想這下可糟了，他只是眼睛稍微張大一點看了我一眼，並未回話，我才放心。

我做夢也沒想到，小女梅儀在二〇〇四年赴哈佛大學念研究所，也選了他一門課。在她二〇一〇年獲得博士學位時，我因公無法前往，他特別參加她的畢業典禮，並攝影留念。他與我家有兩代交情，實屬難得。

一九九〇年，他的一本書《叫魂》（*Soulstealers: The Chinese Sorcery of 1768*），描寫乾隆年間，民間有叫魂妖術，號稱可置人於死地。此事引發乾隆皇帝、地方官員及庶民三方面之緊張關係，各懷鬼胎。由於取材新穎、敘述動人，出版後立刻轟動。該書中文版於二〇〇〇年在台出版，立刻登上《中國時報》該年好書翻譯類排名第二名。有些歷史學者將他列為美國漢學三傑之一，與耶魯大學史景遷（Jonathan D. Spence）、加州大學魏斐德（Frederic Wakeman）齊名[4]。

3 邵玉銘，〈老神話抑新現實〉，《中國時報》（一九九一年十二月三十日），第三十一版。
4 顧思齊，〈本土視野的美國「漢學三傑」〉，豆瓣網，http://www.douban.com/group/topic/13609145/。

第六章　為何中國知識分子左傾？

芝大明清史教授何炳棣，在其《帝制中國的成功階梯》書中，有兩個主要論點：一、中國自唐朝以降，一千三百年的科舉制度是中國社會平民得以出頭的主要管道，它是中國政治與社會安定的因素。二、但由於十九世紀中國人口激增，經濟開始惡化，再加上一九〇五年滿清廢除科舉制度，書生無法透過科舉出頭，這極可能是造成他們在十九世紀及二十世紀揭竿起義或發動革命的原因之一。他指出，洪秀全考場一再失利，成為不第秀才而發動太平天國革命，即係一例[1]。

何老師第二個論點，使我注意起中共革命重要人物的出身背景。毛澤東年輕時，在北京大學圖書館當管理員，遠不能和胡適等人相比。中共其他元老亦非青雲得意之士。周恩來跟鄧小平留學法國，勤工儉學，白天做工餬口、晚上辦雜誌；朱德留學德國，在德國加入中國共產黨，後來去蘇聯；陳獨秀、郭沫若等留學日本；李鵬和江澤民則留學蘇聯。曾任台灣立法委員的胡秋原先生指出，二十世紀中國史，與其說共產黨打敗國民黨，不如說是留法、留德、留日、留俄的這些人，雖然人數少且大多沒拿到學位，卻打敗那些留英、留美且大多拿到博士學位的高級知識分子。在國民政府從政或在大學教書的人，留英美的比例遠超過留歐留日

1 Ping-ti Ho (何炳棣), *The Ladder of Success in Imperial China* (N. C.: Columbia University Press, 1962), pp. 255-262.

的人數[2]。

另一現象是，這些留英美的高級知識分子，回國後大部分都留在大都市，沒有人願意下鄉和人民共甘苦。相對來說，中共從一九二七年被國民黨清黨，共產黨領導人物及投奔中共的知識分子都經江西到陝北。毛澤東常說，中國共產黨革命是鄉村包圍城市，他們打敗以城市為主要活動地區的國民黨。我記得美國賽珍珠女士常批評受過西方教育的中國知識分子，指他們不肯放棄城市生活，所以對廣大農民沒有影響力。

中國共產革命成功的主要原因之一，是一部分中國知識分子左傾，接受共產主義發動革命。但是為何這些知識分子會接受共產主義？這是我在芝大研究課題之一。

經過四年不懈地研究，我的結論是：馬克思、列寧與毛澤東提供了簡單清楚且具說服力的論述，來解釋遭受西方資本主義與帝國主義侵略國家之命運。換言之，他們對這些國家知識分子進行了「說之以理」的工作，使他們在理智上走向左傾。但是對於那些對共產主義理論沒有認知的知識分子，他們只是對現實世界不滿，但找不到方向，此時含有抗議、譴責並指引光明方向的文藝作品（這包括文學、藝術、音樂、電影、話劇等），就在情緒上感染了這些知識分子，使他們由「徬徨」、「吶喊」而走向左傾的革命道路，這是文藝對人產生了「動之以情」的效果。最後，在「說之以理」及「動之以情」的雙重夾擊下，許多二十世紀上半葉的中國知識分子，就從同情、支持，甚或投身中國共產黨的革命運動之中。

一、說之以理

在我前述編訂的中國現代史書目七大主題中，對二十世紀「思想史」最感興趣，因為我認為思想影響行動，是決定中國命運之源頭。二十世紀中國思想史上的議題很多，最有興趣的第一個議題，是胡適與李大釗有關「問題」與「主義」之辯論。

胡適於一九一九年七月寫〈多研究些問題，少談些主義〉，他的主要結論是：「主義」的大危險，就是

能使人心滿意足，自以為尋著包醫百病的「根本解決」，從此用不著費心去研究這個、那個具體問題的解決方法了。[3]

李大釗是將馬克思主義引進到中國的先驅，他完全不能同意胡適的批評，他主張「唯物史觀」：

> 依據馬克思的唯物史觀，社會上法律政治倫理等精神構造，都是表面的構造。他的下面，經濟的構造，做他們一切的基礎，經濟組織一有變動，他們都跟著變動，換句話說，就是經濟問題的解決、是根本解決。經濟問題一旦解決，什麼政治問題、法律問題、家族制度問題、女子解放問題、工人解放問題，都可以解決。

他又主張「階級鬥爭」，指出如無此一鬥爭，「那經濟的革命，恐怕永遠不能實現；就算實現，也不知遲了多少時間。」[4]

胡適則對階級競爭說加以批評，他說：

> 這種階級競爭說，……不但使勞動者認定資本家為不能並立的仇敵，並且使許多資本家也覺得勞動者真是一種敵人。這種仇視心的結果，使社會上本來應該互助而且可以互助的兩種大勢力，成為兩座對壘的敵營，使許多建設的救濟方法成為不可能，使歷史上演出許多本不需有的慘劇。[5]

---

2 金耀基等著，《天涯怒吼》（台北：莘莘，一九七二），頁一二八—一二九。

3 胡適，《胡適文存》（台北：遠東，一九九〇），頁三四五—三四六。

4 同上註，頁三六三。

5 同上註，頁三七七—三七八。

問題與主義之爭，是二十世紀中國思想問題的最重要爭論之一，這個爭論恐怕到今天仍未完全停止。不過，個人認為鄧小平一九六一年提出「不管黑貓白貓，能捉老鼠的就是好貓」及一九七八年主張「實踐是檢驗真理的唯一標準」，對此一爭論給了一個大致的解決。此處「真理」即指「主義」，但檢驗「真理」是否正確，必須以「實踐」來界定，易言之，如「實踐」成功，「問題」得以解決，則此一「真理」即屬正確。這和胡適主張一切以研究並解決問題為先，遠勝於空談主義的說法，可說不謀而合。一九九二年，鄧小平在南巡的一份講話中，討論改革開放中姓「資」（指資本主義）還是姓「社」（指社會主義）的問題，他的結論是：

判斷的標準，應該主要看是否有利發展社會主義社會的生產力、是否有利於增強社會主義國家的綜合國力、是否有利於提高人民的生活水準。[6]

鄧小平這種說法，更顯示在問題與主義的爭論中，他的立場應是傾向胡適而非李大釗。

一九九六年，我在芝大的老師鄒讜曾為文指出，毛澤東在建國後仍迷信意識型態，所以才有大躍進及文革的災難。他又指出，鄧小平因為修正了毛澤東此一迷信意識型態的思想，所以才有經濟改革的成功[7]。這也是說，毛澤東只知緊咬主義、不知解決問題。

我有興趣的第二個議題是，為何自由主義及三民主義最後均敗於共產主義之手？

列寧在一九一六年出版《帝國主義是資本主義發展的最高階段》一書指出：雖然資本主義國家，勞工階級和資本家衝突，但為什麼這個衝突沒有使資本主義崩潰？這是因為資本主義國家在海外擴張，將海外剝削得到的收益加惠勞工，因此，在這些成熟的資本主義國家裡無法推廣無產階級革命，只有在落後的殖民地或半殖民土地，由於資本主義尚為脆弱，這些地方的民族解放運動容易成功，能切斷資本主義制度的經濟活血，最後再導致先進工業國家內的無產階級革命，這就是列寧著名的「帝國主義理論」。基於這個理論，列

寧在一九一九年二月成立了「共產國際」（Communist International），主要對亞洲，尤其中國、印度等地，輸出無產階級革命，這種理論等於把中國的共產革命放在世界共產革命的先鋒關鍵地位[8]。

北宋理學家張載（一〇二〇—一〇七七）提出知識分子應有「為天地立心，為生民立命，為往聖繼絕學，為萬世開太平」的抱負。這一向是中國知識分子的生命情懷。所以，當列寧給予中國共產革命一個扮演世界革命先鋒關鍵的角色，這可充分滿足中國知識分子「為民先鋒」的使命感。再加上一九一九年七月，蘇聯外長加拉罕（Karakhan）發表宣言，宣布蘇聯放棄帝俄時代在中國所擁有的權利。此一宣言，與其他帝國主義國家緊握在中國取得之權益不放相比，可謂「空谷足音」，當然感動了許多中國知識分子。

除了列寧的「帝國主義理論」外，一九一九年五月巴黎和會決定將德國在山東的權益由日本繼承，中國不僅拒簽凡爾賽和約，復發生五四運動。

在和會之前一年，美國威爾遜總統曾提出「十四點計畫」，其中重要一點是成立「國際聯盟」，以國際集體力量來維持世界和平；另一點是「民族自決原則」。中國知識分子認為，根據此一原則，中國在第一次大戰是戰勝國，德國戰敗，則德國在山東所擁有的權益自然應歸還中國，怎可由日本接收？但在和會中，日本堅持繼承德國在山東之權益，威爾遜為了拉攏日本加入國際聯盟而曲從日本要求[9]。中國知識分子認為美國此種作法，不僅是一種政治的懦弱，更是道德的偽善，美國在他們心中的地位一落千丈；相反地，蘇聯堅決反對資本主義與帝國主義，在許多中國知識分子心中暴紅，遂開始左傾。

但像胡適這種自由主義分子，還是堅持自由民主的改革路線，而反對馬列主義的革命路線。他在一九三

6〈鄧小平南巡講話〉，中國共產黨新聞，http://cpc.people.com.cn/BIG5/33837/2535034html。
7 鄒讜，〈革命與「告別革命」〉，愛思想，http://www.aisixiang.com/data/37519.html。
8 Maurice Meisner, *Li Ta-chao and the Origins of Chinese Marxism* (Cambridge, Mass.: Harvard, 1976), pp. 210-233.
9 關於為何威爾遜會曲從日本要求，請見N. Gordon Jr. Levin, *Woodrow Wilson and World Politics* (London: Oxford University Press, 1968), pp. 236-251.

〇年四月的《新月》雜誌上發表了〈我們走那條路〉文章。他首先指出，中國各個黨派所追求的目標是國家主權的獨立自主。為了達到這目的，不分黨派，要打倒五大仇敵：貧窮、疾病、愚昧、貪污與擾亂，而非資本主義與帝國主義。他說：

這五個仇敵之中，資本主義不在內，我們還沒有資格談資本主義。……封建勢力也不在內，因為封建制度早已在兩千年前崩壞了。帝國主義也不在內，因為帝國主義不能侵害那五鬼不入之國。帝國主義為什麼不能侵害美國與日本？為什麼偏愛光顧我們的國家？[10]

胡適又問：中國該走哪條路？胡適反對使用武力革命，他主張漸進式的改革。他說：

這五大惡魔，是我們革命的真正對象，而他們都不是用暴力的革命所能打倒的。打倒這五大敵人的真革命只有一條路，就是認清了我們的敵人、認清了我們的問題，集合全國的人力、智力充分採用世界的科學知識與方法，一步一步地做自覺的改革。在自覺的指導之下，一點一滴的收不斷的改革之全功。不斷的改革收功之日，即是我們的目的地達到之時。[11]

兩個月後，當時有名的哲學家梁漱溟在《村治》雜誌提出不同看法。梁先生認為革命的「第一大仇敵是國際的資本帝國主義，其次是國內的封建軍閥先生」。梁對胡提出的五大仇敵亦有不同意見，「疾病、愚昧皆與貧窮為緣，貪污則與擾亂有關，貧窮則直接出於帝國主義的經濟侵略，擾亂則間接由帝國主義之操縱軍閥而來，故帝國主義為癥結所在。」[12]

七月，胡適反駁說：「帝國主義三叩日本之關門，而日本在六十年之中便一躍而為世界三大強國之一，何以我堂堂神州民族便一蹶不振如此？此中『癥結』究竟在什麼地方，豈是把全副責任都推在洋鬼子身上便

可了事？」[13]

除了許多知識分子攻擊帝國主義外，毛澤東還有他更廣泛的三座大山理論。他認為帝國主義、封建主義和官僚資本主義就是壓制中國人民的三座大山[14]。一九四九年十月一日，毛澤東在中共建國大典上說：「中國人民站起來了！」這句話意指中國共產黨領導人民推倒了三座大山[15]。

在這些辯論中，胡適把所有的問題降低到個人層次。他的論點屬於自由主義或個人主義的思想範疇，強調以個人的革新來達到國家的革新，而非先期待大環境的改變。這種理論不論是否有理，對社會勞苦大眾或深陷時代苦難的知識分子而言，是沒有吸引力的，因為胡適要求每一國民或知識分子先自我革新，對他們來說，接受這種要求既辛苦又不公平，對如麻國事之解決更緩不濟急。

但是毛澤東的三座大山理論則有很大的吸引力，因為它把中國所有的問題都歸諸於他人：帝國主義是外國人的錯，封建主義是老祖宗的錯，而官僚資本主義則是國民黨的錯，而芸芸眾生，則是這三座大山下的犧牲者，因此不僅無錯，還是苦主，值得同情，而中國共產黨就是領導這些芸芸眾生、推倒三座邪惡大山的革命力量，這種論點當然會得到許多人、包括知識分子的共鳴。

那為什麼孫中山的三民主義及蔣中正的儒家思想也無法扭轉思想的戰場？

孫先生的三民主義及其他相關論述，雖然都有它們的優點與實踐步驟，可惜從國民政府一九二八年在南京建都至一九四九年內戰失敗，國家一直陷入內憂外患之中，無法實踐三民主義。再加上中共把孫先生的革

10 胡適，《胡適論學近著》（上海：商務，一九三七），第一集，頁四四二。
11 同上註，頁四五二。
12 同上註，頁四五六—四五九。
13 同上註，頁四六六。
14 毛澤東，《毛澤東選集》（北京：人民出版社，一九七〇），第一卷，頁九。
15 同上註，第五卷，頁四。

命，定位為資產階級的民主革命，孫先生是現代中國革命的「先行者」，而毛澤東所領導的無產階級革命則是集其大成之革命，在這樣一個分類下，孫中山先生的歷史地位就被局限住了。

至於蔣中正先生，他所倡導的儒家思想，例如曾國藩家書、王陽明《傳習錄》等所表現的思想，都是五四運動以來被打倒的對象。再加上他所信奉的基督教，亦是從清末到民國大多數知識分子所排斥的洋教，所以蔣先生的思想體系對他們亦少吸引力。至於三〇年代蔣中正及其政府所展現的法西斯主義作風，更引起許多知識分子的反感與批評。

二、動之以情

以上所論，說明了中國知識分子之思想為何左傾，以下則說明為何一些知識分子在情緒上也陷入左傾。

我在芝大求學期間，親眼看到許多台灣留學生，從一九六〇年代文化大革命開始至一九七〇年代保衛釣魚台運動發生，逐漸走向左傾的現象。芝大共有一百多位台灣留學生，大多數學習理工科系。我因功課繁重，平時很少和他們來往，但在一個地方常和他們見面，就是芝大總圖書館五樓的遠東圖書館。該館內中日文藏書甚豐，中港台的報章雜誌齊全。許多台灣及香港留學生常到該館借閱魯迅、巴金、茅盾、老舍、曹禺的書，還有《毛澤東選集》。除《中央日報》外，大家也都會翻閱大陸出版之《人民日報》、《光明日報》、《文匯報》等報紙，還有《人民畫報》（註：內容以宣傳中國大陸建設成就為主）。這些左傾書籍與報紙在台灣都被禁閱。台灣與港澳學生到了美國後，對中共革命運動、大陸發展及文革浪潮，都很好奇，所以遠東圖書館就成這些學生聚集的大本營，大家一起閱讀這些書籍與刊物。

我跟大家一樣，也看這些資料，彼此心照不宣，相視一笑。但慢慢發現，同學開會或言談中，開始引用魯迅或毛澤東的話語。我也閱讀這些書籍，看會不會也左傾。但我覺得求學要扎實，與其把左翼文學當閒書來看，不如當一門學問來研究。正好，芝大遠東語文學系有位芮效衛（David T. Roy）教授，他在哈佛大學

的博士論文寫的是郭沫若，對中國現代文學，尤其是左翼文學，甚有研究。所以我選了他的「閱讀與研究」（Reading and Research），由他帶我入門。對於左翼文人，我不僅閱讀他們的作品，也讀了許多評論他們作品的著作。芮師出身美國在華傳教士家庭，其兄長芮效儉曾在一九九〇年代出任美國駐中國大使。

關於魯迅的作品，如《阿Q正傳》和《狂人日記》等，當然必讀。對他描寫中國傳統社會的愚昧、落後、自私與邪惡都深感震撼，而我對他諷刺中國人的無知與自大，尤為佩服，例如魯迅描寫中國人自大狂有五種說詞：

甲云：「中國地大物博，開化最早；道德天下第一。」這是完全自負。

乙云：「外國物質文明雖高，中國精神文明更好。」

丙云：「外國的東西，中國都已有過；某種科學，即某子所說的云云。」這兩種都是「古今中外」派的支流；依據張之洞的格言，是「中學為體西學為用」的人物。

丁云：「外國也有叫化子，（或云）也有草舍、娼妓、臭蟲。」這是消極的反抗。

戊云：「中國還是野蠻的好，（我們是四萬萬人），你能把我們滅絕嗎？」[16]

我們國人，無論在私下或廟堂之上，大概都聽過前四種說詞。魯迅的第五種說詞，使我想起毛澤東在一九五七年告訴蘇聯領袖赫魯雪夫的話，「打核戰爭，肯定要死不少人，我們也許會損失三億人，那又有什麼關係呢？即使那樣，我們還是能最後贏得戰爭。」[17]

16 魯迅，《魯迅全集》，第二集，頁三一一三二。

17〈毛澤東關於原子彈的談話，語驚四座！〉，美國中文網部落格，http://gate.sinovision.net:82/gate/big5/www.sinovision.net/blog/index.php?act=details&id=41105&bcode=abbass。

我研讀的第二位作家是老舍，覺得他的《駱駝祥子》，非常感人。主角祥子是在北平拉洋車的年輕人，一生唯一的希望是能買輛自己的車子，可是無法如願。他心愛的女子又為生活所逼，當了妓女，後來上吊自殺。祥子在事業與感情兩皆落空後，再也沒有力氣過向上奮鬥的生活。這本書敘述了廣大中國社會陰暗角落裡小人物的悲慘命運。老舍在書中，又引述一位老人向祥子說的一段話，來說明小人物生命的苦難，但也暗示小人物應成群結黨以打倒大環境：

> 幹苦活兒的打算獨自一個人混好，比登天還難。一個人能有什麼蹦兒？看見過螞蚱吧？獨自一個兒也蹦得怪遠的，可是教個小孩子逮住，用線兒拴上，連飛也飛不起來。趕到成了群，打成陣，哼，一陣就把整頃的莊稼吃淨，誰也沒法去治牠們！你說是不是？

對中國現代文學有極深研究的夏志清教授認為：「老舍顯然已經認定，在一個病態社會裡，要改善無產階級的處境就得要集體行動。」[18]

我也閱讀茅盾和巴金的作品，但覺得內容平淡、欠缺震撼力。講到震撼力，我則對曹禺的劇作甚感佩服。在他的《雷雨》、《日出》和《原野》之中，我偏愛《原野》，它描寫舊中國農村社會裡的恩怨情仇。書中主角仇虎，父親被地方惡霸陷害，自己也被迫坐牢，妹妹被賣到妓院，而愛人更被惡霸強娶為兒媳。後來仇虎逃獄，潛回故鄉復仇，終於把仇人的兒子殺了。復仇後逃入叢林，但在內心的恐懼及精神的變態下，困死其中。我們平常對中國的農村，都以為非常單純、善良，但看完這個劇本，發現中國農村貧窮落後，人與人之間的恩怨情仇竟是如此赤裸殘酷，令人不寒而慄。

總之，看了這些左翼作品，給人直接的感受就是，中國的傳統是黑暗的、禮教是殘酷的、社會是不公義的；除非改善這些大環境，否則中國是沒有希望的，而改善的方法似乎只有革命一途。

夏志清教授，在其名著《中國現代小說史》中，討論一九一七年到一九五七年中國現代小說史之發展。

他在結論中說，多數的中國作家猶如其他國家「為主義而戰」的作家一樣，都不外是諷刺社會的人道主義作家。夏氏特別指出這種文學因為「理想」服務，所以「共產黨在中國能夠滋長，因為它能炫人耳目，使人誤把黨視為理想的化身。這種情形，不但在文學界如此，其他知識分子受炫惑的人數也不少」[19]。

夏志清先生對於魯迅的批評尤其尖銳。他指出，「魯迅的神話對共產黨特別有幫助，他的作品可以用來加強國民政府貪污和腐敗的印象。」他又說：「魯迅雖然批評傳統的黑暗，卻縱容、甚而後來主動地鼓勵粗暴和非理性勢力的猖獗。這些勢力（註：此處夏氏暗喻中共革命）日後已經證明，比停滯和頹廢本身更能破壞文明。」[20]夏氏對魯迅的總結更是大膽而深刻：「大體上來說，魯迅為其時代所擺布，而不能算是他那個時代的導師。」[21]我完全同意夏先生對魯迅的評價，復認為，魯迅只是消極地批評中國傳統之黑暗與無知，但胡適則對建設國家提出許多積極改革之道，兩人相比，自見高下。

事實上，並非只有文學作品能煽動人的情緒，音樂亦有同樣功效。正因如此，我也開始研究一九四九年前一些動人心弦的歌曲，如「流亡三部曲」（「松花江上」、「離家」、「上前線」）。還有一九三九年抗戰時推出的「黃河大合唱」，於一九三九年五月在延安「魯迅藝術學院」晚會中首唱，不久唱紅全中國。該合唱共分八個樂章，第八樂章為「怒吼吧！黃河」：

啊………
五千年的民族，

18 夏志清著，劉紹銘編譯，《中國現代小說史》（台北：傳記文學，一九九一），頁二〇四－二〇五。
19 同上註，頁四九七－四九八。
20 同上註，頁八二。
21 同上註，頁八三。

苦難真不少！
鐵蹄下的民眾，
苦痛受不了！
受不了……
但是，
新中國已經破曉；
四萬萬五千萬民眾
已經團結起來，
誓死同把國土保！
你聽，你聽，你聽：
松花江在呼號；
黑龍江在呼號；
珠江發出了英勇的叫嘯；
揚子江上
燃遍了抗日的烽火！
啊！黃河！
怒吼吧！怒吼吧！怒吼吧！
向著全中國受難的人民，
發出戰鬥的警號！
向著全世界勞動的人民，
發出戰鬥的警號！

歌詞中的「新中國已經破曉」、「向著全世界勞動的人民，發出戰鬥的警號！」等句，直指中共的革命及世界共產主義的革命。凡是聽過「黃河大合唱」的人，都會被歌詞的愛國情懷及中國人民抗戰到底的決心，深深感動不已。

至於「義勇軍進行曲」，於一九三五年推出，一九四九年，中華人民共和國成立時以此為國歌。它的歌詞主要如下：

起來！
不願做奴隸的人們！
把我們的血肉，
築成我們新的長城！
中華民族到了
最危險的時候，
每個人被迫著
發出最後的吼聲！
起來！
起來！
起來！
我們萬眾一心，
冒著敵人的砲火
前進，
冒著敵人的砲火

前進！
前進！
前進！進!!

「松花江上」的作曲、作詞者張寒暉，「黃河大合唱」的作曲者冼星海、作詞者光未然（張光年），「義勇軍進行曲」的作曲者聶耳、作詞者田漢，他們都是共產黨員。這些歌曲在抗戰前後風靡全中國，對中共的革命運動有推波助瀾的巨大效果。

除了音樂，左傾電影亦扮演了同等重要的角色，例如一九四七年放映的《一江春水向東流》，上集為《八年離亂》、下集為《天亮前後》。這部電影在上海公映，反應熱烈，連演三個月，創下一九四九年前國片的最高紀錄。劇中男主角張忠良被描寫成背叛妻子的負心人，在抗戰勝利後出任政府特派員，風光回到上海，接收一位漢奸的財產，並愛上別的女人。當他的妻子發現先生背叛了她，萬念俱灰、跳海尋死。由於男主角來自重慶，這影射了國民政府接收人員的腐敗與失德。影片下集《天亮前後》名稱影射：天亮前的黑暗，指國民政府；天亮後的光明，則指中共之共產革命。一位電影工作者說：這是「解放前，中國左翼電影的顛峰之作」[22]。

總之，我認為「五四運動」以後，中國知識分子左傾的心路歷程應是這樣：先有文學、音樂、影藝作品，廣泛鋪陳反傳統、反禮教、反政府的意識，使得知識分子在情緒上陷於極度失望與憤怒之中；在此同時，馬列主義之反帝國主義論述，再加上毛澤東推出之「三座大山」理論，均說明廣大中國人民陷於苦難的原因，於是很多知識分子就在情緒與理智上被牽著鼻子走了。

我對二十世紀前半葉國共鬥爭歷史的解讀是，國民黨先敗於思想，再敗於政治，最後敗於軍事與經濟；但是，國民黨在這些失敗之同時，還敗於文學、音樂與影藝之戰場。

一九八四年，名作家無名氏（卜乃夫）對現代中國文學對時代的影響，曾有過這樣一段話，值得仔細咀

嚼：

> 民國以來，在具有時代代表性的多次運動與大潮流中，新文學作家與作品曾經熱烈的投入或參與……新文學作品不僅躍入洪流，而且在某種程度上，多少也推動了時代。至於左派藉組織力量、利用文學，迷惑並操縱了千千萬萬青年，更屬人盡皆知。在人類文學史上，幾乎可以說，從沒有一個時代，會像一九一七到四五年的中國那樣，文學發揮了如此強大的對時代的影響。[23]

三、愛國詩人聞一多的悲劇

在二十世紀知識分子中，走向左傾道路的最令人感傷的例子，應是聞一多。他的一生可以反映很多知識分子從右到左的心路歷程。聞氏到最後，因為言行激烈，還遭到政治暗殺，是一時代悲劇。他一生思想之轉變，正可說明以上兩節論述之現象。

聞一多生於一八九九年，湖北浠水人。一九一二年進入清華學校（原名清華留美預備學堂，即現在北京之清華大學前身）。一九二二年畢業後，赴美國著名之「芝加哥藝術學院」（The Art Institute of Chicago）留學，後隨同學梁實秋前往「科羅拉多學院」（Colorado College）念英美文學，於一九二五年回國。

聞一多的一生可分成三個時期。第一個時期是詩人時期，從一九一九年至一九三二年，期間他出版了《紅燭》及《死水》兩本詩集。留學期間，一九二四年夏天，他在芝加哥和一些留學生成立了「大江會」，主

22〈中國式悲劇〉，豆瓣網，http://movie.douban.com/review/1564706/。

23 無名氏，《獄中詩抄》（台北：黎明文化，一九八四），頁一七—一八。

張國家主義，參加的有梁實秋、羅隆基等人。他們的共同主張是：

第一、鑑於當時國家危急的處境，而宜積極提倡國家主義（nationalism）。第二、鑑於國內軍閥之專橫恣肆，應厲行自由民主之體制，擁護人權。第三、主張由國家倡導從農業社會進而為工業社會，反對以階級鬥爭為出發點的共產主義。[24]

所以，這時的聞一多是既反對西方的帝國主義，也反對蘇聯與中共的共產主義，而主張中華文化，可說是一位文化上的國家主義分子。而當時「國家主義派」，仿效「少年土耳其」運動，倡導「少年中國」，比國民黨還要反共。

一九二五年五月，他打道回國，並沒有什麼差事等著他，他說他「只是跟著一個夢走罷了」。他回到上海正是「五卅慘案」的第三天，一上岸還看到了同胞的血跡，這更加強他反帝國主義的情緒。八月加入了「新月社」。一九二六年二月，在北平的國家主義派人士，舉行「反俄援僑大會」，聞一多與羅隆基出任主席團主席。大會舉行時，國家主義派八十餘人，與共產黨的六十餘人，大打出手，雙方傷亡慘重[25]。

我認為聞一多是二十世紀獨步愛國詩的詩人。一九二七年六月，聞一多寫了一首詩〈發現〉[26]，在這首詩裡，他那對國家「恨鐵不成鋼」的情懷表露無遺：

我來了，我喊一聲，迸著血淚，
「這不是我的中華，不對，不對！」
我來了，因為我聽見你叫我，
聽著時間的罡風，擎一把火，
我來了，不知道是一場空喜。

我會見的是噩夢，那裡是你？
那是恐怖，是噩夢掛著懸崖，
那不是你，那不是我的心愛！
我追問青天，逼迫八面的風，
我問，拳頭擂著大地的赤胸，
總問不出消息；我哭著叫你，
嘔出一顆心來，你在我心裡！

我記得讀這首詩時，他那濃烈的愛國情懷，使我內心為之激盪不已。

聞一多的第二個時期可稱為「學者時期」，這可以從一九二八年他到武漢大學國文系教書開始，一直到一九四三年他在西南聯大任教期間為止。

在三〇年代，聞一多還沒有左傾的跡象，基本上他仍是支持國民政府。比如一九三四年，他的好友羅隆基經常批評時局及政府，聞氏深為不滿，他批評說：

> 歷來干祿之階不外二途，一曰正取，一曰逆取。脅肩諂笑，阿世取容，賣身投靠，扶搖直上者謂之正取；危言聳聽，譁眾取寵，比周謾侮，希圖倖進者謂之逆取。足下蓋逆取者也。[27]

---

24 梁實秋，《談聞一多》（台北：傳記文學，一九六七），頁四—九。
25 聞黎明，《聞一多傳》（北京：人民出版社，一九九二），頁一〇二—一〇四。
26 聞黎明、侯菊坤編，《聞一多年譜長編》（武漢：湖北人民出版社，一九九四），頁三四六—三四七。
27 梁實秋，前書，頁一〇四。

聞一多把老同學罵得是狗血淋頭，可見到一九三四年，他在政治上還不是個親共的學者。再比如一九三六年西安事變後，他還和一些教授們聯名譴責張學良，表達他們對蔣中正之支持。

隨著抗戰的腳步，他自己也隨著政府、學校南遷，到了西南聯大，進入了他人生的第三個階段，也就是一九四三年到一九四六年，在這時期他變成了一個左傾的「民主鬥士」。

一九四三年在大後方，聞氏一家八口靠他一個人生活。由於一個月的薪水不足養活家人，所以他一方面到西南聯大附近的昆華中學兼課，另一方面則以刻圖章賺點外快，由於是刻象牙章，常常刻到手都流血。在生活艱苦的情況下，看到當時社會官商勾結、發國難財的情形，他開始激憤起來。

一九四三年三月，蔣中正《中國之命運》出版，鼓吹一個黨、一個主義、一個領袖，書中批評共產主義與自由主義，認為它們是文化侵略最大的危機和民族精神最大的隱患。深受五四精神影響的聞一多說：「這本書的出版，在我個人是一個很重要的關鍵，我簡直被那裡面的義和團精神嚇一跳。我們的英明領袖原來是這樣想法的嗎？五四給我的影響太深，《中國之命運》公開的向五四挑戰，我是無論如何受不了的。」[28]

西南聯大許多教授都受英美高等教育，最初都是自由主義分子，對國民黨專制的統治十分反感，到了抗戰末期，開始逐漸左傾。他們在一九四四年九月成立「中國民主同盟」（簡稱民盟），活躍人士有章伯鈞、羅隆基、梁漱溟等人。當時中共在策略上，高喊推翻國民黨一黨專政與建立自由民主中國，所以民盟與中共結盟。聞一多最後也加入民盟，介紹人為羅隆基和吳晗兩人。不僅如此，中共中央南方局特派員華崗，為了對雲南知識分子做統戰任務，開始與聞一多密切接觸。聞一多此時也開始閱讀毛澤東的〈新民主主義論〉、〈論聯合政府〉和《新華日報》等資料，此後聞氏在許多反政府的活動中，已經完全聽命於中共的地下黨[29]。

當聞一多被毛澤東著作「說之以理」後，魯迅就扮演了「動之以情」的角色，在這兩人的夾擊下，聞一多就徹底地擁抱中共了。一九四四年十月，西南聯大紀念魯迅逝世八週年。會上，他針對有人把魯迅比喻為現代的孔子，加以糾正說：「魯迅大於孔子……，孔子是拉著時代後退的，魯迅則是推著時代向前進！」他又說：「從前我們在北平罵魯迅，看不起，說他海派。現在，我要向他懺悔，我們罵錯了。」[30]聞一多並為此

事寫了一封信給梁實秋說，他和梁氏都錯了，魯迅還是對的（作者註：記得在七〇年代，我在台北當面問梁先生同不同意聞氏的說法，梁先生答說：「絕不同意。」）。在此一段時期，昆明已有人把聞一多比喻為魯迅。一九四五年十二月，傅斯年為了處理聯大學生罷課一事，與聞一多發生口角，傅即怒斥聞為一「布爾什維克」（註：Bolshevik）[31]。

一九四六年四月，聞一多在西南聯大的一個會議上，對蔣介石開罵：「他這些年來造了多少孽、害了多少人民，我有名有姓，我叫聞一多，我就要罵……蔣介石是個混帳王八蛋（連講三句）。」[32]另外在一次聚會，有位教授說：「你們民盟是共產黨的尾巴。」[33]聞氏坦率地回答：「共產黨做得對，有頭就有尾，當尾巴有什麼不好？」由於聞氏與羅隆基左傾立場最為明顯，所以有人就給他們取名為「聞一多夫」、「羅隆斯基」[34]。

七月十一日，民盟中央執行委員李公樸遭國民黨特務暗殺。這時已有風聲，聞氏是下一個目標。他在李公樸的追悼會上演講，結論是「我們不怕死，我們有犧牲的精神。我們隨時像李先生一樣，前腳跨出大門，後腳就不準備再進大門」[35]。七月十五日，聞一多被暗殺，他的大兒子立鶴也受傷。聞一多的去世引起國內外極大的震撼。

---

28 聞黎明、侯菊坤，前書，頁六六二。
29 聞黎明，《聞一多傳》，頁二四一—二四八。
30 同上註，頁二五五。
31 岳南，《北歸》（台北：時報文化，二〇一一），頁二四二—二四三。
32 聞黎明，前書，頁三六九。
33 同上註，頁三七七。
34 同上註，頁四一二。
35 同上註，頁四一九。

蔣中正主席下令徹查。美國哈佛大學和哥倫比亞大學教授多人致電杜魯門總統及國會加以譴責，他們一致要求：「在中國尚未成立民主之聯合政府之前，美國必須停止其對華之一切軍事及財政援助。」[36]聞一多被刺，是戰後美國政府及學術界對國民政府最不滿的一件事，使美國政府更不願在國共內戰中支持國民政府。

聞案經過調查，確為雲南警備總司令部屬下所為。蔣中正把總司令霍揆章免職，另處決兩名兇手。一九四八年，聞夫人率子女投奔中共解放區，完成聞一多遺願。

郭沫若和梁實秋都用「千古文章未盡才」來形容聞氏之一生。為什麼會「千古文章未盡才」？像聞一多這樣單純的詩人，為何最後會死於非命？這有幾個原因。第一、許多知識分子迷信革命而輕忽改革。胡適多年前就講，政治的改革或社會的進步，是要一步一步地去走的。第二、許多知識分子的情緒大於理智。像聞一多這樣的詩人，在美國留學時遭受種族的歧視，促使他走上了反美反西方的國家主義道路；回國後，他對共產主義也不滿，以致與共產分子拳腳相向；抗戰期間，他對國民政府是擁護的，痛斥羅隆基的批評時局是求晉身之階；但到了一九四三年，隨著整個抗戰情緒的低迷，國家漸走漸深的苦難，加上左傾書籍的影響，中共人士對他下工夫，使他接受了共產主義。隨後國共鬥爭日漸尖銳，再加上一波又一波學生運動的衝擊，其愛國家愛人民的情緒終於爆發，而造成被殺之慘局。對聞一多這種情緒大於理智的個性及其為中共所利用的情形，當時身負西南聯大校務的梅貽琦即有評語：「一多實一理想革命家，其見解、言論可以煽動，未必切實際，難免為陰謀者利用。」[37]

以上所談中國知識分子這兩大毛病，雖其來有自，有可同情之處，但它們究竟還是直接與間接地促成中共革命的成功。若非如此，我們可試問，在二十世紀亞洲國家中，受共產主義影響的不只中國，也包括日本、印度等國，但為何只有許多中國知識分子被共產主義征服？我們中國知識分子該不該檢討？

在芝大研究聞一多之餘，發現中國知識分子到海外，他們思鄉念國之情及他們對祖國的殷切期盼，都是非常熾熱的。一九二三年，聞一多〈孤雁〉[38]一詩中有兩段如下：

啊！那裡是蒼鷹的領土——
那鷙悍的霸王啊！
他的銳利的指爪，
已撕破了自然底面目，
建築起財力底窩巢。

那裡只有銅筋鐵骨的機械，
喝醉了弱者底鮮血，
吐出些罪惡底黑煙，
塗污我太空，閉熄了日月，
教你飛來不知方向，
息去又沒地藏身啊！

……

歸來罷，流落的孤禽！
與其盡在這水國底絕塞，
拚著寸磔的愁腸，

---

36 同上註，頁四三二。

37 黃延復、王小寧整理，《梅貽琦日記——一九四一—一九四六》（北京：清華大學出版社，二〇〇一），頁一九〇。

38 聞一多，《聞一多全集》（武漢：湖北人民出版社，二〇〇四），詩I，頁八〇—八二。

泣訴那無邊的酸楚，
不如棹翅回身歸去罷！

四十三年後，余光中先生於一九六六年在美國密西根州卡拉馬祖學院（Kalamazoo College）任教，寫成一首名詩〈敲打樂〉[39]，其中兩段如下：

中國中國你跟我開的玩笑不算小
你是一個問題，懸在中國通的雪茄煙霧裡
他們說你已經喪失貞操服過量的安眠藥說你不名譽
被人遺棄被人出賣侮辱被人強姦輪姦輪姦
中國啊中國你逼我發狂
……
中國是我我是中國
每一次國恥留一塊掌印我的顏面無完膚
中國中國你是一場慚愧的病，纏綿三十八年
該為你羞恥？自豪？我不能決定
我知道你仍是處女雖然你被強姦過千次
中國中國你令我昏迷
何時
才停止無盡的爭吵，我們

關於我的怯懦、你的貞操？

聞一多在「芝加哥藝術學院」進修期間，常到芝大校園和一些清華留學生聚會。四十五年後，我也和他一樣，來去芝大校園。余光中的卡拉馬祖學院位於芝大旁密西根湖的東岸，與芝大只有一湖之隔。大概是受到這兩位詩人的感召，在一九六九年四月，我也忍不住寫了一首〈母與子〉的詩：

畜生，
你有多少眼淚，哭吧！
你要喊叫，就叫吧！
你要撞死，就撞吧！
誰會可憐你呢？誰又會救助你呢？
你只是一個外人不屑一顧的苦力，
你所流的血與汗，
卑微有如老牛殘喘的口沫！
死去吧！活著幹什麼？
不知身分的，醜陋的你，死了吧！
是的，死光了吧！

鴉片沒抽死了你，你這賤東西！

39 余光中，《余光中詩選——一九四九—一九八一》（台北：洪範，一九八一），頁二〇八—二一九。

洋砲也沒轟死你，你這可恥的飯桶！
怎連那淫笑下的長刀都沒砍碎了你，
你這不長進的廢物！
啊！就連現在你怎還沒被牛油膩死，
被那大乳的胸脯給悶死。
你這無恥的，沒出息的東西，
我不認你了，我永不認你了，
你這丟人現眼的畜生！

那顫危危而衰老的母親，哭了，哭了，
最後她還是忍不住擁抱她那最疼愛的兒子，
擁得那麼親，抱得那麼緊，
啊，我的兒子，兒子，
為娘爭口氣吧！
為娘爭口氣吧！

在母親的淚眼中，他看到無盡的期許，
在母親的愛懷中，他重新獲得了勇氣，
他懂了，
他下了決心！
於是他一聲不響地背起了母親，

他一步又一步向前走去——
遠方有朝霞，
前面有大路，
他邁開腳步，
母子兩人急奔而去！

余光中和我雖然與聞一多處於不同時代，但在旅美期間，思鄉念國之情懷及對祖國富強之期盼都是一樣的，這都反映在以上三首詩之中。正如白居易「共看明月應垂淚，一夜鄉心五處同」及杜甫「悵望千秋一灑淚，蕭條異代不同時」的詩句，反映的都是同一種情懷。

第七章　毛澤東的中國：數風流人物，還看今朝

惜秦皇漢武，略輸文采；唐宗宋祖，稍遜風騷。一代天驕，成吉思汗，只識彎弓射大鵰。俱往矣，數風流人物，還看今朝。（毛澤東，〈沁園春‧雪〉，一九三六年）

到芝大念書，我另一個探討的課題，是中共統治下中國大陸的實況。我到芝大已是一九六八年，這時文化大革命在大陸如火如荼地進行。知道在文革之前，還有兩個運動，也是鋪天蓋地，籠罩整個大陸：一個是一九五七年的「反右派鬥爭」，一個是一九五八年至一九六一年之「三面紅旗運動」。因此，我將這三個運動一起研究。以下，大多是當時的讀書筆記。

一、反右派鬥爭

一九五六年六月，波蘭發生工人暴動，軍隊鎮壓，數百人傷亡。同年十月，匈牙利學生推倒史達林銅像，蘇聯派坦克車進入首都布達佩斯，造成兩萬多人死傷。毛澤東看到東歐追求自由民主浪潮，知道就算是共黨體制已經建立，動亂仍會出現。他為了預防中國大陸知識分子起而效尤，想要查出哪些人心懷異見，所以在一九五七年初，他要求各民主黨派人士對中共提出意見，並提出六大原則「知無不言，言無不盡，言者

無罪，聞者足戒，有則改之，無則加勉」，使這些人士敢於建言。

五月，有三萬知識分子提出建言，對中共一黨專政提出嚴厲批評，包括要求中共退出政府機關和學校，把公私合營企業歸還私人經營。

在毛澤東的號召下，中國民主同盟的三位人士提出著名的三大右派言論。第一，羅隆基（中共建政後，出任民盟副主席及森林工業部長）提議，成立「平反委員會」，檢查一九五〇年代初期「三反」、「五反」、「肅反」運動中的失誤和偏差。他還批評所謂中共領導，就是小知識分子領導大知識分子，由於小知識分子影射毛澤東，毛氏大怒。第二，章伯鈞（中共建政後，他出任民盟副主席及交通部長）提議，成立「政治設計院」，由全國政治協商會議、全國人民代表大會、民主黨派、人民團體參加，重大政治上的基本建設要經由此院討論同意（這項建議被毛認為是他們想輪流做莊）。另外，他還主張發動學生上街，以鼓動民意。第三，儲安平（光明日報總編輯）對「黨天下」提出批評，他批評中共所謂聯合政府，有名無實，民主黨派只是花瓶、擺設。

毛澤東於是下令展開反右派鬥爭，所有民主黨派被拉下馬來，全國共有五十五萬人被加上右派分子的罪名，他們中間約有半數遭撤職，情節嚴重者或送勞動營改造、或被判長期坐牢，有的夫妻被迫離婚、子女被迫與父母劃清界線，家破人亡的例子甚多。章伯鈞與羅隆基等民盟人士均被劃為右派，章、羅兩人被列為右派第一及第二號分子，所有職務均被取消[1]。

這些民主人士在中共革命成功僅八年後，全部失寵。一九四〇年代後期，他們做為中共的尾巴黨派，向國民黨所要求的自由民主主張，在中共統治下沒有一個實現，中共政權的專制與獨裁，比國民黨政府更變本加厲。美國耶魯大學李奧納（Wolfgang Leonhard）教授（蘇聯歷史學家）有句名言：「革命吞噬了自己的兒女（Revolution devours its own children）。」可形容這些民主人士之下場。假如聞一多未死，也活到一九五七年，以他強烈的正義感、激情的個性，他對毛澤東批評的力道不會亞於羅隆基等人，那他的下場不問可知。

章詒和女士（章伯鈞之女），於二〇〇四年出版《最後的貴族》（原書名為《往事並不如煙》）一書[2]，

內中詳細記載民主同盟重要人士在反右派鬥爭中悲慘之下場，一時洛陽紙貴，紅遍大陸及海內外華人世界，我個人讀後亦深為感動。但是，假如我們把一九四九年到一九七六年中共前三十年之獨裁與暴政，列為二十世紀中國人民最大的政治與經濟災難，那一九四〇年代後期民主同盟人士所扮演的歷史角色，就是為中共革命推波助瀾，使中國人民早日陷入這三十年的苦難。若從這個角度看來，他們在反右派鬥爭中的遭遇，我只能用「若知如此，何必當初」來表達我的感受，我甚至認為他們在中共建政前的行為是「助紂為虐」，並不值得同情。

在這本書中，章女士細述她父親章伯鈞和羅隆基一段非常坦白的談話：

父親：「在國家制度的模式上我們就是明確要『依靠英美蘇的經驗，樹立適合中國國情的民主制度』。其中還特別強調必須把英美的議會制度、政黨制度與蘇聯的經濟民主結合起來。」

羅隆基感嘆道：「可惜呀，我們美好的設計和進步的主張都成為泡影和夢幻。」

「努生（羅隆基字名），你想過民主黨派的政治主張成為泡影與夢幻的原因了嗎？」父親問。

「你認為原因是什麼？」

「主要原因有兩個。一我們都把共產黨、毛澤東想得太好了；二由於我們都做了官了。兩者相結合，使得我們這些人既是被動地、也是主動地放棄了從前的主張。」[3]

這段談話顯示，有些中國知識分子為了官位會犧牲自己的理想，值得所有中國知識分子警惕。

1 關於反右派鬥爭，請見陳永發《中國共產革命七十年》下冊（台北：聯經，一九九八），頁六六一—六七七；葉永烈，〈評析右派三大理論〉，個人圖書館，http://www.360doc.com/content/11/0218/16/1075007_94108551.shtml#。

2 章詒和，《最後的貴族》（H. K.: Oxford University Press, 2004）。

3 同上註，頁三三九。

二、三面紅旗運動

一九五七年，毛澤東訪問蘇聯後，表示要在十五年趕上英國；後來改成七年趕上英國、十五年趕上美國；後來又改成三年趕上英國、十年趕上美國。

三面紅旗是指：一是社會主義總路線，全力向共產主義階段過渡；二是大躍進，追求生產力突破；三是人民公社，以達到豐衣足食目標。「三面紅旗」運動有好幾件事情讓我覺得不可思議。其中之一，是除四害運動，即消滅老鼠、麻雀、蒼蠅和蚊子。下面是中共政府消滅麻雀之「傑作」。

一九五八年二月，在中共國務院指示下，全國男女老少用轟、打、毒、掏的綜合戰術來消滅麻雀。雖然有很多學者表示反對，並舉出一七四四年普魯士國王腓特烈大帝曾下令消滅麻雀，結果果樹害蟲因沒天敵反而把果樹葉子吃光，結不出果子，腓特烈大帝被迫收回成命。

對這些反對的聲音，中共當局置之不理，全國各地展開滅雀運動。據統計，一九五八年三月到十月，全國共撲殺將近二十億隻麻雀。當時有個順口溜：「老鼠奸、麻雀壞、蒼蠅蚊子像右派，吸人血、招病害，偷人糧食搞破壞。」後來證明，沒有麻雀之後，蟲害大增，對農作物大傷，到一九五九年底，中共終於決定停止[4]。

另外一項動員工作，亦屬不可思議，即進行全面鋼鐵增產運動。為了煉鋼、煉鐵，全國出現六十萬座小高爐和土高爐，動員上億人，很多人把家中的鐵製品送去煉，這便是土法煉鋼。為了煉鋼，還到處砍樹來燒，森林遭到嚴重破壞，但煉出的鋼鐵一半無法使用。當時國務院副總理柯慶施有句名言：「相信毛主席要相信到迷信的程度，服從毛主席要服從到盲目的程度。」[5]

根據國際上大陸人口專家分析，在大躍進死亡的人數至少三千萬，最多四千六百萬[6]。一九五九年，中共黨國元老彭德懷，時任國防部長，對大躍進運動提出批評，被毛澤東誣陷為「裡通外國」，與其他批評者被定為反黨集團，彭被革職，在文化大革命期間他被鬥至死。

在研究三面紅旗運動時，一件事情我永遠難忘。芝大中國同學內左傾同學不多，但有位物理系博士生張子賢，則是左傾到了極點，他不僅念《毛語錄》、唱「東方紅」，甚至還會「扭秧歌」。我與他立場涇渭分明，所以兩人常為大陸事務激烈辯論。有天深夜凌晨，我倆離開芝大總圖書館後，先到酒館喝啤酒，兩人就開始辯論起大躍進問題。我指出，根據數項估計，大躍進期間共有三千餘萬人因飢餓而死亡，他則說這些都是西方帝國主義人士反華的誣衊。酒後，我們走到芝大洛克菲勒大教堂前的草坪，繼續爭論。為了證明誰是真心愛中華民族，兩人擊掌發誓：我畢業後回台灣，他回大陸，為兩地中國人民服務，絕不羈留美國。我倆年輕氣盛，甚至說出：「誰留下來，誰就是『漢奸』與『王八蛋』！」的粗話。後來，我倆都忠於誓言，他回到大陸，我回到台灣。

三、文化大革命

研究文化大革命，不能不先提到聞一多在西南聯大最親密的戰友吳晗。吳晗在中共建國初期官運亨通，出任北京市副市長。一九五九年，吳晗為了響應毛澤東提出要學習明代著名清官海瑞「剛正不阿、直言敢諫」的精神，出版《海瑞罷官》一書，獲得毛澤東嘉勉。但在一九六一年至六四年，鑑於大躍進所造成的生靈塗炭，他和北京市委副書記鄧拓、北京市委統戰部部長廖沫沙合著《三家村札記》[7]，內容以說古論今方

4〈除四害時，小麻雀遭大劫難〉，新浪網，http://dailynews.sina.com/bg/chn/chnlocal/chinapress/20100124/14551140529.html；〈毛澤東發動消滅麻雀之戰始末〉，新浪博客，http://blog.sina.com.cn/s/blog_48d1c5ff01017dbf.html；〈北京石油學院學生除麻雀〉，《兩岸犇報》，http://chaiwanbenpost.blogspot.com/2010/11/blog-post_67.html。

5 陳永發，前書，頁七〇一—七三五；頁七六五。

6 同上註，頁七三一。

7《鄧拓詩文選集——燕山夜話與三家村札記》（台北：自由出版社，一九六六）。

式，針砭時弊，尤其是對毛澤東言行，極盡諷刺之能事。

一九六五年，毛澤東為了要整頓黨內走資本主義道路的當權派，決定發動文化大革命。該年十一月《解放日報》編委姚文元刊登一篇〈評新編歷史劇《海瑞罷官》〉文章，攻擊吳晗著作描寫海瑞為民請命，是在隱蔽地批判大躍進的農業政策，因此吳晗的著作是「反黨反社會主義大毒草」，此一批判揭開文化大革命的序幕。一九六六年五、六月，上述《三家村札記》又被中共機關刊物批評為「反黨反社會主義大毒草」，三人為「有目的、有組織的一場反黨、反社會主義的大進攻」[8]。吳晗從此不斷遭受批判，終於在一九六九年十月死於獄中，死因不明[9]。

廈門大學教授謝泳感慨地指出，當年影響聞一多走向左傾之路的三位知識分子，後來的命運都非常悲慘。除吳晗外，華崗在文革中受盡磨難，於一九七二年死於獄中；羅隆基是至死沒有被摘掉右派帽子的少數人之一，在一九六五年孤寂而死[10]。

一九七六年九月，毛澤東去世。十月，四人幫（江青、張春橋、姚文元、王洪文）被捕，此後文革的真相終於大白於世[11]。但事實上，我在芝大四年（一九六八至一九七二）期間，由於經常在芝大圖書館翻閱中英文各種資料，文革的大致樣貌與實質已很清晰，四人幫審判只不過透露所犯罪行的更多細節。迄一九七二年為止，根據中共官方所透露的資料，文革主要的發展已顯示如下：

第一，文革以毛澤東貫徹其極左的意識型態開始，但權力鬥爭也一直貫穿其中。

一九六八年十月，中共中央將劉少奇定罪為「一個埋藏在黨內的叛徒、內奸、公賊，是罪惡累累的帝國主義、現代修正主義和國民黨反動派的走狗」，將他永遠開除黨籍。這個消息太震撼了。劉在中共創黨的一九二一年入黨，一九五九年出任中華人民共和國主席，被認為是毛澤東的接班人。他在文革初期覺得紅衛兵的破壞作用太大，於是派了工作組到北大等校園恢復秩序，此一舉動得罪了毛澤東。毛在一九六六年八月摘掉劉少奇的主席職位。

我當時想，中共在一九四九年建國，到了文革已統治二十年，國民黨反動派不是逃到台灣，就是被鬥爭

殆盡，中國大陸怎可能還有帝國主義和國民黨反動派？一位國家主席怎會被定下這些不可思議的罪名？劉少奇所著《論共產黨員的修養》，是中共在這方面最權威之作，我曾讀過，其中強調「對於我們共產黨員來說，有一件事是終身不變的。這一件事就是我們要為黨的利益、無產階級戰鬥的利益亦即是人類最後解放的利益而奮鬥到底」。這篇演講曾被譽為「它以豐厚深刻的內容哺育了一代又一代共產黨員」[12]。中共許多黨員就是在這樣的「修養」下才奪得江山，沒想到這樣一位功業彪炳的老黨員，晚年竟死於叛徒等罪名。

但更震撼的權力鬥爭，是一九七一年九月十三日發生的林彪事件。當天林彪和妻兒三人乘飛機逃離大陸，飛機在蒙古墜毀，三人喪命。林彪是中共元帥、中共中央副主席，文革期間被拔升為毛澤東接班人，並破例寫入《中國共產黨章程》。他在國共內戰期間，率領共軍從東北一直打到海南島，可說在軍事戰場上為中共建國立下第一功勞。

林彪事件徹底宣告文革的失敗與毛澤東個人威信的破產。起碼，發生了兩個重大疑問：一、文革到底是追求正確的意識型態，還是一個赤裸裸的權力鬥爭？抑或是兩者皆有？二、毛澤東與林彪共事有四十餘年，為何毛會選錯他的接班人？

第二，文革期間對中國文化、社會及經濟造成了嚴重的破壞。破四舊（舊思想、舊文化、舊風俗、舊習慣）運動，將文物古蹟、圖書館、廟宇等嚴重破壞。執行紅色恐怖最力的是紅衛兵，大多數是中學生，有一千三百萬人左右。一九六六年，毛澤東在北京分八次接見紅衛兵。他們來自全國各地，旅行食宿完全免費，

8　姚文元，〈評「三家村」——《燕山夜話》《三家村札記》的反動本質〉，《文匯報》（一九六六年五月十一日）。
9　吳晗，維基百科，http://zh.wikipedia.org/wiki/%E5%90%B3%E6%99%97。
10　謝泳，《重說文壇三劍客——血色聞一多》（北京：同心出版社，二〇〇五），頁一七九。
11　關於文化大革命最新一本學術著作為Roderick MacFarquhar and Michael Schoenhals著，關心譯，《毛澤東最後的革命》（台北：左岸文化，二〇〇九）。
12　趙雲獻，〈重讀《論共產黨員的修養》〉，《人民日報》（一九九八年十一月二十四日）。

每人有本小紅書《毛澤東語錄》。當時我看到他們的行為，內心有一大疑問：為何這些年輕人能肆無忌憚殺人放火，而且還不准警察、軍隊干預？文革第一個階段參與分子只限學生和城市知識分子。文革到了第二階段，即一九六六年十二月起，中共又同意在農村和工廠展開文革，等於在全中國，無論學生、工人與農人，全數參加，這造成對社會和經濟極大的傷害。

第三，文革對知識分子、幹部及全國教育給予嚴重的打擊。一九六六年五月，北大哲學系講師聶元梓貼出第一張大字報，從此北京所有學校都展開文化大革命。除教師外，作家（如老舍）、音樂家（如馬思聰）等知識分子被鬥爭的例子，不勝枚舉。文革發生後，大學和中小學教育全部停頓。到一九七一年，雖然大學恢復上課，但人數極少，而且這些大學生是根據階級成分推薦而來，程度甚差。一九六八年，因紅衛兵和大學造反派學生造成社會極大動亂，毛澤東下令將他們上千萬人發配到農村和邊疆。一九六九年，毛澤東為了改造幹部，從事政治學習，大辦「五七幹校」，在全國各地收容幾十萬中共幹部，等於是將他們送入勞動改造營。文革對全國教育的破壞最讓我憤怒。當世界各國，尤其是開發中國家，大家都力求提高人民知識水準，以進行國家建設，中共則反其道而行。總之，文革對國家民族的長遠發展，造成了無可彌補的損失。

第四，對毛澤東個人崇拜狂，超越歷史先例。文革期間，對於毛澤東個人的崇拜，有許多具體作法。例如每個人身穿毛裝，胸前別毛徽，口袋裝小紅書。住房門口貼「忠」字和毛澤東的照片，早上起來第一件事，就是大家集合向「忠」字和毛像唱歌，「天大地大不如共產黨的恩情大，河深海深不如毛主席的恩情深。」同樣的儀式到了晚上還要重複一次，這叫早請示、晚匯報，有時還要集體讀一段《毛語錄》、跳個「忠」字舞。當我看到這些情形，奇怪一個民族怎麼會對領袖崇拜到這種地步？這遠超過納粹黨對希特勒的崇拜。毛氏的個人崇拜，在人類歷史上可說是無人出其右，我只想問：整個民族是中了邪呢？還是瘋了？而毛澤東之霸氣或狂妄，可從他一九六三年所寫〈滿江紅〉的句子中看出：

四海翻騰雲水怒，五洲震盪風雷激，要掃除一切害人蟲，全無敵。

從一九四九年建國以來，中共發動的鬥爭包括三反、五反、反右派鬥爭、三面紅旗，一直到文革，可說是打擊到社會每一個層面，受害者無以數計，而且許多受害者還冤冤相報。這些批鬥和仇殺行為都以毛澤東的命令、指示、著作和相片做為護身符，即「許多罪惡假汝名而行之」。

在芝大對中國現代歷史與政治的研究，使我對二十世紀中國變局有了清楚的了解、對於中共一九四九年建國以後的發展也有了深入的認識，所以當一九七一年保衛釣魚台運動開始時，我已經知道在台灣與大陸之間，我該如何取捨，以及做為一個中國人，未來應該走的方向。

第八章　激情、分裂、抉擇——留美華人的保衛釣魚台運動

釣運帶給我的另一個教訓是，對於政權只能批判不能吹捧。對當政者歌功頌德或甘為走卒，最後只會造成可笑的結果，不但要隨著政局變化自打耳光，而且連帶也會把「運動」變成一場滑稽戲。

——花子虛（筆名）

一、前言

迄七〇年代為止，二十世紀中國重要的學生運動可分為四次：第一次當然是一九一九年的五四運動。第二次是一九三五年十二月九日的「一二九」運動，從北平至全國各地的學生都要求政府立即抗日、停止國共內戰，這影響了一年後西安事變的發生，促成國共第二次合作，這也激起日本對華進一步的侵略行動，終於爆發八年抗戰。第三次學生運動，是一九四五至一九四九年的「反內戰、反飢餓、反迫害」運動，全國各地學生發起一波又一波的反政府運動，加速國民政府在內戰的失敗及中共革命建國的成功。總之，這三次學生運動都對現代中國命運有著重大的影響。第四次就是一九七〇年十二月至一九七二年五月，在美國發生的保衛釣魚台運動。

在上述四次學生運動中，以這次參加保釣知識分子的知識水準最高，他們都受過最完整、也是最好的教

育，從台灣的小學到大學，然後來美就讀研究所。這次運動可說是一九四九年以來，在中國大陸及台灣地區以外所發生最大的一次學生運動。

在美國大學任教的華裔美籍學者，也有不少參加保釣運動，他們在美國望重士林，有人甚至得過諾貝爾獎，這些學者在這個運動中的言行，應當和學生們一齊檢視。

二、源起與一月之大遊行

一九六八年，「聯合國遠東經濟委員會」在黃海及東海地區進行地質勘測，預測釣魚台列嶼附近、東海的大陸礁層可能蘊藏大量石油。翌年七月，中華民國政府宣示對這些大陸礁層擁有主權。一九七〇年七月，日本政府以外交照會否定我國對該海域持有之權利，我政府予以反駁，爭端遂起。

關於中日釣魚台的爭執，日本政府所持觀點主要如下：一、一八九五年一月，日本內閣認為釣魚台列嶼為無人島（terra nullius），因此內閣決定根據國際法的「先占」（occupation）原則，由琉球加以占領；二、一九六八年聯合國地質勘測報告公布之前，中華民國政府從未對該島提出主權主張[1]。

我國之立場如下：一、釣魚台列嶼不是「無主地」，在清朝時期釣魚台列嶼屬台灣的一部分，在許多史冊中均有記載。二、中日兩國在一八九五年四月簽訂馬關條約，清廷將台灣及所有附屬島嶼與澎湖列島割讓給日本。根據一九四三年之「開羅宣言」及一九五二年日本與中華民國所簽訂之「中日和約」，日本必須將台澎各島歸還中華民國，這當然應包括釣魚台列嶼。三、根據國際法「先占」原則，應加以公告，但日本在占領後並未公告，所以中華民國政府無從表示異議[2]。

一九七〇年十一月，台灣大學研究生王曉波與王順寫成〈保衛釣魚台〉一文，引用羅家倫在「五四宣言」中的名言，「中國的土地可以征服而不可斷送，中國的人民可以殺戮而不可低頭。」該文刊於台北出版之《中華雜誌》。普林斯頓大學一些來自台灣及香港的留學生，看了這篇文章後非常激動，在十二月十六日

成立「保衛釣魚台行動委員會」，並決定於翌年一月三十日在紐約舉行示威遊行。一九七一年一月三十日，台灣和香港留學生們在華府、紐約、芝加哥、洛杉磯等地舉行示威遊行，其中規模最大的在紐約，約有一千五百位學生參加，來自三十個不同院校、十七個地區。遊行隊伍分別到日本駐美大使館和總領事館遞交抗議書[3]。

我支持保釣，所以也參加了一月三十日在芝加哥的保釣遊行。該日雖然陽光普照，但滿地冰雪，又因為颳風，氣溫降到零下十度以下。當天到場一共有三百多人，芝大的學生約有六十人。我們在中午十二點抵達日本領事館，因週末無人辦公，只能在門口高喊保釣口號[4]。參加這次遊行後，我開始對釣魚台主權爭議進行研究，也開始注意釣魚台運動的發展。

但是在舊金山的保釣遊行，卻提早一日（一月二十九日）舉行，這是因為加州大學柏克萊校區的同學認為，一九三五年十二月九日曾發生著名要求政府立即抗日的「一二九學生運動」，所以選擇一月二十九日，取其諧音，以延續當年抗日的精神。遊行隊伍分別到台灣駐舊金山總領事館及日本領事館提出抗議，共有五百人左右，大多數人為華埠的愛國僑胞與美籍人士，來自台灣的學生只占少數。

遊行前，舉行示威大會，首先由發言人劉大任（台大哲學系畢業，加州大學政治學研究生）呼籲全體同學團結一致，向台灣、日本及美國三個政府提出嚴正抗議。加州大學學生郭松棻（台大外文系畢業，加州大學比較文學研究生）針對台灣參加遊行的學生太少一事，提出強烈批評說：

1 馬英九，〈釣魚台列嶼主權爭議〉，收入任孝琦，《有愛無悔——保釣風雲與愛盟故事》（台北：風雲時代，一九九七），頁二八二—二九六。

2 同上註。

3 林國炯等編，《春雷聲聲——保釣運動三十週年文獻選集》（台北：人間，二〇〇一），頁三三一—三三六。

4 同上註，頁三二一—三二五。

在這次保衛釣魚台的行動過程中，我們看清楚了從台灣來的中國人的真面目，一句話，就是政治冷感，更確切的說，就是患了政治陽萎症，你就是把他脫了褲子，再怎麼搓，都是不舉的，都是硬不起來的。……如果這個（台灣）政權沒有為人民利益打算，我們便要本著五四愛國的精神，聯合一致來批評這個政權。如果經過了批評指責，這個政權仍然矇混敷衍、站不起來，成了一個扶不起的阿斗，那麼我們主張打倒這個政權！……這次釣魚台事件對於國民黨政府是一塊試金石，……今天的一二九大會就是中國第二個五四運動的開始！[5]

一二九、一三〇遊行結束後，參加保釣的學生稍喘口氣，卻發生了另一件事。二月五日台北《中央日報》發表社論，認為日本在其現行憲法與民主政體之下，不至於發展成軍國主義；又說由於中共反對美日合作、反對中（台）日韓合作，同時也反對蘇日合作，因此中共對日本軍國主義的指控，是政治宣傳，並無事實根據。這種言論，在當時非常不受學生歡迎。在留學生尖銳反日的情緒下，許多保衛釣魚台刊物，都齊聲譴責這篇社論，認為是為日本軍國主義的漂白之作[6]。

加州大學柏克萊保釣分會，於二月十五日出版《戰報》第一期「一二九示威專號」。《戰報》是海外保釣運動所有學生刊物中，最激烈、最搶眼的，但效果則兩極。反台灣、親中共的學生，認為它火辣、勁麻、痛快淋漓。但對台灣政府沒有太大敵意、對中共沒有太大幻想的人，則為之側目。紐約保釣行動委員會召集人李我焱，於一九七一年九月應中共邀請，率領其他四位左派保釣人士赴大陸訪問。李我焱回美後，告訴劉大任說：「周（恩來）總理讓我轉告你，《戰報》的字要寫大一點，毛主席眼睛不好，看得很辛苦。」[7]

三月十二日，全美各地保衛釣魚台行動委員會聯名致函中華民國政府，提出十點要求，包括政府派兵進駐釣魚台列嶼、撤職查辦失職失言官員等。三月十六日，由加州大學柏克萊校區的陳省身、田長霖等五百二十三名學人，聯名上書蔣中正總統，要求政府堅守立場，保衛釣魚台主權。

三、四月大遊行

一二九、一三〇遊行後，並未達到立即效果，所以在四月十日舉行第二次大遊行，共有約兩千五百人前往華府參加，大會主席兼遊行總指揮為李我焱。他們派錢致榕等三位代表面見中華民國駐美國大使周書楷。哈佛大學學生廖約克則在館外發表演說，以動人、感性的語調說：「我們所愛的是中國，是有著五千年歷史、七萬萬同胞、每一寸土地都馨香、每一捆草木都芬芳的唯一的中國。」當他問到「中國人站起來了沒啊」時，滿場群眾，霍然起立，每個人眼中都含著淚水[8]。

三位代表提到三月十二日致中華民國公開信的十項要求，請周大使答覆。周大使表示對該信並不清楚，但一一解釋政府立場。遊行學生群情激憤，要求周大使當眾答覆，未果，芝大林孝信同學回憶說：

> 學生覺得剛剛在美國人那裡受了委屈，大使就像自己的父母，我們一心希望在這裡得到安慰，結果他連出來看我們都不肯！政府就在這一刻斷送了海外的民心！[9]

四、保釣運動開始向左轉

四月十日保釣大遊行結束之後，發生了一系列美國和中共改善關係的大事：四月十日，中共邀請美國球

---

5 郭松棻，〈「五四」運動的意義〉，收入林國炯等編，前書，頁三一四—三一七。

6《釣魚台事件真相》（香港：七十年代月刊，一九七一），頁九五—九七。

7 劉大任，《我的中國》，頁七三。

8 林國炯等編，前書，頁三五三。

9 任孝琦，前書，頁八一。

隊參加在日本舉行的世界乒乓球賽後，訪問中國；十四日，尼克森總統宣布改善與中共關係之五項新步驟（包括取消美國公民赴大陸的禁令）；七月十五日尼克森宣布，國家安全顧問季辛吉已抵北京訪問，而他本人將於翌年訪問北京；二十一日美國參議院外交委員會通過廢止一九五五年所通過之「台灣決議案」，該案授權美國總統使用武力保衛金馬外島，這個決議之取消，等於外島將不包括在「中美共同防禦條約」之保衛範圍。

在以上這些發展下，使那些原即具有左傾意識型態之保釣學生極感興奮，他們決定要搭上這股中美「政治列車」，向中共靠攏。五月至九月間，許多學校的保釣委員會改組為「國是研究社」。任孝琦女士，《有愛無悔——保釣風雲與愛盟故事》作者，指出此時保釣運動已迅速式微，所以連四月日本宣布終止在釣魚台興建無人氣象台計畫時，都未引起留學生之喜悅。她復引述，匹茲堡大學念歷史的左派學生領袖花俊雄對左派分子從五月至九月之作為相當自豪地表示說，從威斯康辛、路易斯安那、加州、堪薩斯、耶魯大學到布朗大學的美東國是會議，「由小而大，一步一步，都是我們有計畫的在推，一直推到安娜堡（Ann Arbor）全美國是大會通過正式決議（作者註：該大會於九月舉行，通過中華人民共和國政府為中國唯一合法政府之決議）。」這批左派分子此時已正式倒向中共[10]。

在這個運動左轉中，發出重砲的又是郭松棻。

六月一日出版的《戰報》第二期，他以「羅龍邁」為筆名，寫了很長的文章〈打倒博士買辦集團〉。這篇文章整個否定了台灣生存的意義，認為台灣只是美日資本主義下的「養女」：

> 目前的台灣便像是可憐的養女，全身癱開，被美日不休地相繼輪姦，而全然失去了抗拒的能力。在這姦污的罪行下，最耐人尋味的是，充作這養女家長的台北政府卻因美日嫖客的小惠而雀躍起來，對外以「經濟繁榮」來掩飾這一齣醜劇。而留學海外的中國學人們，不但對自己的家鄉之一再被姦污，無所動於衷，反而時常還帶美國大兵回家，再去姦污自己的家鄉。

他復指出，台灣在美國、日本及歐洲的留學生只知追逐榮華富貴而無視國家之可悲現狀，他說：

> 就這樣，兩萬多留美學生，以及數千的留日、留歐留學生無形中拱起了一圻夜的國度，一群群碩士行屍、博士行屍、教授行屍在黑暗中流竄、在闇冥中聳動，變態的鬼笑、縱樂。[11]

在這個學生思想左轉的時刻，另有一些耐人尋味而向大陸輸誠的談話。七月，一位張姓教授建議留學生應促使中共和平解放台灣：

> 現在的客觀事實是，台灣的外交已被中共逐漸孤立。外交的孤立必導致經濟的孤立，台灣現在的經濟繁榮會被中共在短期打垮。既然經濟不能獨立，除非做日本殖民地，只有歸向「中國」一途。客觀不能因主觀的意識而推移。我們留學生在這一階段所能做的事，就是促使和平解放台灣，不使大流血。

另一位孫先生說得更妙：

> 我們在這兒學理工的，將來大陸需要，總會對我們採懷柔政策。在釣魚台運動之後我們已經denounce（譴責）台灣政府是賣國的了，所以今天我們在這裡要把我們的聲音說出來好讓中共聽到，以便將來對我們採懷柔政策。[12]

---

10 同上註，頁八六—九〇。
11 林國炯等編，前書，頁二六九—二八九。
12 同上註，頁六四八。

五、安娜堡國是大會

留美華人學生大規模左轉的最重要指標，是九月三日至五日在密西根大學附近舉行的「安娜堡（Ann Arbor）全美國是會議」。我當時以為這是一個對國是集思廣益的場合，所以前往參加。出席這次會議有四百三十七人，逾半數為台灣留美學生，其餘多為香港留美學生[13]。

會議討論主題分為三部分。第一天討論中共各項重要發展，第二天討論台灣各種問題，第三天討論聯合國中國代表權問題。

討論中國代表權問題時，大會提出五項決議案，其中最重要的是第五案——「承認中華人民共和國的政府是唯一合法代表中國人民的政府」。關於這項決議，主席宣布該條要分兩階段表決。第一階段僅表決是否在原則上同意本條，第二階段才就實質表決，如果通過，則在聯合國遊行時，做為擬定標語和口號之依據。在第一階段表決，支持票高達兩百三十六人，反對票只有五人。第二階段投票贊成與反對各為一百一十七和一百一十二人，贊成者僅以五票險勝[14]，可見有半數人不願公開拋棄中華民國政府，這也說明安娜堡會議，左派並未全勝，但目的已達。

為何安娜堡會議能達成這樣的結果？因為那是一個左派全程掌控的會議。大會主席團人員未經出席人員推選，全是事先任命，而每場主講人都是清一色的左派人士。聽眾發言限定為兩分鐘，根本無法表達不同意見。會議主席常脫口說：「這是群眾大會。」又稱主講人為「同志」。有位戴紅臂章的人士，回答問題時稱「我們中華人民共和國」。當有人抗議大會完全親共及議事規定不公平時，得到的回答是：「這是『我們』的大會，所以不給『你們』許多時間發言。如果『你們』主辦大會，『你們』也可以這樣做。」這使許多人覺得國是大會其實是「『中共』大會」、「毛澤東思想布道大會」或「洗腦大會」[15]。

會議中，演講人或主持人立場極為偏頗。例如在王春生所提台灣經濟之報告中，竟說出台灣一些家庭「可能還要三月不知肉味」的話來。有位同學發問：「大陸那麼好，為什麼每個月有五、六百名大陸難胞冒

死逃到香港？」回答是「這些人都是垃圾」。對於不同意見同學，左派戴紅臂章的人更將之包圍並加羞辱，「你講的是廢話！」、「你的腦袋是怎麼長的？」、「你這種人就是奴才！」、「你是不是中國人？」等。

在這種氣氛下，喬治亞理工大學黃興維在第二天上午會議上，預備提出抗議，結果尚未發言，其麥克風就被關閉並命令坐下，當他憤而退席，還被左派人士吼罵：「滾出去！」這下激起五、六十位與會者（約占總出席人數七分之一）同時退出會場。由於左派人士氣焰過分囂張，到了第三天下午五時，大會討論台灣問題時，出席人數只剩下八十二人。從這會議開始時之四百三十七人，降到如此少數，可知會議最後不得人心與失敗[16]。

我自己也參加了那一波退會行動。我除了跟他們有相同的感受外，還有另一段荒唐的遭遇。會議中有安排歌曲教唱，如中共國歌「義勇軍進行曲」、「東方紅」等。前者我還知道，後者倒是第一次聽到，歌詞如下：

東方紅，太陽升，中國出了個毛澤東。
他為人民謀幸福，呼兒咳呀，他是人民的大救星。
毛澤東，愛人民，他是我們的帶路人。
為了建設新中國，呼兒咳呀，領導我們向前進。
共產黨，像太陽，照到哪裡哪裡亮。
哪裡有了共產黨，呼兒咳呀，哪裡人民得解放。

---

13 同上註，頁四〇三—四一四。
14 同上註，頁四〇九—四一〇。
15《安娜堡國是大會評論特刊》（Atlanta，Georgia，September 1971），頁一—二六。
16 同上註。

我一聽，覺得實在肉麻，故不肯唱。另外，他們念《毛語錄》，我和沈君山（時任普渡大學教授）均不肯念。這下子，十幾名左派學生把我倆包圍起來，大聲斥責我們為「漢奸」。他們說：「不唱『東方紅』、不念《毛語錄》，就是反毛，反毛就是反華，反華就是漢奸，漢奸人人得而誅之。」所以，他們預備要對我倆拳腳相向。後來他們大概覺得，若傳出打人，恐不利「統戰」，就放了我倆[17]。但這件事使我既怒又悲。我怒的是我連不唱歌、不念語錄的自由都沒有；悲的是這些左派同學都是高級知識分子，他們「漢奸」理論之不合邏輯與幼稚，已到了匪夷所思的地步。我一生反共是基於理性思維與知識判斷，但此一場面，使我認識到政治理念之不同，可以使人失去理智。我當時想，大陸文革期間的文攻武嚇，大概就是這般情景，只差他們未對我拳腳相向而已。怪不得一位由大陸逃出來的與會同學說：「這裡簡直是紅衛兵的中國大陸嘛！」[18]

大會期間，曾有一份〈安娜堡國是大會民意調查統計報告〉[19]，填表人有兩百八十人，內容摘錄如下：

一、職業：學生：200；就業：78

二、身分：美國公民：7；持有永久居留權：89；持有學生護照：165

三、從何處來美：台灣：138；香港：114；其他：27

四、你對下列人名或團體名的感覺：

（註：對以下題目，調查表分為十分擁護、擁護、普通、反感、深惡痛絕五個選項。為一目了然計，現將之歸併為三個選項：擁護、普通、反感。歸併後，各項數據如下：）

i）中國共產黨：擁護：196；普通：37；反感：28

ii）國民黨：擁護：3；普通：18；反感：226

iii）毛澤東：擁護：190；普通：44；反感：15

iv）蔣中正：擁護：4；普通：14；反感：232

v）資本主義：擁護：13；普通：33；反感：199

vii）共產主義：擁護：185；普通：30；反感：30

五、中國前途問題

i）台灣立刻成為中華人民共和國的一省：65；台灣先成為中華人民共和國的自治區，然後逐漸變成行省：173；台灣成為獨立國：8

ii）對聯合國的席次問題，你是贊成中華人民共和國成為中國唯一合法代表：231；中華民國為唯一合法代表：1；美國提出的雙重代表案：9

六、如果中共還要你回國服務的話，你在什麼情形下就會接受？（註：有五個選項，大致可歸併為接受，有條件接受，不接受）

i）接受：122；ii）有條件接受：73；iii）不接受：0

由於右派五、六十人在大會第一天中午已離席表達抗議，所以這個調查結果應是反映在場大多數台港左派及中間派人士的心聲。

他們為何那麼左傾？個人認為，這批人士大部分是到美國留學後，在學校圖書館看了許多大陸出版的書籍與畫刊，再加上從一九六六年起，美國電視與報章雜誌對文化大革命不斷報導，對文革內情不了解的學生，只知道它是「一個觸及靈魂深處的革命」。加上毛澤東那句很響亮的詩句：「為有犧牲多壯志，敢叫日月換青天」，令許多學生感動。再加上文革期間，「為人民服務」口號喊得震天價響，這一切都感染了這批學生，所以他們才到安娜堡去接受革命洗禮，並結交革命夥伴。

17　邵玉銘編，《風雲的年代——保釣運動及留學生生涯之回憶》（台北：聯經，一九九一），頁五三—六七。

18　《安娜堡國是大會評論特刊》，頁二三。

19　密西根大學保衛釣魚台行動委員會編，《安娜堡一九七一年九月國是大會紀錄》（一九七一年十二月），頁一一三—一一五。

香港《明報》在安娜堡會議後登過一篇側記，內中對會議的氣氛有如下的描繪：

> 月華初上，夜涼如水，大家圍坐在綠草如茵的廣場上，有人奏著手風琴，男女四部齊唱，一會兒是「黃河在咆哮，黃河在咆哮」，一會兒是「我們要做主人去拚死在疆場，我們不願做奴隸而青雲直上」，一會兒又是「把我們的血肉，築成新的長城」……中華兒女們巨大的聲浪散布在月明星稀的晴空裡，飄呀，飄呀，它將飄過美國西部的高山、飄過浩瀚的太平洋、飄到祖國家鄉……。[20]

閱讀這篇側記，我的情緒變得既感慨又難過。感慨的是，這批中華兒女的愛國情懷，如此純潔又熾熱；難過的是，在他們高歌歡唱之時，毛澤東正在大陸進行著慘絕人寰的文化大革命，兩相對照，真是年輕人何其純真、政治又何其殘酷！

我退出會場後，開車回芝加哥，三個小時的路程上，內心有著深重的悲哀。

我對左傾留學生對台灣的無情無義，感到心寒。在填寫民調報告的兩百八十人中，來自台灣的有一百三十八人。不管他們對中華民國政府有何看法，這是他們的自由，但他們對當時一千五百萬台灣同胞，總該有基本的同胞愛。當他們在會場上承認中華人民共和國政府為中國唯一合法政府，要把中華民國政府從聯合國趕出去，他們對得起這些在台灣的同胞嗎？他們能到美國留學，從小學到大學，起碼十六年的教育是在父母和全體國民支持之下獲得。在當時，沒有任何跡象顯示這一千五百萬人願意接受共產主義統治，這些在台灣長大的年輕人，怎可對他們如此薄情寡義？一個最基本的文明價值是，你有權決定自己的命運，但無權決定別人的命運。

回到芝大校園後，我特別往見芝大政治系鄒讜教授。鄒教授畢業於西南聯大，抗戰勝利後赴美留學，獲芝大政治學博士，然後留校擔任教授。他的成名作是《美國在中國之失敗，一九四一－五〇》（*Ameirca's Failure in China, 1941-50*）。他在書中認為，蔣中正先生應為四〇年代大陸之變局擔負最大的責任，因為「責

任和權力相依隨，而蔣氏在當時中國是擁有最大權力的人」[21]。

我先向他報告在安娜堡國是大會所發生之一切，然後我向他請教：五四以來，中國知識分子都以「感時憂國」之心過問國事，在安娜堡之左傾學生，為何在政治上如此勢利？對台灣如此薄情？鄒師聽完後，很感慨地說：許多知識分子確實是「感時憂國」之正人君子，但也有許多知識分子，則是政治上的投機分子，隨著中國政局之轉換而賣身求靠，他特別指出四〇年代後期「民主同盟」中即有此種人士，所以他對安娜堡那些左傾學生的行為，並不覺得意外。鄒師最後還加重語氣告訴我說：二十世紀中國知識分子之問政行為有許多特徵，但是「投機」恐怕是其中最大特徵。聽完鄒師一席話，我雖茅塞頓開，但我離開他辦公室時，心情非常沉重而難過，他的話我一生難忘。

十月，中共取代中華民國加入聯合國，保釣左派之氣勢如日中天，保釣運動中之左右兩派人士已形同水火，左派高唱效忠祖國大陸，右派則誓言要與台灣共存亡。我是後者，並決定一有機會就回台灣服務，我曾將此意和芝大一位台灣同學談過。

突有一天，這位同學向我轉達芝大歷史系一位華裔美籍左派老師給我的警告，大意是說：「台灣已被趕出聯合國，距亡國之日不遠，你還要回台灣服務，實在是頭腦不清，君子要『識時務者為俊傑』。」我一聽火冒三丈，認為有風骨的知識分子不應該講出這種勢利的話來，所以我請這位同學回告他：「我來自台灣，我將回去台灣；他既然愛中國，請他回大陸，我們都不要留在美國的土地上生活。」[22]後來，我如約回到台灣，一直到今天；而他雖常到大陸訪問，被待如上賓，但卻一直留居美國，以迄二〇一二年去世。

我真沒想到，鄒讜老師才指出「投機」是中國知識分子問政的最大特徵，另一位教授竟以「識時務者為

---

20 任孝琦，前書，頁一〇五—一〇六。

21 Tang Tsou, *America's Failure in China, 1941-50* (Chicago: University of Chicago Press, 1963), I: ix.

22 傳話人為芝大同學趙林，現任中國文化大學中文系教授。

俊傑」來斥責我回台服務的想法，這使我更為感佩鄒師的真知灼見。

安娜堡會議之後，我另一不解的問題是：為何會議能通過支持中華人民共和國政府為中國唯一合法政府？此一決議有無幕後推手？

參與一九七一年安娜堡大會之左派大將王正方指出，這些決議並非是參與會議人士自動自發之舉，而是奉中共駐加拿大大使館之「指示」。他在一九八五年透露：

密西根國是會議上提出五項原則（決議），要打出紅旗，引起鬥爭用投票解決，這些事並不是自覺的，而是有關方面有所指示的。這方面我是確實知道，……會場中還有人執行這項指示。[23]

王正方在二〇〇八年一本書中又透露：

大陸方面對美國保釣運動最明顯的介入，表現在一九七一年九月初安娜堡國是大會上。……會上就有耳語相傳，說加拿大那邊的「意思」是希望大會能做出決議：承認中華人民共和國是唯一代表中國人民的合法政府。當時中國與加拿大已正式建交，渥太華設有中國大使館，「意思」是由那邊傳來的。[24]

王正方此些透露，終於證實安娜堡國是大會已成中共御用工具。另一位曾參與保釣運動的劉源俊（現任東吳大學物理系教授），在二〇〇八年接受有關保釣運動一項訪談時，也有類似說法[25]。

六、保釣左派代表訪問北京

一九七一年九月底，保釣左派學生領袖李我焱、王春生、陳治利、陳恆次和王正方應邀訪問中國大陸，

除參加中共國慶外，還赴各地訪問兩個月。最後由周恩來總理在十一月二十三日接見，從晚上九時起至凌晨四時，會談超過六小時。這批代表回美後，舉辦巡迴演講，他們將大陸見聞，說得天花亂墜。

加州大學舊金山分校學生郁慕明，轉述了伊利諾大學陳恆次赴大陸參觀回來後發表的演說。陳恆次說，大陸的農村養豬場都非常乾淨，豬也長得白白胖胖，原因是「大陸上的豬每天聽《毛語錄》，受到毛主席思想感召，晚上都會自動排隊出去小便，當然豬舍乾乾淨淨，豬也不長癩、不生病，非常健康」。更令郁慕明覺得不可思議的是，在場聽講的博士、碩士竟一起鼓掌。「被感召的豬」後來成為右派學生間的笑談[26]。

前述花俊雄轉述另一左派領袖李我焱訪問中國後說：「他在中國只看見兩隻蒼蠅，一隻被他打死了。」[27]一九七一年十二月二十四日至二十五日，保釣左派人士在哥倫比亞大學舉辦「中國統一討論會」，陳恆次在會中發表演講，他的結論是：「經過二十二年社會主義改造，大陸今日已成為一個風尚良好、道德水準很高、沒有貪污腐化、沒有特權階級、沒有貧富懸殊的社會，人民充滿了民族自信心與自尊心。我想，台灣任何有良知的人，都會喜歡大陸這樣的社會。為了使台灣成為一個好社會，台灣人民一定希望中國統一的。」[28]

翌年五月，王春生與王正方在香港出版《台灣留美學生在中國大陸的見聞》，在書中序言描寫新中國同

23 龔忠武等編，《春雷之後——保釣運動三十五週年文獻選輯》（叁）（台北：人間，二〇〇六），頁二四四五。
24 王正方，《我這人話多》（台北：九歌，二〇〇八），頁九四—九六。
25 據當年在哥倫比亞大學物理系攻讀的劉源俊看法，這批左傾學生是從中共駐加拿大大使館處得到消息，一九七一年九（口誤，應是十）月聯合國大會可能會發生中國入會之情事，所以這批學生決定要倒向中共，見〈劉源俊教授訪談〉（二〇〇八年十月二十四日），清華大學（新竹）保釣文獻館，頁八。
26 任孝琦，前書，頁一〇五。
27 龔忠武等編，前書，頁二四四七。
28 林國炯等編，前書，頁四五八—四六二。

胞的幸福生活：

二十餘年來，他們由最困苦的環境中創造出自己的命運來，自力更生艱苦奮鬥開闢出一個嶄新富庶而繁榮的新社會、一個社會主義的新國家、一個朝著理想邁進的國家、一個光輝燦爛的人間。[29]

他們在書末，對毛澤東有如下的吹捧：

他（毛）希望全國每一個人都會運用唯物辯證法，要讓馬列主義的哲學思想變成人民手中尖銳的武器，到時候全國七億人民是七億個馬列主義者，七億個有哲學思想、有分析能力、有判斷能力的人，也是七億個堯舜，生活在共產主義的理想社會裡，這是多麼深長遠見、多麼偉大的心胸啊！[30]

七、「反共愛國聯盟」——右派大反擊

安娜堡國是會議之後，九月二十一日，在美華人在聯合國大會前示威，再度造成左右派之衝突。由於在安娜堡受到重挫，這次右派大力動員，出乎意料來了六千多人，大部分為華僑，留學生約一千五百人，支持中華民國在聯合國的席次。左派只出現六百多人，最引人注意的是，左派行列中，有巨型毛澤東像和大幅五星旗，這在美國華人運動中是破天荒的第一次[31]。

十月二十五日，中華民國退出聯合國。十一月一日，五星旗在聯合國廣場升起。這時，柏克萊、洛杉磯的左派學生，正式發起中國統一運動，在全美各地成立「中國統一行動委員會」。

以上這些發展，給支持台灣的學生及學人極大刺激，他們決定奮起抵抗，堅決支持中華民國，展現「疾風知勁草，板蕩識忠臣」的精神。於是，十二月二十五至二十七日，他們在華府召開「全美中國同學反共愛

國會議」，從全美各地來參加的人士共有五百六十八人，我也前往參加，並主持其中一場會議。會議中爭執最激烈的事，是成立組織的名稱。一派學生主張成立「自由民主聯盟」，認為名稱有「反共」兩字，就會被認為是國民黨外圍組織，等於把「國民黨」三字貼在臉上，中間人士將不願加入。他們認為「自由與民主」是國家奮鬥的理想與目標，「反共與愛國」只是手段和過程，前者遠比後者重要。此一主張最力者有沈君山、魏鏞、劉源俊和我等人。另一派同學則堅持「反共愛國」，認為「現在是宣戰的時候，一定要旗幟鮮明」。會議中兩派對名稱爭執不下，最後經過表決，還是以「全美中國同學反共愛國聯盟」（簡稱「愛盟」）做為新組織的名稱[32]。

我因在芝大熟讀中共對知識分子統戰的歷史，知道在大多數情形下，群眾都是兩邊小、中間大，一個政治運動能否成功，在於能否爭取到中間的大多數人。我復

29 王春生、王正方著，《台灣留學生在中國大陸的見聞》（香港：文教出版社，一九七二），頁四—五。
30 同上註，頁一九九。
31 林國炯等著，前書，頁四四五。
32 任孝琦，前書，頁一三〇—一三一。

在華盛頓召開「全美中國同學反共愛國會議」，全體起立高唱中華民國國歌。（一九七一年十二月二十五日至二十七日，陳義揚提供）

鑑於左派在安娜堡會議犯了「堅壁清野」之錯誤，所以在會前與一位從台北前來參加會議的大員，懇切陳辭。我甚至說，「反共愛國」四字當然最為台北當局滿意，有關人員也可因而「加官晉爵」，但是我們這批孤臣孽子，還要在海外繼續與左派鬥爭，能否勝出，全看能否爭取到中間人士之支持。但是他不為所動，雙方弄得面紅耳赤。我當時火大，幾乎想退出會場。

此一大會演講台後方，是一面巨幅國旗，兩邊對聯寫著「拚我生命，流我鮮血」、「還我河山，還我自由」。會場上還有另兩組標語，「愛國必須反共，反共就是愛國」、「只要有我在，中國一定強」，充分表達大家心聲。

大會對於台灣政府提出十大建議，許多建議是針對一年來左派在各項集會對台灣的批評而提出。第一個建議是「盡速辦理改選或大幅增補選中央民意代表」（作者註：本來主張全面改選，以示對萬年國會的不滿，但由於這有違政府決策，經台灣來參加會議的人士與學生私下協調，學生最後讓步）。其他建議包括：大力推進以保障礦工、鹽民、漁民、農民等為主的社會福利和保險（作者註：回應左派指責政府對台灣弱勢階層照顧不足）；制訂新的外交政策（作者註：因應退出聯合國後，鞏固對外關係）；培養活潑、具創造力、能獨立思考的愛國青年（作者註：此係因許多從台灣出去的青年，對中國現代史無深入了解，易為左派洗腦）；杜絕官商勾結、貪污浪費與改正奢靡社會風氣（作者註：此些事情左派攻擊最力）[33]。大會閉幕三天後，「愛盟」正式成立，從此與左派在紐約成立的「中國統一行動委員會」分庭抗禮。

在這個會議上，也有讓人感傷的一幕。在安娜堡大會，我與沈君山是左派文攻武嚇的對象，我第二天憤而退會，但君山兄一直參加到最後。根據他日後出版的《問津集》，他一直被左派糾纏，最後他連做一報告的機會都不可得。這次右派大會讓他以〈革新保台，志願統一〉為題，提出報告。但少數同學認為此一題目隱含台獨思想而激烈反對，甚至想對他動手，最後他被護送回房。事後，他即表示「愛盟和我的關係到此為止，此後我不認同愛盟，愛盟也不認同我」[34]，我聞之鼻酸。他在安娜堡及華府所受的待遇，可見當年在美國左右兩派鬥爭之激烈，也使我想起胡適在五〇年代所提「容忍比自由更重要」主張的明智。

八、我對保釣左派人士之批評

一九七二年五月十五日，美國正式將琉球群島和釣魚台列嶼交還日本，美國的立場是，有關釣魚台部分，只歸還其行政權，至於釣魚台之主權問題，由爭議雙方自行解決，美國持中立立場。歸還兩天前，「愛盟」在紐約舉行抗議遊行，參加者有六、七百人。左派則在同日於華府遊行抗議，僅有兩、三百人參加。另外，在洛杉磯，也有三百餘人參加示威遊行。保釣運動至此正式劃下句點[35]。

保釣既然已經落幕，回顧一年半來保釣運動左派的表現，我有很深感觸，我覺得他們左傾的行為，很像魯迅筆下的阿Q，為了投機，他也參加「革命黨」去了。所以，五月，我在芝加哥《留學生評論》發表〈論阿Q式的「革命青年」〉一文。

一、首先，我解釋一些留學生左傾的原因：

很多中國留學生到了美國以後，……開始閱讀過去大陸時代的作品，譬如老舍的《駱駝祥子》、錢鍾書的《圍城》、巴金的《家》，以及魯迅的《吶喊》及《徬徨》等等。這其中最受歡迎的當然是魯迅的作品，因為它們對中國人性和社會的黑暗面描寫得最深刻。於是這些人在對中國的一切「徬徨」之餘，一有政治風潮（像釣魚台等運動）來到，便開始「吶喊」起來了。

二、我批評他們沒有堅守自由民主的立場，以及只知魯迅而不知胡適：

---

33 同上註，頁一三二—一三六。
34 同上註，頁一三〇。
35 同上註，頁一三八—一三九；林國炯等編，前書，頁四八一。

第一，很多人都欽佩並同意殷海光先生對自由民主的認識及想法，但是這些朋友為什麼沒有他那種反共的精神呢？你們能想像殷海光先生去捧《毛語錄》為聖經、以唱「東方紅」來滿足民族情感嗎？

第二，魯迅在攻擊中國不良傳統、在暴露中國人性缺點和社會黑暗上是很有成就的，但是他的成就可能也就止於此了。……胡適曾經提出很多較具體的意見，例如他主張改良教育、主張獨立思考、主張好人政治等等，都是建設一個富強國家和達到民族成熟所必須進行的事。這就是胡適在思想上比魯迅更高一層的原因。但是今天許多人只知拜倒魯迅裙下．而不知魯迅之缺點，不正表明我們仍然不能做獨立的、批判性的思考嗎？

三、我指出他們之中一部分人士左傾是投機，有如魯迅筆下的阿Q：

談到魯迅，再想到今天的「革命青年」，由不得不想起魯迅在《阿Q正傳》中的一段話：

「阿Q的耳朵裡．本來早聽到過革命黨這一句話．今年又親眼見過殺掉革命黨，但他有一種不知從那裡來的意見，以為革命黨便是造反，造反便是與他為難，所以一向是『深惡而痛絕之』的。殊不料這卻使百里聞名的舉人老爺有這樣怕，於是他未免也有些『神往』了，況且未莊的……男女的慌張的神情，也使阿Q更快意。『革命也好吧！』阿Q想『革這夥媽媽的命，太可惡，太可恨！便是我，也要投降革命黨了』。」

假如我們把文中的「舉人老爺」，換成所謂的「美國佬」，把「未莊」換成「台灣」則大約可描寫出一部分今天在海外走左派路線「革命青年」的心理狀態了。這些人在海外受了「美國佬」的氣，只好像小孩打架一樣，回家去找大哥來助威，因此不管中共這位大哥是什麼樣的大哥，只要能為自己出氣就行。同時若是自己當年在台灣受了點氣（如李我焱之曾被關於火燒島），一見自己走親共革命路線，竟使台灣某些人士為之緊張不安，更有一股快意。不過走革命路線走到這種阿Q式的境界，也是夠悲哀

的。試問這些朋友中又有幾個是真正研究過共產主義．或者是對毛澤東思想有過深刻研究因而走上「革命」道路的呢？當然筆者承認今天的「革命青年」不都是基於這種心理而如此的，其中還有不少理想分子，夢想的人（dreamer），和強烈民族主義者在內，但是這些人不在本文討論之內。

四、我引用魯迅和一九二〇年代所謂「革命青年」的辯論，批評保釣運動中「革命青年」對中共政權的一廂情願：

今天的「革命青年」對中共抱有狂熱的想法，以為中共所走的路線是對的，認為中共將給中國人民帶來一個「理想國」，一個黃金的世界。我們又何嘗不想見中國富強？只是我們對中國未來前途更加關心、對於未來民族發展更加審慎，因此我們不得不將我們同樣狂熾的民族情感壓下來，而以理智來判斷中共政權的一切，而我們所得到的結論跟這些朋友所得到的相去甚遠，這是為什麼我們無法和他們一起「徬徨」和「吶喊」的原因。

魯迅在《野草集》曾有過這樣的一段話：

我有所不樂意的在天堂裡，我不願去；
我有所不樂意的在地獄裡，我不願去；
我有所不樂意的在你們將來的黃金世界裡，
我不願去。

當時的「革命青年」對於魯迅這段話中的最後一句特別不滿，因此攻擊他的悲觀和虛無。魯迅反駁說：

但我倒先要問，真的只看將來的黃金世界的嗎？這麼早、這麼容易將黃金世界預約給人們，可仍舊有些不確實，在我看來，就不免有些虛空，還是不大可靠！

這是魯迅對於那些攻擊他不願去共產主義的黃金世界裡的人的答辯，這也是我們對那些對中共抱有一廂情願想法的人的答辯！[36]

這篇文章是我在保釣運動終結時，對那些左派「革命青年」的批評。

九、台灣不保釣？大陸有保釣？

保釣時期，學生的要求大致有四點：一、向美國、日本表示，要求承認我國對釣魚台的主權。二、要求政府派艦護士、護漁。三、終止中日韓三國共同開發海底資源計畫。四、要求日本終止在釣魚台設置無人氣象觀測站。任孝琦在《有愛無悔》一書中表示，除了第二點未有行動外，第一點，政府有向美日做此表示；第三點，開發計畫無疾而終；第四點，日本已暫停興建。所以她的結論是，從目標取向來看，保釣算是一半成功、一半失敗[37]。

在一九七一年，中華民國政府因為在釣魚台事件沒有採取強而有力作為，被海外保釣人士罵得狗血淋頭，甚至以民族漢奸視之，那讓我們檢視中華人民共和國政府為保釣做了什麼努力？

大陸政府雖在一九七一年十二月三十日，由外交部發表一定要收復釣魚島等台灣附屬島嶼之聲明，但在一九七二年與日本的建交公報裡，完全未提釣魚台主權爭議，當時雙方決定將這個問題暫時擱置到兩國簽訂「中日和約」（結束第二次中日戰爭的和約）時再議。對於釣魚台問題，當時田中角榮首相與周恩來總理的對話如下：

田中：您對釣魚台怎麼看？不少人向我提到這個問題。

周：本次不想談。現在談這問題不好。因為發現石油，這就成了問題。如果沒有發現石油，台灣和美

國都不會把它當回事。[38]

周總理將台灣說成是因釣魚台蘊藏石油而提出主權主張，日方多年來，即因此嘲諷台灣乃「見財起意」，這對中方日後交涉釣魚台主權一事，極為不利。

一九七八年十月二十五日，中共國務院副總理鄧小平訪日，簽署「中日和平友好條約」。在東京應記者詢問及釣魚台時，鄧小平說：

> （日本稱）「尖閣群島」，我們叫釣魚島，這個名字我們叫法不同，雙方有著不同看法，實現中日邦交正常化時，我們雙方約定不涉及這一問題。這次談中日和平友好條約的時候，雙方也約定不涉及這一問題。倒是有些人想在這個問題上挑一些刺，來障礙中日關係的發展。我們認為兩國政府把這個問題避開是比較明智的，這樣的問題放一下不要緊，等十年也沒有關係。我們這一代缺少智慧，談這個問題達不成一致意見，下一代比我們聰明，一定會找到彼此都能接受的方法。[39]

一九七八年，中共外交部主編的《中國外交概覽》，詳列中日間未解決的問題，其中亦無釣魚台列嶼。[40]

二〇一二年四月，日本東京都知事石原慎太郎宣布，將以民間集資購買釣魚台。九月，日本政府以二十

---

36 邵玉銘，《文學・政治・知識分子》（台北：聯合文學，一九八九），頁三一七。
37 任孝琦，前書，頁一〇八—一〇九。
38〈擱置釣魚台？日專家揭周恩來、田中角榮當年對話祕辛〉，NOWnews（二〇一二年九月二十一日），http://www.nownews.com/2012/09/21/162-2856354.htm。
39 程翔，〈釣魚台主權不能再擱置下去〉，《亞洲週刊》，第四十二期（二〇一二年十月十四日）。
40 任孝琦，前書，頁一一〇。

億五千萬日圓自日人栗原弘行購買釣魚台內三島使其國有化，遂在中、日、台三方間掀起軒然大波。日本外務省於十一月公布有關「尖閣諸島問答」中，又再度引用上述周恩來與鄧小平之談話，但其結論竟是：

一、尖閣群島為日本固有領土，無論從歷史上或國際法上都無庸置疑，而且目前我國對其進行有效統治。尖閣群島主權問題自始即不存在。

二、上述係我國之一貫立場，日中之間曾就尖閣群島達成「擱置」或「維持現狀」之共識並非事實。此點可自已公開之中日洽談建交時首腦會談紀錄中查知。因此我國亦曾多次向中國表達此一明確立場。41

從以上日本外務省的「問答」內容，它引用周恩來不當談話並曲解鄧小平之本意，這對大陸與台灣未來爭取釣魚台主權均有不利影響。

做為當年保釣運動之一員，我相信所有保釣同仁，對以上周恩來與鄧小平將釣魚台主權加以擱置不議的作法，是很有意見的。就算擱置不議，也應將中國擁有主權的立場說明清楚。由於沒有說明清楚或隱而不發，結果竟造成被日本政府一再用來支持其擁有釣魚台主權之立場。

十、保釣運動後各派保釣人士之動向

保釣運動結束以後，運動中的各派人士，他們後來的動向或抉擇又是什麼？這就成了我多年關注的問題，因為人貴言行如一，唯有經過時間的洗禮，才能看出一個人真正的自我。我現將具代表性各派人士之動向歸納如下：

（二）續留美國的保釣左派人士

第一位，何炳棣。一九七四年，何炳棣發表〈從歷史的尺度看新中國的特色與成就〉一文，該文超過萬字以上，他首先肯定中共革命達成了人民的真正解放：

文化大革命以來，中國一切法令措施幾無一不以貧下中農和工人的福利為準繩、無一不暗合羅爾思（作者註：John Rawls，哈佛大學教授，為研究「正義理論」〔Theory of Justice〕之大師）的立法標準。與其他國家和社會比較，新中國的人民生活方式，更接近真正的平等。

他在結論中說：

從歷史的尺度看，新中國的革命，尤其是文化大革命，是人類歷史上最徹底的革命。……一個「阿Q式」忍辱待斃的民族一變而為一個艱苦卓絕、坦誠果毅、憂思深遠、勤樸武健的民族，這才是人類史上最大的奇蹟！……從治史者的觀點，我有勇氣無條件地指出，人類自有史以來，從來沒有比新中國開國的氣魄和規模更加宏遠的了。[42]

二〇〇四年，何炳棣在《讀史閱世六十年》回憶錄裡，對此一大作及他一九七〇和八〇年代所撰的一系列文章，表示「願意忘掉」：

41〈尖閣諸島に関するQ&A〉，日本外務省網站，http://www.mofa.go.jp/mofaj/area/senkaku/qa_1010.html。
42 龔忠武等編，前書（壹），頁五九一—六一八。

據國內親友函告，此文在國內影響很大（其實在海外影響更大）。我卻願意把它忘掉，因為它雖有史實與感情，但對國內新氣象只看到表面，未能探索新氣象底層真正的動機。同樣願意忘掉的是七〇年代和八〇年代初所撰有關中國資源和經濟前景的一系列文章。[43]

第二位是楊振寧。一九七一年七月，楊振寧訪問大陸四週。回美後，九月，在紐約州立大學石溪分校發表演講，他認為文革沒有導致「不幸的局面」，並將之歸功於毛澤東的領導：

對中國人來說，他有歷史的根源、有魄力、有威望，於是大部分的中國人便會跟隨他所講的政策走。我個人認為，文化大革命所以不會導致不幸的局面，這也許是最主要的因素。[44]

楊振寧在這段期間，曾赴許多大學演講他對大陸的觀感。由於他具有諾貝爾獎得主的光環，對留美學生及學人的影響，恐怕在當年無人能出其右。根據任孝琦的描述：

楊振寧把大陸講得天花亂墜，說「中共把蘇州河整治得清澈見底，可以養鯽魚」。事後，李我焱將項武忠（美國普林斯頓大學數學系教授）當場記的筆記，影印數千份分發。「楊振寧的講話，項武忠的筆記，可以說鐵證如山。」項武忠回憶，那段時間楊振寧周遊各校，極力宣揚新中國，確實使得左傾的人愈來愈多。[45]

十多年後有位記者問楊先生，為什麼當年對中國失察，他回答：「我那時沒有了解文革的真相。」[46]以上是兩位著名留美學人兼保釣運動精神領袖的反省，但是當年一些左派學生領袖的心路歷程又是如何？

第一位是劉大任。

保釣運動後，一九七二年，周恩來總理邀請八十餘位保釣左派人士進入聯合國祕書處工作，劉大任是其中之一。一九七四年，他一家三口第一次到中國訪問。

他說在上海安排參加少年宮，看見小孩在下圍棋，棋盤上的黑白子擺法很怪，研究後才發現是唬弄他們這些貴賓的。當一位兩年前志願回國革命的朋友來看他時，他向對方道出內心的疑惑，隨後，他感到一陣噁心就衝進洗手間，吐了一盆污血。他回美後，做了一場報告，報告裡總結他對中國的體會，「我覺得中國的人活得不像人。」這句話得罪很多人，他被戴上修正主義的帽子，為了逃避鬥爭，他向聯合國申請外放非洲，從此慢慢退出保釣活動。

他對這次旅行的結語是「二十年前這次旅行，是我生命史上的轉折點，對我個人而言，走出神話國回到文學、回到人間，都從這次旅行開始」[47]。他對中國大陸的幻想何時完全破滅？他在一九九〇年說：「這個『新中國』陪伴我走了二十五年。一九七四年回中國一趟消滅了百分之五十，但它的真正粉碎還得等十五年，直等到一九八九年六月四日，在電視上出現坦克車輾過天安門廣場的那一瞬間。」[48]

一九七七年他再次訪問大陸，對大陸更加失望，他開始認同台灣，他說：「看過大陸後，我徹底而真誠地面對自己，認同了那個九歲到二十七歲生活了十八年的台灣，是我永遠、真正的故鄉。」[49]

43　何炳棣，《讀史閱世六十年》（桂林：廣西師範大學，二〇〇九），頁三九三。
44　何炳棣等，《留美中國學者訪華觀感集》（香港：七十年代月刊，一九七四），頁五八。
45　任孝琦，前書，頁一〇五。
46　謝泳，《中國現代知識分子的困境》（台北：秀威資訊科技，二〇〇八），頁二一四。
47　劉大任，〈不安的山〉，收入楊澤主編，《七〇年代理想繼續燃燒》（台北：時報文化，一九九四），頁八一—八三、一四五。
48　劉大任，《我的中國》，頁三六。
49　劉大任，《神話的破滅》（台北：皇冠，一九九七），頁一五八。

十二月，劉大任公開檢討保釣運動，反省參與其事者的缺失。他認為在運動中間出現對中國認識的嚴重偏差，主事者不能辭其咎。他說：「保釣運動期間，愛國主義籠罩一切，對民主精神與民主原則，幾乎視若無物。這似乎可以象徵性地說明，中國知識分子可以為了愛國的需要、隨時犧牲民主的典型心態。」[50]劉大任對於保釣運動提早結束，認為是當時左派言行太過急躁。他認為國是大會第五項決議「承認中華人民共和國為代表中國人民的唯一合法政府」，造成左右派正式分裂。但是，他推想，正因這一項決議，毛主席才會看《戰報》、周恩來才會邀李我焱等人訪問大陸。劉說：「現在回想起來，這一連串變化相當不幸，從此陷入現實政治泥淖而不能自拔，夭折了一個原應成長壯大的政治力量。」[51]

一九九七年，他出版《走出神話國》，內中指出，從一八四一年鴉片戰爭開始，中國人民把自己的一切交給了「先知先覺」；這些先知先覺「創造了一個神話國，這是一個黨國機器無限膨脹、政治權力高度集中的國度」。他又說：

> 做為個人的中國人，在這個荒謬結構中，像浮士德一樣，把自己的靈魂賣給了魔鬼。走出神話國就是要解放這個荒謬結構，把自己的靈魂找回來，把原應屬於自己的命運重新掌握在自己手裡。[52]

二〇〇四年，他對於統獨問題也發表看法：「『統獨思維』的最大矛盾是，它既推不出統，也推不出獨，更推不出繁榮與和平。『統獨思維』刺激的是野心與仇恨，而仇恨與野心，歷史明鑑，只能帶來毀滅！」[53]細述以上劉先生對釣運所做之省思及其所展現之風骨，我要向他脫帽致敬。

第二位是龔忠武先生，畢業於台大歷史研究所。他是波士頓地區的保釣左派大將，保釣後加入聯合國祕書處工作，直到退休。

二〇〇九年五月，在台灣清華大學舉辦有關七〇年代保釣運動文獻的論壇上，龔先生對當年保釣統運的

刊物提出了一個看法：

釣統運刊物，儘管數量龐大、內容龐雜矛盾，但是最後分析起來，我以為集合傳達或反映了一個最重要的時代訊息：就是大和解，國際大和解、兩岸的大和解、中國人的大和解；當然，我的重點是兩岸的大和解。

他又說：

釣運同學經歷了覺醒、反思、批判、認同、回歸的心路歷程；具體而言，就是消極方面，消除了反毛恐共仇共的心結，積極方面，認同中華人民共和國，接受社會主義的中國，回歸中國歷史的主流，思想上徹底的與大陸和解了，清除了回歸的心理思想障礙迷思。[54]

對龔先生這篇論文，做為一位學歷史又是經歷過釣運的當事人，我必須提出不同的看法。第一、保釣運動中所出版刊物，絕無龔氏所謂「兩岸的大和解」或「中國人的大和解」的訊息。左派刊物是一方面把蔣中正及台灣政府、社會、經濟、教育、文化、甚至人民批評得體無完膚；二方面則是堅持要中共統一台灣。

50 同上，頁一二二。
51 劉大任，《我的中國》，頁七四。
52 劉大任，《走出神話國》，頁二三四。
53 劉大任，《冬之物語》（台北：印刻，二〇〇四），頁一九四。
54 謝小芩等編，《啟蒙・狂飆・反思——保釣運動四十年》（新竹：清華大學，二〇一〇），頁一一六—一二三。

第二、這些刊物確實消除了釣運左派同學反毛、恐共、仇共的心結，又使他們認同了中華人民共和國，這是事實。但這只是釣運左派同學和中共之間的「大和解」，並不包括在釣運中其他同學在內。

第三、「兩岸大和解」是一九八〇年代以後，由兩岸領袖共同努力所締造，這與他所謂的老保釣左派人士毫無關係。保釣運動中的左派人士，在當年完全認同文化大革命、支持四人幫、更擁護毛澤東。在一九七〇年代，中共對台政策是統一台灣，哪有兩岸和解的願望和政策？一九七八年，鄧小平推動改革開放政策，大陸開始進步，尤其在經濟方面，帶來極為驚人的成果，兩岸貿易急速成長，這是兩岸和解的一個基礎。一九八七年，蔣經國總統決定解除戒嚴、開放老兵探親，然後台商開始走入大陸，這才真正打開了兩岸交流的大門。二〇〇五年，國民黨主席連戰訪問大陸，國共兩黨和解，以迄馬英九總統上台。連、馬和胡錦濤共同締造了兩岸的和平架構，這些發展才是兩岸大和解的主要原因。

（二）回歸台灣的保釣人士

釣運期間被稱為右派的學人和學生，他們後來有沒有回到他們所擁護的中華民國？

一九七八年九月，「反共愛國聯盟回國盟員聯誼會」在台北市成立，在美參加愛盟的五百六十八人中，就有一百多人參加[55]，證明當年參加愛盟的人至少有四分之一此時已回國服務。後來又有盟員陸續回國，根據該聯誼會祕書長趙林估計，在美參加愛盟盟員，至少有半數以上回台服務[56]。一九九〇年五月，聯誼會部分成員，為了因應民進黨勢力崛起，以及反對李登輝總統對民進黨的容忍，在台北另行成立「中華民國反共愛國聯盟」，特別登記為政治團體。根據這兩個組織的會員名錄，扣除重複參加者，共有五百六十二人。任孝琦女士曾做一調查顯示，這些人近半數（四五・八％）在學術界和相關研究機構服務，四分之一以上（二六・七％）進入企業界和專業領域，從政（包括擔任中央民意代表）不到一成四（一三・七％），其中三・九％是政務官、六・六％是司處局長以上職位、二・二％是中央民意代表。從政人士中包括現今之馬英九總統[57]。

以上數據說明了兩件事實。第一、在美國參加愛盟的成員，至少有一半以上回台服務。第二、愛盟在台茁壯成長，並成立新的組織，不過其會員中絕大多數都從事與政治無關的行業，其中只有一三・七%從政。這些愛盟分子回國後之所以事業有成，並非只靠「政治正確」（因為在台灣「政治正確」人士比比皆是），最主要的原因是他們大多都學有專精，並獲博士學位。另外，他們都出身台灣，各方面關係仍在，謀事成事較易。

（三）回歸中國大陸的保釣人士

保釣運動後，左派人士最早回到中國大陸服務的大概是牟永寧。一九七〇年在伊利諾州理工學院獲得化工碩士，一九七一年秋，他在保釣運動尚在高潮時投奔大陸，在武漢大學任教多年。二十年後，一九九二年，他離開大陸返回美國。二〇〇六年，他和台大化工系同學李美枝（現任政治大學心理系教授）合著《東方欲曉》，在書中，李美枝透露牟永寧是因失望而離開大陸，她說：「無論大陸政策再怎麼改頭換面，似乎也挽回不了永寧對『具有中國特色的社會主義』的信心。」[58]

書中也談到七〇年代跟他同時回國的郭子加和魯永榮夫婦，這對夫婦都是台大畢業生，到大陸前已獲得博士學位，並且任教過十年。回國一年多，他們對大陸的情況和生活非常失望。離開大陸時，他們對牟永寧說：「我們（回國工作）是自作多情。」後來四人幫倒台，這對夫婦從澳大利亞捎了封信給他說：「天祐中華。」[59]

---

55 任孝琦，前書，頁一七八。
56 趙林教授告訴作者。
57 任孝琦，前書，頁二〇〇—二〇三、頁二二四—二二五。
58 牟永寧、李美枝著，《東方欲曉》（台北：桂冠，二〇〇六），頁二三六。
59 同上註，頁一五〇—一五二。

我在這本書中，赫然發現了芝大同學張子賢行蹤。如前所述，當年我和他常為解讀大陸事務而辯得面紅耳赤，有次還相互擊掌發誓，將來我回台灣，他返大陸。書中透露他在芝大取得物理學博士後，於一九七二年從歐洲返回大陸，被分配到北京的中國科學院高能物理研究所工作。牟先生每次到北京都跟他見面，張子賢告訴他說，北京中央級單位播放進口電影，他有時被請做即席翻譯；另外，大陸國慶時，中山公園裡有些電動遊戲的裝置，也是他研究所的同事所做。牟永寧很感慨地說：「真是大材小用啊！」張子賢大約一九八〇年代初期就走了，但是沒人知道他的去處[60]。我試想：以他當年對大陸那種赤子之心，竟然在大陸服務十年後就離開，應該是傷心人別有懷抱，因此我自責當年不應該和他發誓。

根據吳國禎（現任教於北京清華大學物理系）所著《在歷史面前》透露，當他在一九七七年回大陸時，回到大陸的台灣留美學生不出十人[61]。另根據林盛中（二〇一一年逝世，曾任中國地質科學院研究員）透露，一九七八至一九八〇年到大陸定居的台灣學者、專家有一百多人，他們在一九八一年成立台灣同學會，他出任會長。他說，台灣同學會會員在政界、學界知名人士中，中共中央後補委員一名、全國政協常委三名、全國人大代表九名、全國政協委員十六名，中國社會科學院院士四名、中國工程院院士一名，一共僅三十餘名[62]。從這些名單看來，似乎沒有一位進入政府擔任重要行政職務，何以如此？

根據香港科技大學教授張東才的分析，釣運左派基本的問題是在歷史上站錯了邊。當文革四人幫一倒，鄧小平上台，這些左派人士對他們支持文革及擁毛已無法自圓其說，因此大多數變得消沉，或是覺得走錯了路，或是認為被騙。他們在美國、大陸與台灣幾乎都沒有政治舞台。這些回國服務的釣運人士，只能在其專業領域工作[63]。但是，我認為，這些人愛祖國心口如一，相對那些一直蝸居美國的保釣左派人士，其情操何其高貴！

（四）前往香港服務之保釣人士

討論參加保釣運動人士日後之動向，不應只討論左右兩派人士回歸大陸或台灣，其實還有一些保釣人士

日後選擇前往香港服務。這第三派人士的選擇，也是基於對中國人民及其土地之感情，而這份感情的激發，或多或少源於保釣運動。

這樣的人士中，我最敬佩的是前香港科技大學校長吳家瑋。他在保釣運動發起時，正在芝加哥近郊名校西北（Northwestern）大學物理系任教。一九八三年，出任美國加州舊金山州立大學校長，是美國有史以來第一位華裔大學校長。一九八七年，香港科技大學籌備董事會邀請他出任首任校長。

香港科技大學在一九九一年開學，現在已成為一個綜合性研究型大學，全部學生約一萬人。根據英國QS留學諮詢公司二〇一二年的評鑑，名列亞洲大學第一名（台灣大學為二十名）、世界最佳大學第四十名（台大為八十七名）。根據《美國新聞與世界報導》二〇一一年之評估，其結果亦相同。

在聘人的過程，參加保釣運動的所謂「老保釣」發揮了關鍵性的作用。他形容到了波士頓，「老保釣」謝定裕（布朗大學教授）約集該地區哈佛大學、麻省理工學院等校優秀學人與吳校長及副校長錢致榕見面。在加州，則由另一批「老保釣」為他約集加州一帶著名華裔學者。吳校長解釋他為何能夠聘請到許多「老保釣」到科技大學教書：

> 七〇年代，不少「保釣」人物訪問大陸、了解情況。正當文革，一些人以赤子之心看大陸，一廂情願地相信了當時風行的假象。一部分還毅然放棄留學生涯，「投身革命」。大部分「老保釣」雖然在某些方面深受感動，卻已看出問題和矛盾；回來後就不聲不響，繼續做他們的學問。後來好些在名校裡當上

60 同上註，頁一五五—一五六。
61 吳國楨，《在歷史面前》（台北：海峽出版社，二〇〇二），頁四。
62 林盛中，見謝小芩等編，前書，頁二四〇—二四九。
63 張東才，〈參與保釣的歷史機緣〉，見春雷系列編輯委員會，《崢嶸歲月　壯志未酬——保釣運動四十週年紀念專輯》（台北：海峽出版社，二〇一〇），上冊，頁五三一—五四〇。

了教授，在學術界獲得了成就和地位。這群人對祖國的發展卻一直關懷備至；當科大這個機會出現時，部分抱著一腔熱情回來參與創校。[64]

吳校長表示，他希望香港科技大學將來能成為中國的麻省理工學院。在他聘用人選中，最重要的推手是學術副校長錢致榕[65]（曾任約翰霍普金斯大學物理學教授），他就是一九七一年一月三十日，代表保釣在華府示威遊行群眾面見周書楷大使的三位人士之一。科技大學第二任學術副校長孔憲鐸，也曾參與過保釣運動[66]。所以，從校長到兩位副校長及部分教授都曾或多或少參與保釣運動。其中人文社會科學院長齊錫生，是我芝大政治系學長，也曾與我一起參加安娜堡國是大會。

其他著名保釣人物加入科技大學陣容的有沈平（普林斯頓大學博士，該校保釣會負責人之一）、余珍珠（波士頓地區保釣大將）、張東才（現為香港科技大學教授）、項武義（中央研究院院士）等人[67]。

我個人也有被吳校長「禮賢下士」的經驗。一九九五年，齊錫生教授卸下香港科技大學人文社會科學院長職位，承蒙他向吳校長推薦我，我當時為國立政治大學教授，並兼該校國際關係研究中心主任。記得該年某日，吳校長親自從香港來台與我會面，希望我能申請該一職位，但因已回台服務，正享受回國服務之樂，故予婉謝。我從來沒有見過一位大學校長，會親自跨海去敦聘一位與他素昧平生的學者，所以我深為感佩他這種禮賢下士的精神。我當年沒去申請，但做夢也沒想到，將近二十年後，小女梅儀自哈佛大學拿到博士學位，於二〇一三年獲聘前往該校文學院教書。

香港科技大學能在二十年間，從無到有，辦學成績極為輝煌。據齊錫生教授告知，該校約五百位教授，其中五分之二來自世界各地，約有五分之三為華裔資深教授，均來自美國一流學府。該校亦僱用許多香港及大陸有國外留學經驗之學人為教授，故該校是華人菁英學人之大集合，由於這批學人之努力，遂能在二十年內，使科大光芒四射。胡適先生曾為文敘述芝加哥大學如何從無到有之優異辦校成績。他指出，芝大於一八

九一年創立，在第二年開學時，即以高薪挖角美國及歐洲著名學者多人，其中包括八位曾任大學校長之學者，有此批優秀師資，芝大立即被公認為第一流大學。所以，香港科技大學和芝大，恐係現代世界高等教育史上，在建校一、二十年內即成為世界名校的絕佳範例。我衷心祝福香港科技大學，能早日成為中國之麻省理工學院。

十一、對保釣運動左派思潮之反思

一九五〇年，台大校長傅斯年對大陸淪陷與中共革命成功感慨萬千，他將中共革命成功歸諸於教育界在思想戰場之失職：

> 教育界的千不是萬不是，是一個懶字。假如學會日本人之努力，四十年譯成有影響於思想文化的大作千部……那麼文化教育也不致如當代之真空狀態，共產黨挾其馬、恩、史、列的邪說，新民主主義之縱橫闔論，也不容易浸潤起來。只是教育界未免太懶，讀書只在怡然自得，青年心中的問題，不給他一個解答，時代造成的困惑，不指示一條坦途，於是共產黨乘虛而入。[68]

在傅斯年發出這一感慨二十年之後，為何一九七〇年代中國留美知識分子對於中共的認識仍無改進？

64 吳家瑋，《同創香港科技大學》（香港：商務，二〇〇六），頁一〇八—一一三。
65 同上註，頁一〇四—一〇五。
66 同上註，頁一五九。
67 同上註，頁二三七、二四一、二五九。
68 傅斯年，〈中國學校制度之批評上、下〉，《大陸雜誌》，第一卷，第十一期（台北，一九五〇年十二月十五日），頁一〇—一一。

廈門大學教授謝泳，專門研究現代中國知識分子史，他對何炳棣、楊振寧等人之現象提出解釋。他認為像何、楊等人「均是智慧超群之士，當時經歷也是閱盡滄桑」，他們不可能對大陸實況一點沒有察覺，但是他們強烈的民族情感不忍心讓他們對自己祖國提出批評，所以，他們「家國情感超越事實判斷，統一意念妨礙知識分析，資訊阻塞導致背離常識，輕信國家強大，產生民族幻想」[69]。

我認為民族主義不能完全解釋何、楊的言行，因為美籍華人如劉大任等許多人，在訪問大陸後失望至極並痛加批評，已如前述。

一位熟悉保釣運動的學者花子虛（筆名），對於知識分子過度強調民族主義或情緒加以批評：

釣運帶給我的一個教訓是獨立思考的可貴。民族情緒、大中國主義、「啊，祖國」都是層次很低的東西。集體的頭腦發脹是會走火入魔的。

釣運帶給我的另一個教訓是，對於政權只能批判不能吹捧。對當政者歌功頌德或甘為走卒，最後只會造成可笑的結果，不但要隨著政局變化自打耳光，而且連帶也會把「運動」變成一場滑稽戲。[70]

即便民族主義或家國情感可以說明一些釣運左派人士的言行，他們的行為有無政治投機成分？張系國在其討論釣運的《昨日之怒》小說中，透過一位王教授的發言，批評一些以保釣運動做為政治投機資本的人，尤其是在一九七二年尼克森總統訪華後的一些華裔美籍教授：

至於尼克森訪問大陸後，紛紛跟著左轉的一批所謂海外學人，他們才是真正的投機分子。……他們從前回台灣是歸國學人，被人捧到天上。現在回大陸又是學人，也被人捧到天上。這些人是永遠不會吃虧的。……那一邊能夠讓他們過足特權階級的癮，他們就倒向那邊。[71]

其實，大陸知識分子對這些「美籍華人」很有意見。大陸名作家、也曾擔任過文化部長的王蒙，在一九八二年出版的《相見時難》小說中，他描寫一位小時即赴美留學、然後定居美國多年的「美籍華人」，和一直生活在大陸童年好友的對話，來批評所謂的「美籍華人」：

美籍華人（女）問：「經過了這麼多年……你現在還堅持你當年給我講過的那些革命理想嗎？」大陸好友（男）心中說：「她為什麼敢於提出這樣一個大膽的問題？難道她，一個逃兵，一個自己的信仰上的變節者，一個幾十年來沒有對祖國、對祖國的多難的人民盡過一點義務的『美籍華人』，卻有資格來向他提出問題嗎？……為有犧牲多壯志，敢教日月換新天！你芝加哥的和紐約的、舊金山的和洛杉磯的美籍華人都加在一起，能懂得這兩句詩的含義嗎？」[72]

我在一九九二年起，前往大陸參加會議十餘次，好幾次聽到大陸知識分子對何、楊等人在大陸的言行，頗為憤慨。他們說，當他們正身陷文革苦難時，這些學人到了大陸，卻對中共政權和文革歌功頌德。南方朔則以亞里斯多德對悲劇的理論，來分析釣運左派「統運」人士的行為，他認為這些知識分子犯了一種獨特的傲慢與偏執：

亞里斯多德論悲劇時說過：「悲劇並非邪痞所產，而係脆弱與錯失所生。」在「統運」人士身上，我們看不到邪惡，而只看到了知識分子的脆弱，以及因此而產生的錯失——知識分子總是喜歡在概念世界

69 謝泳，前書，頁二一五。
70 花子虛，〈豈如春夢了無痕？——釣運與統運的另一面〉，《九十年代》（香港，一九九五年五月），頁九一。
71 張系國，前書，頁二二〇—二二二。
72 劉紹銘，〈大陸的「遊學生」文學〉，《明報月刊》（香港，一九八五年四月號），頁六九—七〇。

裡尋找理想，甚至不自覺的以他人生活世界做為賭注，這是一種知識分子獨特的傲慢與偏執，也是左右法西斯的源頭。[73]

我們今天無法推斷這些左派分子當年言行的真正原因為何，是太強烈的民族主義或情感？是政治的投機？是亞里斯多德悲劇理論所描寫的行為？我們只能推測，他們的言行可能是基於以上一種或數種因素。

美國社會學家希爾斯（Edward Shils），在其名著《知識分子與當權者》中，認為知識分子應和當權者保持適當的距離，才能夠扮演好「異議者」或「批判者」的角色。他譴責三〇年代歐美知識分子支持蘇聯共產革命，以及德國威瑪共和國知識分子沒有起而反抗納粹主義，他認為知識分子必須與教會、國家、商人與軍人維持一種「緊張」（tension）的關係，而不可向它們妥協[74]。

一九八三年，史學家余英時，針對海外中國知識分子能為中國做些什麼的命題，他的回答是：

海外知識分子是很關鍵性的。它應該提供一種聲音、提供一些思想上的新資源，把共產黨自欺欺人的政治神話徹底打破，看它是不是代表無產階級和人類最美好的未來。中國是可能有美好的未來，但希望絕不在共產黨的「四個堅持」（堅持社會主義道路，堅持無產階級專政，堅持中國共產黨領導，堅持馬列主義、毛澤東思想）。我們要指出：毛澤東同時自絕於中西文化主流的那種悍而肆的心態是三十年來中國災難的精神根源。[75]

以上希爾斯、余英時對知識分子角色的界定與期許，應是我們對保釣運動參與人士言行評價的重要依據，如依這些依據，保釣運動中一些左派人士的言行，今日恐怕不堪回首。

十二、總結：功大於過，瑕不掩瑜

到底我們應如何評價整個保釣運動？

在保釣運動期間，我雖然只親身參加了一九七一年一月的芝加哥遊行、九月的安娜堡國是大會及十二月的反共愛國聯盟大會。但是在那一年，我親身接觸了很多左、中、右的保釣人士。在過去四十年間，為了蒐集保釣資料，我可說「上窮碧落下黃泉」，在仔細拜讀後，我願意在此表達對這個運動的最後看法。

首先，我要肯定保釣運動，因為它提供留美中國知識分子一個自我反省與做出人生抉擇的機會。參加保釣運動的大多數人，其最初目的很單純，即是保釣。但是因為經過這場左右鬥爭的洗禮，使得大多數人捫心自問幾個問題：一、兩岸中國政權的實質與意義為何？二、你該認同哪一個？三、你應該扮演什麼角色或應盡到什麼責任？四、你生命的目的是什麼？五、就算選擇美國做為生命的寄居之所，是否也應為中國人民（無論在何一地區）提供一些服務？在我看來，保釣運動最大的意義以及貢獻，就是迫使知識分子針對以上問題進行深思、找到答案，然後做出了一些人生的決定。

其次，我個人認為釣運一些左傾人士當年的言行固然值得批評，但最令人非議的，是他們言行不一。在保釣期間，他們高呼中華人民共和國萬歲、中華民族萬歲，並且批評他們所居住美國社會，是腐敗的資本主義及邪惡的帝國主義的產物，但是保釣過後，他們絕大多數還是留居美國，而未實踐要為中國人民服務的諾言。一九七六年四人幫垮台，文革種種的醜惡與暴行逐漸大白於世，在這種情況下不回歸祖國是可以理解的。但從一九七一到一九七六年那五年，雖然說當時大陸政府並沒有歡迎他們回國服務的政策，但是若想回

---

73 楊澤主編，前書，頁一二四—一二五。

74 Edward Shils, *The Intellectuals and the Powers & Other Essays* (Chicago: the University of Chicago Press, 1972), esp., pp. 3-22.

75 余英時，《文化評論與中國情懷》（台北：允晨，一九八八），頁二五七。

去，還是可能的。根據前述吳國禎教授透露，當時回到中國大陸服務者已有十人。所以說，以這六年而言，回國人數之少，是一難堪的紀錄。

第三，在釣運中，不畏左派人士之譏笑甚至辱罵、而毅然決然支持中華民國之人士，他們大多數都實踐諾言，釣運過後陸續回台灣服務。而當年參加一九七一年十二月成立的「反共愛國聯盟」盟員，更是回台服務之先鋒。

第四，美國的保釣運動，對一九七〇年台灣的保釣運動，有很大的影響。隨著當年美中關係正常化、上海公報、鄉土文學論戰、黨外運動、美麗島等事件發生，台灣朝野開始進行各種「革新保台」行動，終於帶出八〇年代政治民主化的潮流。

第五，一些保釣人士，如吳家瑋等人，在香港創辦了香港科技大學。另外一批保釣人士，雖留居美國，但也成立「科技教育協會」和「滋根基金會」，到大陸最貧困、最偏遠地區加入衛生保健、教育和營養等工作。他們都盡了對香港以及大陸人民的心意。

根據以上所述，我對保釣運動的評價是：如將北美保釣運動只局限於爭回釣魚台一事而言，當然是失敗，因為釣魚台迄今仍在日本手中；如將保釣運動只局限於檢討一九七一年左派人士的表現，那誠屬中國知識分子值得檢討的紀錄；但如將保釣運動當作一個激勵思想、燃起民族熱情的動力，促成很多保釣人士返回台灣、香港、大陸工作並各有所成，這種發展終於「救贖」（redeem）了整個的保釣運動。總之，整體而言，七〇年代美國華人的保釣運動，是功大於過、瑕不掩瑜。

十三、出版《保釣風雲錄》

在撰寫本章之餘，由於蒐集資料甚多，遂又撰寫一本整個保釣運動之專書：《保釣風雲錄：一九七〇年代保衛釣魚台運動；知識分子之激情、分裂、抉擇》。該書分成三大部分，第一部分為本章之擴充；第二部

分，則討論一九七〇年在台灣之保釣運動，以及其後各種「革新保台」發展；第三部分，則討論今後如何保釣。該書於二〇一三年出版[76]。

本書透露一些非常珍貴的史實，或對保釣運動提出一些新的詮釋，茲說明如下：

第一，中華民國政府在一九七一年保釣運動期間，為何沒有對美國或日本採取更強硬之交涉？其原因為：一、當年政府認為維護聯合國席次更為重要，一旦失去，再不可得；而在維護席次一事，美日兩國之支持為不可或缺；二、政府對該年四月起美國和大陸進行關係正常化一事，頗懷戒心，深恐我將成為犧牲品，不敢為釣魚台與美國抗爭[77]；三、我國當時國防力量無法與日本攤牌。當年四月七日，蔣中正總統在其日記中，對保釣問題指出：「此事不可能以軍事解決，以我此時無此能力駐防該列島，如我兵力分散，則徒為共匪所乘，則我現有基地且將不保矣！」[78]

第二，美國為何決定將釣魚台之「行政權」移交日本，而不移交我國？一九六九年十一月，美國尼克森總統和日本首相佐藤榮作簽署聯合公報，宣布美國將於一九七二年把琉球群島歸還日本。此後，美日即進行談判，為時一年有餘，雙方決定在一九七一年六月十七日，簽署「沖繩回歸協定」。在此背景下，該年六月七日，尼克森與國家安全助理季辛吉討論如何處理釣魚台／尖閣群島問題時，季辛吉堅決主張，如在該協定談判最後階段，驟然改變多年立場而將尖閣群島交給台灣，將會嚴重破壞美日關係。在季辛吉堅持下，尼克森同意將尖閣群島「行政權」移交日本[79]。

為何季辛吉與尼克森對美日關係如此重視？個人認為原因如下：一、美國在二次大戰後，日本是美國抵制蘇聯與中國大陸之最佳夥伴，所以雙方維持極為密切之軍事、政治與經濟關係，並自一九六〇年起，簽訂

76　邵玉銘，《保釣風雲錄——一九七〇年代保衛釣魚台運動：知識分子之激情、分裂、抉擇》（台北：聯經，二〇一三）。
77　邵玉銘，前書，頁五四－五五。
78　邵玉銘，前書，頁四六。
79　邵玉銘，前書，頁五二－五三。

「美日合作與安全條約」；二、在美日一九六九年談判琉球歸還問題時，日本政府及民眾不願美國在琉球設置核子武器，日本要求琉球歸還後，美國撤走此些武器。美國雖然同意，但要求未來在重大緊急狀態時，美國可以重新引入核子武器。日本勉強接受美國要求，但為恐引起日本民眾之反彈，雙方此一諒解僅放入祕密紀錄（secret minute）之中，而不在公報本文；三、琉球歸還後，美軍尚有數萬人駐紮琉球，必須繼續得到日本政府與當地人民提供各種協助；四、一九七一年，美國仍深陷越戰泥淖中，琉球是支援美軍越戰之最重要基地。在以上這些原因下，美國有求於日本之處甚多，所以美國處理尖閣群島問題，當然以尊重日本意願為先[80]。

季辛吉雖然堅持主張將尖閣群島「行政權」移交日本，但他對美國國務院宣稱對該群島主權爭議保持中立立場一事，卻加以譏諷。季辛吉在美國國務院此一立場的備忘錄之空白處，加了手寫的評語：「這是胡說，因為我們把這些島嶼交給日本。我們怎能維持更中立的立場？（But that is nonsense since it gives islands to Japan. How can we get a more neutral position?）」[81]季辛吉雖然有此看法，但是他還要執行此一立場，這證明國家利益遠高於個人感受。

第三，如前所述，在北美及台灣的保釣運動，開啟了一九七〇年代「革新保台」的浪潮與八〇年代「政治民主化」運動。我在本書中對此一發展有更多著墨。

一九七九年十二月，發生「美麗島事件」及其後之公開審判。一九八〇年二月，又發生林義雄家族血案。這兩大事件引起社會對「黨外」的同情及對政府的不滿。從此，黨外抗爭波濤洶湧，一直到一九八六年九月，民主進步黨正式成立。這些發展促成蔣經國總統在一九八七年起，宣布解除戒嚴、開放老兵回大陸探親、開放報禁，其接班人李登輝並於一九八八年一月繼任總統，台灣政治民主化大業大致完成。

綜上所述，從一九七一年至一九八八年，十七年間，台灣政治從威權走向民主。綜合來看，北美與台灣的保釣運動為推動台灣政治民主化大業的第一張骨牌。從此一意義來講，北美及台灣的保釣運動，有極其重要之歷史意義與地位。

第四，本書對於今後如何保釣也提出看法。二〇一二年四月，日本東京都知事石原慎太郎，倡導由東京

都購買尖閣群島。九月，日本野田政府出資將該群島國有化。這兩事引起中、日、台三方關係陷入緊張狀態，並在大陸八十餘城市發生反日遊行示威。八月五日，馬英九總統提出「東海和平倡議」，主張各方應擱置主權爭議，而以合作開發並共享東海資源。

九月二十八日，日本反右翼人士發表「終止『領土問題』惡性循環——日本市民的主張」，有一千名以上的連署人，包括諾貝爾文學獎得主大江健三郎。他們首先指出：日本是趁甲午戰爭落幕後，將尖閣群島（中國名「釣魚島」，台灣名「釣魚台」）納入日本領土；日本應停止「領土問題不存在」等虛構性認知及放棄「固有領土」這種不可能概念。然後他們響應馬英九總統之「東海和平倡議」，認為是「極為冷靜、合理性的提案」。

同日，日本著名作家村上春樹，以〈神髓交流之路〉一文，投書《朝日新聞》，他以感人的話語主張維護「東亞文化圈」，以使東亞人民的靈魂得以交流：

> 這二十年來，在東亞所達成最令人喜悅的事情之一，就是在此的固有「文化圈」逐漸形成。……這一「東亞文化圈」已逐步成為豐富、安定的市場且逐漸成熟。……在這個市場範圍內，音樂、文學、電影、電視節目，基本上已經能自由地等價交換，取悅多數人的耳目。這不得不說是非常值得稱許的成果。……我們可以這樣期待：安定的交流若能持續下去，我們和東亞鄰國間所存在的種種懸案，縱使仍要花上時間，但也畢竟是朝著解決的方向進行著。文化交流的一個重要目的，能讓我們認識到「我們是語言不同但情感與共的人類」。這就是所謂跨越國界靈魂交流的道理。[82]

80 邵玉銘，前書，頁五三—五四。
81 邵玉銘，前書，頁五〇。
82 邵玉銘，前書，頁二〇一—二〇三。

個人認為此次爭議，全來自日本二〇一二年單方面破壞和中國大陸在一九七〇年代所達成之諒解，即雙方擱置釣魚台主權爭議，留待他日解決。所以，為平息爭議，日本政府應首先承認釣魚台主權存有爭議，並解釋其國有化行動並無改變釣魚台現況之意，然後和中國大陸與台灣協商，擱置主權爭議，並研究如何進行開發與共享資源。

一九三四年十二月，蔣中正委員長，鑑於日本增兵華北，中日局勢益趨危急，為求打開僵局，發表著名的〈敵乎？友乎？〉一文，對日本朝野做最後之忠告。他在該文結論中指出：

> 我以為日人應知前路荊棘，皆由日本所自造，及此回頭，坦途立現於俄頃，中國古語說：「解鈴還須繫鈴人。」所以打開難關的責任，畢竟還需日本來承當。……究竟相互為敵，……還是恢復友好，……這就要看兩國，尤其日本國民與當局有沒有直認事實、懸崖勒馬的勇氣，與廓清障蔽、謀及久遠的和平。

在引述上文後，我指出，假如當年日本朝野能善納蔣委員長之忠告，中日兩國何會發生其後八年慘烈的戰爭？惟時隔七十八年之後，日本如石原等右翼分子及野田首相者流，還繼續堅持不存有尖閣群島之爭議，並在國際社會大肆宣揚該群島乃日本「固有領土」，則中日一戰，似難避免。但如日本朝野能遵循大江健三郎、村上春樹等具有歷史感、和平善念及認同東亞共同生活圈人士之建言，而與東亞鄰邦攜手合作，共創美好未來，則此一島嶼爭議將可化解。敵乎？友乎？再請日本朝野三思[83]！

十四、向美國建言解決釣魚台爭議

鑑於美國在近一年來採取「重返亞洲」之政策，這反映出它對於中國大陸之崛起頗具戒心。釣魚台爭議

是中日邁向軍事衝突之路，美國由於和日本有共同安保條約，美國並一再宣稱該條約適用於尖閣群島，所以，釣魚台爭議已經成為三方一顆不定時炸彈。為了使美國政府了解此一爭議之嚴重性，以及希望美國能扮演一個居間協調之積極角色，我於二〇一三年五月一日，攜帶許多有關釣魚台爭議之資料，前往拜會「美國在台協會」台北辦事處處長馬啟思（Christopher J. Marut），我的發言與建議主要如下：

第一，詳細說明日方與中方關於此一爭議的不同立場。

第二，日本與中方對釣魚台事件之本質有一基本認知不同。對日本而言，它堅稱尖閣群島為無主地，日本占領釣魚台是根據國際法合法取得，所以這是一個單純的法律問題。但對海峽兩岸的中方而言，釣魚台不僅是一個法律問題，它亦是一個歷史性問題，是日本百餘年來對華侵略之一環。日本對華侵略紀錄如下：一、一八七四年「牡丹社事件」，日本出兵台灣，懲處台灣原住民；二、一八九四年至九五年，日本發動甲午戰爭；三、一九一五年，日本向中國政府提出「二十一條要求」，欲將中國變成日本之被保護國；四、一九三一年，日本發動九一八事變，隨後成立「滿洲國」；五、一九三七年至一九四五年，日本發動侵華戰爭。由於有這些傷痛的歷史記憶，所以大陸政府從二〇一二年開始，不斷派遣官方船艦巡邏釣魚台水域，寸步不讓。

第三，對於在一九七〇年代是否存有將釣魚台爭議擱置爭議之諒解（understanding）或協議（agreement），中日雙方立場迴異。日本外務省堅持並無此種諒解或協議。中方則認為，一九七二年中日建交，周恩來總理與日本田中角榮首相會談時，雙方同意將此爭議暫予擱置；一九七八年，中共鄧小平副總理赴日簽訂中日和約，曾經公開表示，此一爭議應該留待下一代解決。總之，中方認為，擱置爭議為一九七〇年代雙方之諒解或協議。

針對此一爭議，我特別指出，日本對此事有相當認識人士均同意中方立場。前日本外務省軍事與分析局

83 邵玉銘，前書，頁二〇五—二〇六。

局長孫崎享（Ukeru Magosaki），二〇一二年七月接受《朝日新聞》訪問時，力陳中日雙方有此諒解或協議[84]。另外，日本橫濱市立大學名譽教授矢吹晉（Yabuki Susumu），同年十二月接受《朝日新聞》訪問時，他不僅指出中日雙方有此諒解或協議，他復指控，日本外務省已將中日一九七二年會談有此協議之紀錄加以刪除，來支持日本政府立場[85]。我指出，日本政府這種「背信」行為已經激怒大陸政府，故如日本仍然堅持自己說法，大陸將勢不甘休。

第四，關於如何解決此一爭議，我建議：一、馬總統二〇一二年八月五日提出之「東海和平協議」，已有初步成效，二〇一三年四月十日，台日雙方終於化解十七年之僵局，而達成台日漁權協定。此一協定之達成，為解決此一爭議做一良好示範；二、美國自稱對此一主權爭議持中立立場，故美國如積極介入調解，應可為爭議各方接受。因此，我建議美國政府應該第一步，先與爭議三方進行雙邊協商，如能達成實質進展。鑑於美國為解決以色列與巴勒斯坦爭議，常邀約雙方領袖前往華府大衛營（Camp David）進行高峰會。因此，我建議美國第二步，可邀約中、日、台領袖前往大衛營協商，以求解決此一爭議。當然台方領袖能否出席，可再商討。

本人此次拜會，因已辭謝公職，是以私人身分進行。這也是一個從事保釣運動四十二年之老兵，為保釣運動盡最後一份心力。馬啟思處長為美國聖母大學畢業生，我在該校任教時，他為學生，因有同校之誼，所以雙方談話頗為良好，他並表示，他一定會將我所提交之資料以及我的發言與建議轉報美國政府。

十五、邵家兩代保釣

另外，保釣運動卻意外地使我家出了一位研究釣魚台主權爭議的學者，即小兒漢儀。他畢業於芝大政治系。因受父執輩參加保釣愛國精神所感動，他大四畢業論文，即以中、日、台三方釣魚台主權爭議為題。由於他熟諳日文，此後十餘年，他經常赴日本蒐集有關釣魚台資料，發現許多日方竊取釣魚台之證據。

根據這些證據，他以英文撰寫《釣魚台列嶼／尖閣群島爭議及其歷史——論中華人民共和國、中華民國和日本的主權與主張》，為美國馬里蘭大學法學院丘宏達教授所欣賞，於一九九九年，由該院將之出版。二〇〇九年，漢儀在哥倫比亞大學之碩士論文，又以釣魚台主權爭議為題。二〇一〇年，將該論文增補後，發表於台灣的《中國國際法學會英文年鑑》。

對於漢儀有關釣魚台著作，曾獲美國紐約大學法學院教授孔傑榮（Jerome A. Cohen）、英國倫敦大學法學院教授迪恩斯（Phils Deans）等人之稱讚。

馬英九總統當年在哈佛大學博士論文亦有關釣魚台，對漢儀之研究表示嘉許。二〇一〇年，國立政治大學「國際法學研究中心」聘請漢儀出任該中心研究員。

二〇一一年，漢儀應中華民國政府之邀請，參與撰寫〈中華民國對釣魚台列嶼主權爭議的立場與主張〉之說帖，該說帖於同年五月，由外交部置於外交部網站。

二〇一二年四月，日本東京都知事石原慎太郎，竟向日本民間募資購買釣魚台，漢儀於五月三日在美國《華爾街日報》撰文加以駁斥。美國主流媒體鮮少刊登釣魚台爭議文章，此次能予刊登，恐係保釣運動四十年以來，首次刊登對我方有利之文章。

十月十日，中華民國政府在《紐約時報》、《華爾街日報》、《華盛頓郵報》及《洛杉磯時報》刊登整版廣告，述說我方主權立場及闡釋馬英九總統所提「東海和平倡議」，漢儀亦奉命撰寫此一廣告說帖。目前漢儀正努力將多年之研究，以中文撰寫專書，預備不久將公諸於世。

由於漢儀此些努力，我常和一些保釣夥伴誇口說，我們邵家是兩代保釣，不落人後[86]。

---

84 The Asahi Simbun, July 11, 2012.

85 The Asahi Simbun, December 12, 2012.

86 邵玉銘，前書，頁二一七—二二一。

第九章　「中國熱」與西方對中共評價之兩極化

一、聖母大學

一九七二年六月，我通過芝大博士學位口試，只要再通過博士論文審查就可以畢業。所以暑假時，開始蒐集有關司徒雷登的資料，以便撰寫論文。這時，福特基金會給我的三年博士獎學金也已到期。當年既然獲得路德教會的獎學金，就有回紐伯利學院任教的義務，所以決定先回該院教書，再撰寫論文。

回想在芝加哥大學四年，感慨很深。頭兩年是在美國的反越戰、民權運動及反主流文化運動中度過，無論校園或芝加哥市區都有許多群眾運動的場面。後兩年，保釣運動風起雲湧，內心充滿激憤。記得離開芝加哥的時候，越戰已接近尾聲，民權運動與反主流文化也趨於和緩，保釣運動卻使我重新認識自己。對於美國現代史、中美關係、中國現代史，尤其是中共的革命運動，包括文革，都有了比較清楚的了解，幾乎所有的重大疑問都獲得解答，對自己未來的何去何從也有了決定，那就是學成歸國，與台灣一起奮鬥。離開芝大時，我的腳步是輕快的、心情是開朗的。國父說「知難行易」，這句話源於聖經「當你知道真理，它可以使你得到自由」（《約翰福音》八章三十二節），旨哉斯言！

八月底，我還是開著那輛破舊的德國金龜車回到紐伯利市。小城的寧謐，似乎一根針、一片葉子掉落，你都能聽到聲息。這個城市及學校，一如我四年前離開時一樣，居民和師生，還是生活在一個與世隔絕的自

美國聖母大學金頂行政大樓。

我天地。學校對我依約歸建甚為高興。接下來我開了下面幾門課：世界通史、美國現代史、美國外交史、中國現代史及日本現代史。教完一學期後，我覺得這所學校圖書設備不足，為了撰寫博士論文，還是要到學術資源比較豐沛的大學去教書較好，便開始申請其他學校的教職。大概是靠了芝大三位大牌教授（富蘭克林、孔復禮及鄒讜）的介紹信，我獲得三所學校的聘書，其中以印第安那州聖母（Notre Dame）大學最為知名，根據《美國新聞暨世界報導》雜誌的評鑑，它在美國三、四千所大學中名列第十八，我決定前往。

一九七三年九月赴聖母大學前，為了蒐集博士論文資料，我分赴美國各大圖書館及數間美國基督教神學院，將有關資料全部影印帶回聖母大學。我的博士論文就利用授課之餘，花兩年的時間完成。一九七五年六月畢業，拿到博士學位。

聖母大學位居芝加哥東邊兩小時車程的南灣市（South Bend），該城約有十萬人，坐落印第安那州北邊平原。該校於一八四二年由天主教聖十字會（Holy Cross）成立。校長海斯博（Theodore Martin Hesburgh）是美國聞名人物，曾做過白宮民權委員會

金碧輝煌的聖母大學大教堂。

主席，獲得一百五十餘個榮譽博士學位，為金氏世界紀錄之保持者。由於他的聲望及地位，有人戲稱他是大西洋西邊天主教的教宗，影響力僅次於梵諦岡的教宗。該校既然是美國最著名的天主教學府，而美國天主教徒占全美人口四分之一，所以任何政治人物，為爭取天主教選民一定到校「朝聖」。我在該校十年（一九七三—一九八二），四位美國總統曾蒞校演講：尼克森、福特、卡特和雷根。該校近年傑出校友有前國務卿萊斯（Rice）女士，在台灣則有遠東集團的董事長徐旭東。校園非常開闊與幽美，有金頂的行政大樓、可容納上千人大教堂、兩座湖泊及一個有八萬多個座位的美式足球場。校長海斯博寫過一本書《上帝、國家、聖母大學》，將聖母大學列於上帝、國家之後，以凸顯該校抱負之大。

我在聖母大學歷史系，每學期開三門課，授過美國與亞洲關係、蘇聯現代史、中國現代史、日本現代史、珍珠港事變、越戰等課程。我剛去時，因為還沒拿到博士學位，所以是講師；兩年後拿到博士，改為助理教授；再過六年，升為副教授，並獲終身職（tenure，即不得無故解聘）。

聖母大學，除了學術地位優異，美式足球更是名

聞全美，是全美大學有史以來獲得冠軍最多的學校，所以該校在美國家喻戶曉。記得有一次在紐約，我問一個計程車司機，美國哪個大學最有名？他毫不猶豫地說：「聖母大學。」

該校每逢足球季，星期六比賽，星期五下午開始，全校就陷入瘋狂狀態，舉辦各種加油活動。經過十年觀察，我發現運動可凝聚人們對母校或國家之感情。以該校而言，大學四年下來，透過球賽，同學間及學生與母校間的感情與日俱增，所以在美國大學畢業校友對母校捐款之排名，有一年該校高居全美大學第四。這使我想到國內大學畢業校友吝於對母校捐款的原因之一，恐怕是因為學生在就學四年期間，沒有跟母校發展出那種濃郁的感情。

和系中同事相處甚為融洽，他們常到我家品嘗中華美食。因是系中唯一外國人，他們對我的Shaw姓，甚感好奇。記得有次大家酒酣耳熱時，一位愛爾蘭裔的同事，囁嚅地問我：「你知道Shaw是愛爾蘭人的姓，你怎麼會有這個姓？」他本意以為我一定曾被愛爾蘭人認養而得此姓，只是不好意思明說。我一聽就開玩笑地糾正他說：「我堂堂中華民族，歷史超越五千年，邵姓譯成Shaw，名正言順。你們愛爾蘭人歷史較短，你們的Shaw姓一定是竊自中國。」大家聽後均捧腹大笑。

我到聖母大學教書時三十四歲，每天朝九晚六過日子，常自問：「難道要這樣過一輩子安逸、溫飽的生活直到退休？」俗語說：「不要錦上添花，要雪中送炭。」美國是個富強又人才濟濟的國家，能教我所開課程之美國教授大有人在，但在台灣，能講授美國現代史與中美關係等課程的教授不多，所以無論理智和情感都告訴我，應回台灣教書，何況我在保釣期間即已下此決心。

所以，一九七五年六月拿到博士學位後，趁一九七六年暑假回台北參加學術會議之便，先向母校政大詢問有無合適職缺，所獲答案是限於經費，無缺。再去台大拜訪一位老友，問有沒有可能進台大？他坦白告訴我，他們的位子都是留給自己的學生或師兄弟姊妹，我無言以對。那時回國只想教書，國內既無缺，只好繼續留在聖母大學等待。

記得那時最能彌補思鄉之情的精神食糧，就是每天下午兩點鐘左右，郵差送上的《中央日報》海外版，

我都是三步併做兩步到郵箱去拿報。海外版一大頁四面，幾乎是從報頭第一個字看到報尾最後一個字。有時在小城悶得慌，就回芝大遠東圖書館翻閱或借出有關台灣的書報雜誌。每次從南灣開車到芝加哥，來回四小時，費時費力，常自問：「這樣的生活有意義嗎？」

二、美國和中國為何相互擁抱？

一九七一年，中國大陸進入聯合國，美國開始與中國關係正常化，加上文化大革命浪潮為世界媒體廣為報導，在歐美掀起一股「中國熱」（China euphoria）。我在聖母大學服務初期，正逢此一「中國熱」，所以很自然地開始留意西方知識分子對中共革命與文革的看法。他們的看法，正好分為正反兩面，但是到底哪種看法為正確？其實，我從一九六五年抵達美國那一天，就開始注意這些看法並加評估；對我而言，此一評估工作具有嚴肅的意義，因為評估的結果，將決定我的政治選擇。

一九六〇年代後期，美蘇關係仍處於冷戰之中，美國政府認為改善美中關係，有助於制約蘇聯。再加上美國急欲從越南撤軍，認為中共對北越有影響力，故改善與中共關係亦有助於美國順利結束越戰。在這兩個需求下，美國總統尼克森與國家安全顧問季辛吉決定「打中國牌」（Playing the China Card）。

其實美國玩「中國牌」，是十九世紀末美國戰略家馬漢（Alfred Mahan）「聯中制俄」論的翻版。馬漢認為俄國的斯拉夫民族，曾被蒙古人統治將近兩百五十年，受到蒙古民族野蠻文化之影響不小，再加上沙皇羅曼諾夫（Romanov）王朝三百多年的專制統治，故蘇俄是西方基督教文明的潛在威脅，但因國力不足以西侵西歐，勢必東侵中國，而美國為了保護其在亞洲的長遠利益，必須聯合中華民族以抵制斯拉夫民族。此一戰略構想，即是一九〇〇年美國對華「門戶開放」政策的背景。

中共於一九六〇年與蘇聯正式分裂。一九六九年，中蘇邊境發生珍寶島事件，兩國有爆發戰爭的可能。中共為了要增強自己聲勢並防止蘇聯入侵中國，亦有聯美制蘇之需要，所以中美雙方一拍即合。

三、西方人士對中共的正面看法

一九七一年四月，中共開放美國記者到大陸訪問。從四月到八月，《紐約時報》名記者竇奠安（Tillman Durdin）等人到中國大陸訪問，這段期間正逢美國和中國乒乓球隊交換訪問，以及尼克森總統宣布將於翌年訪問中國大陸。這批記者是一九四九年以來，首次到大陸採訪的美國記者。他們在訪問後出版了《來自赤色中國的報告》（*Report from Red China*）[1]。該書扉頁寫著：「這個占世界四分之一人口國家，有四個特點：一、男人跟女人穿著完全一樣，避孕藥丸免費發放，墮胎合法，政府要求禁欲，愛國的男女盡量晚婚；二、沒有小費，沒有廣告，沒有個人所得稅，沒有分期付款，沒有工會，沒看到任何乞丐；三、工廠裡貼有很多大字報，報導美國工人反對尼克森總統；四、托兒所的五歲小孩招待訪客時唱歌，「我們要和亞洲、非洲和拉丁美洲的人民團結起來，反抗美國侵略分子及他們的走狗。」這些記者在大陸訪問期間曾由周恩來總理接見，揭開美國和中國關係正常化的序幕。

記者沙利斯柏（Harrison Salisbury）寫了許多稱讚中國的報導。他說，毛澤東思想產生了新的毛氏社會，在此社會生活的「毛氏人」（Maoist），對腐敗的美國人而言，是一仿效典範，所以他自責地說：「請問什麼時候『新美國男人』和『新美國女人』，能走在地球上，驕傲又自信，使海洋沸騰、使大地震動？」[2]

一九六八年成立的「關心亞洲學者委員會」（The Committee of Concerned Asian Scholars, CCAS），成員都是二、三十歲研究亞洲問題的美國大學研究生及年輕學者。他們在一九七一年夏天訪問中國大陸，一九七二年出版了《中國！在人民共和國內》（*China! Inside the People's Republic*）一書。這一行四十餘人訪問了北京等重要都市，也與周恩來進行會談。

這批年輕人，當時都是反越戰運動的激烈人士。會談時，他們非常欣賞周恩來對美國的批評。周恩來說：「美國自從第二次世界大戰後就干預他國事務，造成美國將繩索套在自己的脖子上。中國有個比喻，假如你想用十隻手指去抓十隻跳蚤，結果常常是一個也沒抓到，這就是美國尼克森總統現在所面臨的困

境。」[3]該團體一位代表表示，「我們的立場是與中國人民站在一起，我們支持他們在中國建立社會主義，以及反對美國對中國事務的干涉，我們要求美國的軍隊和武器立刻從台灣撤出。」[4]

一九七一年六月，費正清和六十位學者投書《紐約時報》，呼籲應立即准許中華人民共和國進入聯合國[5]，四個月後，「中國」果然進入聯合國。

美國的「中國熱」，以尼克森在一九七二年二月訪問中國達到最高潮。訪問期間，美國之報章雜誌，尤其是電視，整天報導訪問的每一個細節。一九五〇年美國和中共在韓戰交手後，兩國互為仇敵。經過二十三年的隔絕，尼克森此次訪華，透過電視及報紙，美國人民再度見到萬里長城、北京故宮、西湖等景色，還有可愛的熊貓。對於許多美國人民而言，尤其是年長且對一九四九年以前中國有印象或曾在中國生活過的人士，這個八億人口的中國，似乎又要與美國做朋友了。美國基督教會人士也勾起中國是美國二十世紀最大傳教地區的回憶。許多美國基督徒，在二十世紀上半葉，從小到大，星期天做禮拜時，都有捐錢給中國人民的經驗。聖經上有「浪子回頭金不換」的故事，有些基督徒知道中國大陸有基督教「地下教會」活動，他們又燃起對中國這個「浪子」的期盼。

不過，最引起廣大美國民眾（尤其是兒童）的「中國熱」，是尼克森訪華兩個月後，中國政府送給華府「國家動物園」兩隻大熊貓——玲玲與欣欣。當熊貓開放觀賞第一天，就有兩萬人蜂擁而至[6]。不久，美國小孩家中一向鍾愛的棕熊（Teddy bear）玩偶開始失寵，熊貓玩偶立即爆紅，小孩幾乎人手一隻。從此「中國

---

1 Tillman Durdin, James Reston and Seymour Topping. *Report from Red China* (N. C.: New York Times, 1972).

2 Harrison E. Salisbury, *To Peking and Beyond* (NY: Quadrangle/The NY Times Book, 1973), pp. 302.

3 The Committee of Concerned Asian Scholars. *China! Inside the People's Republic* (N. C.: A Bantam Book, 1972), pp. 364.

4 Ibid., pp. 37.

5 Paul H. Evans, *John Fairbank and The American Understanding of Modern China* (N. C.: Basil Blackwell, 1988), pp. 289.

6 "Panda Diplomacy," Wikipedia, http://en.wikipedia.org/wiki/Panda_diplomacy.

熱」列車在美國正式啟動。

費正清當然要搭上這輛列車。同年夏天，他在離開中國大陸三十年後，首度訪問中國。在四十三天內，他到中國各地訪問，見到許多政要與學者。十月，他在美國《外交事務》雜誌發表專文說：「毛澤東的革命是世界有史以來最大規模的革命。」又說：「整體來說，毛澤東的革命是數百年來發生在中國人民身上最好的事情。」[7]一九七五年五月，費正清又稱讚毛澤東是人類史上最偉大的解放者[8]。

費正清於一九九一年九月逝世，在逝世前兩天，他的新書《中國——一部新史》完成並付印，在書中他終於認錯。他對於一九七二年說的「毛澤東的革命是數百年來發生在中國人民身上最好的事情」一語，表示自責[9]。他在書中也承認從一九五七年至一九七六年是中國「迷失的二十年」[10]。

知名的好萊塢女明星莎莉・麥克琳（Shirley MacLaine，曾獲奧斯卡最佳女主角獎），於一九七三年四月，帶領第一個美國婦女友誼訪問團前往中國。她於一九七五年出版《你可從此地到他鄉》（*You Can Get There from Here*），同年又拍攝紀錄片《天空的另一半——一本中國回憶錄》，該片被提名參選奧斯卡金像獎最佳紀錄片獎。

她在書中說：「很久以來，我發現這個世界沒給我帶來什麼希望。但是當我來到中國，我一天一天地觀察、學習並吸收中國給我的教導，我發現自己對人類漸漸有了希望和信任。」她又說：「在中國，食物低廉；街上沒有犯罪與販毒；毛澤東是被人民所熱愛的領袖；人民對前途充滿希望；女人不重視那些無聊的漂亮衣服或打扮自己；兒童熱愛工作且能夠自立；由於中國採一夫一妻制，所以男女關係中都沒有猜忌與背叛，很少人會違背此一體制；我愈來愈相信中國的生活方式，就是人類未來的生活方式；我認為中國的團結不是從上而下，而是自動自發；中國之行影響我最深的是，我改變對人的概念，我以前總認為人性一定有缺陷或弱點，我對於人性的認知基本是自私的、有侵略性的且貪婪的，但當我到了中國，我的想法整個改觀；過去的中國是腐敗、不道德、被剝削的，現在已經改觀了，……絕大多數的中國人充滿了民族的驕傲、仁慈與良善、愛好和平，以及富有人性。」[11]

我們不能小看莎莉・麥克琳的影響力，她主演的電影在美國社會很受歡迎，而且影迷甚多，喜歡她那「傻大姐」的形象，我就是其中一個。

「中國熱」列車上的另一位名人，是英國研究中國古代文明的著名學者李約瑟（Joseph Needham），是一位崇拜毛澤東的狂熱分子。他在一九七四年春天發表專文，表示毛氏中國（Maoist China）雖然禁止所有宗教，但中國是當今唯一真正實現基督教教義的國家。他舉出一些例子：中國社會使盲人復明、赤身的有衣穿、跌倒的被扶起、遺棄的被接納、挨餓的有飯吃、傲慢的會低頭、俘虜與犯人被釋放、傷患得到治療、死人早日得往生等等[12]。

另外一位擁毛人士是具歐亞血統與背景的著名作家韓素音，她的小說《*A Many-Splendoured Thing*》（一件多麼美好的事）曾改拍成《生死戀》。她一生出版過許多小說、自傳式與歷史性著作，聞名於世。她在這些著作裡及一生的活動中，都一貫地擁護中共與毛澤東。她在毛一九七六年逝世的追悼會上，對大躍進和文化大革命還發表如此大膽的頌詞：

> 大躍進沒有搞糟，它打了一個大勝仗。今日中國的強大就是因為有了大躍進那種自力更生、敢想、敢幹、敢說、打倒官僚主義和一切迷信禁忌、充分發揮勞動人民天才創造性的精神。……這個由毛澤東一手締造成功的新制度，改造了中國的大地、改造了人，並改造了革命自身，這就是文化大革命。……文

---

7 John K. Fairbank, *Foreign Affairs* (October, 1972), pp. 36.
8 Paul H. Evans, pp. 304.
9 余英時，〈費正清的最後一部著作〉，《中央日報》（一九九四年六月十八日）。
10 費正清，《中國新史》（台北：正中，一九九四），頁四一九。
11 Shirley MacLaine, *You Can Get There from Here* (N. C.: W. W. Norton, 1975), pp. 162-163.
12 Joseph Needham, "Christian Hope and Social Evolution," *China Notes*, 12(2) (Spring 1974), pp. 13-20.

化大革命絕不是什麼不可收拾的亂局，它不但是必要的，更是十分可佩的。毛澤東為了使中國不至於變成像蘇聯那樣的暴政，竟放手打破了黨和國家的全部組織。文化大革命是毛主席反修鬥爭的一部分，為的是中國不致像蘇聯那樣，變成一個新的帝國主義。[13]

韓素音從一九五六年起，幾乎每年都回中國大陸訪問，她不可能不知道大躍進與文革之失敗與恐怖。澳洲漢學家李克曼（P. Ryckmans）對她的言行最為不齒，他引述法國劇作家德蒙塞朗（Henry de Montherlant）的話，來諷刺為何作家不必擔心讀者會看穿你的真面目：「大體來說，人們是不讀書的；假如他們讀書，他們也看不懂；那些懂的人，會忘記。」[14]

四、西方人士對中共的負面看法

但是西方也有許多知識分子和記者，對毛澤東和中共政權抱持負面的看法。

一九七二年二月，美國隨尼克森總統到大陸訪問的記者們，其中有白修德（Theodore H. White），他在一九四九年以前，到過中國多次，是一位非常資深的名記者與作家，曾獲普立茲獎。他在《生活》（*Life*）雜誌發表他訪問後的感想，「毛澤東在中國君臨天下，他跟歷史上其他專制者或獨裁者都不同：毛澤東在大陸的威力，可以使人窒息、使人無法遁逃於天地之間，人民沒有自己的思想空間。」[15]

他又批評中共革命之殘酷無情，尤其是上層領袖之間。他指出「所有的革命，最後都吞食了它的兒女」，但是中共的革命卻吞食了領導革命的父母。他舉例，七年以前，中共政治局常務委員會有七位委員，可是到了一九六九年，兩位不見了，在過去三年，三位又不見了，現在只剩下兩位，就是毛澤東跟周恩來。到底那些不見之人的下場是什麼？沒有人知道，副主席林彪也不見了。全世界沒有一個國家之領導階層比中國更為不穩[16]。

一九七三年十月，資深記者卡諾（Stanley Karnow）在《大西洋月刊》（*Atlantic Monthly*）發表文章。卡諾對記者在大陸沒有採訪自由大肆批評。他引述一個記者向他抱怨：「我唯一能談話的中國人是傭人和翻譯人員，但他們都是政府派來的。」卡諾批評前述記者沙利斯柏和女星麥克琳，認為他們對大陸的報導極盡諂媚之能事，並引述中共副外長喬冠華對美國記者的評語：「過去美國記者說中國沒有一件事是對的，現在他們說中國每件事都是對的。」卡諾也批評他們在大陸參訪的節目都是事先安排的樣板戲[17]。

一九七五年，哥倫比亞大學教授察哥里（Donald S. Zagoria）發表文章說：「在中國大陸，對知識分子的迫害極為徹底，連蘇聯、東歐的共產獨裁者都望塵莫及。」他還指出，中共一共下放了八百萬到一千五百萬知識分子及青年，其規模是史達林時代以來最大者。另外，他引述西方神學家魯易士（C.S. Lewis）的話，來形容中共的暴政：「在所有的暴政裡，有一種號稱要為受害人帶來好處的暴政最為嚴苛，因為施暴者自認良心無愧，而受害人卻感到其無比殘酷。」總之，察哥里認為毛澤東的革命是一重大失敗[18]。

對於毛澤東統治的中國，給予最深刻又令人信服的批評，是前述澳洲漢學家李克曼，筆名為西蒙・列斯（Simon Leys）。一九七二年，他到中國大陸訪問六個月。一九七七年，他出版《中國大陸的陰影》（*Chinese Shadows*）。該書一出版，立刻洛陽紙貴，被一九七七年的《時代》雜誌列為「非文學類的最暢銷書」第一名。

他在書中描寫大陸如何接待來訪的外國人。大陸政府依外國人性質，開放固定處所與安排固定談話人

---

13 龔忠武等編，前書，第三卷，頁二二八六—二二八七。
14 Simon Leys, *The Burning Forest: Essays on Chinese Culture and Politics* (N. C.: Holt, Rhinehart and Winston, 1986), pp. 193.
15 Theodore H. White, *Life* (Chicago: Time, Inc.), March 17, 1972.
16 Ibid..
17 Stanley Karnow, *Atlantic Monthly*, October 1973, pp. 73-76.
18 Donald S. Zagoria, "China by Daylight," *Dissent* (Spring 1975), pp. 135-147.

員。對於海外回國的中國人，政府將他們分為四類：頂尖的是取得外國學位的中國人，他們可以到家中探親，但是不能在家裡過夜；第二類是台灣同胞；第三類是華僑，他們吃住都在特種招待所；最低的則是港澳同胞。這本書並且指出，文革是中國從太平天國以來最大的動亂[19]。

李克曼又批評他在北京期間，整個中國只有六齣革命樣板戲在電影院中或電台上播放，每週播出七天，一年十二個月，在飯堂、火車、飛機，甚至在田間都得聽這六齣樣板戲。另外就是看一些北韓、阿爾巴尼亞的電影[20]。

李克曼在書中對毛澤東多所批評。他引述毛澤東對民主人士說：「秦始皇算什麼？他只坑了四百六十個儒者，我們坑了四萬六千個儒者！這是我對一些民主人士的答覆，你們以為說我們是秦始皇就是侮辱我們，不對，我們超過秦始皇一百倍！罵我們是秦始皇、是獨裁者，我們一概承認。」[21]李克曼在書中也分析為何有人會對中共著迷：「西方的意識型態主義者對於毛氏中國，就像十八世紀西方哲學家看待儒家中國一樣，中國是一個迷思，是一個抽象的、理想的投射，是一個理想國。這個理想國使他們可以譴責西方所有不好的事情，例如工業文明的廢氣、城市的腐敗、交通壅塞，所以他們急著去慶賀中國大陸，沒有空氣污染、沒有犯罪，以及交通問題根本不存在，這等於就像在稱讚一個截肢的人，說他的腿並不骯髒。」[22]

一九七六年，李克曼在香港《明報》月刊，寫了一篇〈一說便俗〉的文章，他提出一些新的批評。一、他指出許多西方人士採雙重標準，他們會說：「毛澤東主義對我們『當然』是不適合的，但對中國人民卻是最適合不過。」他批評這些人潛意識中，「民主」、「自由」這些觀念，甚至於「文明」和「人」的觀念也只是西方人獨有資格享受的奢侈品。二、他批評毛澤東君臨天下、萬民順服的現象。他指出，這說明在這方面中國人民還沒有「站起來」！一個真正偉大的人民哪裡需要「偉大的領袖」呢？三、他因為批評毛澤東和其官僚，被套上「反華」罪名[23]，他認為這對他是一個「美譽」，表示他敢為中國人民說話。他此一說法，使我想起參加安娜堡國是大會時，我因不念《毛語錄》、不唱「東方紅」而被冠以「反華」罪名的往事。原來，「反華」是一項「美譽」！

一九七八年十二月，李克曼又在美國《民族評論》（*National Review*）雜誌，發表〈中國的人權〉（Human Rights in China）一文。文中分析毛澤東主義是「極權主義」（totalitarianism），其特色和中國的政治傳統大不相同，與史達林主義和納粹主義等外國模式倒很相似。

文中，他批評西方擁毛分子如何規避中國大陸人權的問題。第一種遁詞是「我們對這個問題，手頭資料不足」。第二種更令人厭惡的遁詞是，把它推給四人幫，說這是因為四人幫的罪惡影響。第三種遁詞是「我們承認，中國大陸上可能有許多嚴重違反人權的情事，但最重要的人權是生存權，即免於飢餓，中共違反人權是因為迫切的『國家需要』，不得不如此」。第四種遁詞是中國是一個與眾不同的國家。他批評，這是一種種族主義的偏見[24]。

李克曼以上著作，可以說是在西方世界裡拆穿了毛氏的神話，甚至可以說，他的著作已為毛澤東一生蓋棺論定。他的著作，再加上文革後審判四人幫所揭露文革的殘酷內幕，就是後來促使何炳棣等保釣左派人士認錯並銷聲匿跡的重要原因。

針對上述西方知識分子在一九六〇、七〇年代對中共革命、毛澤東及文革許多離譜的溢美之辭，我們不禁要探究為何西方知識分子會左傾、會嚮往社會主義或共產主義？對這個問題分析得最有條理與深度的書，是美國麻省州立大學社會學教授何蘭德（Paul Hollander），於一九八一年出版《政治朝聖者——西方知識分子對於美好社會的追求》（*Political Pilgrims: Western Intellectuals in Search of the Good Society*），內容詳細分

19 Simon Leys, *Chinese Shadows* (N. C.: Penguin Books, 1978), pp. 12-14.
20 Ibid., pp. 31.
21 Ibid., pp. 145.
22 Ibid., pp. 201.
23 李克曼，〈一說便俗〉，《時報月刊》（一九七六年一月），頁二八—三一。
24 西蒙・列斯（Simon Leys）著，《中國大陸沒有人權》（台北：聯合報叢書，一九七三），頁四二—四。

析西方知識分子從一九三〇到七〇年代，為何對史達林的蘇聯、卡斯楚的古巴、毛澤東的中國、胡志明的北越會給予極高評價，並漠視這些極權政權對人民的傷害。該書被《紐約時報》列為暢銷書，從一九八一到一九九八年，一共出了四版。

這本書的結論指出，西方許多知識分子厭惡資本主義的商業性與世俗化；相對而言，他們認為社會主義強調群體（community）意識，社會主義、平等與無私，可為資本主義開一新的出路。何蘭德指出列寧、沙特、馬庫斯、密爾斯（Mills C. Wright）都屬於這類的知識分子[25]。

何蘭德又指出，許多西方知識分子把人分成兩類：弱勢的受害者、優勢的壓迫者。這些知識分子認為，社會弱勢、受害階級的不幸，很多是由大環境所造成，所以他們不需要對自己的不幸負太多責任。至於優勢的壓迫者，因為包藏禍心，必須要嚴加譴責[26]。我覺得這種說法，和毛澤東的三座大山（封建主義、帝國主義及官僚資本主義）理論非常吻合，即廣大人民是受害者，不要負任何責任，但三座大山是壓迫者，必須加以譴責。

五、我的看法

一九八六年六月，何蘭德來台灣參加會議，和我有一個對談，翌月發表於《聯合報》副刊。摘錄如下：

邵：四〇年代，一些西方記者與學者讚揚「民主的延安」，說在那兒的人民生活得很節儉，沒有貪汙，空氣新鮮，也沒有娼妓。他們又提出所謂「腐敗的重慶」的說法，此指後者閉塞，以及因長期抗戰帶來的士氣低落。這些形象終於改變了西方對中共革命的觀感。我觀察到，同樣的情形也發生在一九六五年到一九七三年那段越戰期間，有人提出「英雄的河內」與「腐敗的西貢」的說法，一旦這種形象建立了，美國決定在政治與軍事上退出越南，就成為不可避免的事了。

我還有一個問題，為什麼美國（尤其是知識分子、記者與政客）有雙重標準？他們總是對所謂保守、右派政府特別嚴厲，而對共產獨裁則比較寬容。

何：我想，這是美國自由派人士目前或過去的一個老生常談。共產國家中存有壓迫現象，或公民自由較少，但他們卻認為，對於這些國家，西方式的「自由」是一種「奢侈」。這批自由派人士還辯稱，這些國家著重在經濟發展，又是貧窮國家，所以他們的注意力不放在公民自由與言論自由的「細節」上。問題是，我們為什麼不能將相同的標準應用到右翼國家上？這又牽涉到對資本主義的仇視。有些自由派人士認為，嚴厲的共產方法是達到目的的一種手段，其目的在追求平等、社會正義與進步。相反的，在右翼國家中，有壓制與不公，但並沒有任何崇高理想附於其內。

邵：我想在這些美國人眼中，這些中共人員被視為所謂的「高貴野蠻人」（noble savages），是清教徒（Puritans），而站在美國這邊的盟友，卻都僅是實行類似資本主義的所謂「罪人」。

何：是啊！他們受到資本主義的「汙染」了，像菲律賓、非洲與中華民國的人民，就被美國人如此認為，這是因為他們與美國的關係太密切。台灣事實上可以成為知識分子心目中的一個理想國家，它具有所有我們西方歸之為社會主義的進步指標——低嬰兒夭折率、高受教育率、平均的所得分配和土地改革，這些都是人們所指在社會主義國家內的美好事務。但是，台灣雖擁有這些成就，對一些自由派或左傾人士而言，……他們認為你們所做的是資本主義的工作，所以它還不夠「高貴」。[27]

我身為一名中國知識分子，面對西方，尤其是美國知識分子對中共有兩種截然不同的看法，我到底該採

25 Paul Hollander, *Political Pilgrims: Western Intellectuals in Search of the Good Society* (London: Oxford University Press, 1981; New Jersey: Transaction Publishers, 1998), pp. 412-421.

26 Ibid., pp. 425-429.

27 邵玉銘，《知識分子、政治與革命》，頁四九—六八。

取何一立場？

在一九七九年，我曾用英文發表〈西方心靈中的中國文化〉（Chinese Culture in the Mind of the West）一文，文中我提及一九七八年十一月北京「啟蒙社」發表中國實踐民主與人權的十二則信條，其中兩則如下：

九、秦始皇的封建社會與專制國家已一去不返。對東方的迷信必須否定，因為人民已經不是笨蛋，所以我們要向專制的法西斯主義的餘孽進行全面攻擊。

十、萬里長城現有兩個，一個是防止外敵入侵的長城，另一個則是秦始皇的徒子徒孫為了維持獨裁制度所建立的精神長城，這就是封建專制主義的理論體系，對於後者，非拆除它不可。[28]

我在結論中說，任何西方對中國的觀察者，不管他們對中共革命有何看法，都必須正視「啟蒙社」的這些信條，它們反映了中國人民對自由、民主與人權的渴望，而中共共黨政權則阻止這種渴望的實現。到了聖母大學，我以為一定會遠離華人圈政治的紛爭，沒想到不久後又掉入中國知識分子左右派鬥爭的漩渦裡。

一九七六年三月，麻省理工學院及耶魯大學兩個中國同學會邀請我前去演講。我的講題是「中共統治大陸三十年的檢討」，演講中我批評中共在文革期間的倒行逆施，例如破四舊運動，實在是國家的浩劫。

麻省理工學院師生對我這個演講反應還算良好，到耶魯後則不然。當觀眾詢問文革和四人幫的問題時，我做出嚴厲批評。我說：文革十年使中國的教育幾乎全部停頓，二十世紀人類歷史上，還沒有一個國家發生這樣愚蠢的事情。我特別提到一九七三年，一位遼寧學生張鐵生參加大學考試，在理化試卷上繳了白卷，但他卻在背面向「尊敬的領導」提出辯解。他說自己在集體利益與個人利益發生矛盾時，不忍心放棄集體生產而未複習功課，所以繳了白卷。該年八月，《人民日報》轉載了張鐵生的信說：「這封信提出了教育戰線上兩條路線、兩種思想鬥爭的重要問題，確實發人深省。」隨後全國各地報紙紛紛轉載，張鐵生成了全國聞名

的繳白卷英雄。四人幫對張鐵生極為欣賞，他不僅被錄取，而且在一九七五年還當選第四屆人大常委，江青、王洪文親自召見。

由於我在會場上對此荒唐之事痛加抨擊，激怒了現場擁護四人幫的台灣留學生。其中一位女生，據說是台灣陸軍官校校長的女兒，起來對我嚴加斥責，一些毛派學生也開始起鬨，預備對我進行武鬥。我臨出會場時回敬他們一句：「今天我們對四人幫有不同的評價。我是學歷史的，我會把今天所講的話整理出來發表，成為歷史紀錄，以便讓未來證明誰是誰非。」火辣場面下，我靠幾個人高馬大的美國學生保護才得以離開。

就在這次演講過後不到一個月，四月五日，在天安門發生悼念周恩來的群眾運動，群眾宣洩出對四人幫和文革的不滿。等到十月，四人幫被捕，這些在美國支持文革的左傾學生與學人立刻垂頭喪氣，所以，我批評四人幫的演講已成了一篇預言或檄文。

受到這些發展的激勵，我將在這兩校的演講擴大成為兩萬餘字的長文：〈試論中共政權在中國近代史上的功過〉，於一九八〇年八月，發表於台北《傳記文學》雜誌[29]。這篇長文等於是我在美國研究中共的心得報告。

我在文中主要批評中共統治下的假民主與階級鬥爭。指出中共一貫以「群眾路線」尋求民主，但中共式的民主不是「參與的」（participatory）而是「發動的」（mobilizational）民主。政治學者薩托利（Giovanni Sartori）說得極好，他說參與式的民主是指一個自由的公民，根據自我最佳判斷而採取的行為；發動式的民主代表一個被揉塑和被動的群眾集體，隨著統治階層之意願而行動。由於中共所有政治運動都是自上而下發動起來，人民只是奉命行事，稍有越軌即遭鎮壓等情形看來，薩托利之言，實一語道盡中共式民主的虛偽面

---

28 Yu-ming Shaw, "Chinese Culture in the Mind of the West," in *China as a Challenge to the Church, edited by Glaude Geffré and Joseph Spae* (N. C.: The Seabury Press, 1979), pp. 15-16.

29 邵玉銘，《國史與國事》（台北：傳記文學，一九八二），頁一六七—二〇七。

目[30]。

其次，我批評中共的階級鬥爭。文革時期，中國人民被分成紅五類（工人、貧下農人、革命幹部、革命軍人、革命烈士之家人與子女）及黑五類（地主、富人、反動分子、壞分子和右派分子）兩大類。先是紅五類鬥黑五類，黑五類不服，又反鬥紅五類，形成冤冤相報之慘劇。

這種將人民依血統或階級成分一分為二的作法，只有古時專制政權才有的手法。例如中國元朝，將種族分為四類（蒙古、色目、漢人、南人），又依社會階級，分為十等（官、吏、僧、道、醫、工、獵、民、儒、丐）。在印度，其人民階級亦分為五等：①僧侶、學者②戰士、貴族③商人、庶民④農人、工人、奴僕⑤賤民。在日本「明治維新」前，曾有所謂Eta階級，如屠戶、皮匠、藝妓等。在美國民權法案未通過前，美國白人對黑人及其他少數民族亦加歧視。但是我指出，以上所有這些例子，或成了歷史陳跡，或是各國力求改善[31]。在二十世紀中，中共是唯一以血統或階級將人民區分得這麼徹底，並相互批鬥到你死我活的地步，德國納粹黨和史達林政權都不能望其項背。

六、中共對毛澤東及文革的看法

關於十年文革對中國造成的傷害，有幾個數字可供參考。張戎與喬・哈利戴（Jon Halliday）在二〇〇五年出版之《毛澤東鮮為人知的故事》中指出：「從一九六六年到一九七六年毛去世，起碼有三百萬人死於非命。一九七八年十二月十三日，中共領導葉劍英在中央工作會議上說，文革『包括受牽連的在內，受害的有上億人，占全國人口的九分之一』。」[32]

中國共產黨中央在一九八一年七月一日通過「關於建國以來黨的若干歷史問題的決議」，有以下重點：

第一、文革是「毛澤東同志發動和領導的」；毛的「論點」「既不符合馬克思列寧主義，也不符合中國

實際」；毛是一位「糾纏於錯誤思想的領導人」！

第二、種種歷史原因又使我們沒有能把黨內民主和國家政治社會生活的民主加以制度化、法律化，或者雖然制訂了法律，卻沒有應有的權威。這就提供了一種條件，使黨的權力過分集中於個人，黨內個人專斷和個人崇拜現象滋長起來，也就使黨和國家難於防止和制止文化大革命的發動和發展。[33]

這個決議，應可充分駁斥那些在一九七〇年代對毛澤東歌功頌德的人士。

30 同上註，頁一八〇—一八一。
31 同上註，頁一八一—一八二。
32 張戎、喬・哈利戴（Jon Halliday），《毛澤東鮮為人知的故事》（香港：開放出版社，二〇〇六），頁四八八。
33 見Roderick MacFarquhar and Michael Schoenhals著，關心譯，《毛澤東最後的革命》（台北：遠足文化，二〇〇九），頁四五七—四五九。

第十章　美台斷交，共赴國難

一、個人對處理台美關係的建言

一九七九年一月一日美國和中華民國斷交，和中華人民共和國建交。關於台美關係，在一九七〇年代我寫過不少文章，也參與斷交前後一些挽救的活動。

一九七七年，美國跟中共關係正常化如火如荼的展開。這一年中，美國和中共就有高達二十三項互相訪問計畫，給我風雨滿樓的感覺。當年二月，台大歷史系教授張忠棟，協助《聯合報》專欄邀稿，請我撰寫台灣應如何因應美國與中共關係正常化的問題。我一共寫了三篇文章寄給他，但因文中提出我國應以「德國模式」（作者註：德國模式是『一個民族，兩個國家』，但東西德雙方有特殊關係，不同於與其他國家之關係）和美國談判美台關係，但這違背當時「一個中國」、「漢賊不兩立」的基本國策，因此這三篇文章均未被刊登，是我在旅美期間僅有被退稿的一次經驗。

在這些文章裡，我首先指出，我國與美國當時外交關係恐只能再維持一段時期，早晚美國必在德國模式、「聯絡處」模式（即將我大使館改成『聯絡處』，而將中共一九七三年在美設立之『聯絡處』升格為大使館）及日本模式（此指一九七二年日本與我斷交，與中共建交）中三者選其一。這三者中，當然德國模式對台灣最有利，「聯絡處」模式其次，而日本模式最糟。我認為，我們必須全力以赴爭取德國模式；如不

成，退而求其次，或可換得「聯絡處」地位；若是仍堅持維持目前台美外交關係而不爭取德國模式，則美國恐會覺得與我政府立場差距太大或認為我政府「不可理喻」，而採取日本模式與我斷交。

其次，我檢討我國在外交上，多年來都是過分堅持立場，未能未雨綢繆。我說：

> 我國失去聯合國席位主要原因之一，即在我方多年過分堅持立場，未早為自己席位之保存鋪路，故在尼克森政府（指一九七一年）對中共態度忽然改弦易轍之時，再想退讓去接受我及中共雙重代表權時已為時太晚，而終遭出局之厄運。基於此一教訓，我們目前對中美關係之處置必須早日準備、預留退路，而不可一味堅持目前關係。國家值此弱肉強食之局面，必須有壯士斷腕之決心，不如先爭取德國模式，以保住對美關係，將來再徐圖改進，故德國模式實是一「以退為進」之策略也。當然接受德國模式並非指我放棄國家統一之國策（這種國策美國無權亦不會置喙）……。以西德為例，西德雖然接受兩個德國之模式，但並未放棄兩個德國統一之最終目標。

個人知道自己人微言輕，不抬出一些大人物高瞻遠矚之先例，恐無法說服在台北之決策人士，所以我又說：

> 關於此一問題之決定，我們似可吸取歷史教訓。先總統蔣公在一九四九年決定放棄大陸，播遷台澎，終保住國家一線命脈，這種明智而有遠見之舉動，頗值深思。設若當時先總統蔣公及政府退守西南，堅持和中共在大陸戰鬥到底，則恐已遭徹底失敗之命運……。另列寧在一九一八年，忍痛和德國訂定「布瑞斯特—立托夫斯克」（Brest-Litovsk）條約，以犧牲巨大俄國領土，來換取俄國退出第一次世界大戰，以便專心進行俄國大革命。其後俄國大革命成功，蘇聯終將該條約所失領土完全光復。以上歷史先例，均為一國壯士斷腕之明智作法，實可做我們參考。

最後，我帶點自我請纓的意味說：

至於德國模式之爭取，我政府不必公開宣布，也不必由政府官員出面進行，以免授人口實、動搖國本。但我國在美國之愛國學人及其他訪美之我國民間人士，則可先在各種場合予以鼓吹、試探空氣，如水到渠成，再由政府出面。

我的結語是：

草成以上三篇，敬供我政府及同胞們參考。風雨如晦，雞鳴不已，願我國人本「天行健，君子以自強不息」之精神，共同奮鬥，以共度國難。

這三篇文章寫於一九七七年三月所居之南灣小城，時當寒冬飛雪之季，面對外交危局，心急如焚。當忠棟兄來信告知無法刊出時，我真是欲哭無淚。一九八二年六月，出版《國史與國事》一書時，敝帚自珍，將它收錄其中，這時已是斷交三年半之後，我特別加了個小註：「該文為個人在國難過程中一些思維與努力的紀錄。」[1]

一九七七年八月，美國國務卿范錫（Cyrus Vance）前往北京進行中美關係正常化工作之前，一千餘名支持台灣之華人，聚集在白宮前之拉法葉公園，表達他們反對美國以犧牲中華民國為代價，來達成與中共關係正常化。他們並親自向白宮遞交一封致卡特總統的信。當天有親台之著名雷震遠神父、一些美國教授及華僑

1 邵玉銘，《國史與國事》（台北：時報文化，一九八二），頁八五—一〇四。

領袖參加，我亦飛往華府並在場發表演講，籲請美國要珍視和中華民國之關係[2]。

一九七八年六月初，國立政治大學國際關係研究中心，在台北舉行該年度由中美兩國學者參加的「中美大陸會議」。我和一些在美的華人學者應邀前往，其中有馬里蘭大學丘宏達、布朗大學高英茂、紐約大學熊玠、維吉尼亞大學冷紹烇等人。我們住在圓山飯店，大家一見面自然談到如何因應當時美國與中共關係正常化的問題，大家的看法一致，都認為應以德國模式主動出擊。當時我們草成一文，大意和上述的文章相同，決定試投《中國時報》。我在飯店打電話給該報採訪主任周天瑞先生，一字一字念給他聽，他逐字記錄。等了好幾天都沒有刊出，其原因跟《聯合報》不能刊出一樣，因為違背「漢賊不兩立」的基本國策。

同月十三日，由「中國政治學會」理事長杭立武主持的「美國外交政策」座談會，邀請我們返國學人和國內學者討論如何處理美台關係。我們在會中一致表示：

在美國與中共進行「關係正常化」過程中，我們應主動爭取以「德國模式」來解決「中國問題」。「德國模式」只是一種策略，並不違背我們的基本國策。因為中共不可能答應這種模式，如此，則「關係正常化」勢必要拖延下去，中美關係的現狀即可以因此而維持。

維持中美關係，「拖延」與「觀望」絕非解決問題的辦法，外交當局應面對現實，改變「不做不錯，少做少錯」的「清靜無為」的外交政策，為國家的長遠利益早做妥善準備，有時不妨適當地採取某種程度的「彈性」外交政策。

我們此一共同立場，在第二天，由《聯合報》大幅刊出[3]，自然為我外交當局所惡。據人告知，外交當局甚為不滿，原因有三：一是「兩國邦交尚未斷裂，有如人還未死，豈可辦理後事」；二是「美台關係有如婚姻，一方不同意即無法離婚」；第三種則是「這群海外學人大放厥詞，擾亂民心士氣」。

根據二〇〇五年《錢復回憶錄》卷一透露，在一九七八年六月初，美國國務院亞太助理國務卿郝爾布魯

克（Richard Holbrooke）曾向我駐美大使沈劍虹表示，有關美中關係正常化事宜，假如蔣經國總統願意接見，他願專程來台北討論。外交部長沈昌煥指示錢復次長不予置理，並說：「我們和美國有正式邦交的時候，怎麼能談斷交的安排，這不是等於人還未死，就放進棺材釘了釘子。」沈部長又說：「除非中共同意和平解決台灣問題，或者我國願與美國談善後問題，否則正常化是無法實現的。」[4]根據此一透露，上述外交當局之反應應是事實。該回憶錄又透露，前一個月，美國駐華大使安克志（Leonard Unger）拜見蔣經國總統時說，希望能就正常化的問題做非正式的討論。蔣總統回答說，中美雙方對中共的評估根本不同，現在應該談的是如何保存現存的友好關係，除此之外其他沒有可談的[5]。根據錢復回憶錄此些透露，可見美國國務院與我們這些海外學人，是在同一時間尋求解決兩國關係之道，但均為我政府當局所拒絕。

在兩大報都不肯刊出我們這些留美學人的共同建議後，我離開台北回美國時，心情非常悲涼，認為政府明知身旁有一顆未爆彈，但不予處理，只等著它炸開。

二、美台斷交，美中建交

這顆炸彈終於在一九七八年十二月十五日晚上九點爆炸了，美國卡特總統在電視宣布和中共建交並與台灣斷交的決定。我淚水立刻湧出，除了難過，也充滿悲憤。我並不反對美國跟中共建交，不能原諒的是美國跟我們斷交，竟斷得如此徹底。在這個消息宣布後，突然看到電視上訪問費正清的畫面，本以為此時的他應心滿意足，因美國這個決定是他多年的主張，但意外的是，他在電視上表示關心台灣人民的安危，說美國仍

2《聯合報》（一九七七年八月二十一日），第一版。
3《聯合報》（一九七八年六月十四日），第二版。
4 錢復，《錢復回憶錄》，卷一（台北：天下文化，二〇〇五），頁三六九。
5 同上註，頁三七〇。

應妥善處理與台灣的關係。我當時心想，這老傢伙總算還心存一絲善念。那天晚上正逢寒風大雪，我決定盡快回台，共赴國難。

對卡特政府這個決定，事後根據各種資料，有了大致了解，更增加我內心之憤懣。第一，美國國務卿范錫在其回憶錄透露，在承認中共前六個月，他建議卡特總統，美國政府應就此問題，與美國國會領袖、日本和台灣諮商。結果美國國家安全顧問布里辛斯基（Zbigniew Brzezinski）反對，認為與中國建交前，要在絕對機密的情況下進行。卡特在范錫的建議上批示：

要發展出一套特別公文流程。洩密將使全部努力徒勞無功。我們應將有關談判之消息及電文僅限於可閱讀「總統每日簡報」（President's Daily Brief）之數人（卡特、孟岱爾、范錫、布朗及布里辛斯基）。避免做任何關係進展之暗示。我不信任⑴國會、⑵白宮、⑶國務院、⑷國防部能嚴守祕密。[6]（作者註：孟岱爾（Mondale）為副總統，布朗（Brown）為國防部長）

這就是為什麼卡特總統在宣布決定前兩、三小時，始邀請國會幾個重要領袖到白宮告知此事。所以，卡特事前完全未與國會、日本和我政府諮商。

第二，美國國務院決定，在美國宣布跟中共建交前十二小時，也就是台北時間十二月十五日晚上十點才通知台北美國駐華大使。當天晚上安克志大使參加「美僑商會」的耶誕節活動，到了半夜時分，國務院才找到他，等到他與錢復次長及新聞局副局長宋楚瑜趕到經國總統的七海官邸時，已是凌晨兩點十五分，也就是卡特總統宣布前七個多小時。安克志告訴經國總統美國此一決定後，要求我國政府不能在翌日上午十時（即美國在美宣布之時間）前向國人宣布，經國總統立刻拒絕這無理要求[7]。

第三，為什麼選在星期五晚上九點，而不是白天宣布？因為白天宣布一定會上夜間新聞，這會讓全美觀眾知曉；但在週五晚上九點鐘，美國很多人已出外宴飲、娛樂，甚至旅行。另外，很多美國百姓不訂報，週

末人們所關心的事大部分是球賽或娛樂等事，等到星期一上班，已經隔了兩天兩夜，這個斷交的新聞就不會變成報紙或電視新聞頭條。白宮此一處理方式，是求達到使最少美國人民知道此事的目的。卡特政府了解，大多數美國人民對中華民國存有好感或同情，把這件事處理到愈少人知道，就愈少人反對。

第四，為何選擇在十二月中旬宣布？根據范錫回憶錄，如此國會在翌年一月復會時，即可處理和中共建交相關事宜[8]。不過也有很多人認為，十二月中旬時，美國國會議員已全部回鄉歡度耶誕節，華府是一座空城，那些對台灣友好的國會議員無法立即採取行動，來幫助台灣處理斷交事宜。個人認為第二種看法較為正確。

當我弄清楚以上四點後，背脊立刻竄起一股涼意。自從一九一三年美國承認中華民國，雙方共有六十六年的外交關係。二次大戰期間，中美並肩作戰。一九五四年簽訂「中美共同防禦條約」，在冷戰時代是反共盟邦。但當美國一旦決定斷交，竟選擇在國會休會的時期處理，並只預備在十二小時前通知我們，還要求我們在美國宣布前，不得通告國人。美國對多年邦誼之罔顧、處理手法之冷酷，令我這一生鑽研中美關係的人痛心疾首。

三、參與「台灣關係法」之遊說工作

正因為白宮對台斷交之處理，如此刻薄與機關算盡，也種下翌年一月初美國國會復會時，國會議員對此事產生強烈的反彈。另外，在斷交決定前的上年七月，我國駐美大使館曾邀約共和黨杜爾（Robert Dole）參

6　李大維，《台灣關係法立法過程——美國總統與國會間之制衡》（台北：洞察出版社，一九八八），頁一四—一五。
7　錢復，前書，頁三八九—三九一。
8　李大維，前書，頁一四。

議員和民主黨史東（W. J. Stone）參議員聯合提案，表達「參院意見」，就是總統在與中共進行關係正常化時，如有影響美國與中華民國現有外交關係或兩國間的共同防禦條約之處，應先與參議院諮商，該提案以九十四比零票全數通過。但卡特完全漠視此一提案，自然引起眾怒[9]。

雖然美國國會大多數議員均支持卡特政府與中共建交，但他們對於國務院和台灣斷交後沒有補救配套措施，相當不滿。美國行政部門雖在斷交後之一月底，提出處理美國與台灣非政府關係的綜合法案（Omnibus legislation），但內容非常空泛，所以同情台灣的許多議員就決定自行擬訂「台灣關係法」。

正巧在美台斷交前，我獲得美國天主教會一筆研究獎金，編纂二十世紀上半葉中國基督教發展史料。本想一邊授課、一邊從事研究工作，但為了到國會山莊從事遊說工作，我立即以蒐集資料為由，向系裡請假一學期。於是從一九七九年一月起，一方面赴紐約等地圖書館蒐集資料、另一方面就到華府向國會議員們表達對有關「台灣關係法」的意見。當時我並決定在這個法案通過後，就回台服務。一月至四月，丘宏達教授聯絡一些留美學人，進行各種挽救美台關係之努力。

「台灣關係法」在國會審理期間，許多友我議員對台灣大力相挺，訂出不少對我國有利的條文，條文包括以下幾項問題：

第一、我們在美國之大使館及十三個總領事館的存續問題。美國國務院最初想把它們縮成四個，後來同意放寬為八個，但美國國會最後決定是維持十三個。

第二、關於中華民國在美的所有財產權，該法規定我們能繼續擁有斷交前的財產，包括華府的雙橡園。

第三、關於台灣安全問題，該法規定美國有義務提供必要協助，包括售我防禦性武器。

「台灣關係法」最後在眾議院三百三十九對五十票、參議院八十五對四票通過，一九七九年四月十日卡特簽署生效[10]。參議員賈維茲說：「此法的通過使中共認知，美國的外交政策必須是在國會的建議（advise）與同意（consent）之下，美國總統才能決定。」[11]《華盛頓郵報》社論指出，該法增修部分，「明確地表示了對中共終極目的之戒心及對台灣相當的同情。換言之，他們明確地表達了大部分美國人的心情。」[12]

四、共赴國難

卡特在四月十日簽署後，那幾個月遊說國會山莊的朋友，在華府著名中國餐館Mr. K舉行慶祝晚宴，參議員杜爾夫婦應邀出席，我也在座，在紐約華爾街律師事務所工作的馬英九先生也趕來參加。歷經美台斷交的悲憤，總算看到差強人意的「台灣關係法」獲得通過，所以大家心情大好，杯觥交錯，賓主盡歡而散。

這段期間，曾去函台灣各大學尋求教職，結果只有中央研究院美國研究所願意給我三個月「客座專家」職位。我在四月二十七日，飛抵台北上任。這是我一九六五年九月離台、十四年後在台得到的第一份工作。雖然期限只有三個月，仍決定先回來再說，說不定會有奇蹟出現，而能在九月開學時獲一教職。

我在中研院美國研究所研究的專題是「一九四五年至一九四九年間美國、蘇聯與國共四角關係」，於翌年六月，將研究結果以論文發表，全文約五萬字，刊於該所出版的《美國研究》期刊[13]。

從美國回到台北，看到斷交後的台北還是車水馬龍，人民過著安居樂業的日子，並未因美台斷交而失去信心，心中非常安慰。在離台那十四年中，這是第一次在台長住了三個月，多少紓解我思鄉念國之情。

記得約六月初，有天突然接到行政院交際科的電話，說孫運璿院長要召見我，我嚇了一跳，因為我和他素昧平生。見面後，他對我在國外的生活有所垂詢，也請我對國事發表意見，雙方談話內容似無任何特別之處。百思不得其解，他為何召見我？有人跟我說，應是孫院長想慰勉我們旅美學人為維護台美關係所做的努力，而我是其中一人。

---

9 同上註，頁七五—七七。

10 同上註，頁二四四—二五三。

11 同上註，頁二五二。

12 同上註，頁二六一。

13 邵玉銘，《中美關係研究論文集》（台北：傳記文學，一九八七），頁四三—一〇九。

活。

三個月時間一晃即過，在尋求教職無門之際，只得悵然回到聖母大學，又恢復每天規律的教學與研究生

既然回國服務不成，這時我已在聖母大學擔任助理教授四年之久，面對兩年後升等及終身職的考核，必須收心做一番努力，總不能失敗而給自己與國家丟臉。我在芝大的博士論文，只討論司徒先生從出生、到中國傳教、與擔任燕京大學校長之生涯（一八七六—一九四一）。決定把他從一九四六年到一九五二年擔任美國駐華大使之事誼包括進去，成為他一生完整的傳記，以供升等評鑑之用。為了這件工作，我開始前往許多圖書館找資料，經過兩年撰寫，完成初稿六百多頁。雖未來得及出版，初稿也隨我其他著作一起送給系方評鑑。一九八一年春天，系方根據我六年學生教學評鑑的成績、已發表的著作與論文，以及司徒雷登傳記的初稿，通過升等，給予具終身職的副教授職位。

第十一章　客座中央研究院：研究大陸為何淪陷

一九四九年內戰失利，國民政府播遷來台，中共建立中華人民共和國。雖已事隔六十餘年，但為何國民政府會失去大陸？這是我一直很想了解的問題。

一九八一年，為了完成回國服務的心願，我又開始向台灣一些大學洽詢教職，結果還是中研院美國研究所幫忙，給我半年的客座研究職位，所以一九八一年暑假，我又回到中研院。八月，我參加「中華民國建國七十週年國際學術研討會」，提出論文〈決定命運的一年：一九四六年中國內戰與國際政治〉。這篇論文，是繼前述「一九四五年至一九四九年間美國、蘇聯與國共四角關係」論文，做更進一步的發揮。根據這兩篇論文及之後多年的研究，我確切認為，政府一九四九年失去大陸最關鍵的失誤，是沒有處理好對蘇關係，造成蘇聯轉而支持中共，因而東北接收不成，精銳部隊盡失，導致內戰失敗而大陸淪陷，所以我將一九四六年訂為決定中國命運之一年[1]。個人對此事一直耿耿於懷，因為一九四七年我隨父母在瀋陽居住一年，結果因為東北即將失守，而隨父母離開瀋陽再轉來台灣，所以東北失守影響了我一生的命運。

1　中華民國建國七十年學術討論集編輯委員會，《中華民國建國史討論集》（台北：近代中國出版，一九八一），第五冊，頁三〇四—三三一。

一、雅爾達密約與馬歇爾使華

一九四五年，是二次大戰最後關頭的一年。由於日軍不會投降，美國自忖必須登陸日本本土，始能結束戰爭，但這將造成美軍重大傷亡。為降低此一傷亡，美國認為必須促使蘇聯進攻東北，以牽制日本數十萬關東軍無法回防日本本土。一九四五年二月，美國、蘇聯及英國在蘇聯境內雅爾達（Yalta）舉行會議，美國羅斯福總統、英國邱吉爾首相與蘇聯史達林元帥討論如何結束第二次世界大戰。會中，美國正式向蘇聯提出要求，希望蘇聯能在德國投降（此時德國戰敗已然在望）後三個月內出兵東北。蘇聯則提出相對要求，就是美國必須使中國政府同意：一、蘇聯可共同使用「中國長春鐵路」；二、將旅順租給蘇聯為軍港，大連變成自由港；三、外蒙古經過公民投票而脫離中國獨立。這些交換條件均列入祕密簽訂的「雅爾達協定」之中。

美國為防止洩密，於六月中旬始將此協定內容告訴我國。我國在美國壓力下及面臨蘇聯即將出兵東北之現實，只得與蘇聯談判，我方接受雅爾達協定之條件，但也相對要求蘇聯在戰後援助中國，應以國民政府為對象，又要求蘇聯承諾，其在東北之軍隊，應在日本戰敗後三個月內撤退，雙方於八月十四日簽訂「中蘇友好同盟條約」。

美國在二次大戰後，面對戰後與蘇聯在歐洲之競爭，美國決定對外經濟與軍事之援助，以歐洲地區為先，故提出「馬歇爾計畫」（Marshall Plan），大力支援歐洲之復建工作。既然一切以歐洲為先，美國對亞洲之策略，則希望能與蘇聯和平相處，美蘇不要因中國內部國共之爭而引起衝突。為達成此一目的，美國總統杜魯門於一九四五年十二月派遣軍功彪炳的馬歇爾將軍以特使身分來華。馬帥主要任務有二：第一，拉攏國共兩黨成立聯合政府，以避免內戰；第二，使中國在亞洲成為一股安定力量，不要成為美蘇關係中之阻力[2]。

二、蘇聯為何要控制東北？

八月八日，蘇聯在美國向日本投擲兩顆原子彈之際出兵東北，日本於八月十四日投降，蘇軍不費吹灰之力進占整個東北。在此情形下，我政府在抗戰勝利後所面臨的最大挑戰，是如何從蘇聯手中接收已淪陷十四年的東北。

蘇聯為求加強控制東北，在一九四五年十月復要求我政府同意將東北一百五十四項重要企業，由中俄共同經營。為逼我就範，蘇聯對我接收東北行動多方阻撓，並以可能支持已進入東北之中共軍隊為要脅。我政府對蘇聯此一提議，一直猶豫不決，希望蘇聯先配合我國軍收復東北，再談經濟合作；蘇聯則要求我方先同意經濟合作後，她才肯在軍事上讓步。結果國民黨內部反蘇聲浪高漲，再加上一九四六年一月，發生我官員張莘夫等八人在撫順被蘇聯紅軍劫殺事件，政府在二月發動全國各大城市反蘇示威活動，此一經濟合作計畫遂告停擺，而蘇聯在東北逐漸走上支持中共之方向[3]。

蘇聯為何對東北如此堅持？一九〇四—〇五年日俄戰爭，蘇俄戰敗，東北淪為日本勢力範圍，因此蘇俄一直視日本為世仇，這是為何蘇聯在雅爾達會議上，接受美國出兵東北要求，以報一箭之仇。再加上二次大戰後，美國單獨占領日本，蘇聯被排除在外，對史達林而言，他必須要對東北有一定程度之控制，以防止日本東山再起。這也是為何根據「中蘇友好同盟條約」獲得我國同意其有關外蒙古、中長鐵路、旅順、大連等要求後，復要求與我方共同經營東北一百五十四個企業，以加強其對東北之控制。

---

2 Steven I. Levine, "A New Look at American Mediation in the Chinese Civil War," *Diplomatic History*, 3:4 (Fall 1979), pp. 349-375; Steven I. Levine, "Soviet—American Rivalry in Manchuria and the Cold War," *In Dimensions of China's Foreign Relations* (New York: Praeger, 1977), ed., Chun-tu Hsueh, pp. 10-43.

3 姚崧齡編，《張公權先生年譜初稿》（台北：傳記文學，一九八二），頁五七〇—五八七。

三、蔣中正為何拒絕與史達林合作？

為解決中蘇間各種問題，蔣中正於一九四五年十二月底，派蔣經國以私人代表身分前往莫斯科會見史達林。史向蔣經國表示，中蘇要在東北共同合作，但反對美國進入東北：

蘇聯願意把本國的生產機器、汽車及中國所沒有的東西供給中國；同時，也希望中國能把自己出產的礦物、農產品供給蘇聯。蘇聯又可以幫助中國在東北建立重工業，並發展新疆的經濟；但是，我再三聲明，也是我最大的一個要求：你們絕不能讓美國有一個兵到中國來，只要美國有一個兵到中國來，東北問題就很難解決了。

史達林又說：

我的經濟顧問最近會到長春去的，我要他和你見面；我並且告訴他：只要國民政府能保證今後美國不在東北得到利益，我們蘇聯一定可以做必要的讓步。[4]

史達林在會談結束時，向蔣經國表示，希望蔣中正能夠來蘇訪問[5]。

一九四六年五月三日，蘇聯終於從東北撤軍，史達林為想與蔣中正徹底討論中蘇關係及東北情勢，於五月六日正式邀請蔣中正訪問莫斯科，這是史第二次邀約，但蔣中正立予拒絕，認為這是史離間中美關係之陰謀。根據蔣五月十一日之日記：

史達林邀余訪俄，此乃離間中、美關係之最大陰謀。史慣玩弄他人，而余則不受其欺詐也。惟此事婉

> 拒後，彼將以所謀不遂，惱羞成怒，蓋可斷言。[6]

蔣中正先生並於五月十二日，將此事告知馬歇爾，似在表示其反蘇親美之堅定立場，向美國示好。但馬歇爾不以為然，認為如果史達林能夠調停國共在東北之局勢，當為美國所歡迎。馬當即電告杜魯門其與蔣有關此事談話的內容：

> 對於蔣氏和史達林會晤一事，我們不會懷疑他的動機，也不會有何反感。事實上，假如史達林願意斡旋而使中共和中央政府能夠達成一個合理的協定，只要不將美軍牽入東北難題的調解或談判之中，馬表示他個人願見蔣氏能和蘇聯達成協議。

杜魯門回電馬歇爾，表示完全贊同他的看法[7]。從馬歇爾及杜魯門對此事的反應，可見蔣先生對美國的遠東政策並不了解。

雖然馬氏將個人及美國立場說明清楚，但是蔣仍認為，如其接受史達林邀約，將會增加馬氏之疑忌。蔣復認為，即使其前往訪問，亦不會改變史達林扶助中共以赤化中國之一貫政策。蔣氏在五月三十一日日記中記載：

---

4 蔣經國，《我的父親》（台北：黎明文化，一九七五），頁七四–七五。

5 蔣中正，《蘇俄在中國》（台北：中央文物供應社，一九五六），頁一五一。

6 蔣中正，《蔣總統祕錄》（台北：中央日報，一九七七），頁五八。

7 *Foreign Relations of the United States 1946, Vol. IX, The Far East: China* (Washington, D. C.: US Government Printing Office, 1972), pp. 841-842; 846-847.

此次婉拒史達林邀約赴俄會談，為我外交成敗之重大關鍵。……然余深知俄國扶助中共赤化中國之一貫政策，絕不能因余之赴約而有所轉移，且徒增馬歇爾之疑忌，是適中史達林離間中、美之陰謀耳。[8]

吾人試問：史達林在此時對於國民黨及共產黨之真正態度為何？史達林二度邀請蔣中正訪蘇之目的為何？

毛澤東在一九五六年和蘇聯駐中共大使尤金（Pavel Iudin）談話，毛抱怨史達林對中共革命沒有信心，曾在一九四五年逼迫毛澤東赴重慶與蔣談判，復在一九四七年國共內戰全面爆發、中共軍隊正勝利挺進時，史達林逼迫中共和蔣議和。毛復指出，南斯拉夫共黨領袖狄托（Tito）在二次大戰後走向獨立自主之反蘇路線，史達林受此事之影響，對他和中共亦不信任，認為毛澤東即是「中國的狄托」[9]。毛澤東在一九六二年，再次透露史達林當年立場：

他們（蘇聯）並不允許中國（中共）製造革命，那是在一九四五年的事。史達林要中國避免製造革命，他說我們不應該進行內戰而應該和蔣介石合作，否則中國這個國家必定滅亡，但是我們沒有照他的話去做，我們的革命終於成功了。[10]

從以上資料看來，史達林在一九四六年兩次邀約蔣中正赴莫斯科訪問，應是誠心尋求和蔣對東北、中國局勢及中蘇美三角關係交換意見，並希望達成一些協議，但是蔣則堅信史達林只想扶植中共。此一錯誤認知說明，蔣氏在當時，不僅不明瞭美國之對華政策，亦誤解史達林對國共雙方之政策。

但是，當時國民政府派駐東北之經濟特派員張嘉璈，對於如何因應蘇聯，則和蔣中正有迥然不同的看法。張氏一直主張政府應先接受蘇聯經濟合作之要求，才能有政治及軍事之解決，如在東北和中共走向軍事解決，他認為國軍必敗。他在一九四六年四月十五日的日記寫道：

> 蘇方為維持其東北勢力計，勢不能不幫助中共，使其獲勝，俾中共不能不依賴蘇聯。故此一武力決鬥，乃國軍與中共及蘇聯之鬥爭。以東北之地勢，國軍補給之困難，及國軍長途遠征之疲乏，與對北方寒冷氣候之難受，勝負之數，不難預卜。此余最初申述於政府，而力主必須與蘇聯達成協議之苦衷也。[11]

蔣中正在抗戰勝利後，為和蘇聯交涉收復東北事宜，派駐東北之特派員有二：一是外交特派員蔣經國；一是經濟特派員，即張嘉璈。張氏和蘇聯派駐東北之重要大員均有深入接觸，對東北局勢有第一手之觀察，故其見解應極具參考價值，可惜未為蔣中正採納。蔣中正不願與史達林見面討論雙方關係，為他帶來極為嚴重後果。蘇聯遂將從日本關東軍軍火庫繳獲全部七十萬軍隊的武器轉交給中共，這批軍火對中共在國共內戰中獲得勝利有極關鍵的作用[12]。

顯然，蔣中正對蘇俄之一貫戒心、對蘇俄掠奪東北工業器材和阻撓國軍接收東北之不滿，再加上他對美國和馬歇爾的期待，都促使他決心不與史達林打交道。一旦做此決定，自然也不願對中共讓步。於是，蔣中正在一九四六年中期後決定以武力解決中共。

但是馬歇爾在一九四六年全年，一直勸阻蔣中正勿與中共做軍事之對決。馬歇爾為向蔣施壓，美國政府

---

8 蔣中正，《蔣總統祕錄》，第十四冊，頁五八。

9 尤金著，李玉貞譯，〈與毛澤東同志談話紀錄〉，《國際社會與經濟》（北京，一九九五年第二期）。

10 〈毛澤東在八屆十中全會上的講話〉（一九六二年九月二十四日），民聲網，http://bbs.mshw.org/forum.php?mod=viewthread&tid=4016

11 姚崧齡編，前書，頁七二四—七二五。

12 安・列多夫斯基（А. М. Ледовский）著，李玉貞譯，〈米高揚與毛澤東的祕密談判〉，《黨的文獻》（北京，一九九六年第一期），頁九〇。

於七月底對華實施軍火禁運[13]。一九四六年十二月一日，馬歇爾調停國共工作已告失敗，即將離華，他和蔣先生長談三小時。在此一談話中，馬給蔣最後一個忠告，他指出國軍力量不足以擊敗共軍，而且中共武力強大，很難在短時間將之消滅；內戰一起，曠日費時，最後會先拖垮政府財政而致經濟崩潰。蔣對此有兩點回答：一、他有信心可在八到十個月內殲滅中共軍隊，所以不會曠日費時；第二、中國城市經濟情況固然嚴重，但中國經濟主要是依賴農業人口，所以兩年之內不會崩潰。蔣先生然後表白他內心的真意，他說：

> 我已是望六之年，不久必須結束領袖之身。但我認為我對中國人民有責任不放棄對（局勢）之控制，直到確實地解決共黨問題為止。

馬歇爾翌日發給杜魯門的電報中，表示了他的憂心，「我非常關切國民黨的崩潰，以及人民對該黨政府品質或施政日增的不滿。」[14]

證諸局勢日後的發展，馬歇爾的忠告與預測完全正確，而蔣先生的估算則完全錯誤。不僅八至十個月未能消滅共軍，當中國農業經濟的糧食和產品，因戰亂無法運到城市，或運到城市被奸商囤積居奇，城市經濟終於崩潰，一九四八年蔣經國在上海打老虎（經濟犯）失敗，即是最明顯例子。

在二次大戰，歐洲戰場由艾森豪威爾主控，太平洋戰區由麥克阿瑟主控，但在美國運籌帷幄整個戰局者即為馬歇爾將軍，他是一位極具歷練的將才。另外，他在華十三個月，美軍在華人數曾高達十一萬三千人，他根據自己的觀察及屬下的報告，對國共雙方軍力及整個作戰情勢有更客觀且較正確的了解。蔣中正先生估計他在八到十個月即可消滅中共，此若不是個人錯誤的判斷，就是屬下提供不正確的軍情。

但是蔣中正為何要消滅中共？最大的原因，是他認定共產主義不適合中國，因此，消滅中共成了他所說他對中國人的「責任」了。既然如此，他無法接受馬歇爾的忠告，對於消滅共黨一事，他是「只見一義，不見生死」！

總之，馬歇爾是一個軍事家，他所關心的是軍事的「現實」——國軍打不敗共軍；但蔣中正是一位政治家，他所側重的是政治的「理想」——消滅共產主義。

我們知道，蔣中正反共始於一九二七年之清黨，並對中共進行五次圍剿。一九三六年十二月西安事變後，他被迫與中共進行國共第二次合作，共同抗日。但在抗戰勝利後，蔣中正堅持，除非中共接受國民政府領導，否則將以武力解決之。我們試問：蔣先生為何一生如此堅決反共？

有次，我到中國國民黨黨史館查閱資料，意外發現兩套資料。一是我國著名法學家吳經熊所譯《蔣中正先生手改聖經、聖詠》（作者註：聖詠即舊約《詩篇》），共計六冊。我翻閱過每一冊，發現每數頁，即有蔣先生用藍紅色鉛筆所加的訂正或眉批。例如，他在誦讀《詩篇》一百五十首之後，用紅筆註記：

> 三十二年十一月十七晨讀畢　中正
> 三十四年五月五晨第二次讀完　中正
> 仝年六月一日晨第三次讀完　中正[15]

當我看到這些註記的時候，才知道在抗戰最後那幾年烽火連天間，蔣先生是從《詩篇》汲取安慰與鼓舞的力量。

第二套資料是《蔣中正先生手改荒漠甘泉譯稿》。高曼夫人（Charles E. Cowman）在一九二五年出版的《荒漠甘泉》（*Streams in the Desert*），為一極富盛名的基督教靈修書籍。蔣先生自一九四四年起即每日誦讀

---

13 *Foreign Relations of the United States 1946, Vol. X, The Far East: China*, pp. 753-757.
14 Ibid., pp. 576-578.
15 《蔣中正先生手改聖經聖詠譯稿》（六）（台北：陽明書屋），最後一頁。

此書。他在該書許多篇章亦加眉批或評論，並給予該書譯稿加一副標題——「革命精神修養日課」。針對該書一月一日文章，他特別表示：

> 我認為我們革命戰爭，未能獲得徹底勝利，甚至大勝以後，仍要遭受悲慘的挫敗，這完全是因為我們平時太不注意哲學與宗教精神的修養，因之中無主宰、內心空虛，易為外物所侵，而時生疑懼惶惑之象。如此精神力量既不能充實，革命信仰就不能堅定，所以對於革命戰爭的目標，亦就不能堅持到底、貫徹始終了。[16]

當我看到這些訂正、眉批和評論，我才突然驚覺，蔣先生之宗教信仰對其一生重大決定影響極深，我認為找到了蔣先生處理中共及蘇聯問題的答案。蔣先生是一位虔誠基督徒，他與無神論的共產主義沒有妥協的餘地，所以他不肯與中共組織聯合政府，也不肯跟史達林在東北合作。對他而言，基於信仰，他必須堅持原則到底。這也說明為什麼當一九四九年大陸整個江山淪陷時，他不接受李宗仁副總統之要求，拒絕離華赴美退休，並且決定將政府播遷台灣，繼續執行反共復國大業。據我所知，在當時國民黨文武大臣中，似乎只有蔣先生如此堅持，與共產主義做殊死鬥。以當時台灣前途未卜及其夫人家族之財富，蔣先生大可到美國和家人安度餘年。

雖然尊敬他這種反共愛國精神，但是，史達林應也是愛國之人。為了防止戰後德國再起，他要跟美、英、法共同占領德國。同樣的，為了防止日本再起，蘇聯既然不能和美國一起占領日本，他認為蘇聯必須對東北有所控制。

個人認為國家與國家、人與人之間有利益衝突時，除非你有絕對的力量使對方屈服，否則一定要追求雙方都可接受的妥協，因為政治本身就是一種妥協的藝術。設若蔣先生能接受張嘉璈的建議，先同意和蘇聯進行經濟合作，雙方共同經營東北一百五十四項企業，蘇聯為了維持或鞏固其在東北之權益，勢必與國民政府

合作，史達林就沒有理由轉而支持中共，如此東北局勢即可轉危為安，國軍就能順利接收東北。即使美國對這樣的發展並不完全樂見，但從前述馬歇爾與杜魯門總統均支持史達林調停國共東北之爭的態度來看，美國應不會、也無法反對中蘇在東北之妥協與合作。但蔣先生不做此圖，結果東北接收失敗、國軍精銳盡失，繼而負責華北軍事大局之傅作義投降，最終內戰失敗而退守台灣。

如前所述，德國社會學家韋伯（Max Weber）認為，人的政治行為要用兩個倫理觀點來加以研判：第一個是「意圖倫理」（ethic of intentions），第二個是「責任倫理」（ethic of responsibility）。歷史學者林毓生加以闡釋說：對支持第一種倫理的人而言，只要「意圖」是對的，他的行為就是對的，結果如何，他不負責，甚至為達到「偉大」的目的，可以不擇手段；對支持第二種倫理的人而言，他必須熟慮政治行為可以預見的後果，並對其負責。林毓生的結論是：

> 我們知道，以「責任倫理」為出發點的政治行為是比較切實而合乎人道的行為。一個人如要根據「責任倫理」的觀點從事政治活動，他必須熟慮政治行為可以預見的後果。……為了達成可以預見的後果並對其負責，有時需要在政治與其他勢力做必要的妥協與協議。[17]

我們今日可以用韋伯的兩個倫理觀點，來評斷蔣先生在處理東北問題之得失。接收東北，是一現實之政治與軍事問題，這與宗教信仰無關。但是蔣先生認為中共是基於無神論的邪惡勢力，他決心要將之剷除，完全不顧馬歇爾之忠告。但他這種只顧「意圖倫理」、無視「責任倫理」之行為，終於為他自己及國家帶來無可挽回之悲劇。

16《蔣中正先生手改荒漠甘泉譯稿》（台北：陽明書屋，一九八六），一月一日篇。

17 林毓生，《思想與人物》（台北：聯經，一九八三），頁四〇四—四〇七。

四、為何美國不願介入國共內戰

另一重要問題是：為何美國政府不肯在國共內戰中援助國民政府？由於此事攸關國民政府在內戰之失敗，而且許多國人對美國不肯支持國民政府一事頗感費解，甚至抱怨，我願將個人之研究心得與國人分享。此可分五方面說明之。

第一，一九四七年四月二十九日，美國三軍聯合參謀首長（Joint Chiefs of Staff）根據各國對美國國家安全的「重要性」（importance）及各國所需美援的「迫切性」（urgency），將各國名次列出。在此一排名中，中國位居第十四位，次於西歐很多國家自不必說，亦次於東南歐（如土耳其）、西南歐（如西班牙）及拉丁美洲等國家，甚至在亞洲國家中，亦列於日本及韓國之後[18]。這說明在美國國家安全考量下，中國地位甚低。我國在二戰後，參加聯合國，並為具有否決權的五個常任理事國之一。在一九四三年的開羅會議，蔣委員長、美國羅斯福總統和英國邱吉爾首相合稱為三巨頭。我想從蔣委員長以降的政府大員，恐怕做夢都沒想到，我國在美國軍方心目中之地位，竟然是第十四名。所以，我政府或任何國人期望在內戰中能獲得美國之支援，當然是一個不切實際的想法。

第二，國務卿馬歇爾堅決反對美國介入中國內戰。一九四八年二月，他向國會提出一項報告，報告中認為中國戰局已屬絕望，美國如果介入將會自食其果：

> 我們必須準備好面對一種可能的情況是：目前的中國政府恐已無法憑其一己之力對付共黨武力或其他任何可能串起的反對勢力……要在不久的未來達此目的，美國政府需要不停的、大量的、有增無減的支撐國民政府軍力與經濟，美國政府可能該真正準備接收國民政府，並代為掌管其經濟、軍事及政府事務。此一大規模行動最後所需付出之代價，目前無法預估。這必將是一場經年累月的長期運作。它將讓我政府持續做出一連串承諾，並且這些承諾一做出，即難以反悔。到最後，中國將淪為一個國際衝突的

戰場，美國也會因此自食苦果。任何欲經濟援助中國並對中國政府給予軍事協助之企圖，都將是美國在經濟上的一大負擔和軍事上的一大責任，因此本人無法對我政府做出如此的建議。[19]

馬卿這個報告已充分表明美國對中國內戰的立場。

第三，美國國會於一九四八年四月，在共和黨千壓萬逼之下，勉強通過四億美元對華援助案，其中兩億七千五百萬美元為經濟援助、一億兩千五百萬美元為軍事援助。中國駐守華北的傅作義將軍，七月依此法案向美國申購軍火一千六百萬美元。一九五一年五月，在美國參議院一個聽證會上，美國西太平洋海軍中將白傑（Oscar C. Badger）透露，一九四八年十一月底，採購的十分之一軍火抵達天津，傅作義驗收後立刻向白傑中將抱怨，這批軍火缺乏零件，完全無法使用，兩天後，傅作義決定投降[20]。

我記得一九七〇年代，越戰後北越騷擾泰國邊境，根據當時的報紙報導，美國一週內就將一五五公釐榴彈砲運到泰國。另在一九六七年，以色列和埃及、敘利亞、約旦發生「六日戰爭」時，美國在二十四小時內即將軍火運抵以色列。而我國在一九四八年，美國國會在四月通過援華法案，到十一月軍火抵達，竟然等了七個月。駐美大使顧維鈞在其回憶錄，曾詳細描述美國政府當時故意以蝸牛速度處理我軍火需求，此種見死不救之心態，令人不寒而慄。

第四，到了一九四八年秋季，中國局勢急轉直下，中共勝利在望，美國國務院「政策設計局」（Policy Planning Staff）主席肯楠（George Kennan，曾任美駐蘇聯大使），在九月七日提出一份極具影響力之報告〈美國對華政策之檢討與認定〉，有以下幾個要點：一、美國不應該堅持中國在戰後成為五強之一，美國亦不

---

18 *Foreign Relations of the United States, 1947, Vol. I*, pp. 738-750.

19 *The China white Paper, August 1949* (Stanford: Stanford University Press, 1967), I:382.

20 U. S. Senate Committee on Armed Service and Committee on Foreign Relations, *Hearing on the Military Situation in the Far East*, 82nd Congress, 1st session (Washington, D. C.: Government Printing Office, 1951), pp. 2747-2749.

應只承認國民政府，使得美國對華政策缺乏彈性；二、除非美國無限制地在中國投入人力、物力，否則國民政府之失敗已成定局。就算這次美國能夠挽救國民政府（他對這點亦表懷疑，認為美國此種行動會激起中國民族主義而使中國人民轉向中共），設若國民政府再次陷入危局，美國是否每次都要去救？因此他堅決反對美國不顧一切地去挽救國民政府；三、他認為就算中共得勢，美國也不必恐懼，因為短期（他指五年之內）而言，蘇聯尚無法將中國人力及物資動員起來威脅美國；從長遠來看，中共亦甚難對美國構成威脅。這一方面是因為中共無法很快解決其人口壓力、糧食不足、經濟與文化落後等問題；二方面是中共不可能長久臣服於蘇聯控制之下，而蘇聯若是過分壓制中共，將會造成中蘇分裂[21]。

這份報告有兩點特別值得注意：一、肯楠堅決反對美國不顧一切挽救國民政府，與國務卿馬歇爾的看法相同，所以美國拒絕介入中國內戰，這在美國政府內部已成共識；二、肯楠表示，從長遠來看，中共甚難對美國構成威脅。但是兩年後，中共人民解放軍就以自願軍的名義參加韓戰，將美國及聯合國部隊從中韓鴨綠江邊境打到退回北緯三十八度線為止，所以他這一估計完全錯誤。

第五，一九四九年八月五日，美國國務院為了解釋美國對華政策失敗，發表《白皮書》。在這個白皮書的前言，國務卿艾奇遜（Dean Acheson）將中國內戰的結果，一是推給國民政府之腐敗無能，二是因中共包藏禍心、作亂到底，至於美國，則毫無責任。他說：無論是美國所做的（did）、或可能做的（could have done）、或未做的（left undone），都無法改變這個結果。對於中國局勢之發展，固然是一悲劇，但他對中國之未來尚充滿信心。他說：中國深奧的文明（profound civilization）和民主的個人主義（democratic individualism）終會崛起，中國終將推翻外國的桎梏（作者註：指蘇聯）[22]。美國因為存有此期待，雖然中共占據大陸，但對於中國之前途並不完全悲觀，這也說明美國為何不介入中國內戰。

從中國大陸與蘇聯在一九六〇年分裂來看，美國期待中蘇失和終於實現。若從一九七八年大陸走向改革開放並與資本主義國家共同開發中國而言，美國對於中國終會拋棄共產主義之預言，已經大部分實現。與美國相較，我政府從一九四九年起，從未認為中共會逐漸拋棄共產主義；蔣中正先生一九五六年出版之《蘇俄

在中國》[23]，仍視中共為俄共傀儡，完全未預見四年後之中蘇分裂。

我在中研院服務期間，承蒙國立中山大學校長李煥邀請，在該校兼課一學期。期滿後，台灣還是沒有任何正式教職缺出現，所以，半年客座時間一到，我又回到聖母大學。

五、「國家」一曲打動心弦

但在這次回國期間發生一件事情，對我回國服務有催情作用。那年雙十節，行政院新聞局邀請外國駐華記者參加國慶晚宴，我亦應邀參加。當晚在餘興節目中，由台北市敦化國小合唱團高歌「國家」一曲。我因在美國多年，這是初次聽到它，無論曲詞均極感人：

沒有國哪裡會有家
是千古流傳的話
多少歷史的教訓證明
失去國家多可怕
炎黃子孫用血和汗
把民族的根扎下
多少烈士獻出生命
培育出自由的花

21 *Foreign Relations of the United States, 1948, Vol. VIII*, pp. 146-155.

22 *The China White Paper* (Stanford, Ca.: Stanford University Press, 1967), pp. xvi-xvii.

23 蔣中正，《蘇俄在中國》（台北：中央文物供應社，一九五六）。

國家　國家　我愛的大中華
四海之內的中國人
永遠在青天白日下

沒有國哪裡會有家
是萬世不變的話
當你踏上了別人的土地
才知道更需要它
在風雨中使我有信心
也是我的國家
苦難中把我扶養長大
也是我的國家
國家　國家　我愛的大中華
四海之內的中國人
永遠在青天白日下
國家　國家　國家

當唱到「失去國家多可怕」，我這東北人立刻就想到九一八事變後東北人變成亡國奴；當唱到「當你踏上了別人的土地，才知道更需要它」，就使我想到我在美國十五年飄萍無根的生活，所以我立刻盈淚滿眶、不能自已。當日又是國慶日，對國家的情懷更加難捨，所以當晚我就下定決心，要放棄聖母大學的教職，於最快時間回國服務。

第十二章　杭立武先生提攜，終於返鄉回國

一、遊子返鄉

一九七一年，我國退出聯合國，其後許多國家與我斷交。教育界及外交界元老杭立武先生，為避免國家日趨孤立，他在一九七六年成立「亞洲與世界社」（以下簡稱「亞世社」），做為台灣民間與國際社會來往之窗口，討論國際問題與交換對中國情勢之看法。另外，「亞世社」也聘請國內學者專家研究這些問題，然後將心得提供給政府單位參考。不數年間，該社即變成國內最大也最有績效的民間智庫。杭先生為該社董事長，該社首任主任為關中教授。一九八二年秋天，關教授另有高就，在他們兩位厚愛下，邀請我接任主任。該社人員與經費均屬有限，能發揮多大功能無法預料。但我從一九七五年拿到博士學位，為了回國服務，已經等了七年之久，再等下去，何時才能回國服務？所以，我決定先接受這個智庫的工作，回國後再徐圖教職。

另外一個促成我想回國的原因是一對兒女。我於一九六九年與芝大同學盧秀菊結婚，小兒漢儀生於一九七四年，因美國採出生地主義，具美國國籍。我怕他忘本，為他取名「漢儀」，寓「漢家風儀」之意，這時他已八歲，念完小學三年級。女兒一九七九年出生，取名「梅儀」，希望她具有國花的風儀，這時她已經三歲了。我知道假如這時不帶他倆回國，再拖幾年回來，他們受中文教育就有困難。所以，在沒有徵得他們同

意、又無法與他們溝通回國大道理之下，就把他們帶回台灣。後來他們在台灣念完小學與國中，高中及大學則是接受美國教育，所以他們能夠通曉中英兩國語文，覺得當年的決定是對的。只是他們回國後寫名字，常抱怨筆劃太多，我才啞然失笑，當年為滿足自己的中國情懷，沒想到為他們帶來不便。

回國前我向聖母大學校長海斯博辭行，他向我抱怨說，若知今日，他當年就應將我的終身職給予別人，我表示歉意而別。一九八二年十二月底，我帶著家小，並將兩、三萬本藏書，向陽明海運租了個四十呎貨櫃運回台灣。

記得聞一多於一九二五年回國時，在國內也未有何高就，他說他的回國「只是跟著一個夢走罷了」，我的心情亦若是。全家於十二月底抵達台北，結束了我在美國十七年的生涯。

二、杭立武生平及重要貢獻

回想在美國期間，無論是念書或教書，都是學術生涯。這次接受杭立武先生的邀請，出任「亞世社」主任一職，則開啟了我服務社會的歷練。我接受他邀請的另一原因，是對他一生功業的敬佩。

杭先生畢業於金陵大學政治系，後赴英國「倫敦政治經濟學院」（London School of Economics and Political Science）深造，於一九二九年獲得碩士學位。同年回國，出任國立中央大學政治系教授兼系主任，並於一九三二年創立「中國政治學會」，出任總幹事。一九四四年出任教育部次長，從此展開他一生輝煌的從政生涯。他擔任過教育部長，駐泰國、菲律賓、希臘大使兼駐聯合國教科文組織（UNESCO）首席代表，後來出任中華民國國際關係研究所（即現今國立政治大學國際關係研究中心之前身）主任、亞洲人民反共聯盟祕書長。

杭先生一生中，對國家所做最大也最早的貢獻，是保護故宮國寶於國家危難之中。

一九三七年抗戰爆發，國軍在淞滬一役戰敗，日軍逼近南京，杭先生時任金陵大學董事長，他向政府建

議將在南京的故宮文物遷運，後奉命擔任此一工作。在敵機轟炸之下，他日以繼夜將一萬六千餘箱文物運往四川。抗戰勝利後，這些西遷的國寶又重新運回南京。一九四八年冬，徐蚌戰事緊急，他又建議並奉命將故宮、中央博物院兩院百分之九十五的精華文物，共五千餘箱運往台灣，現均存於在台北之故宮博物院。一九八八年，政府為感念他當年搬運故宮文物之功勞，行政院頒發「文化獎」[1]。杭先生另幾個重大貢獻是：在一九四九年底，協助雷震先生創辦《自由中國》半月刊；一九五五年創辦東海大學並出任董事長。

三、「亞洲與世界社」與學術外交

一九八三年一月，我開始在「亞世社」上班。杭先生以他自己的聲望，邀集了國內朝野一時俊秀成立顧問委員會，包括連戰、陳履安、宋楚瑜、孫震、魏鏞、關中等十五人（我離職後，也出任顧問）。該社亦有海外顧問委員會，包括丘宏達、熊玠、高英茂等六人。該社另聘任近二十位國內研究國際關係、政治、經濟、社會的教授出任特約研究員。我在國內服務近三十年，還沒看過第二位政壇人士能號召如此眾多學者和從政人士為國事共同效力。我的前任關中教授，襄助杭先生發展社務，貢獻良多。

「亞世社」重要工作之一，是召開國際會議，討論國際事務、台灣發展及大陸情勢。從一九七六年成立起至一九八四年我離任時，一共舉行過三十六次國際會議，參加中外學者專家人數至少數百、甚至上千人。

「亞世社」另一重要工作，是邀請國際人士來台訪問。一九八三年十一月，我邀請美國著名哲學家希尼・胡克（Sidney Hook）來台。他是繼杜威之後最有名的實證主義（pragmatism）學者，被公認為美國當代最有影響力的哲學家。早年為一馬克思主義者，後來則為馬克思主義最激烈之批評家，他是二十世紀西方知

1　杭立武口述，〈回顧與前瞻〉，《傳記文學》第三十九卷第六期，頁五〇—五三；《人權會訊》（台北：中國人權協會），第三六期（一九八八年二月二十四日），頁一九。

識分子從左轉右最著名之例子。晚年他受聘為史丹佛大學胡佛研究所之高級研究員。訪台後第三年，雷根總統頒給他「總統自由動章」（Presidential Medal of Freedom），這是美國總統給予文人的最高勳章。

一九八四年三月我到胡佛研究所和他有過一次深談。我向他請教台灣應如何努力來贏得世界支持。他這樣回答我：

> 台灣必須要做到三點，才能贏得世界支持：第一，台灣一定要做為中華文化的維護者與發揚者，因為你們的文明是世界四大文明之一，是整個人類的資產；第二，台灣一定要實行完全的民主，以提供大陸人民另一選擇，因為舉世都關心中國大陸未來的動向；第三，台灣必須要能告訴世界她生存的精神意義何在？

談話後，他送一本書，《希尼・胡克——民主與人文之哲學家》（*Sidney Hook, Philosopher of Democracy and Humanism*）。他在扉頁上提字，「給我的好朋友邵玉銘教授，一位自由葡萄園的同工」。我對他這三點建議一生牢記在心。無論我在「亞世社」、後來在政治大學國際關係研究中心、行政院新聞局及其他單位服務，我都牢記他的建議，做為我工作之重心。在我一生所結交的外國學人中，他對中華民國生存之道的見解，最為精闢與深刻。

四、「中國人權協會」及取消戒嚴之建議書

一九七〇年代，台灣處於戒嚴狀態。政治異議分子進行許多反政府行動，政府常加鎮壓、逮捕並判刑，引起國際社會之批評，尤其是來自於「國際赦免組織」（Amnesty International）及美國國務院。杭先生認為台灣不能僅追求經濟成就，更需實行法治與維護人權，證明它是一個與大陸完全不同的政體，以贏取世界之

支持。所以一九七九年二月，以七十六歲之高齡，他結合社會一些志同道合之菁英成立「中國人權協會」，並出任理事長。我到「亞世社」服務後不久，杭先生又任命我擔任該會常務理事，協助他處理會務。

一九八三年秋，杭先生訪問歐美歸來，對國際批評我國戒嚴一事，有深刻體察，決定進行「戒嚴法之研究」專案計畫。他本人出任召集人，指定我做執行祕書，並設立研究小組，其中分國內小組與海外小組。國內小組有（依筆劃序）李鴻禧、邵玉銘、胡佛、馬英九、關中、蘇永欽等二十六人。杭先生向我指示說，國內成員遴選之基礎宜盡量廣泛，俾能包容各種不同之意見，因此我加提了陶百川、康寧祥、黃煌雄、楊國樞等四人，共計三十人。海外小組有丘宏達與高英茂兩人。這個計畫於一九八三年十月開始進行，至十二月中旬，由政大政治系教授荊知仁提出「戒嚴令存廢問題之分析」、丘宏達教授提出「我國戒嚴問題之分析與研究」兩份報告。

杭先生在十二月底開始邀集前述學者專家討論這兩份報告，經過數次會議，最後完成政府解除戒嚴之建議書。杭先生於翌年三月，將此建議書送請中國國民黨祕書長蔣彥士轉呈蔣經國總統參考。其後，杭先生還一再請蔣祕書長轉告經國先生解嚴之重要性。據悉，蔣祕書長曾轉達此一建議不下十次之多。我追隨杭先生處理本案，並聆聽許多專家學者之高見，獲益匪淺。在杭先生提出建議書三年四個月之後，政府終於在一九八七年七月十五日解除長達三十八年的戒嚴令，為我國推動民主政治之最重要里程碑。由於杭先生建議書綜合了國內外三十餘名學者專家之意見，我相信一定發揮了不小的作用。但我當年完全沒有想到，因緣際會，三年後我竟有幸以行政院新聞局長身分宣布此一決定。

杭先生在人權協會的另一貢獻，是促進國內人權之進步。杭先生不時前往監獄探訪美麗島事件受刑人。由於政府的決策及他的努力，高俊明、林義雄、呂秀蓮與陳菊等人分別在一、兩年內獲准假釋或保外就醫。杭先生復多次到獄中探視黃信介、姚嘉文與施明德等人。另外，杭先生經常與「國際赦免組織」及美國國務院保持聯繫，告知我國政府處理人權問題狀況，以化解彼等對我國之批評，彼等均回電稱謝。

杭先生一生熱心國事，工作努力不懈。有一次，我看到他年逾八十高齡，還在世界各地奔走，忍不住問

他為何對國事如此盡力？他手指著上天說：「我是一個基督徒，要侍奉上帝。」另外又說：「我是國父信徒，我信服他那句『人生以服務為目的』的名言。」我聽後深受感動。

杭先生對待部屬極為謙和有禮，在我一生追隨的長官中，恐無人可比。記得我剛到「亞世社」服務時，我的辦公室在七樓、他在八樓，有次我寫一報告給他，他想更動報告上一個字，請祕書拿著報告問我：「杭先生想在這裡換一個字，您看好嗎？」我對他這份客氣，一時不知所措，連說：「當然，當然！」另外，他每次找我商量事情，一定從八樓走到七樓跟我討論。相反地，我若是有事找他，為節省時間，多半是打個電話請示。杭先生比我年長三十六歲，對我這晚輩以如此厚禮相待，不僅使我如沐春風，更使我在工作上力求回報。

追隨杭先生一年八個月期間，我一方面體會他公忠體國之精神、二方面也從他身上學了很多做人做事的道理。這段時間的訓練，極有助於我以後在其他工作崗位之服務。杭先生是我一生受教最多、也是提攜我最力的長官，假如我這一生尚有一點工作成績的話，這都要歸諸杭先生之教誨。

回台最初幾年，除杭先生以外，我向蔣彥士、陶百川等先生亦有許多請益之機會。他們都是學有專精之謙謙君子，都是經歷過五四運動、抗戰、內戰，然後追隨政府來台的忠貞分子。他們之中亦有性情豪邁之士，有次杭先生告訴我，他的好友王世杰（曾任中央研究院院長）酒量似海。有次王先生生病住院，杭先生前往探視，王先生說：「如有不幸，沒關係，我倆今生不喝，來生再喝！」杭先生是外交官，敬酒有其規矩，請客時，菜未上齊，絕不舉杯。有次他和連戰先生分別以「中國政治學會」理事長與祕書長身分請客，我追隨其後，親見杭、連兩先生各喝了紹興酒九十餘小杯，杭先生第一，連先生第二。我因為追隨杭先生數年，酒量因而增進不少。杭先生於一九九一年去世，二十餘年來，時存念中，追懷不已。

第十三章　政大國際關係研究中心：學術外交

一、中心的歷史與任務

由於「亞世社」的工作並不繁重，我很想在大學教書，以免荒廢學術。在杭先生的慨允下，我到政大母校拜見歐陽勛校長，表示想回校教書。他將我的資料及著作，一併交給學校三位院長審核，一九八三年二月初，獲聘為外交研究所教授。終能將自己所學傳授給自己國家的學生，感到無比欣慰。自此開始一面教書、一面在「亞世社」工作。同年六月，出任政大外交研究所所長。一九八四年八月，政大又聘我為政大「國際關係研究中心」（以下簡稱「國關中心」）主任。

一九五〇年代，是中華民國反共抗俄的年代。一九五三年二月十七日蔣中正總統手令：「對於共匪俄寇，尤其大陸匪區之實在情形，應加以專門研究。希即蒐羅人才設立一小規模之機構專司其事。」蔣經國先生時任國防部總政治部主任，奉命後，於同年四月成立「國際關係研究會」。一九六一年，該會呈准教育部，改為「國際關係研究所」。一九六七年，與國立政治大學合辦政大「東亞研究所」，培養東亞問題之專門人才，後來台灣各大學開設中國大陸課程之教授，絕大多數都畢業於該所。一九七五年，「國際關係研究所」改制為「國際關係研究中心」，隸屬國立政治大學。在我之前，歷任主任為邵毓麟、卜道明、吳俊才、杭立武、蔡維屏、張京育。一九八四年八月，張京育奉派出任行政院新聞局局長，由我繼任主任一職。

我在回國一年九個月之後，即能承接這有三十一年歷史、國內最大的研究國際關係與大陸情勢機構，深感國家栽培之德意與自身責任之重大，因此，上任以後，兢兢業業、全力以赴。

國關中心有兩大任務：第一，研究國際暨大陸問題，提出研究報告供層峰及政府相關部門參考；第二，透過學術外交，將我國研判大陸情勢之心得介紹給國際社會，以爭取台灣對中國事務之發言權。

國際社會對台灣有關大陸情勢之研判，其看法有兩個不同的階段。一九七六年文革真相大白之前，西方的中國問題學者對大陸共產革命多給予正面評價，認為台灣對大陸情勢之分析或發言過於主觀，甚至是故意污衊。但在文革結束、四人幫暴行揭露後，證實我們對中共的看法大致正確，這些國際學者開始對台灣的大陸研究另眼相看，雙邊的學術交流因此得以進行。國關中心能與世界許多中國問題學者及學術機構交流，迄今長達五十年而不墜，其研究成果亦為國際學術界所重視，在世界類似機構中，實不多見。

國關中心研究部門分為國際、中國大陸、國際共黨及經濟四個研究組，研究人員與行政人員共約一百八十餘人。中心圖書館典藏資料分中、英、日、俄、韓文等五類，是國內貯藏有關國際暨大陸問題資料最大的中心。在一九八七年政府解除戒嚴前，在所有學術機構中，該中心是唯一蒐藏所謂「匪情」資料之單位。

國關中心工作主要分為五大項。第一項為自七〇年代開始，每年與美國、歐洲、日本、韓國及東南亞國家之學術機構，相互輪流舉行學術會議，討論中國大陸發展、台灣現況、兩岸關係及東亞情勢等主題，舉凡世界各地研究中國問題或東亞情勢之學者，均為接觸對象，五十餘年下來，無論是學術會議舉行之次數及參與學者之人數，在世界類似機構之中，國關中心應名列前茅。

第二項工作為邀訪與接待外賓。以我上任後第二年（一九八五）為例，中心接待之外賓多達五百餘人，主要來自學術界、政界與新聞界。

第三項工作為派遣中心人員赴國外參加會議、研究或訪問。以一九八五年為例，我即奉邀加入中華民國七人代表團，赴華府參加雷根總統就職大典，由辜振甫先生擔任團長。

第四項工作為出版業務。中心共出版七種刊物：《問題與研究》（分中、英、日、法及西班牙文五種）、

《匪情月報》及與政大東亞研究所合作出版《東亞季刊》。另外，每年出版中英文叢書多種。

政府為了支援中心完成任務，特別成立「顧問委員會」，委員包括教育部長、外交部長、新聞局長、政大校長等人。每年召開一次顧問會議，討論中心重要工作計畫，通過後，由顧問委員會簽報行政院專款支應，由於經費充裕，所以中心才能完成所賦任務。

二、中心之改革工作

我接受中心職務時，美國和中國大陸建交已有六年之久。再加上，此時大陸已走向改革開放階段，美國及其他國家研究中國大陸情勢之學者可赴大陸進行研究與交流工作，台灣已不再居一九七九年美中建交前所擁有獨占性之地位。假如國關中心想繼續發揮其影響，它必須轉型為一扎實之學術性機構，其研究人員必須具備國際公認之學經歷，其研究成果必須禁得起檢驗，其蒐藏書籍與資料必須充沛。基於此一認識，我在中心兩度九年（一九八四－一九八七；一九九四－一九九九）任內，推動以下改革工作：

第一項是提升研究人員素質。

一九八四年，國關中心專任研究人員有五十餘人，可分為三代：第一代為六十至七十歲，此些人員中，少數曾為中共黨員，對中共有第一手的經驗，他們對中共的看法甚為深刻，但都已年高德劭，即將退休；第二代為四十至六十歲，由於多年從事研究工作，成果尚豐；第三代為三十至四十歲左右，受過國內正規學術訓練。全部研究人員中，具博士學位者僅九人，其餘僅具碩士學位。相較於美國學術或研究機構，其研究人員幾乎百分之百具有博士學位，因此，本中心研究人員之陣容，亟待加強。

為加強研究人員之陣容，我上任第一件事是從國內各大學聘請教授出任中心「特約研究員」，共計二十五人，幾全具博士學位。其次，為釜底抽薪之計，開始擴大聘用國外留學歸國學人。在我兩度任內，一共聘請二十餘位在歐美獲得博士學位之年輕學人，出任中心專任研究人員。經過此番人事更新，中心研究人員素

質大幅提升。

第二項改革是擴充中心圖書館藏。中心圖書經費每年達五百萬元，超越國內許多圖書館，但藏書僅五萬餘冊，究其原因，乃每位研究人員可訂閱報紙五份之多，約占經費之二分之一以上，造成資料之重複與浪費。為使研究人員放棄訂閱過多個人資料，以增購其他藏書，我創立剪報制度。我先請每一研究人員提出他欲研究之主題，總計有兩百七十項主題，然後我指派中心六位行政人員，根據這些主題，每日圈選國內外報紙二十六份，予以分別剪貼歸檔。此一剪報制度建立後，由於簡便易查、資料豐富，成為中心一大特色，為世界各圖書館所無，吸引許多中外學者。剪報制度推動後，中心購書經費因而大增，至二〇〇五年，中外藏書已從五萬冊擴增至十二萬四千餘冊。

另外，為提升研究工作之時效，我決定將中心所訂閱之中英文報紙、雜誌及學術期刊，均由水運改為空運來台，這在國內所有圖書館中為一創舉，吸引國內許多學者及研究生前來使用。

第三項改革為強化「上呈報告」制度。國關中心多年來肩負最高當局研析國際暨大陸情勢之工作。五〇年代蔣中正總統對本中心「上呈報告」有兩點指示：一、協助最高當局有系統地閱讀國外（包括英、美、俄）資料；二、國際或「匪區」發生任何重大問題，立刻提出研究報告與對策。當時上呈報告只呈送總統府，不送其他單位，由總統府決定其他分送單位。我在了解此報告之背景後，決定強化這項工作，成立「上呈報告小組」，每週一上午開會，決定報告題目並指派專人撰寫，於一、兩日內送出。除送總統府外，報告亦依其性質，逕送中央政府各機關首長。

第四項改革是提升中心出版品之學術性。我決定將中心出版多年的《匪情月報》，改名為《中國大陸研究》，以示學術中立。國際學者對我國將中共稱為「匪」，甚不以為然，認為我們意氣用事，引為笑談。當我決定更名時，好心的同仁勸我慎重，認有違背「漢賊不兩立」國策，恐引起有關單位對我不諒解，我還是堅持改名，覺得只要對國家有利，個人得失實無法考慮。迄今為止，中心出版中英文刊物之質量，仍名列前茅。

第五項改革是擴建房舍。國關中心因業務不斷擴展，人員日增，一九七〇年，政府劃撥政大附近萬壽路上三千餘坪土地供中心使用。我到任後，即興建圖書館一座，共計五層，足敷中心儲存資料之用。另興建國際會議廳一座，一樓做為會議廳，二樓則為國際學人宿舍，共有十間，以利接待國外學人。經此擴建，國關中心無論是幅地之開闊、景觀之優美、研究人員之眾多及藏書之豐富，與世界其他類似機構相比，勝出甚多，這也可見政府對中心數十年來栽培之心血。

三、蔣經國總統之領導風格

在中心服務期間，承蒙蔣經國總統召見數次，垂詢大陸情勢，也使我見識其領導部下之風格。

一九八四年十二月九日，為一九三五年「一二九學生運動」五十週年。由於此一運動為中共華北局所發動，對促成政府停止剿共並與中共進行第二次國共合作有關鍵性作用，所以大陸當局擴大其慶祝活動。慶祝活動展開不久，經國先生即召見我，要我對此事提出分析。我將所知娓娓道來，約有二十分鐘之久，並將慶祝活動之熱烈情況，與文化大革命一些活動相比擬。不料，總統突然說：「這次參加活動的學生都是大學生，文革時代參加活動的人中，有許多是青少年，並不相同。」他此話一出，我嚇了一跳，並非我不知此一不同，而是驚訝他聽取報告之認真及觀察事情之細微。我本以為他日理萬機，對此一事件應不太了解，所以我泛泛而談，在用字遣詞上不夠精準。經過這次教訓，此後和他談話時，我字斟句酌，此事對我有很大教育意義。

在我以後服公職期間，尚有幾次蒙經國先生召見的經驗。他每次召見，只是提出一些問題，讓你暢所欲言，幾乎從不打斷，只偶爾表達一些意見。我認為他對所討論問題，已和其他相關部屬討論過，所以他能直入問題之核心聽取你的意見。這種「博採周諮」的方式，一方面使他得到較正確結論，二方面他可考驗部屬之能力，所以他是「一舉兩得」，而其部屬則警覺必須認真研究問題並提出答案。

但是我服務過的另一位長官，則反其道而行。每次有所垂詢，都是他高談闊論，你能發言的時間很少，有時你如提出不同意見，他會面露不悅之色，只好打住。比較這兩種領導風格，我認為，前一長官垂詢愈多、領會愈多；後一長官，則比較聽不到不同意見，兩者領導風格，立見高下。

四、學術外交之一：大西洋理事會

國關中心的任務之一是爭取對中國問題之發言權，並將外人建言帶回政府參考。一九八五年，我參加了幾項重要國際學術會議。

一九八五年三月十四至十六日，美國華府的「美國大西洋理事會」（Atlantic Council），舉行「未來十年的台灣：西方的利益與選擇」會議。美國這些智庫與政府的關係有如旋轉門，政黨在總統大選失敗之後，許多重要公職人物即進入美國許多智庫，對國家重大問題繼續研究，等到其政黨下次總統大選勝利，這些人物再回到政府服務。大西洋理事會在美國智庫之地位極高，人才濟濟。

此次會議除邀請我參加外，亦邀請大陸學者李慎之、宦國蒼等人。美方參加此次會議的重要人物有：奧森伯（Michel Oksenberg，密西根大學教授，曾任職白宮，負責處理一九七九年美國與中共建交事宜）、李潔明（James Lilley，曾任美國駐台代表、美國駐韓國及中國大使）、安克志（Leonard Unger，美台斷交時任美國駐台大使）等人。會議主席由曾任美國國務院副國務卿詹森（U. Alex Johnson）擔任。從這份名單可以看出，美國與會人士均是重量級人士。

當我收到邀請函，看了會議出席名單後，驚覺整個會議的安排，顯然是由海峽兩岸具有代表性學者進行辯論，以供美國決定對台政策之參考，這是美國智庫或政府在做決策前一種典型的操作模式。我內心自忖，絕對不能輸掉這場辯論，所以行前非常認真地寫了一份上萬字的論文。

在這篇論文中，我主要討論兩個問題。

第一，台灣為何堅守「一個中國」原則。很多西方人士認為，台灣堅守「一個中國」原則，逼得許多國家與台灣斷交，並使台灣失去許多國際組織席次。我於論文中說明，在中國歷史上，各個朝代之統治者，都競相爭取其政權在政治、歷史及文化之正統性（legitimacy）。今天中華民國與中華人民共和國之衝突，就是政治、歷史與文化的正統性之爭，任何一方都不能偏離「一個中國」原則，以贏得整個中國人民的民心。蘇聯大文豪索忍尼辛曾說：「中華民國真正有力量的潛在朋友，是中國大陸億萬的人民。」因此，假如台灣獨立，會激怒大陸同胞並促使中共武力犯台；但台灣只要堅守「一個中國」原則，台灣即可安全無虞。另外，基於台灣內部的現實，一旦台灣宣布獨立，不僅會造成台灣不同政治勢力與族群發生爭議，也會產生政治權力重新分配的問題，台灣將陷入長期的混亂，後果將不堪設想。

第二，中華民國存在的意義。我指出，中華民國存在的意義主要有二：一、維護與發揚中華文化並與西洋文化相互融會貫通。中國大陸推行共產主義，它不僅是外來的意識型態，更是西方文明的異端。長期以觀，台灣的中華文化終將勝過共產文化。二、台灣的發展經驗，對中國大陸極具參考價值。一九七八年中共推行改革開放，其許多措施，即受到台灣發展模式之影響。至於台灣之自由民主制度，對大陸更有催化作用，將影響大陸未來之發展。

參加這次會議的感觸是，由於兩岸對峙，兩岸竟必須在美國人面前互爭長短，有傷民族尊嚴。但我個人更大的感觸是，此一現象一直持續至今天尚未結束。

世界最權威的國際關係刊物《外交事務》（*Foreign Affairs*）期刊，注意到我及大陸學者宦國蒼的論文。該刊在同年八月，將我兩人論文分別以〈台灣的未來：台北的觀點〉、〈台灣的未來：北京的觀點〉並排刊出[1]。這是該刊一九四九年以來，第一次同時刊出兩岸學者的文章。據我所知，這也是政府遷台以來，該刊首次刊登台灣學者的文章。

1 *Foreign Affairs* (Summer 1985), pp. 1050-1080.

五、學術外交之二：中美大陸會議

一九八五年六月，在美國俄亥俄州立大學舉行第十四屆「中美大陸問題會議」，討論題目是「中國大陸近年改革之評估」，中美學者雙方參加人數將近百位。鑑於美國和中國大陸已建交，美國學者可逕行前往大陸研究，台灣想爭取對大陸問題的發言權，必須提高台灣研究大陸問題的水準，所以，在會議後接受《聯合報》駐華盛頓記者項國寧訪問時，提出我心中的隱憂：

邵玉銘說，國關中心歷年來提出論文的見解，美方學者也不能不承認台灣對大陸問題之分析和預測要比西方來得準確。其次，他認為大陸問題研究對台灣而言，應該視為「嚴肅」的「學術」探討工作，……他認為問題是人才之難求，因為年輕一輩現在做社會科學研究的不多，而研究社會科學的人又不太願意獻身大陸問題研究，結果造成人才的匱乏。如果長期下去台灣會失去大陸問題研究重鎮的地位，對這方面的發言權也會日漸微弱。[2]

其實我當時內心更深一層的憂慮是，美國和大陸建交之後，大陸留美學生人數終將遠超過台灣留美學生，這不限於理工科系，也包含人文暨社會科學領域。當這些人文暨社會科學之大陸學生獲得博士學位後，一部分人一定會進入美國大學有關中國領域出任教職，他們將逐漸掌握對中國事務之發言權。

反觀台灣旅美學人，如余英時、許倬雲、丘宏達、高英茂、冷紹烇、熊玠、吳元黎等人，他們或已作古、或已退休，年輕學人之人數遠不能與大陸學人相比。我當年的憂慮，現已完全成真。所以，我多年向政府建議，應擴大人文暨社會科學領域的公費生留學名額，每年至少要有五十名甚至上百名。因為這已經不是純粹學術研究問題，而是我們台灣對中國問題發言權的問題。多年來，我在各種場合都提出此一建言，可惜迄今仍未見政府有何大的改善動作。

六、學術外交之三：「國際政治學會」會籍問題

同年七月，前往巴黎參加第十三屆「國際政治學會世界大會」。我的重要任務，是為台灣的「中國政治學會」爭取在該學會之會籍，我是「中國政治學會」理事，負責國際事務工作。由於中共之「中國政治學會」也申請加入，這就演變成兩岸會籍之爭。

一九八四年二月，國際政治學會會長赴北京訪問，與中共「中國政治學會」達成協議：同意中共以「中國政治學會」名義入會，而我方入會名稱應改為「中國台灣政治學會」。中共欲藉此一安排，使國際政治學會接受台灣為中國之屬地。國際政治學會並未將其與北京之協議通知我方，即逕提同年四月召開之「執行委員會」，竟獲一致通過。翌年一月，我國政治學會獲悉後，立即致函國際政治學會抗議，並建議兩岸雙方會籍名稱如下：我國為「中國政治學會（台北）」；大陸為「中國政治學會（北京）」。此一提議經提該學會之「執行委員會」討論，竟遭全體出席委員否決。

我到巴黎參加會議後，發現南韓之漢城大學教授李洪九（他多年後出任南韓總理）為執行委員會委員，因係舊識，特前往懇談，他表示願意相助。經過數日努力，執委會終於同意，讓我在七月二十日召開的執委會中提出十五分鐘報告。我的報告要點有三：

一、對於中國會籍問題之具體建議：

「中國政治學會（台北）」強烈認為，國際政治學會所給的名稱——「中國台灣政治學會」，與中共一貫的宣稱「台灣是中華人民共和國的一部分」相呼應，因此，我們無法接受這個名稱。我們建議雙方政治學會，應採取下列任一對等之名稱：

2 項國寧，〈大陸問題研究的隱憂〉，《聯合報》（一九八五年六月十七日），二版。

1.「中國政治學會（台北）」；「中國政治學會（北京）」
2.「中國政治學會（台灣）」；「中國政治學會（大陸）」
3.「位於台北的中國政治學會」；「位於北京的中國政治學會」
4.「中國台灣政治學會」；「中國大陸政治學會」

二、對於國際政治學會同意「中國政治學會（北京）」在國際政治學會之「理事會」有兩個席次，而「中國政治學會（台北）」只有一個席次，以及只有「中國政治學會（北京）」才能被提名為「執行委員會」委員，此一決定，明顯偏袒一方，必須給予雙方平等的代表權。

三、位於台北的「中國政治學會」，於一九三〇年代成立於大陸，一直存在至今。它目前會員包括近四百名政治學學者和三千名以上的政治學系所學生，是一個具有悠久歷史及聲譽卓著之學術團體，應獲國際政治學會之尊重與支持。

我這份報告書，合乎情理法，宣讀後反應甚為良好。會中決議送交第二年舉行之執委會討論。此次國際政治學會年會，中共方面是由北京大學教授趙寶煦率領十人之代表團參加，我方只有我一人，可謂孤軍奮鬥。

為了節省經費，我在旅館只訂了單人房，未料房內沒有書桌，為準備上述報告，我只好坐在床上打字，由於所提報告長達十五頁，打完字後腰痠背痛，幾乎站不起來。當天到執委會報告，還得站在門外候傳，入內後在眾目睽睽下提出報告，幾有被人「公審」的感覺。在中共打壓下，台灣的一個學術團體竟遭受一個國際學術團體之不平等待遇。相較於南韓，由於北韓沒有力量打壓南韓，南韓在國際社會的生存空間幾乎不受干擾。但是，我知道台灣若不據理力爭，更無生存空間。

第二年國際政治學會舉行年會時，我行政院研考會主委魏鏞博士，以中國政治學會理事身分，繼續爭取入會，最後該會決定要讓兩岸的政治學會平等入會。我方當然欣然接受，但大陸的「中國政治學會」拒絕接

受，迄今為止，仍未入會。

我在佛萊契爾學院同學韓籍金達中教授，也是我在「高貴的土耳其人」酒吧打工時的同事，他在二○○○年當選國際政治學會會長，實一殊榮。有次談起此事，他說該學會是一學術機構，不應有太多政治因素介入，中共要以排除台灣為其入會之前提，該會無法接受，但也不強求中共入會。據我所知，兩岸在許多非官方國際組織的爭奪戰中，我方得以入會而中共拒絕參加，國際政治學會恐係唯一例子，此一經驗，可供台灣其他學術團體在爭取加入國際學術組織時之參考。

個人認為台灣之所以能夠成功入會，主要原因是國際政治學會的理事會中，有許多美國學者，他們應是支持台灣入會的主要人物。不僅我和魏鏞，台灣許多政治學者均畢業於美國大學研究所，他們與這些美國學者或是師生、或是系友，有同門之親。另外，韓籍執委李洪九教授之相助亦功不可沒。反觀八○年代之大陸政治學者，絕大多數均為大陸大學所培養，與美國政治學界尚無淵源。我認為基於以上原因，該學會最後決定擺脫政治因素，對兩岸採取平等入會方式，殊為難得。

七、學術外交之四：香港的歷史角色與未來影響

一九八四年十二月，中英簽署《聯合聲明》，宣布自一九九七年七月一日起，中國收回香港主權，成為中國中央政府下的特別行政區，香港的制度可維持五十年不變，直至二○四七年為止。

國際間對香港之未來、香港與大陸之關係及香港回歸後對台灣的影響，看法不一而足。為了增進國人與世人對這些問題之認識，我與西德薩爾（Saarland）大學杜勉（Jurgen Domes）教授決定召開一場國際會議。

一九八六年三月，這項會議在台北舉行。會議主題是「香港：中國與國際的關切」（Hong Kong: A Chinese and International Concern），一共請了來自世界各國十餘位學者，加上台灣學者，共有上百人與會。

我是會議主席之一，提出萬餘字的論文[3]。我的論文主要敘述香港在中國近代史以及未來扮演的三個角色。

第一個是「政治媒介」的角色，此可分為三個時期。第一個時期是辛亥革命前後。孫中山先生在香港讀書時期（一八八三至一八九二年），奠定其推翻滿清專制的革命決心，香港也成為革命思想、宣傳以及策動起義的基地。第二個時期是四〇年代至今日。一九四六年起，隨著大陸政局的惡化，許多大陸人民赴港避難，使香港的人口在四年內，從一百五十五萬暴增至一九五〇年的兩百二十四萬人。自此以後，香港政府優異的行政效能，加上人民刻苦奮鬥，終將香港變成「東方明珠」，這使政治鬥爭不斷的大陸相形失色。第三個時期將是一九九七年回歸以至未來。香港回歸大陸後，廉能政治及司法制度將對中國大陸有催化作用。

第二個是「經濟媒介」的角色。一九五〇年之後，香港經濟逐漸繁榮並蒸蒸日上，成為世界金融貿易中心。一九七八年起，大陸政府走向改革開放，香港對大陸之投資，居所有外資之首。香港回歸後，大陸公私企業人士赴香港「取經」，大陸公私企業亦在香港大力投資，故香港對大陸經貿發展，勢必產生深遠影響。

第三個是「文化與思想媒介」的角色。自傳教士馬禮遜（Robert Morrison）一八〇七年來華辦報、林樂知（Young J. Allen）出版《萬國公報》、康梁的變法思維及孫中山的革命思想，其主要基地就是香港，因此，香港一直擔負將西方思想輸入中國的角色。另外，自一九五〇年起，中共全面扼殺中華文化，但香港在五〇年代即成立「新亞書院」，牟宗三、徐復觀、唐君毅等人又發起「新儒家」運動。個人相信，香港回歸後，「新儒家」運動及西方自由民主思潮必將如水銀瀉地般進入中國大陸。

我在結論中指出，由於香港百餘年一直扮演以上角色，因此，香港和台灣將是改變中國大陸共產主義體制的兩個最大力量。

會議論文集，由我和杜勉主編，在美國出版，由於當時關於香港問題之書籍不多，此書立即引起各方重視。

八、王永慶對台灣發展之遠見

在國關中心服務期間，由於工作關係，和學術界及政府接觸最多，但偶爾也會與民間企業界來往。記得一九八〇年代中期，台塑的王永慶先生邀我晚宴，說要向我請教一些問題。接到電話後，非常納悶，我和他素昧平生，工作領域完全不同，怎可能為他解惑？

當晚我依約赴宴，席上只有王先生、三娘和我三人，他準備了一瓶貴州茅台酒。酒過三巡後，他說：「我與你雖不相識，但我知道你對台灣政府、國際政治與兩岸關係有許多了解，所以今天我要向你請教一個問題：政府能否同意將台灣變成一個自由港，有如香港和新加坡一樣？」我問：「董事長，你為何問這個問題？」他回答道：「在我看來，香港和新加坡之所以成功，就因為他們是自由港。台灣的面積與人口較香港和新加坡大好多倍，假若台灣能走自由港的方向，未來的發展將無可限量！」我仔細考量後回答他：「以我對台灣政府目前政策的了解，政府不可能將台灣變成自由港。你提出的經濟願景，以你這個經營之神的眼光，我相信應該是正確的。但是台灣政府的決策，除了經濟，還有安全和政治的考量。從安全的考量，假如要成為一個自由港，則人員與貨物必須要自由進出，但台灣四面環海，政府為了國防安全，必須防範人員偷渡、非法貿易或滲透，所以不可能將台灣變成為一個自由港。從政治考量上，兩岸仍處敵對狀態，大陸對台一直有統一之野心。基於以上考慮，政府多年來，對大陸一直採取『不接觸、不妥協、不談判』之三不政策。」我又補充說，台灣要變成自由港，必須要在兩岸關係有極為重大改善後才有可能。他聽了後甚表失望。

和王永慶先生宴別到今天，一晃已近三十年。這期間，台灣歷經政治民主化、經濟自由化、兩岸關係逐漸正常化，已逐漸朝王永慶先生說的方向前進。我常想，就算政府在當年不能將台灣變成一個自由港，若李

3 Jürgen Domes, Yu-ming Shaw (Eds.). *Hong Kong: A Chinese and International Concern* (Boulder, Colorado: Westview, 1988), pp. 95-109.

登輝總統在九〇年代後期不採取「戒急用忍」的鎖國政策，或陳水扁總統執政時不採取「一邊一國」等敵對的大陸政策，則台灣經濟絕對不是今天這個局面。這次談話的經驗，使我認識到像王永慶這些企業家，他們之所以對台灣經濟有莫大的貢獻，就在於他們目光遠大、敢作敢衝。相形之下，我們政府的經濟政策，實在過於保守，常因太重政治考慮而傷害到經濟。在一九八〇年代，台灣經濟居亞洲四小龍之首，而今日則居其末，孰令致之？

九、國際開會文化之異同

國關中心每年除和美國、日本、韓國及歐洲學者有固定的四個國際會議外，還經常應邀前往國外，參與許多其他會議。記得一九八五年，我一年之內出國十四次，遍及美國、日本、韓國、法國、英國、南非、新加坡，甚至有一次還陪杭立武先生前往南太平洋的東加王國開會。一年有三、四個月時間，都在飛機及海外各地度過。在這樣的磨練下，我竟然磨練出「旅行無時差」的本領。當我去歐美國家，飛行超過十小時的旅程，我會盡量搭晚上的飛機，飯後喝幾杯酒，即可一覺睡到天亮，白天抵達目的地後，便可開始工作。

與各國學者開會，也觀察到一些很有趣的會議文化現象。第一個是，各國學者對守時觀念的不同。與英美學者開會，只要遲到不超過五分鐘，大家都不以為意。但跟德國學者開會，守時是件大事。有次在薩爾大學開會，上午開會結束回飯店用午餐，下車時杜勉教授宣布：「我們下午一點二十九分三十秒上車。」我問其故，他說這表示只有三十秒時間的緩衝，一點三十分準時開車。

日本學者守時更有學問。記得每次舉行中日會議，日本代表團團長桑原壽二先生，與我相約見面，我皆準時赴約，但他早已抵達。經過幾次以後，我突然好奇，問一位日本學者，為何桑原總是比我早到？他告訴我說：「日本人為了表示對他人尊敬，常會早到。」這讓我悚然一驚。此後與他約見面，我也如法炮製，早到五分鐘，桑原先生又比我更早到，直到雙方皆早到十分鐘，才解決這個問題。

日本學者尚有送禮文化，歐美學者之間則很少相互送禮，比較省事。每次日本學者來台開會，因為我是團長，會收到不少禮物。所以我到日本開會，也都必須準備二、三十份禮物。挑選禮物是件煩事，我化繁為簡，每年都準備兩種東西：烏魚子與烏龍茶，重要人物送烏魚子，其他人送烏龍茶，日本學者欣然收下。

與日本學者開會，還有一種我稱之為「料亭文化」。我的日本地主單位——「中國大陸研究協會」，與日本政界關係密切，該協會大牌學者常會請其國會議員朋友邀請我方重要人士到正派料亭宴飲，以示敬重。料亭內有藝妓陪宴，藝妓身分地位似以年齡排序，因我是團長，常被分配到六十多歲之藝妓作陪。我因語言不通，而她的日本歌舞表演，我也不懂欣賞。再加上這些日本國會議員，既不能講中文，又不擅英語，所以一晚我只能飲酒陪笑、苦中作樂。等到日本學者來台開會，我並無政商名流可以帶他們到像料亭的地方回請，實感歉意。

到韓國開會也有些令人感慨的回憶。記得第一次到韓國開會是一九八三年冬季。那時韓國經濟發展遠不如台灣，晚上開完會後回到飯店，看到幾位二十歲上下少女在門口當阻街女郎，小臉凍得通紅。而從華航飛回台北的飛機上，行李艙放滿毛毯和乾魷魚，這是當年國人喜歡的韓國名產。二十多年後，再到韓國開會，旅館門口已看不到阻街女郎，我們台灣同胞也不再買毛毯和乾魷魚，而是買韓國的三星手機及其他高檔電器品，這可看出韓台兩國經濟在這二、三十年的消長。最近我去韓國開會，韓國旅館經理很自豪的跟我說，他們旅館裡每樣電器用品都是韓國製造。另外，韓國人愛用國貨，我發現韓國大街上的汽車，幾乎全是韓國車，鮮少外國車，尤其是無日本車。

十、工作之動力

在國關中心服務期間，最值得回味的是週六下午時光。在中心餐廳午餐後，回到自己的辦公室，這時不必開會、不需接電話，整個辦公室只剩我一人。我就閱讀一些書報，或是撰寫會議論文。週末的中心，極為

寧靜安詳，加上室外景色宜人，使我度過許多美好的下午。

我的辦公室對面是中心圖書館，週六下午，總有一位六十歲左右的榮民老伯來打掃，他每次都帶著他七、八歲的小女兒。從我辦公室可清楚看到他認真地工作，直到傍晚。有次跟他聊天，他說他參加過一九五八年的八二三砲戰，在金門過了十餘年，退役後結婚、有了兒女，需要這份清潔工作維持家計。工作無貴賤，盡心盡力即是，他能如此，我怎可懈怠？這種週六下午所得到的感動，就是我一年在國外奔波三、四個月最大的動力。

第十四章　出任政府、總統、行政院長之發言人

民國三十六年一月，中華民國政府由訓政時期過渡到憲政時期。同年五月，行政院新聞局在南京成立。首任局長為董顯光，後續歷任局長依序為沈昌煥、吳南如、沈錡、沈劍虹、魏景蒙、錢復、丁懋時、宋楚瑜、張京育等人，我於一九八七年四月出任第十一任局長。新聞局長為政府發言人，也是行政院長之發言人，另外也兼任總統之發言人（直到一九九〇年四月，總統府始自設發言人）。

所以，我在四年五個月任內（一九八七年四月至一九九一年九月），一共擔任總統蔣經國及李登輝之發言人，也先後擔任行政院長俞國華、李煥、郝柏村之發言人。

一、俞國華院長

（一）任命背景

一九八七年四月二十二日，蔣經國總統頒布行政院局部改組任命令，有兩位學術界人士出任新職，一位是出任交通部部長的交通大學校長郭南宏，另外一個就是我。第二天《聯合報》社論指郭和我「乃是政壇中

的新人，可以說是破格任用，也相當的打破了人才的框子」[1]。《中國時報》對我的期許是「特別是開放報禁在即，對邵氏之接掌新聞局，更是一大考驗」[2]。

四月二十九日，行政院舉行新任閣員記者會。我雖是新人，但身為新聞局長，就出任記者會的主持人，這是我生平第一次記者會。從那天開始到一九九一年九月十九日離開新聞局，四年五個月期間，我每週、甚至每日都要舉行記者會。

始終好奇，政府為何選擇我出任這個位置？在任內，由於工作過於繁忙，沒時間研究這個問題。等到十二年後，在一九九九年看到《工商時報》記者王駿根據俞院長口述所撰之《財經巨擘——俞國華生涯行腳》一書，才得到答案。書中指出，俞國華在五年行政院長任內，用過三位局長：一九八四年六月組閣，續用孫運璿內閣的新聞局長宋楚瑜；後來宋楚瑜出任國民黨文化工作會主任，經過「某方面推薦」，俞國華就啟用政大國關中心主任張京育出任新聞局長；到了一九八七年間，張京育離開新聞局回到原職，俞國華即自行挑人，決定由邵玉銘出任新聞局長。書中對我的描寫是「邵玉銘當時擔任政大國關中心主任，俞國華在許多場合對邵都有印象，注意到邵的表現，所以在張京育之後，他主動提拔邵玉銘出任新聞局長」[3]。我接任前，向政大辦理借調手續，依照當時政大規定，借調期間為四年。

我和俞揆素昧平生、幾無接觸，為何俞揆要「主動提拔」我？在國關中心服務期間，由於中心主任每年兩次要到國民黨中央常務委員會提出有關國際和大陸局勢報告，俞揆因是中常委，應聽過我幾次報告。另外一件事，發生在任命前幾個月。某日上午，突然接到行政院院長辦公室來電，告知早上美國外賓拜會俞院長，外交部翻譯人員臨時因故不能前來，請我充當傳譯。那是我第一次跟俞院長有近距離接觸。整個傳譯過程都很順利，不過因為他浙江口音很重，當他講「四年經濟計畫」，「四」、「十」的音相似，我一時無法分辨，但因一般經濟計畫大多為四年，因此翻譯成「四」，院長沒有糾正我，我想是翻對了。

到行政院服務之後，慢慢了解俞院長與黨務系統關係不佳，我想自己出任的原因之一，是我無任何黨務經歷，更無派系屬性。

一九八二年底回國服務之四年餘期間，先後在「亞洲與世界社」與國關中心服務。我雖是國民黨黨員，卻從未擔任黨職；而在國關中心服務期間，時常出國開會，在國內政壇甚少露面。再加上我個人不喜應酬，也不打高爾夫球，除了幾位官場上多年老友外，和政壇人物鮮少來往，為何他選中我？

記得追隨俞揆工作一年後，有次新聞局廣電處處長出缺，我向外界廣徵人選，他們推薦一位曾經在新聞局電影處服務過的某部會司長級人士。但當我簽報任命公文到院長辦公室時，院長問我為何任用此人？我回答說，這個職位是司處長級職務，此人具備任用資格，在業界風評亦佳。院長說：「你知不知道他是X系人馬？」我當時一愣，因為從沒想過這個問題，我說：「他是不是X系人馬我不清楚，即便是，他是我的下屬，也得聽命於我。」院長回答：「你太有自信，這個人我不能用。」便將公文退回給我。我當面被拒，心有不甘，爭辯說：「院長，我追隨您一年多，您是長官，我是部屬，可曾有不聽指揮之事發生？所以請您接受我的推薦。」院長不為所動，堅決反對此一人選，並說：「你再堅持，我連你都要懷疑了。」我回到局本部，非常生氣，跟當時的主任祕書謝復生兄說：「我身為局長，連自己的處長都不能任用，尊嚴何在？我要辭職。」謝主祕笑笑回答說：「若院長不同意你，你就要辭職，那你恐怕要經常辭職。」這是我追隨俞揆兩年一個月期間，唯一一次與他有過面紅耳赤的爭論。經過這件事，我才知道，俞揆對於政壇某些派系或人馬，內心甚有芥蒂。此事使我懷疑院長選我來局服務，可能認為我身居國外多年，應非任何派系之人馬。我又推想，由於新聞局長要負責國際文宣工作，必須具備英文能力，所以，他在任命前，臨時找我充當傳譯，要當面考我的英語能力。

1《聯合報》（一九八七年四月二十三日），第二版。

2《中國時報》（一九八七年四月二十三日），第二版。

3 俞國華口述，王駿執筆，《財經巨擘——俞國華生涯行腳》（台北：商智文化，一九九九），頁四八九—四九〇。

上任時，國家政局波濤洶湧。一九八六年九月民進黨組黨，十月，蔣經國總統接見美國《華盛頓郵報》董事長葛蘭姆（Katherine Graham）女士，透露政府正準備解除戒嚴。同月，經國總統在國民黨中常會上說：「時代在變，環境在變，潮流也在變。因應這些變遷，執政黨必須以新的觀念、新的作法……推動革新措施。唯有如此，才能與時代潮流相結合，才能和民眾永遠在一起。」一九八七年二月，俞揆宣布政府準備開放報禁，七月政府解除戒嚴。

（二）俞院長之形象問題

我知道開放黨禁、報禁及解除戒嚴後，台灣政治力、社會力、經濟力、文化力整個爆發的時代即將來臨。在這時刻到新聞局服務，一些好友們說我是「跳火坑」；但我一生都是個不可救藥的樂觀主義者，喜歡挑戰，企圖心旺盛，所以我說是「躬逢其盛」！美國人有個典型的說法形容這兩種心態：面對一個水滿一半的杯子，悲觀主義者會說它是「半空」，樂觀主義者則認為它是「半滿」，而我是後者。

上任後，我發現面對最大的挑戰是要提升俞院長的形象。

一九八七年一月，台灣「民意調查文教基金會」公布民眾對五位政府行政首長滿意度的反應，其次序是蔣經國總統七十七點七，其次是省主席邱創煥、台北市長許水德、高雄市長蘇南成，俞院長居最後一名，只有三十八點五[4]。同年三月，「中華民國民意測驗協會」向大專院校副教授以上者，寄出一千三百二十一份問卷調查，結果對俞院長未來施政表示沒有信心者高達四十八點二[5]。

許多國人，尤其是媒體，喜歡用「政府的化妝師」來形容新聞局長的角色，這句話我認為只說對了一半。假如院長或政府本就「麗質天生」，沒有化妝師無妨，有的話更能動人；假如體質粗俗，再高明的化妝師也沒有用。俞院長曾任中央銀行總裁、行政院經濟建設委員會主任委員，對台灣「經濟奇蹟」極有貢獻，他與前行政院長孫運璿、前財政部長李國鼎、前經濟部長趙耀東等人並稱台灣經濟奇蹟的推手。按理說，他應獲得國人認同，但院長拙於言詞，且多年在兩位蔣總統身邊工作，養成凸顯長官而隱居幕後的習慣。但是在解除戒嚴，尤其是開放報禁之後，民意高漲，媒體競爭激烈，所以，我決定新聞局必須全力宣導院長之政

績，讓院長多所曝光，顯示其勤勉從公之真貌，日久其形象自會提升。

（三）進行改組與增強建制

無論我在任何機關服務，皆相信一句名言：「中興以人才為本。」為達成任務，我首先對新聞局的人事做一番調整。關於主任祕書一缺，我將國關中心的主任祕書——政大政治系副教授謝復生——借調來局服務。他專攻政黨政治，有助於我處理解嚴後之黨政關係。

新聞局「國內新聞處」（下稱國內處）主要負責政令宣導與聯繫媒體事宜。俞院長對該處工作表現表示不滿，第一個指示就是要我調換該處人事。我做了幾個決定。第一，更換國內處處長。我先借調黃新生教授（他獲有美國西北大學傳播學博士）、後借調中央研究院研究員吳中立來局服務。吳處長工作認真、貢獻良多。第二，國內處人員必須具有新聞素養，下令本局所有畢業於新聞系所或曾在媒體服務的同仁，全部調到國內處服務。第三，政府在大陸時期，先敗於藝文戰場，最後敗於軍事戰場，因此，我特別在國內處增聘作家丘秀芷擔任顧問，加強和藝文界之聯絡，希望透過他們的筆，向社會解說政府的各項建設，此一顧問的設置，在新聞局應是創舉。

新聞局「資料編譯處」出版新聞局中、英、日、法、西等國語言之出版品，這裡面以中、英出版品最為重要，所以我邀請師大英語研究所所長余玉照出任處長，並擔任英文《光華月刊》總編輯。另外，我請台大外文系高天恩教授出任新聞局英文《自由中國周報》（*Free China Journal*）總編輯，邀請政大政治系江炳倫教授出任新聞局英文《自由中國評論》（*Free China Review*）月刊總編輯，我特別告訴他們前述胡克教授對台灣提出的一些建言，說明新聞局出版品必須清楚介紹中華民國的發展經驗及生存意義。

4《雷聲週刊》（一九八七年四月），頁六。

5 同上註，頁七—八。

（四）新聞媒體對我之震撼教育

第一次與媒體發生衝突，是安排媒體採訪一九八七年六月八日至十二日俞院長訪問新加坡的行程，這是他就任三年以來第一次出國訪問，意義重大，我必須妥為處理。

新加坡政府對媒體的管理比較嚴格，我駐新加坡代表胡炘與星方政府交涉，星方僅同意台灣隨同採訪之記者以十五人為限，人選由新聞局決定。新聞局最後決定：《中央日報》一人、《聯合報》一人、《中國時報》一人、《自立晚報》一人、中央通訊社一人（代表所有通訊社）、中廣公司一人（代表所有廣播電台）、台視兩人（記者與攝影各一人）、中視兩人、華視兩人、行政院新聞局攝影三人（拍錄影帶及照片提供國內所有媒體使用）。

選擇《中國時報》和《聯合報》，是因其報系發行量占全國之七、八成；選擇《中央日報》，因它是執政黨報紙；選擇台視、中視及華視，是因它們收視率最高。由於當時絕大多數媒體均由黨政軍控制，故決定要挑選一家民營媒體，以示公允。當時民營媒體中，只有《自由日報》與《自立晚報》兩家，《自由日報》訂閱率遠不如《中國時報》和《聯合報》，所以未選；但在三家晚報中，訂閱率以《自立晚報》為第一，雖然它一向批評政府，仍決定將之入選。但此一決定，使一向支持政府的《大華晚報》和《民族晚報》大為光火。我在六月四日把這一切的安排簽報俞院長，他表示同意。

果然不出我所料，未被邀請的媒體多有反彈，尤其是《大華晚報》和《民族晚報》，他們自認平日配合政府，其競爭對手《自立晚報》則以批評政府為能事，新聞局居然挑了《自立晚報》，他們非常不滿。在院長啟程的第二天，《民族晚報》以〈不要忘了誠信是最好的政策〉為標題，指責新聞局違背了蔣經國總統的訓勉：

> 所謂政者，正也。蔣總統經國先生訓勉各級政府官員，要大公無私，一切作為出乎至誠，本公正公平公開態度，敬謹服務。可說言猶在耳，況新聞局為傳播媒體服務，負宣導政令建立政府形象職責，豈能

有違層峰之剴切期勉。[6]

《自由日報》（作者註：《自由時報》前身）於六月七日對我指責：

行政院院長俞國華明天啟程前往新加坡訪問五天，允許隨行在新加坡採訪的記者，除了三家電視台而外，只限於國內的四家報紙記者前往，其他所有各報記者，均予屏除。邵局長應該知道，《紐約時報》、《華盛頓郵報》、《洛杉磯時報》，在白宮及國務院跟其他數以百計的報紙記者，受到完全平等的待遇，沒有任何一位受歧視，不知俞院長、邵局長對前述兩種標準「絕對不公平待遇」的現象，又做何解釋？[7]

《大華晚報》駐星馬特派員程榕寧女士於十一日突然在新加坡現身。程女士既已現身，我們決定給予各種協助。但《大華晚報》在十二日院長回國當天，對我有如下指責：

對於這次俞院長出國訪問的新聞採訪安排，我們有許多的迷惑與不滿。可是最令我們困惑、難堪的是：俞院長離星前一天舉行本國記者招待會，談訪星觀感。本報程特派員不被邀請，而且拒絕她參加。我們大感不解，請問局長：這是根據何種理由？[8]

6《民族晚報》（一九八七年六月九日），第一版。
7《自由日報》（一九八七年六月四日），第一版。
8《大華晚報》（一九八七年六月十一日），第二版。

陪同俞國華院長赴中南美洲訪問，與當地政要舉行酒會。（一九八九年一月）

關於文中提到「本報程特派員不被邀請，而且拒絕她參加」等語，程女士事後告訴新聞局說：這不是她寫的，是台北報社加上的，等於說《大華晚報》為了攻擊我，竟捏造事實。

面對這些質疑，我在十二日院長返國記者會，對這次記者採訪的安排誠懇地做了一個說明，表示名額受限於雙方外交當局之協議，新聞局實在無法多邀記者前往採訪：

新聞局是為各位服務的機構，這次服務不周之處，實在是限於客觀環境，今後我們一定加強服務，以長時間來證明，本局一定採取服務、溝通、誠信與開放的精神，來達成本局工作目標。

當初顧及前往採訪媒體皆為黨政軍所有或傾向政府，為求公平才選擇了一家民營的《自立晚報》，沒想到《自立晚報》在院長回來當天的社論有如下話語：

就隨團採訪一事而言，本報雖在應邀自費

隨團之列，但我們還是要指出，新聞局的處理仍有可議。蓋一國行政首長出國訪問本為報界大事，未能派員採訪必使得未能派員之單位無法向讀者交代。據報載，隨團限定十五人，原為中星雙方約定，可是我們要說，即使有此商量，新聞局當知這個數目不敷使用，其之所以仍然接受，或有苦衷，但畢竟難獲未應邀單位之同情。[9]

該報既知新聞局苦衷，竟仍發表此種批評，真是夫復何言！

正在我覺得委屈不平之際，接到一位署名李雅仁先生的慰問函：

此次俞揆訪星，是作客。我們隨行記者爭取到多少名額，不能強主人之難，就是再多一倍，依然不足分配。若以抽籤為之，千萬讀者、觀眾、聽眾絕對反對，就算保留某些媒體名額亦定遭非議。易地而處，你又有什麼「良策」？故這決定「權」……由新聞局承擔最適當不過，遺珠亦難避免，事後有人指指點點，實在不夠度量。時下任何事物，必有人起而「反對」，習為風尚。吾人應推己及人，事事以大多數人利益為前提才是正途。

拜讀之後，我只能用「感激涕零」四字形容內心的感受。

至於《自由日報》所說「《紐約時報》、《華盛頓郵報》、《洛杉磯時報》，在白宮及國務院跟其他數以百計的報紙記者，受到完全平等的待遇，沒有任何一位受到歧視」，則非事實。我曾請新聞局駐華府新聞處提報美國總統記者會進行情形：

9《自立晚報》（一九八七年六月十三日），第一版。

第一排中央的兩個位子是留給美聯社和合眾國際社的，前兩個問題也留給他們發問，而後才輪到其他記者；記者會結束時，亦由他們之一代表起立致謝。其他記者發問時，均需等待總統指名後才可起立發問；因此，那些較沒有名氣的小報或總統不熟悉的記者要想發問，其機會少之又少。[10]

關於記者訪星一事之安排，在新加坡政府不放寬記者採訪名額情形下，事隔二十六年後，我仍想問，還有什麼「良策」？

之所以將此次新聞局和部分媒體發生衝突細述如上，其目的在凸顯當時絕大多數台灣媒體均由黨政軍控制，極不民主，也不健康。我學人從政，為讓一家民營媒體也有採訪機會，選中《自立晚報》，沒想到此一決定，就為我和新聞局帶來如此嚴厲之指責。總之，我在新聞局所面對的媒體生態，是三十八年戒嚴局面下所造成的結果，我無法改變它，但也盡了心力，雖遭批評，問心無愧。但此事也證明媒體間之競爭，有如割喉戰，絕不相讓。

（五）俞院長辭職、「政治太可怕了！」

台北《時報周刊》於一九八七年七月，進行了一項對俞國華院長形象之問卷調查。已有四〇・三％的人認為俞院長的形象「變好」了[11]。相較於前述兩項民調，已有小幅提升。到了一九八八年上半年，根據《聯合報》所刊一項民調，俞院長所得「非常滿意」與「滿意」之比率，已從前述之三十八點五上升至五四・一％[12]。這證明俞院長已經脫離了民調的風暴，當然要歸功於院長的政績與他個人的努力，我新聞局全體上下盡量加以宣導，幸好未虧職守。

俞院長民調聲望雖已攀升，但是他在一九八九年五月八日，還是決定辭去擔任五年的職位。根據俞院長口述的《財經巨擘》一書透露，其中一個原因是，一九八八年七月，國民黨召開第十三屆全國代表大會選舉中央委員，在主席李登輝所提的名單中，俞院長名列第三，但全會選舉結果，前三名為李煥、孫運璿、宋楚

瑜，俞國華竟落至第三十五名，這件事情讓俞院長深受傷害，認為是黨部對他刻意打壓。同月，國民黨籍立法委員吳春晴在立法院指責俞院長早年曾有包養酒家女之事，俞院長刊登啟事否認，聲言保留法律追訴權。立法委員吳勇雄亦緊追這個緋聞不放，還說行政院祕書長王章清對他行賄，要其放手，這造成王祕書長辭職，由曾任財政部長的錢純接任。

據前述記者王駿說：「這只是一連串類似事件當中之兩件，類似事件不斷發生，俞國華深有感觸，決心擺脫行政院的工作。」[13] 於是，俞院長於翌年五月八日提出辭呈。五月十六日下午，俞院長召見我，只簡單地對我說：「明天報紙會刊登我辭職的消息，如有人問起，你就證實。」事出意外，我至為震驚，但當時也不便追問。第二天《聯合報》登出他辭職的消息，而俞夫人接受媒體訪問時說出她的名言，「我覺得政治太可怕了，早點離開是非的圈子，我想是很明智的決定。」[14]

回想追隨俞院長兩年一個月期間，除為了廣電處長之任用與其有些爭執外，他對我都非常尊重與客氣。一九八八年七月，內閣改組，俞院長向我透露，李總統曾詢問他對我和研考會主委馬英九職務對調的看法，院長表示仍希望我續任，對調遂作罷，這也顯示他對我工作應屬滿意。

俞院長的生活規律而平淡，他住的官邸是台灣銀行宿舍，屋內布置典雅樸素。院長每天從早到晚忙於公事，不菸不酒，可說是一位盡忠職守的良相。他的黯然辭職，是我到新聞局服務以來，初嘗政治的辛酸。

10 行政院新聞局駐華府新聞處，〈華雙字第八〇九號〉，頁八。
11《時報周刊》（一九八七年七月二十六日—八月一日），頁四六—四七。
12《聯合報》（一九八九年七月三日）。
13 俞國華，前書，頁四九四—五〇〇。
14《聯合報》（一九八九年五月十七日），第三版。

（六）提名李登輝為國民黨代理主席風波

經國先生於一九八八年一月十三日逝世。根據黨章，國民黨必須在同年七月的全國代表大會上推舉主席，所以從一月到七月就必須先選出黨的代理主席。按照當時黨中央的規畫，在一月二十日的中常會，決定由俞院長提名李登輝總統出任代理黨主席。但是在前一日，蔣夫人宋美齡寫了一封信給黨祕書長李煥，她主張在七月全國黨代表大會選出主席前，循總理孫中山逝世時之先例，由中常委輪流主持中常會，也就是集體領導。由於蔣夫人有此意見，黨中央決定順延一週，到一月二十七日再處理此事。但是二十七日凌晨，蔣孝武自稱奉蔣宋美齡之命與俞院長聯繫，再次表明應於蔣經國總統國喪期滿後，再討論代理主席之事。二十七日中常會當天上午，俞國華、李煥與當天的輪值主席《中國時報》董事長余紀忠三人會商，決定中常會上先討論四項預定議案，再由俞國華提出臨時動議，通過有關代理黨主席的提名。但是，在俞國華尚未提出臨時動議前，副祕書長宋楚瑜突然起立發言，指責俞院長未能即時提出動議，並憤而離席。離席後，李煥祕書長宣布討論代理主席案，二十七位中常委一致起立，通過李登輝代理黨主席案。

由於在中常會受到宋副祕書長的指責，俞院長回到行政院後約集王章清祕書長、我及幾位親近部屬，很難過地向我們說：「我早年就追隨蔣委員長夫婦，他們對我提攜備至、待如親人。關於李登輝先生繼任本黨代理主席，我也完全支持，其實可以提案的人很多，為何非我不可？既然夫人方面半夜打電話來，希望延後辦理，我受到的壓力很大，今天受到指責，真是情何以堪。」說完話後面色慘然，我們幾位部屬無言以對。

二、蔣經國總統

（一）宣布解除戒嚴

一九八七年七月十三日，我接到總統府副祕書長張祖詒的電話，告知政府決定在七月十五日零時解除戒

嚴，囑咐我次日準備召開中外記者會正式宣布。當我聽到此一決定，內心欣喜莫名。如前所述，在「中國人權協會」服務時，曾奉杭立武先生之命，進行「戒嚴法之研究」專案計畫，現在政府終於決定解除戒嚴，相信杭先生比我更感安慰。

美國總統有任何重大的政策宣布或簽署重大法案，通常會邀約國會兩黨領袖站其身旁，將之隆重地呈現給美國或全世界。我國戒嚴一事，被國際社會批評多年，現在政府決定解除戒嚴，此事何等重大？我立刻向張副祕書長建議，希望能在總統府內，由蔣經國總統舉行一個莊嚴、盛大的中外記者會，新聞局負責廣邀國際重要媒體來台參加。張副祕書長請示總統後回覆說：「總統說，政府所有重大政策之宣布，一向由新聞局長發布，因此由你宣布即可。」我在電話中再次解釋，若由總統宣布，他的照片和發言一定會在國際媒體頭版刊出，外國電視台會播出畫面，這是提升中華民國及經國總統形象之千載難逢機會，請副祕書長再次向總統進言。副祕書長請示後又來電說：「總統決定還是由你宣布即可。」接到回電後，我愣在辦公室，心想：「是不是經國先

代表政府宣布解除戒嚴，舉行中外記者會。（一九八七年七月十四日）

生謙沖為懷，覺得做了件該做的事，不必自我宣揚？還是他身體不適到不便舉行記者會？」

後來我在七月十四日記者會宣布政府決定解嚴時，為了凸顯這個決定是來自於經國先生，在正式聲明中，我第一句話，先以加重語氣一字一字念出「奉總統令」四字，然後才宣告台灣地區自七十六年七月十五日零時起解除戒嚴。

記者會的第二天，《紐約時報》在國際新聞版首頁刊出此一新聞，並引用「西方分析家」之談話，肯定我國宣布解除戒嚴，推崇總統在和平漸進情形下實現政治革新，此與南韓在暴動威脅下被迫進行改革之情形迥異[15]。根據新聞局統計，在宣布解嚴後的一個半月內，國際間有三百五十一家重要新聞媒體，對解嚴發表五百八十二篇次的報導或評論；以社論或專文評論者有一百五十一篇次，一片讚揚之聲。

（二）關懷部屬暨其家人

經國先生去世前不久，有次召見我。他在一個很小的會客室，身穿灰舊的夾克，腳著布鞋，很慈祥的垂詢我的工作，我一一向他說明。大概經過半小時許，我知道他身體欠安，所以主動告辭。當我走到門口，他突然把我叫回來，詢問家中情況如何，我將家屬的情況告訴他。他接著問起我的父母，我也向他說明，然後他才面帶微笑，揮手讓我離去。我當時非常感動，一生中跟隨許多高級長官，記憶中，未有任何一位詢問過家庭中每一分子的狀況，經國先生是唯一的一位，這充分表現他對下屬及其家人的真誠關懷，如此厚愛部下，其部下當然戮力以赴。

（三）逝世

一九八八年一月十三日，經國先生逝世。我在下午七時左右才接到通知；當晚九時，行政院舉行臨時院會；十時，我舉行記者會，對外宣布此噩耗。第二天是週四，行政院院會於上午九時照常進行，當天討論的案子是淡水河整治計畫，部會首長發言盈庭，約兩小時多始畢。院會結束後，所有部會首長乘巴士到榮民總

醫院內靈堂向經國先生行禮。我看行政院院會照常進行，台北街頭還是一樣平靜安詳，對於一位強人領袖的突然去世，社會沒有絲毫慌亂，突然有種莫名的感動，覺得中華民國真的是一個成熟的民主國家，也是個有信心的社會。在感動之餘，我決定舉行中外記者會，說明這些情形，記者的反應幾乎與我一樣，頗感安慰。

三、李登輝總統

我與李前總統初識於政大國關中心。杭立武先生擔任國關中心主任期間（一九七二—一九七五），在中心附設「外交小組」與「經濟小組」，李前總統為經濟小組之成員。這兩個小組成員都是國內研究外交與經濟事務之翹楚。杭先生將這兩個小組的許多建言，直接呈報給時任行政院長的蔣經國先生，頗受重視。由於此一緣故，李登輝先生對國關中心特有情誼。我在中心任內，他有次來巡視，對我及中心的工作多所嘉勉，並且經常要求我提供各種資料供其參考，尤其是關於香港情勢。出任局長後，在許多場合都有與他見面之機會。經國先生一月十三日逝世，當晚八時他宣誓繼任總統，我即刻成為他的發言人。

由於國際新聞媒體對台灣的領導人只知有兩蔣，對這位農經學者出身的李總統並無任何印象，所以我向他建議舉行一次中外記者會，他立刻同意。

我國自行憲以來，一共只舉行過三次總統中外記者會，兩次是蔣中正總統任內，一次是嚴家淦總統任內，所以李總統的記者會是第四次。但當我調閱新聞局檔案，並無前三次記者會的資料，只好自行規畫。我做了幾個決定：一、在總統府介壽堂舉辦，因為介壽堂莊嚴肅穆；二、廣邀中外媒體，除六十九位國內記者之外，亦有外國記者五十七位，涵蓋全球著名的電視網、通訊社、雜誌和報紙。因為有外國記者，原本想找即席翻譯公司做現場傳譯，但當時國內尚無此等公司，只好自己上場。記者會之前，我與李總統商議，記者

15 *New York Times* (July 15, 1987), A1.

會以一小時為原則，但如記者會狀況良好，可酌予延長。結果那天中外記者發言踴躍，而李總統談興甚濃，於是記者會進行了一小時五十二分鐘，這恐怕打破了各國總統記者會的紀錄。

李總統一共回答二十七個問題，其中包括五個外國媒體的提問。關於兩岸關係，李總統重申「不接觸、不談判、不妥協」之三不政策；反對一國兩制，但堅守「一個中國的原則」。他也宣布其反對台獨的立場，說：「第一，目前的台獨，依法來說是非法的；第二，從歷史上看起來，就中國的傳統來說，這是不能存在的；第三，台獨本身在國際上及國內都沒有辦法生存。」但整個記者會回答的最高潮，是回答二二八的問題。他提到他的個人哲學是「社會應該有平衡、對人應該有愛」，他說：

副總統李登輝繼任總統後第一次中外記者會。（一九八八年二月）

這個悲劇每年都反覆被拿出來：「二二八不要忘記」，這是不是違反愛心？「以眼還眼」、「以牙還牙」，這個社會就不會有一天安定，完全以政治的立場想要把這個東西拿出來進行煽動的話，本人是反對的。

他又說：「為了進步，眼睛要看前面，不要看後面。」然後他以這樣的一段話來結束記者會：

本人常常說，把心裡的黑影子拿掉，拿出自己對國家的信心，對將來的希望，這是本人在今天的記者招待會最後要講的一句話。[16]

當《紐約時報》等五位外國記者發問時，我負責傳譯的工作。為了達到國際宣傳的效果，我動員了新聞局資料編譯處所有同仁，在記者會舉行後幾個小時之內，記者會全文就發到新聞局所有駐外單位，由他們向世界各地傳播。

國內的媒體對這次的記者會非常稱讚，指出我國政府舉行記者會，多年傳統是要求記者事先提出問題，由幕僚寫好答案，再照本宣科回答，這次則完全是現場直接問答，沒有任何套招[17]。一位外國記者事後表示：「李總統記者會，中外記者能隨心所欲的就各種問題發問，總統回答的頻率很高，整個記者會自由開放的氣氛是其他的國家所無法相比的。」[18]某報對新聞局處理此次記者會有如下讚語：

16《中國時報》(一九八八年二月二十三日)，第二版。
17《聯合報》(一九八八年二月二十三日)，第二版。
18 同上註。

行政院新聞局負責此項大規模記者會的幕僚作業，使記者會進行得有條不紊，是一大功臣。但邵局長擔任即席傳譯工作，反應迅速，英文能力嫻熟，亦令場內外人士稱許有加。[19]

記者會會後，國際媒體一共有一百五十多篇次的報導。從一九八七年七月宣布解除戒嚴，到李總統繼任為中華民國總統，國際媒體一共有四千八百多篇次的報導。這樣密集、大量而又正面的報導，應屬空前。

一九九〇年四月，總統府任命邱進益副祕書長為總統府發言人，自此我即不再為李登輝總統發言。一九九〇年五月二十二日，李登輝就任我國第八任總統後第一次記者會，此時總統府雖已有發言人，但總統府仍請我來主持這次記者會，並擔任傳譯。此後，李總統中外記者會都改由邱發言人主持，我終於卸下了這個擔子。

四、李煥院長

李煥先生於一九八九年六月一日出任行政院院長。俞院長辭職後，我追隨行政院其他部會首長遞出辭呈，李院長要我留任。我大學時曾參加救國團活動，那時他擔任救國團主任祕書，雙方即已相識，但是沒有來往。

在我新聞局長任命發表之前，有次他請我吃飯，問我願到新聞局或文工會服務，我說我對黨務毫無經驗。後來發表新聞局職務，所以他應也是支持我赴新聞局服務的人士之一。由於彼此相識二十餘年，當他要求我留任，自是義不容辭，也開始了我追隨他將近一年的經歷。

李院長一生追隨經國先生，是位非常謹言慎行的人，所以新聞局重要的新聞稿，他都要求我先送給施啟揚副院長潤筆。因為如此，新聞稿常要數小時後才能發出，記者迭有怨言。他自己一向是事必躬親、待人周到，所以只要記者向他請教問題，無論在任何場合，他都親自回答。但我擔心記者的問題突如其來，貿然回

答，未必句句妥當，會有後遺症，所以我向他建議，還是以召開記者會的方式來回答記者問題，但他為了表示對媒體的親切，仍維持其隨問隨答的方式。

李院長在任未滿一年，與李登輝總統的關係已見裂痕。我從旁觀之，李院長對總統是言聽計從，但李總統對他則另有看法。

根據鄒景雯著《李登輝執政告白實錄》，李登輝之所以換掉李煥，是因為一九九〇年三月七日，在國民黨黨爭期間，李煥要求李登輝必須公開表示讓出黨主席職位，所以李登輝覺得無法再與李煥共事[20]。根據林蔭庭著《追隨半世紀——李煥與蔣經國先生》，李煥是主動請辭，對他的離職有如下敘述：

> 一年閣揆生涯中，最讓李煥難以釋懷的是，李登輝總統對他未能充分信任，無論是

19《中央日報》（一九八七年二月二十三日），第二版。

20 鄒景雯，《李登輝執政告白實錄》（台北：印刻，二〇〇一），頁七九、九二。

李煥院長巡視新聞局。（一九八九年六月）

在人事安排或政策決定上，並未受到應有的尊重。[21]

在李院長卸任前一個月，《聯合報》有個「L. C. C.」署名的漫畫。畫中李總統站在一把高大太師椅前，太師椅前有「總統制」三個字；然後畫了一位媳婦，手上拿了一只洗腳盆，旁邊放個板凳，板凳旁寫「內閣制」三字；婆婆張口喝斥，小媳婦暗中抱怨：「一下子嫌熱，一下子嫌冷……唉……。」這幅漫畫一刊出來，引起許多人共鳴[22]。立委趙少康有次質詢李院長對電視節目模仿政治人物是否介意？李院長答覆說，他沒有看過該節目，但報紙上曾有幅漫畫，把他畫成小媳婦捧著腳盆，他覺得「畫得滿像的」。李院長帶著笑容繼續說，這是民主國家常有的事，「這點民主修養（我）一定是有的。」[23]當院長說「畫得滿像的」時，立法院出席人士哄堂大笑，還有人對李院長的幽默風趣報以熱烈掌聲，我當時也忍不住笑了起來。不過，因為我認識院長大半生，又近距離追隨一年之久，對他所受到的委屈倍感辛酸。

五、郝柏村院長

（一）我變成「聲音特別多的人」

關於李總統任用郝院長，鄒景雯在上書中，提到李於一九九〇年四月間，決定由郝柏村來取代李煥，李登輝說：

郝柏村若擔任閣揆，李煥不得不退，難有再杯葛的餘地，昔日（郝李）的結盟也將因此瓦解。接掌了行政權，郝柏村勢必辦理退役、交出軍權，有利於軍中脫離人治，建立制度。在軍人干政的陰影下，反對黨與知識界將引爆爭議，或可讓郝柏村走出封閉的權力，直接接受民意洗禮，未嘗不是壞（作者註：似

是「好」字之誤）事。……至少，郝柏村是個願意做事的人，將來如果做得好，對於推動國政也有幫助。[24]

五月二十九日，郝柏村接任行政院長，我追隨李煥內閣總辭。與郝院長見面時，他希望我續任，這時自政大借調尚未期滿，於是便開始了我追隨郝院長一年四個月的生涯。

郝院長的領導風格，表現在他就職後第二天的記者會。他在半個小時內回答了二十二個問題，平均一個問題回答一分多鐘，簡單扼要、乾脆俐落。當記者問他：「李登輝總統曾經用『忠心耿耿、肝膽相照』這個八字來形容你和他之間的關係，可是他又對立委說，讓你來幹院長，如果你幹的不好，一、兩年就要把你換下來，不曉得你覺得你和李總統之間的關係，可以用什麼樣的形容詞來形容？」他回答：「我同李總統的關係，就是一個真誠、說實話。至於說做兩年做不好他要換我，其實，做不好我自己也要走。」[25]

隨後在另一個場合，他說明自己的施政計畫，對民主政治、國家憲政體制、大陸政策等問題的看法，以及對自己的角色與期許。講完後，因涉及方面甚廣，加上部分談話內容較為敏感，所以我依對待俞國華、李煥院長之往例，向他請示說：「院長，今天的談話，哪些是可以對外透露，哪些要避免？」他先是一愣，然後笑著對我說：「你是新聞局長，自己拿捏處理就好，我沒有意見。」這時我也一愣，郝院長竟對我完全授權。

郝院長組閣之初，對媒體全天候盯梢不勝其煩。由於他有晨泳習慣，記者常會追問他今天游了幾千公尺、吃了幾碗炸醬麵等問題。院長對這種「半路攔截式」或「機智問答式」的採訪頗不習慣，他希望我負起政府發言人的完全責任。我同意後，向他做了兩項建議：第一，每三個月或半年，由他舉行正式記者會，親

21 林蔭庭，《追隨半世紀：李煥與經國先生》（台北：天下文化，一九九八），頁三一八。
22《聯合報》（一九九〇年四月二十八日），第三版。
23 同上註。
24 鄒景雯，前書，頁九三。
25《中國時報》（一九九〇年六月二日），第四版。

自與人民溝通，以示對民意之重視；其次，我指出行政院時常舉行重要會議，而這些會議常無發言人，勤快的記者會打電話詢問與會首長，寫出較完整的報導；不認真的記者，寫出的新聞不僅不完整，有時還會誤導讀者。我表示，假如要我負起發言人的完全責任，希望能參加行政院的重要會議，尤其是院長主持的會議，他立刻同意。

我與院長有一共識，即行政院應建立正式的、制度化及公開的新聞發布機制，而這個責任由新聞局承擔。除此之外，郝院長還在行政院會中公開要求部會首長，今後施政應遵守「三多原則」，即「多聽、多說、多做」。

對於院長不願意再接受「半路攔截式」或「機智問答式」的採訪，最初記者們都感失望。我只好代為解釋，說明有時記者所提的問題不夠清楚，院長無深思時間，回答不夠周延，可能導致民眾對政府施政的誤解；郝院長希望新聞局能完整而統一地發布消息，使所有媒體都可在同一時間得到相同內容，一方面可達到「公平」的目的，一方面大家也可省去追索新聞的辛勞。

郝院長做事極為徹底，在他明確指示新聞局全權擔任政府發言人角色後，其辦公室人員即迴避新聞界採訪，多以工友自稱，一問三不知[26]，其實這種作法有它的好處。在此之前，總統府或行政院的幕僚單位，常成記者探詢之對象。有時會產生故意放話或爭功諉過之現象，甚至造成府院不和，新聞界曾批評此為「幕僚政治」。有位記者問我：「在你看來，郝院長對新聞發布的謹慎態度，是不是他想避免『幕僚政治』，維持良好的府院關係？」我回答說：「或許。」[27]我的觀察是，郝院長是一個很講究制度的人，也是一個「軍紀嚴明」的人，他對某些他堅持的事情，可以做到「滴水不漏」。

由於我跟郝院長合作愉快，有時可以達到一加一大於二的效果。所以媒體常用「閣揆惜言如金，局長代言解勞，邵玉銘動腦又動口」、「意氣風發」、「護主心切」等標題來形容我的角色[28]。有一個記者以「化妝師↓超靜音↓聲音特別多，邵玉銘一路發言，宦海浮沉」為標題，對我有如下評論：

> 但他位不逢時，對俞國華他無力挽回天，在李煥繼任後，有幸被留任，卻不幸成為「沒有聲音的人」。李煥為了表示親和力，樂於親自和媒體溝通，邵玉銘這位發言人的功能也降低不少。
>
> 在第三位老闆郝柏村關愛下，邵玉銘由「沒有聲音的人」名正言順的成為「聲音特別多的人」，郝柏村不願接受媒體私下訪問，由邵玉銘統一發言，一時新聞局長的地位水漲船高。
>
> 邵玉銘地位的起伏，在三位行政院長任期中浮浮沉沉，內閣改組多次，憑其資歷，總該有個好歸宿，卻老是「沒有聲音的人」或是「傳聲筒」，似乎太委屈了。[29]

在我盡力發言之下，新聞局的新聞稿倍增，媒體獲得資訊較以前更多，媒體逐漸接受並歡迎郝內閣這樣溝通的方式。

（二）整頓治安：郝院長一炮而紅

一九九〇年六月五日，上任僅六天，郝院長主持第一次治安會報。他對整頓治安，提出五項原則、八大方向，可說是鋪天蓋地，讓宵小無所遁形。

第一天「治安會報」就吹響了整頓治安的號角。隨後一段時日，成績斐然，十大槍擊要犯全部落網。九月份，美國著名「蓋洛普市場調查公司」，首次在台灣進行民意調查，結果顯示：民眾對行政院長郝柏村的

26《聯合晚報》（一九九〇年六月五日），第三版。

27 同上註。

28《民眾日報》（一九九〇年九月三十日），第二版；《民眾日報》（一九九〇年十一月十三日），第二版；《台灣時報》（一九九〇年八月二十日），第二版。

29《台灣時報》（一九九〇年八月二十日），第二版。

施政滿意度高達八六・五％，高於李登輝總統施政滿意度之七九・八％[30]。另根據我國「民意調查基金會」同年十二月的民調顯示，郝柏村院長的滿意度也高於李登輝總統[31]。

由於郝院長全力整頓治安，我也全力加以宣導，幾乎每天都要開記者會，忙碌不堪。其實我和郝院長有時很少見面或交談。我參加他的會議，會議一結束，兩人分道揚鑣，他回辦公室，我立刻開記者會。因為記者會開得太過頻繁，有人戲謔的告訴我，說我每週上電視的次數，超過張小燕，把我嚇了一跳。

由於我和院長合作無間，而他的聲望又直線上升，這時外面已經有人把我歸類為「郝系人馬」。這真是天大冤枉，在他沒當院長以前，我們只是點頭之交。有次我接到總統府某機要的電話說：「邵局長，你不能只宣導郝院長的政令，也要宣導李總統的政令。」我點頭稱是，但說：「我人在行政院，不在總統府辦公，總統的行程與言行我根本無法掌握。」事實上，總統府早於同年四月成立發言人室，我本就不應越俎代庖，侵犯該室的權責。至於郝院長民調聲望高，這是由於他的政績，我的發言只是說明而已。不過府方對我全力為郝院長宣導政令，竟來電責備，可見府方已有不滿之意。

郝院長整頓治安的績效，獲得《紐約時報》女記者吳潔芳（Ms. Sheryl WuDunn，曾獲美國普立茲國際新聞報導獎）的報導。她來台時，我親自接待。她在同年十月二十九日以「打擊犯罪、使曾為人所憎恨的將軍成為英雄」為標題，推崇郝院長是一位打擊犯罪的英雄、極有效率的行政首長，並說明幾個月前郝院長被任命為行政院長時，是一位並未完全贏得人心的將軍，但現已得到絕大多數人民的肯定[32]。

（三）郝院長訪問新加坡

我在新聞局任內，除陪同俞國華院長與李總統前往新加坡訪問外，一九九〇年十二月，郝院長以私人度假方式訪問該國，我奉命隨行。郝院長在參謀總長任內，促成「星光計畫」，協助新加坡在台訓練軍隊，新加坡總理吳作棟曾兼任國防部長，雙方關係良好。郝院長抵達新加坡時，李光耀資政、吳作棟總理親自接機。三個月前，中共總理李鵬前往訪問，只由第二副總理王鼎昌接機。相較之下，新加坡當局對兩岸高層間

之情誼立見濃淡。這次訪問的時間點，是在新加坡與中共建交才兩個月後，我認為這是星國想及時表達他們對台灣這個老朋友的情誼。

這次訪問是度假性質，除了高爾夫球敘、各式歡宴、參觀環保、國宅及該國國會行程外，並無太多活動。在院長抵達前，我方記者團已先行前往。由於星國對記者的採訪有諸多限制。記者在無法多所採訪之餘，為表示「敬業」，就開始「製造」新聞。某報兩位記者前往中共駐星大使館，要求採訪中共駐星大使張青，請他對郝院長訪星發表談話。雙方對話如下：

大使館祕書：大使很忙，沒空！什麼時候來？沒聽說啊！
記者：他下午可能抵達。
祕書：下午啊，我還不知道呢！
記者：是否中共與星方刻意淡化這件事？
祕書：你告訴我，我才知道此事。

這件事情引起星國的關切，要求我設法制止。所以，當晚我約請全體記者吃消夜，我非常委婉也誠懇地向記者表達了星方的態度：

星國希望雙方未來的關係細水長流，星方對台北與北京的關係分得很清楚，不希望郝院長的訪問，把

30《聯合報》（一九九〇年九月二日），第三版。
31《聯合報》（一九九〇年十二月三日），第四版。
32 *The New York Times* (October 29, 1990), A4.

三者的關係攪在一起。如果郝院長此行順利，將來會有更多官員以此種模式互訪。星方以上賓之禮對待郝院長，是開創（院長）赴無邦交國家訪問先例。如果台北媒體記者頻頻追問中共大使張青對此事件的態度立場，無異是捋虎鬚，逼中共表態，將使星方為難。[33]

記者大概也知道，如果再不收斂，真可能造成星方不願意再邀請我方領袖人物訪問，所以，他們未再出「奇招」。

對這件事，《聯合報》及《中國時報》均發表評論及社論譴責此種採訪行為，當然也譴責了他們自己的記者。《聯合報》刊登一篇龔濟的〈媒體利益和國家利益的位階，台灣記者何以鼓動中共向新加坡抗議〉文章：

若中共主動抗議，我們新聞界不報導，那是掩耳盜鈴、是失職，現在中共既不願表態（不管原因為何），而我們卻逼它、激它要有「動作」，這不是令人費解和匪夷所思嗎？……但是解嚴後的新聞界，由於過分的競爭、過分擴張自己的權力，因而傷害了國家共存共榮的生態，恐怕也是事實。凡權力皆需制衡，新聞界是「第四權」了，卻無人能制衡，於是要自律、自省、自我監督。……英國的記者愛英國，美國的記者愛美國，中華民國的記者也應愛自己的國家，那不僅不可恥，而且天經地義。國家並不只政府，更不是執政黨，而是生活在這塊土地上的人民。沒有那個記者或那家報館的利益，應該置於全體人民的利益之上。[34]

龔濟即張作錦，時任《聯合晚報》社長，人在媒體，卻能仗義執言，批評媒體不當行為，令人敬佩。

總之，我每次陪同總統或院長訪問新加坡，都會出些狀況，此次亦然，這也顯示媒體與政府有不同需要，而我總成夾心餅乾。美國人常用「職業上的風險」（professional hazard）一語說明這種情形，所以，我也只能摸摸鼻子算了。

（四）郝院長率全體閣員退席事件

一九九一年二月二十六日，郝院長率全體部會首長於上午九時到立法院，準備提出施政報告及備詢。由於少數立委的杯葛，加上立法院兩黨始終未能就郝院長何時提出施政報告達成協議，期間還發生立委吳勇雄撒冥紙、王聰松欲點燃去漬油的鬧劇。

所以郝院長在上午十點休息時間，向立法院長梁肅戎表示，假如到上午十一時還未能提出施政報告，他將離席。另外，行政院副祕書長胡開誠亦遞了五次紙條給梁院長旁邊的議事組人員，表示若無法進行報告，行政院全體閣員將集體離席。到了十一時，郝院長一揮手，全體部會首長集體離席，這在立法院歷史上是空前之舉，此事立刻成為當日全國關注之事件[35]。

因為從未有行政院長有這樣大的動作，我知道必須要舉行記者會，對外說明郝院長離席之原因，以免引起政治風暴。在經與郝院長討論後，我在中午舉行記者會，發表如下聲明：

> 經過兩個鐘頭的等待，今天上午所討論的事情都是立法院內部的事情，我們無法預測這種討論會延遲多久，為了要處理我們各個部會的公務，所以院長決定退席，但是院長已經向立法院表示，一旦接獲立法院的通知可以提出施政報告的時候，院長將率同部會首長立即返回立法院。[36]

在記者會上，很多記者問說：「立法院是民意最高機構，院長退席是否表示對立法院的抗爭及對民意的

33 李建榮，《解凍兩岸二十年》（台北：天下文化，二〇一一），頁二三九。
34 龔濟，〈媒體利益和國家利益的位階〉，《聯合報》（一九九〇年十二月二十九日），第二版。
35《自立早報》（一九九一年二月二十七日），第二版；《新新聞週刊》，第二〇八期（一九九一年三月四日），頁二二—二三。
36〈行政院新聞局八十年二月二十六日臨時記者會全文〉，頁一。

不尊重？」我表示這既不是抗爭、也不是不尊重[37]。

下午本來郝院長不肯回到立法院，後來梁院長與行政院王昭明祕書長商量，請郝院長回立法院，所以到了下午三點，行政院全體閣員回到立法院，但是因為不知何時可以報告，行政院首長沒有進入會場。到了五點半，郝院長終於能夠提出施政報告。郝院長在報告時表示：「對今天所發生的事情表示歉意，行政院沒有意思藐視立法院、藐視國會。」[38]

此事在媒體間迅速傳開，認為是郝院長對他上午的離席表示歉意。我馬上面見郝院長，問院長表示歉意所何指？我指出，上午退席之後，新聞局接到的電話皆是支持此一退席行動，認為多年來立法院羞辱行政院，院長若是對上午退席之事表示歉意的話，民眾會質問院長上午為何退席，恐引起言行不一的批評。郝院長解釋說，他所說的歉意，是因為立法委員等待到五點半才能夠聽到他的施政報告，讓他們如此久等，所以他對他們表示歉意，並不是對他十一點退席表示歉意。所以我在晚上七時發布新聞稿，說明郝院長道歉的真意[39]。

新聞局事後檢索了各報，一共有兩百餘篇的報導，輿論對郝院長在此事件中不卑不亢的作法，大都表示肯定，並認為此舉正可凸顯立法院議事效率不佳，立法院應確立議會政治的紀律及改進議事規範，以徹底改善亂象。另根據《聯合報》及蓋洛普公司所做的民調顯示：一、支持院長退席行動的受訪民眾，《聯合報》的調查為百分之四十七，蓋洛普為百分之六十三；二、蓋洛普調查另顯示：百分之六十一的受訪者認為退席是維護行政院尊嚴的作法，百分之七十二的受訪者不認為這次退席會造成憲政危機[40]。

對我晚上七時發表新聞稿澄清郝院長道歉本意，有的記者說我有替行政院文過飾非或圓謊之嫌，我予以否認。我說，郝院長是個很坦率的人，我講的話都事先請示過他，包括記者會所發的聲明，也是行政院核定的[41]。

郝院長的退席舉動並沒有釀成政治風暴，這是因為國民黨當時在立法院是一黨獨大，而且國民黨籍立委大致團結，所以他才能夠全身而退。一九九〇年代以後，民進黨逐漸崛起，此時期國民黨的行政院長已無法

再如此強勢。就五〇、六〇年代時期而論，當時國民黨雖也是一黨獨大，但在立法院因有CC派與團派兩大派系彼此制衡，行政院長也無法一手掌控立法院。從這些角度來看，像郝院長這樣強勢的行政院長，在台灣政治發展史上應是前無古人、後無來者。對於郝院長此次採取強勢作風，我認為他是表達個人及許多國人對立法院問政品質的不滿。

（五）國防簡報與蔣仲苓晉升事

郝院長組閣時，選擇了曾任經濟部長的陳履安出任國防部長，後發生國防簡報事件。根據王力行著《無愧——郝柏村的政治之旅》，對這件事情有如下的描述：郝柏村赴國防部主持國防簡報，正如他主持財經會議、治安會議一樣；導致他要主持這個會報的原因，是陳履安與國防部參謀本部計畫次長對國防意見不合，加上陳與參謀總長陳燊齡也常意見相左；為了要化解這些糾紛，一九九〇年十月十三日，郝院長告訴李總統準備自下個月起親自參加國防簡報會談；第二年六月三十日，民進黨立委葉菊蘭在立法院提出質詢，「郝柏村於行政院召開軍事會議經本席揭發後，李登輝總統也發覺事態嚴重，曾指派祕書長蔣彥士向郝柏村轉達要求停止，然而郝柏村卻悍然不顧弱勢台灣人總統之委婉請求……。」王力行認為這件事情使府院心結加重[42]。

同年七月，民進黨立委葉菊蘭在立法院一再質詢此事，郝院長透過新聞局發表聲明如下：

---

37 同上註，頁四。

38《新新聞週刊》，第二〇八期（一九九一年三月四日），頁二二—二三。

39 同上註。

40〈行政院第二二三二次院會輿情報告〉（一九九一年三月七日），頁二。

41《自立晚報》（一九九一年二月二十七日），第二版；《新新聞週刊》，第二〇八期，頁二三。

42 王力行，《無愧——郝柏村的政治之旅》（台北：天下文化，一九九四），頁二九九—三〇〇。

行政院長至各部會聽取其施政報告，為職權分內之事。國防部為行政院所屬部會之一，院長至該部聽取國防施政報告，乃其職責所在。另根據「國防部參謀本部組織法」第九條規定「參謀總長在行政系統，為部長之幕僚長」，部長又係院長之部屬，因此，院長聽取各種軍政報告，參謀總長及參謀本部人員參與，亦屬適法之舉。[43]

但是李總統對此事有不同看法，根據鄒景雯前書《李登輝執政告白實錄》，她對這件事有如下描述：

八月九日，總統府發言人邱進益召開例行記者會，邱進益直言：「每一個人都應該對國家效忠，這是一個新方向，我們做任何事情不要看個人，而要看國家。」這段談話公布後，府院關係頓時白熱化，郝柏村頗不諒解，認為邱進益發言不當。其實，在記者會舉行前，邱進益曾經特別請示李總統應如何處理軍事會議的問題，李總統說：「你就照我在八月一日接見軍事將領的談話講好了。」邱進益才做出上述表述，目的在提醒郝柏村，既然立法院已經質疑此舉違反憲法，就當知所節制。[44]

郝院長立刻要我出面代他反駁。我一聽事態嚴重，便直言勸說：「我無論用多麼委婉的語句來反駁邱發言人的談話，第二天一定會變成媒體的頭條新聞，等於是宣告府院不合，甚至是決裂；這件事茲事體大，政府內部的團結會受很大影響，所以還是由王昭明祕書長與總統府蔣彥士祕書長溝通較好。」郝院長表示同意，這時我已嗅出李郝的關係已經不再是「肝膽相照」了。

另外一件事，也促使李郝關係逐漸惡化，是關於李總統想拔升總統府參軍長蔣仲苓為一級上將。李總統鑑於蔣仲苓即將屆齡除役，為了能讓蔣繼續留任，他必須晉升蔣為一級上將。郝院長對此事情表示反對，原因是我國的一級上將相當於美國的五星上將，軍中傳統是必須先當過參謀總長，才能晉升。經國先生在出任國防部副部長及部長時，為二級上將，當時有人勸他晉升為一級上將，經國先生婉拒。另外，郝院長認為如

果晉升蔣仲苓為一級上將，與蔣同為黃埔十六期的許歷農、宋心濂、陳守山等人也會有意見[45]。

當郝院長跟我談這件事的時候，我因經歷過俞國華與李煥兩位閣揆與李總統從合作到破裂，深有所感，所以我進勸言說，一級上將之晉升固然有其制度，但是總統是三軍統帥，他升蔣仲苓為一級上將，非關國家的大政方針，亦不影響國民生計，為了府院繼續合作、共同處理國事之更重要目標，是否可從權讓步。郝院長反駁說：「我對李總統任命其他人士，譬如內政部長、省主席、台北市及高雄市長，我都尊重李總統的決定，因為那是他所熟悉之事；但是我一生在軍中服務，這是我的專業領域，必須要堅持軍中傳統，不能同意，否則我就辭職！」他一提到辭職，我當時嚇了一跳，雖然他這是展現「君子有所為、有所不為」的風骨，但是，他在這件事情上如堅持下去，我想他跟李總統共事將不會太久。我知道李總統崇尚日本武士道精神，是個寧折勿彎的人，這樣的兩個人在一起，將無善終。對這種高層政治的鬥爭，我不僅覺得困擾，更覺得我一個學者介入其中，實在無能為力。我已歷經三朝元老，不願看到第三位院長也遭罷黜，這就種下了我在該年九月政大借調期滿時，堅不接受慰留而要離開新聞局的原因。蔣仲苓晉升事，由於郝院長的堅決反對而暫時擱置，但是在該年年底，此事又再浮上檯面，郝院長反對到底，並以辭職表示決心，這是郝李關係最終破裂的主要原因之一。

六、感想

追隨兩位總統、三位院長，我默默觀察總統與院長的相互關係，加上對中華民國憲法的認識，有下面一

43 〈行政院新聞局新聞稿〉（一九九一年七月三十一日）。
44 鄒景雯，前書，頁九六。
45 王力行，前書，頁三〇一—三〇六。

些感想。

第一，我國憲政體制問題。根據一九四六年通過的憲法，它確實是偏向於內閣制，因為：一、行政院是國家最高行政機關；二、總統公布法律、發布命令，須經行政院長之副署。這是為何在一九四八年國民大會選舉總統時，蔣中正先生願意提名胡適為總統而自己出任行政院長的原因之一。國民黨為一列寧式政黨，在國民黨內部，是總裁或黨主席當家，所以在兩蔣時期，黨政軍重要人事都是由他倆提名，再經過他們所控制的中常會通過。一九四九年一月，蔣中正總統下野，他回居浙江奉化，仍持續召見黨政軍大員，面授機宜，這引起代總統李宗仁之不滿。蔣先生的回應是，我總統雖然下野，但總裁職位仍在，故可繼續指揮黨政軍從政同志。這也是蔣先生得以下令把存於中央銀行的黃金及故宮的國寶，以軍艦運往台灣，其權力的根源就是他是國民黨總裁。

國內憲法學者在討論我國憲法是內閣制抑或總統制時，有人戲稱當經國先生擔任行政院長時，是內閣制，但當他出任總統時，則是總統制，其實際原因是，蔣經國無論擔任行政院長或總統，都是黨主席。既然如此，我常喜歡和憲法學者半開玩笑半認真地說，在國民黨執政時，乾脆就說它是黨主席制，因為行政院院長，必須先經總裁或黨主席提名，並經其所控制的中常會通過；而他能不能夠出任行政院長，也需要有黨中央控制的國民黨立院黨團的支持才能夠通過。總之，在憲法下，總統並無權命令行政院長，但在這樣的黨國體制下，行政院長必須聽命那位兼任總裁或黨主席的總統。

第二，李登輝總統任內，他對其權限提出了一個新的說法，認為他有國防、外交及兩岸關係之專屬權。其理由是，他是三軍統帥，所以有國防權；他是國家元首，對外代表國家，所以有外交權；他是「國家統一委員會」主任委員，所以大陸政策也為其專屬權限。支持此一說法人士，甚至指出，總統府內「國家安全會議」，為總統決定有關國家安全大政方針之諮詢機構，其出席人員包括行政院院長及許多部會首長，據此，總統可以透過國家安全會議來指揮行政院長及其部會首長。李總統及其後之總統，均採取此一說法，歷任行政院長從未表示過不同意見，國內媒體或輿論也多從此說。

個人不能同意此一說法。以國防、外交、兩岸關係三個領域言之，其主管機關為國防部、外交部、大陸委員會。行政院組織法明訂此三部會均為行政院所屬機關。根據行政院應向立法院負責之精神，此三部會預算之編列及其首長之任命，都是行政院長應有的權力，所以說外交、國防、兩岸關係是總統專屬之權限，不符合憲法之規定，其理甚明。但是為何沒有任何一位行政院院長表示反對意見，原因只有一個，因為院長之任命，就國民黨而言，是由黨主席決定，他怎敢反對？在民進黨陳水扁總統執政時期，總統雖有時不兼任黨主席，但總統以其威望，仍實際控制黨政一切重要人事之任命。

我可以再舉一反證說明之。以目前中華民國憲政體制而言，是雙首長制，也就是說，假如總統所屬之政黨，在立法院為多數黨，這時候總統因兼黨主席，他可同時一手控制行政院與立法院，所以此時是一個偏向總統制的雙首長制。但是，假如總統的政黨在立法院為少數黨，他如果不邀請立法院多數黨人士出任閣揆，堅持任命自己少數黨人士，即成為少數黨內閣，則必遭立法院多數黨之抵制，政治必定永無寧日。

至於說總統因控有國家安全會議即可指揮行政院，更屬無理。根據國安會組織法第五條：「國家安全會議之決議，做為總統決策之參考。」易言之，只供總統「參考」，並未規定行政院必須執行。

第三，從俞院長、李院長到郝院長，他們因為是全國最高行政首長，根據憲法必須到立法院提施政報告並備詢，要為政府的施政、人事做辯護。但事實上，這三位院長的施政與人事，大部分要聽從李總統的意旨，所造成的結果是，行政院長有大責而少權，總統則擁有大權而幾乎無責，日久下來，雙方關係自然緊張，容易心生怨懟，除非院長向總統完全投降。

第四，如何解決總統府、行政院與立法院間的問題？就是厲行雙首長制，並恢復立法院對閣揆任命之同意權。如此，當總統所屬之政黨在立法院為多數黨時，他所提名的行政院長必會通過，但此一行政院長，實質上只是總統的幕僚長，此時這個政府是偏向總統制之雙首長制。假如總統所屬的政黨在立法院為少數黨，他應提名立法院多數黨所同意的人選為行政院長，這時就是偏向內閣制的雙首長制。（馬英九在競選總統期間，曾明白表示，如其當選總統，但國民黨在立法院為少數，他會接受民進黨人士出任行政院長，即是此

意。）但此一行政院長是否會成為全國最有實權的行政院長，要看他在黨內地位如何而定，如他在黨內居領導地位，這時黨政合一，他才是實至名歸之最高行政首長。我國憲政體制如能照此種方式運作，則可正常運作，否則必陷困局。陳水扁八年總統任內，民進黨政府一直陷入困局，即因民進黨在他兩任任期內，在立法院都為少數黨，而陳水扁偏要「整碗端過去」，不讓居於國會多數黨的國民黨人士出任閣揆，所以國民黨杯葛民進黨八年，國家政局因而一片混亂，這是陳總統一意孤行的結果。

第五，政治離不開人的因素。李登輝與俞國華的關係，由於俞氏在兩蔣時代是幕僚出身，在中央銀行、經建會及行政院長任內，是一個非常卓越的技術官僚，本身並無太大政治企圖，也不參與政爭，所以和李登輝先生還能相處一年半左右。他之所以請辭，實在是因為國民黨內部及立法院之鬥爭文化過於慘烈，使他心力交瘁，才決心辭職。

李煥先生多年從事黨務，雖然在李登輝接任代理黨主席一事有其功勞，但因曾涉入國民黨非主流陣容，李登輝自然無法將之納為心腹，李煥出任院長不到一年，即被請下台。

至於郝院長，是一位公忠體國型人物。經國先生去世之翌日，郝柏村以參謀總長身分，在全國電視觀眾面前表示效忠繼任的李總統，充分展現他軍人忠於國家領袖之精神，所以李總統此時對郝院長應有其基本之欣賞。郝院長任職行政院長期間，在整頓治安及推動其他政務頗有政績，應該也得到李登輝的肯定。但是，兩人之出身背景與意識型態不同，在國民黨內派系政治、兩岸關係走向及統獨等問題，均有其難以彌補的差異，所以最後兩人無法「肝膽相照」。但是觸發兩人分裂之引信，應是郝院長主持國防簡報及郝以辭職反對蔣仲苓晉升一級上將兩事。對李總統而言，身為三軍統帥，國防事務應為統帥之權限，郝已出任行政院長還過問國防事務及人事，他無法忍受，兩人終於分道揚鑣。至於郝院長數次在民調上高於李總統，李登輝是否有瑜亮情節，亦是可以想像之事。

對於總統與院長之間的關係，由於有機會從近距離觀察，所以有以上的了解與看法。

第十五章 新聞事業之「解嚴」與「興利」

一、導言

行政院新聞局在我任內，適逢解除戒嚴、開放報禁及兩岸開放探親與交流等重大國家發展，新聞局之工作面臨三大挑戰：

第一，角色的調整。新聞局從一九四七年成立到一九七三年，它國內業務僅限於單純的新聞發布、國外業務為國際宣傳，所以，新聞局當年本是一個單純的新聞發布與宣傳單位。但是，一九七二年蔣經國出任行政院長，翌年，他撤銷了教育部的文化局，把該局所管廣播、電視、電影業務全部撥由新聞局負責，又把原屬內政部的出版業務，一齊併入新聞局。文化評論家張繼高對這個決定有個非常一針見血的評論，他說：「經國先生青壯時在蘇俄成長，他對媒體與藝文的了解始終不脫馬雅可夫斯基（Vladimir V. Mayakovsky，一八九三—一九三〇）的框框——『無論是詩或歌，都是旗幟和炸彈』。」[1]新聞局奉命接管出版、廣電、電影業務，它就負有管理文化與思想的任務。

新聞局針對出版、廣播電視及電影事業，都各有法規管轄，如出版事業有「出版法」、廣電事業有「廣

1《中國時報》（一九九四年六月二十五日）。

播電視法」、電影事業有「電影法」及「動員戡亂時期國片處理辦法」規範之。對此些事業某些行為是否違反相關法令時，新聞局有很大的行政裁量權，這是為何在戒嚴時期新聞局對這些事業做出處分，常引起爭議，有人認為是在打壓它們，即使新聞局此一處分並無政治考量，純係依法行政，外界仍然存疑，認為新聞局扮演了「文化警察」的角色。

解除戒嚴後，我認為新聞局不應再扮演對新聞事務之「管制」與「處罰」之角色，而應執行新聞之「解嚴」與「興利」兩大工作。在戒嚴時期，政府管制新聞與文化曾產生一些民怨與不公，例如政府曾勒令《自由中國半月刊》及《文星》雜誌停刊，現既已解嚴，不可再有此等情事發生。另外，新聞局更要採取新的措施，盡快協助建立一個開放而健康的出版、廣電與電影市場，以促進言論自由及演藝表演的自主。

第二，促進兩岸新聞及文化交流。一九八七年十一月，政府宣布開放老兵赴大陸探親，從此兩岸關係，從原先之對峙狀態，走向兩岸雙向交流之局面。在這種演變下，對新聞局而言，產生了兩岸記者互相採訪，開放大陸出版品（包括歌曲）來台，台灣廣播、電視事業赴大陸製作節目，台灣電影事業赴大陸拍片等問題。

第三，加強國際傳播工作。台灣在解除戒嚴後，進行了一連串的政治改革措施，在國際社會立刻躍升為一個形象清新的民主國家。再加上一九八九年六月，大陸發生天安門流血慘劇，相形之下，台灣更成為國際社會眾所讚譽的寵兒。新聞局職司國際傳播與提升國家形象工作，在此期間，必須要以嶄新的作為來完成任務。

本章以及以下兩章，即針對以上三大挑戰，分別說明新聞局所做的因應與努力。本章先敘述新聞局如何在業務上，進行「解嚴」與「興利」的工作。

二、開放報禁

民國四十年及五十六年，行政院以行政命令限制報紙登記；民國四十四年行政院又發布「戰時新聞用紙

行政院新聞局宣布自一九八八年一月一日起開放報禁。（馮立罡／攝影，一九八七年十二月一日）

節約辦法」，限制每報每日最多可印行三大張、十二頁。

一九八七年二月五日，俞國華院長在行政院院會宣布，新聞局要在兼顧新聞自由與報業善盡社會責任之原則下，盡速以合理的規範和辦法，開放報禁。在當時，台灣地區共有三十一家報紙（日報二十三家，晚報六家，英文報紙兩家）。第二天，《中國時報》以社論表示：

> 現在俞院長指示對報紙的登記與張數重加積極的考慮，無疑的是開放自由辦報、允許報紙增張的先聲。自將為我國的言論自由，開創一個新紀元。
>
> 我們希望新聞局就現行法令加以檢討修正，在研訂規範或辦法的時候，應從大處著眼，多做積極的措施，勿為消極的限制，那麼我國的新聞事業，必能在民主憲政的環境中，爛開瑰麗的花朵。[2]

2《中國時報》（一九八七年二月六日），第二版。

《聯合報》亦以社論提出同樣主張[3]。

我接任後，事關國家文字媒體開放時代的來臨，知道責任重大。好在於政大教書時，認得許多政大新聞學院學者，我一方面向他們討教、一方面拜讀他們許多大作。著名傳播學者李金銓對台灣報業提出以下的批評與建議：一、台灣報禁行之三十六年，報業市場的遊戲規則早被扭曲，以至於一方面黨政軍系統囊括三十一家報紙數目的一半，另一方面兩大報團（作者註：此指《聯合報》與《中國時報》）占有市場的三分有其二，他認為剩下的三分之一市場，必須留給新的、小的報紙。二、張數不應設下限，但應設上限，不設下限是為了讓弱者有一試身手的機會，設上限是怕既得利益者無限擴充，會霸占廣告市場；三、新聞與廣告的比例也應限制，以免大報壟斷廣告市場；四、印刷處所數量也得限制，至少在解禁初期應如此，這是大家對壟斷的顧忌[4]。

在開放報禁協商階段，最主要的爭議是印刷所的數目問題。中南部的地方報紙負責人來新聞局陳情，他們反對報紙在不同地點設發行所及印刷所，認為這將威脅地方報紙的生存。為了此事，我特別拜會某大報系負責人交換意見。他對印刷所數目不得設限一事非常堅持，他甚至向我表示，假如新聞局最後限制其數目，他將提起法律訴訟。

這個問題，我請教了新聞局的法律顧問楊鳴鐸及法治斌，他們提出兩點意見：一、我國出版法對於新聞及出版事業之成立是採取登記制，只要申請者合乎法律之要件後，主管機關即得核准。但民國四十年行政院以命令將登記制改為許可制，這就是所謂「報禁」，扭曲了出版法的原意，更顯然與憲法保障人民出版自由之明文規定有所悖離。二、出版法內關於發行所、印刷所，只規定申請處之名稱與所在地，至於數目，沒有言及。另憲法第二十三條明訂僅得以法律限制人民之權利，因此以往內政部及新聞局屢次重申新聞報社僅能有一個發行所及印刷所之行政命令，實應取消[5]。我接受他們的看法，然後約見中南部報業負責人告以新聞局之立場，請他們體諒，他們勉強接受。但新聞局也對他們稍做彌補，即任何報紙在總社以外地區發行及印刷報紙，必須在該地區另行申請登記。

經過七個多月與報界業者、學者專家及法律顧問反覆磋商結果，終於達成開放報禁協議。十二月一日，我與台北市、台灣省及高雄市報業公（協）會三位理事長羊汝德、張家驤、李瑞標共同召開記者會。先由我說明整個開放報禁協調的經過，並宣布新聞局將在翌年元月一日接受新報的登記，正式開放報禁[6]。三位理事長代表全國報業發表以下聯合聲明，要點如下：

一、報紙張數：上限為對開六大張，下限為對開一大張；二、廣告與新聞之比例不予限制；三、由省市報業公（協）會各推兩位代表，新聞局推薦三位學者專家，組成九人小組，研究加強報業自律與新聞評議功能；四、報紙之新聞與廣告分版，以目前最高狀況為準，加張後不再擴增；五、報價：視各報發行張數之多少，由報業公會審慎分別協商研討；六、登記立案之報紙，在不同地點、發行及印刷報紙，應另行申請登記證，並在報紙名稱上清楚註明係地區版，如某某報中部（或台中版）、某某報南部（或高雄）版。[7]

十二月中旬，我接受《新新聞》周刊訪問[8]。說明在開放報禁協商過程中，新聞局只是列席，幾乎都沒有發言。新聞局的立場是：只要業界能夠達成協議而不違背法律，新聞局完全接受。我又對業界能夠達成協

3《聯合報》（一九八七年二月六日），第二版。

4《自立晚報》（一九八七年六月二日）。

5 楊鳴鐸、法治斌，〈新聞紙雜誌發行所之「所數」得否以命令加以限制？〉（一九八七年十一月五日報告）；法治斌，〈有關限制新聞報社僅得有壹個發行所及印刷所之法律意見〉（一九八七年十一月八日報告）。

6〈行政院新聞局對開放報紙登記及增張事宜之聲明〉（一九八七年十二月一日）。

7〈邁向一個資訊健全的新時代——省市報業公會為政府開放報禁的聯合聲明〉（一九八七年十二月一日）。

8《新新聞週刊》（一九八七年十二月七日—三十一日），頁四九—五一。

議的原因說明如下：

一、限六大張的原因之一，是很多報紙因設備不足，超過六大張就印不出來。二、廣告與新聞的比例問題，有人建議，廣告和新聞應各占百分之五十；但是也有人認為一份報紙不可能印太多廣告，否則會影響銷路，在讀者的需求壓力下，自然而然會產生均衡狀態。三、元月一日報紙開放登記，這是業者的建議，新聞局從善如流。四、報業應加強自律與新聞評議功能，新聞局當然同意。五、仍維持一報一證及一個印刷所的規定，但到外地辦報，要在外地登記才可設印刷廠。

在這個訪問裡，我又表達兩點看法。

第一，我不同意開放報禁後，報業一定會出現壟斷現象，我說：

現在的所謂強勢報紙，有些是當年的弱勢報紙；現在所謂的弱勢報紙，有些在當年卻是強勢報紙。所以將來誰強誰弱，恐不能過早即下斷語。

我當時意指《聯合報》的前身《民族報》、《全民日報》與《經濟時報》，以及《中國時報》的前身《徵信新聞》，它們最初都是弱勢媒體，後來才變成強勢媒體。我這個預測到二十餘年後的今天，還未失誤。今日報業，四分天下：一、《聯合報》；二、《中國時報》；三、《自由時報》；四、《蘋果日報》（二〇〇三年進入台灣）。並沒有壟斷的問題。

第二，一個國家新聞媒體的成熟，要靠社會整體的進步，並不是開放報禁就可以達成。我說：

像更多的採訪自由、新聞自由的空間，我想慢慢都會達成的，但也不要以為，我們只要有這些空間，

> 就會有一個很成熟的新聞事業出現。有時候還是要有很多條件配合，一步一步向前走，最後才能達成。胡適當年也講，國家社會的改革與進步，是要靠一點一滴的努力才能得來。

對開放報禁後二十餘年來台灣報業發展的現況，大體而言，我可以接受。由於台灣社會有藍綠分明的民眾，所以今天台灣的媒體也分藍綠。台灣的報紙三分天下：泛藍的民眾喜看《聯合報》及《中國時報》；泛綠的民眾喜看《自由時報》；但是在藍綠之外，也有選擇《蘋果日報》的讀者，這是因為它在藍綠之外，提供一個比較沒有政治而多民生、影藝、娛樂與消費的新聞。總之，台灣報業今天的情況，只是反映整個社會之心態與水準，與其批評報業，不如反求諸己，因為我們每個人都是訂報人、買報人、讀報人。其實，民眾口味本來就不一致，對這種「各取所需」的現象也不必詫異。以美國紐約市而言，正經八百的《紐約時報》與大眾口味的《每日新聞》（*Daily News*）多年並存，紐約市民並不覺得有何不對。

三、開放台灣禁歌

一九四九年五月二十日，台灣警備總司令部宣布台灣全省戒嚴。戒嚴時期，為了鞏固民心士氣，對於流行歌曲採取管制措施，其依據是「出版法」及一九五五年頒布的「動員戡亂時期無線電廣播管制辦法」，由警總會同內政部、教育部、交通部、國防部總政戰部、國立音樂研究所、中華民國音樂學會、台灣省新聞處、台灣省警務處、中國廣播公司等單位，共同處理管制事宜。審查歌曲共有十到十二項的標準，最主要是其中三項：一、意識左傾，為匪宣傳；二、詞句頹喪，影響民心士氣；三、意境淫穢，妨礙善良風俗[9]。

9 王介安，〈台灣流行音樂禁歌小史〉（二〇〇七年十一月十一日），小星星的家——王介安部落格，http://www.andywang.com.tw/index.php?load=read&id=315。

警總第一首禁的歌是一九五〇年的「何日君再來」，認為「君」與「軍」同音，有影射共黨八路軍再來之意。其他被禁的較著名歌曲有：「賣肉粽」、「收酒矸」（認為影射政府無能、人民生活困苦）；「黃昏的故鄉」、「媽媽請你也保重」（認為唱此等歌會使人懷憂喪志）；「給我一個吻」（認為接吻妨礙善良風俗）；「熱情的沙漠」（認為歌星歐陽菲菲的一聲「啊」會引起性幻想）等[10]。

一九七三年八月，內政部出版處、教育部文化局歸併到新聞局後，歌曲管制工作便移交新聞局。到了一九七九年二月，新聞局開始實施歌曲審查制度，規定廣播電台播歌，電台或唱片公司必須先將詞曲譜送新聞局廣電處審查，審查未通過的歌曲，其不恰當部分必須修改到合格才可以出版或播放。歌曲審查每週一次，從一九七九年到一九八七年十二月，一共審查了三百二十次，受審的歌曲超過兩萬首，被禁歌曲共九百三十餘首，這些禁歌大多是在警總時代即被禁。

審查制度的第一年，齊豫的「橄欖樹」也遭禁播，原因是此歌內容有「不要問我從哪裡來，我的故鄉在遠方」等句，會讓聽者勾起思念大陸故鄉；另外，歌詞中反覆提及「流浪」一詞，恐會導引年輕人離家出走[11]。在這九百三十餘首禁歌中，文夏主唱的歌就有九十九首，名列第一。另外，我在美國生活期間，認識的台獨朋友最喜歡唱的是「黃昏的故鄉」，連同「望你早歸」、「補破網」、「望春風」、「媽媽請您也保重」，列為黨外五大精神歌曲，在台灣全部被禁[12]。

禁歌所以如此之多，據了解警總作業內情人士告訴我，其中原因之一是，建議禁歌之工作人員可獲獎金，而給予獎金的理由竟是，查禁人員「具有敵我意識」或「能明辨是非善惡」！既有獎金鼓勵，許多查禁人員就用放大鏡或幻想力來審查歌曲，這就造成前述「橄欖樹」被禁的命運及歌曲被禁愈來愈多的結果。王曉波教授曾指出，一九五〇年代白色恐怖時期，匪諜愈抓愈多的原因之一，也是調查匪諜人員受到獎金之鼓勵，難免有冤獄之發生。

我覺得歌曲本來就是人類抒發情懷的一個管道，不禁還好，愈禁愈紅，反會造成人民對政府之不滿，是一種時代與思維的錯誤。對我這學歷史的人而言，查禁的理由有時簡直是牽強附會、不合情理。所以在解嚴

後，我請出版處與廣電處檢討此事，研究如何開放禁歌。新聞局於一九八八年三月，邀請丑輝英、汪精輝、涂敏恆等六位流行歌曲專家舉行三次重審會議，解禁了三分之二的禁歌，另外的三分之一，則因為「蘊含政治暗示」或「涉嫌妨害社會善良風俗」暫時未予處理[13]。但後來社會更加開放，兩岸已可探親交流，再加上一九九一年「動員戡亂時期」終止，新聞局遂將禁歌完全開放，台灣人民終於有了寫歌、唱歌和聽歌的完全自由。我若不到新聞局服務，還真不知道政府在戒嚴時期，竟將歌曲管制得如此徹底。

二〇〇七年七月十五日，是台灣解嚴二十週年紀念日，新聞局和高雄市政府合辦「自由歌唱、唱歌自由——禁歌、禁曲演唱會」，以資慶祝。

四、開設電影分級制及審檢《悲情城市》

新聞局為了維護青少年及兒童看電影的身心健康、兼顧成年人觀賞電影的權益、並使電影片製作業有較大之創作空間，在我上任八個月後，一九八八年元月一日起，實施電影分成「普遍」、「輔導」、「限制」三級制。輔導級是十二到十八歲的青少年，須由成人陪同觀看，限制級是十八歲以上之成年人才可觀看。對於製片業，這樣分類的好處是，他們可以選擇拍何級電影，以促進他們自己的最大利益。對於有些暴露的鏡頭，片商可以選擇，如果想列入普遍級，則這些鏡頭必須剪掉，否則要列入限制級。但是片商對於任何鏡頭的刪剪，幾乎都有怨言，常公開批評政府雖然已經解嚴，但新聞局電影處還沒解嚴，認為剪片會使其片子的

10 李坤城，〈台灣戒嚴時期禁歌漫談〉，收入高雄市政府新聞處編，《再見！禁忌的年代》（二〇〇七年十一月），頁五—一五及頁七—一五。

11 同上註，頁一二—一五至一三—一五。

12 蘇永耀，〈禁歌近千首——思母、戀愛、失戀都禁唱〉，《自由時報》（二〇〇七年七月十四日）。

13 《聯合報》（一九八八年三月十三日），第十七版。

《悲情城市》一片榮獲威尼斯影展「金獅獎」，新聞局頒發一百五十萬獎金。（一九八九年九月二十日）

一些理念無法充分表達。其實這種批評，在大多數情形下，是片商為求宣傳與促銷而為。

新聞局對電影有三級之分類，多半是因為牽涉到暴力、恐怖與色情。但是對於具有高度政治性或歷史敏感事件的電影，新聞局該如何處理，這是新聞局在解嚴後面對的另一挑戰。

一九八九年九月初，義大利舉行威尼斯國際影展，它是世界四大影展之一，侯孝賢導演之《悲情城市》參展。該片之主題係透過基隆九份地區林姓家族之興衰，描述台灣光復初期之民情與社會風貌，但在片中也對「二二八事件」有所著墨。侯導演對片中的「二二八事件」提出說明：「這個台灣人長久以來的陰影，應該拿掉，讓大家更健康，更光明地去建設我們居住的台灣。」[14]但是有位本土意識較強烈之作家則批評說：「本片所呈現的二二八與許多人既存觀點不同，台灣意識較強的人，很難接受侯孝賢的詮釋。」[15]侯孝賢導演在當時頗受國際影壇的矚目與肯定，再加上《悲情城市》觸及二二八事件，所以當該片於九月八日送新聞局初檢時，立刻引起新聞媒體之廣泛報導。

面對此一情勢，新聞局有兩個選擇，一個是由新聞局自行審核，另一個是廣邀社會公正並具名望人士審核，以示公允。我事先看過全片，認為該片並非以「二二八」事件為主體，亦未對該事件做延伸之解釋或主張，更無批評政府或挑撥省籍意識之故意，是一部兼具文化性與社會性之影片，因此，如由新聞局負責審查，一定會讓它一刀不剪通過。但是我擔心，由於我們社會上，尤其是政府內部，有些保守人士對「二二八事件」非常敏感，如果新聞局通過此片，恐引起這些人士之反彈，要求新聞局剪片或禁演，這時必將在輿論上引起爭議。假如採取第二個選擇，邀請社會公正並具名望人士加以審核，通過的機會應該很大，而且由於他們的社會地位，他們審查的結果應能為朝野所接受。經過再三考慮，我決定採取第二個選擇，並親自擬定審查人員名單，共十七人，包括台灣耆宿陳重光；歷史學者張玉法、蔣永敬、賴澤涵、蘇雲峰等四人；傳播及電影學者徐佳士、鍾蔚文、殷允芃、方蘭生、廖峰香、井迎瑞等六人；政治學者呂亞力；經濟學者吳榮義；影評人謝鵬雄、華景疆；文建會副主委張植珊及國大代表劉炳森[16]。他們之中，絕大多數都是對政府友善人士，如果他們做出通過的決定，應可抵擋政府內部或社會較為保守人士之反對。審查結果是全票通過、一刀未剪。得到這個結果時，我心裡非常安慰，以為《悲情城市》之通過不會引起反彈。

五日後，威尼斯影展宣布《悲情城市》獲得第四十六屆最佳影片獎（金獅獎），是我國電影有史以來第一次贏得國際重要影展之首獎。我依據電影法「凡參加國際影展而具有特殊表現者應予獎勵」之規定，頒發獎金一百五十萬元。

後來據一位跑影劇新聞記者告訴我，本來片商很希望新聞局或社會公正人士做出修剪甚至禁演之決定，如此必會引起社會之抨擊，這將為該片製造聲勢，新聞局最後一定會被迫收回成命，這更會使該片大賣；所

14《首都早報》（一九八九年九月十八日），第一版。
15《首都早報》（一九八九年九月十六日），第一版。
16〈行政院新聞局「悲情城市」影片審處說明〉

以，片商對於該片一刀未剪而通過，還有遺憾。這是否是事實，我未去查考，但我內心想，片商若真有如此期待，也未免太低估新聞局的智慧。該片上映後，票房紀錄並不理想，此恐係其情節較為沉悶，再加上放映時間又長達兩小時半，這部片子可說是叫好而不叫座。

此事我以為應該就此落幕。不意同年十二月二日，台灣縣市長選舉結果，民進黨在台北縣等七個縣市獲勝，國民黨只贏得十四縣市，國民黨認為失利不小。十二月七日行政院院會，某部會首長突然起立發言，認為國民黨這次選舉失利之主因，即係新聞局通過《悲情城市》在全省上演，引起民眾對政府產生不滿。該首長做此批評時，態度嚴肅，用詞頗重。我立刻舉手解釋說，這部影片是我國電影有史以來，首次得到國際重大影展大獎，應讓國人有欣賞的機會。另外，正因為內中涉及「二二八事件」，茲事體大，新聞局不敢專擅，所以請各界名望人士十七位共同審核，並得全票通過。我復陳述，假使此片不能通過，恐將引起社會譁然，社會開明人士及反對黨必將群起攻之，根據電檢辦法有復檢之規定，片商可以要求復檢，在強大的輿論壓力之下，又勢必通過，屆時政府將陷入「首鼠兩端」窘境，所付出之代價恐將更大。語畢，該首長又起立發言：「剛才邵局長說他找了十七位社會名望人士審查通過；同樣的，我也可以找十七個所謂的社會名望人士予以否決。」我面對這樣無理的責難，甚為不服，再次舉手要求發言。這時，李煥院長看到情勢有點緊張，即說：「此事已成過去，不必再討論。」這場口舌之爭終於打住。院會後回到局內，左思右想，自己一番苦心，化解了一個文化爭議事件，竟在院會中被另一位首長斥責，心實不平。

五、籌建公共電視台

一九八〇年二月，行政院孫運璿院長，鑑於三家商業電視台之營運以利潤掛帥，節目以收視率決定取捨，深不以為然，為求全民能看到以文化與社教為主之精緻節目，乃倡議成立公共電視台[17]。

從孫院長在一九八〇年提議，到一九九八年七月一日公視開播，中華民國成立公共電視台竟等了十八年

之久。在其中，一九九三年，新聞局還被監察院通過「糾正」案。由於公視建台曾引起一連串問題，這包括引起政府行政、立法與監察三院之爭、牽涉到朝野政黨之惡鬥、黨政軍所控制三台的自私自利、學者專家對公共利益的堅持及一些民意代表的偏執問政，公視建台是台灣政治文化史上一齣長達十八年之醜劇。當世界主要民主國家都設有公共電視台，在台灣成立之路途竟如此坎坷，幾乎功敗垂成。由於此事反映了台灣解嚴後政治、社會與文化之糾葛與亂象，極具教訓意義，所以，要以較大篇幅說明全貌。

孫前院長倡議後，新聞局於一九八四年五月，成立「公共電視節目製播小組」，徵用國家三家無線電視台（即台視、中視與華視）的時段播出，由於節目風格清新，深受各界好評。兩年試播期滿以後，該小組併入「財團法人廣播電視事業發展基金」，繼續與三台合作，製作公共電視節目，每週播出十五小時。

我在美國讀書及教書二十年間，常觀看美國公共電視台節目，受惠甚多，尤其是在波士頓之ＷＧＢＨ台，它常邀哈佛大學、麻省理工學院教授參與節目，極為觀眾喜愛。到新聞局服務後，就決定要完成孫前院長之心願，上任後立即規畫建台事宜。

新聞局廣電處處長曠湘霞博士，畢業於美國南伊利諾大學新聞學院，在政大新聞系任教多年；該處編譯張平，對廣電事業有學術訓練與在英國ＢＢＣ實務經驗，所以我請他們兩位向我國廣電界學者專家請教建台事宜，他倆終於在一九八八年四月提出建台草案，新聞局呈報行政院。

建台必須先解決兩個問題。第一，由於當時國家無線電頻道使用擁擠，必須和國防部及交通部協調，由該兩單位提供公視台四個新闢的ＵＨＦ頻道以構成播放網路。第二，是建台土地。我於一九八九年底面見李煥院長，力陳三家電視台均為黨政軍控制（中視最大股東為國民黨，台視最大股東為省政府，華視最大股東為國防部），後台極硬，新聞局無法使其配合政策，再加上三台以營利為主，許多節目品質不高，有時甚至還有腥羶色問題，久為社會所詬病，與新聞局廣電處亦時有齟齬。我表示「興利」大於「除弊」，希望院長

17《聯合報》（一九八〇年二月七日），第三版。

為爭取立法院通過公視法，蘇起、李大維及本人三位前、現任新聞局長聯袂拜會立法院。（黃子明／攝影，一九九七年五月二十三日）

能協助建台作業。李院長畢業於哥倫比亞大學教育學院，出任院長之前，曾任教育部長、國立中山大學校長，是一具有教育理想之長官，他立即表示同意，並指示行政院王昭明祕書長協調此事。財政部國有財產局在內湖區康寧路有一塊四千八百八十坪的土地，不過監察院與外交部也在爭取，在李院長支持下，將該地撥給新聞局使用。

當頻道與土地兩大問題解決後，一九九〇年初，新聞局成立「公視建台籌備工作小組」，由副局長廖正豪出任召集人，進行籌備工作。結果三月十六日《中國時報》，以「不要讓政府偷走了公共電視」為題，刊登整版批評新聞局的文章。立法委員朱高正警告：「別讓公視成為第四家政府電視台。」台大賀德芬教授批評該小組由新聞局人員出任之不當，認為「在此情況下想要求公視完全排除政治干預恐怕很難」。新聞局人員郭冠英則表示，廣電基金之「公共電視製播小組」，「由政府拿去領養，在家中，她不但受到三個『養兄』的歧視，還受到『養父』的亂倫，就算我們相信政

府所說有一天會『有風度』的放她獨立，問題是，一個被亂倫已久的女孩，她還能正常成長嗎？」另外，該報記者王曙芳也對該小組大肆抨擊[18]。

我看了這些報導後，第二天就向行政院建議，應盡速廣邀社會各界公正名望人士成立籌備委員會，以免引起外界之懷疑。該委員會有兩項任務：一、邀請學者專家草擬公共電視法，二、進行硬體建設。我復建議，為爭取時效，該委員會應將此兩項任務一併進行，如此公視應在三年內即可建台，若先立法再做硬體建設，恐要再延遲兩至三年才能完成。

我在四、五月又向行政院提出三次報告。在報告中我指出，英、美、日三國公視之董事都是在教育、文化、藝術、傳播界有卓越成就之人士，其中並無黨派及其他政治考量，如委員本身有政黨身分，其人數不得超過三分之一或半數。根據這個原則，我提出一份推薦名單，共二十二人，其類別為大眾傳播界人士四人：徐佳士、王洪鈞、張繼高、楊乃藩；人文學者三人：陳奇祿、李亦園、張玉法；藝文界人士六人：林懷民、中學庸、江兆申、余光中、楊萬運、葉石濤；其他各界人士六人：于宗先（經濟）、薛毓麒（外交）、簡曜輝（體育）、楊日然（法律）、沈君山（科學）、黃堅厚（教育）；政府代表三人（教育部長毛高文、文建會主委郭為藩及我本人）。此一名單兼顧專業、南北地域及性別之平衡，並無任何政黨考量。其中政府代表三人是對建台事宜提供行政支援。至於主任委員，我建議由學界耆老陳奇祿（曾任行政院文建會主委、台大文學院院長）出任。李院長對這個名單表示滿意，惟希望我出任主任委員，我表示此恐引起外界批評政府想掌控公視，對公視超然立場將有負面影響，我對院長好意表示感謝，請他同意由陳奇祿出任主任委員。這時李院長已經知道了他即將去職，他批示留待下任院長決定。

郝院長於六月一日上任後，完全接受我所建議之名單，所以這些委員於七月一日上任。籌委會成立後，決定成立公共電視法立法起草小組，由楊日然（司法院大法官）、徐佳士（政大新聞系教授）等學者專家七

18《中國時報》（一九九〇年三月十六日），第二十二版。

人組成。該小組於一九九一年六月完成公視法草案，在舉行三次公聽會後送行政院審核。

一九九一年六月立法院通過公共電視預算時，一向反對公視建台的立委周荃，立刻要求在公視法未通過前不可動支此筆預算，並指責我「一手遮天」。我予以反駁說，立法院上年已通過公視三億元預算，今年又通過十九億四千萬元預算，這些都是建台所需費用，新聞局當然可以支用[19]。有一次她問我為何執意要建公視，我回應說：「妳問我為什麼要建公視，等於妳問我一個國家為什麼要設學校、為什麼要蓋醫院？這是不問自明的問題。」又說：「英國有ＢＢＣ、日本有ＮＨＫ、美國有ＰＢＳ，舉世稱讚，為什麼中華民國不能有公共電視台？」

一九九一年九月，我因政大借調期滿，向行政院辭職歸建。離開新聞局才一個月，行政院在十月，將公視籌委會所提公共電視法草案加以修改後送立法院審議，但負責起草的召集委員徐佳士教授，認為行政院版本已將公視改成政府電視台，以辭職表示抗議，這是公視建台的第一個波折。

一九九二年四月初，公共電視台行政大樓舉行動工典禮，我應邀參加，感到非常欣慰。同月十四日，籌備委員張繼高在《聯合報》發表「為什麼需要公共電視」長文，又為公共電視催生。他對新聞局催生公視給予嘉許：

所幸政府在前年，決心辦公共電視台，這次新聞局的態度，特別是當時的邵玉銘局長，比歷來政府任何一個時期都來得開明，例如放手讓學者專家立法，不干預籌備細節，都是難能可貴之事。[20]

一九九三年九月，監察院黃越欽與蔡慶祝兩位委員對新聞局長胡志強（我之後任）及該局廣電處長顏榮昌提出「糾舉」案，主要原因是，兩位監委認為新聞局將人事、會計等職權，以委託方式全部交由公視籌委會負責，未盡到監督責任。黃監委並表示如果一旦改提彈劾案時，考慮要將我列入名單。該案經過五位監委審查，以二對三票，沒有通過。後來黃蔡兩位委員於十二月改提對新聞局的「糾正案」，終於通過，這是公

視建台史上第二個波折[21]。我認為這件事情之所以發生，是兩位監委不明瞭三年前新聞局將人事及會計等職權交給籌委會之時空背景，如前所述，當時輿論是一致做此要求。

徐佳士教授也以「公視身邊老虎何其多」為題發表評論，認為公視一共遭受三次老虎的威脅，第一個老虎是行政院把籌委會的「公視法」草案修改到面目全非，變成一部「政府電視台法」。第二個老虎是立法院，因為其中有些老虎不斷襲擊公視。第三個是監察院這個老虎。他在結論說道：

> 在英、美等國家，對公共傳播制度的批判或反對者，多半來自私營的傳播工業，而在台灣，三個政府最高機關中，都有人「身先士卒」，企圖顛覆公共傳播制度的創設，真怪！[22]

十月二十日，我應立法院教育委員會之請，報告當年推動公視的籌備情形。表示，一九九〇年，新聞局回應社會對打破三家電視台壟斷的要求，決定成立公視籌委會，一面立法、一面建台，若此決策有錯誤或我任內有任何問題，我願負起全部責任[23]。

由於輿論都主張三家無線台使用國家頻道，應提出其營業額之百分之十支援公視，所以，一九九五年一月公視法在立法院審議時，台視、中視、華視三台產業工會發動四、五百人到立法院進行抗爭，使得此次公

19《聯合報》（一九九一年六月二十三日），第四版；《自立早報》（一九九一年六月二十三日），第四版；《中央日報》（一九九一年六月二十三日），第二版。

20《聯合報》（一九九二年四月十四日），第二五版。

21《自由時報》（一九九三年九月四日），第四版；《中國時報》（一九九三年九月十五日），第四版；《聯合晚報》（一九九三年九月十五日），第十一版；《聯合報》（一九九三年十二月二十二日），第六版。

22《聯合報》（一九九三年九月十一日），第三版。

23《聯合晚報》（一九九三年十月二十日），第三版。

視法又沒通過。但在這次審議會議上，公視籌委會員工與反對公視之立委周荃發生衝突，由於周委員此時已成立「真相新聞網」電台，公視員工指責她反對公視有「利益輸送」之嫌，周委員予以否認，並揚言要控告對方誹謗[24]。

針對公視法在立法院一再闖關失敗，我在一九九六年七月在《聯合報》發表評論說：

先進國家已有健全的社會體制，仍有公視此一制度，我國三台各有「文化」，第四台亦為商業取向，在這種情形下，其實我國更有需要公共電視。對於公視可能遭政府控制等疑慮，都可由事先預防及事後監督得到解決，就算退一萬步來講，公視籌設至今，至少應該讓其播出幾年，如果效果不彰，民眾不接受，再談關閉、拍賣還不遲。[25]

十月，政大翁秀琪教授發表專文，對於少數民意代表在立法院杯葛公視，她深盼這些民意代表以公共利益為考量，不要成為台灣媒體改造運動中的絆腳石、台灣民主進程中的罪人[26]。同月，新聞局長蘇起說，過去三個多月，他陸續與不少立委及學術界人士座談，已經得到一些啟示。他有意對未來公視的節目，減少即時新聞的比重。他解釋說，新聞性節目的公信力，以目前台灣的政治生態，恐怕很難取得不同黨籍立委的接受，因此不如將節目的重點取向擺在其他方面[27]。此一建議構想一出，馬上引起傳播學者一致的反對[28]。專欄作家張作錦以「公視：先斷腿，後走路」為題，為蘇起緩頰：

公視法受阻，原因之一出於在野黨立委的政治顧慮。他們認為，在執政黨和政府控制下的三台，新聞報導歧視在野人士，量少，且不公正，對他們很不利。公視雖號稱「公共電視」，說不定有一天會變成「公家電視」，屆時「四台」聯合不公，他們會更受不了。蘇起為了讓在野黨立委安心，先自斷一腿，再請求放行，真是「悲壯」之極！公視若能開播，就（算）是在新聞節目上「禁聲」，其他還有很多可為

之處；做得好，依然功德無量。[29]

此時，公視籌委會顧問（原為祕書長）王曉祥，他對公視遭受到的「凌遲」深表感慨：

事實上公視今天的處境就好比一位已經懷胎九個多月的孕婦，最重要的問題應該是如何讓產婦順產，而斷斷不是由少數官吏或專家以群醫會診的姿態在產房內，當著產婦的面來討論這個產婦是否應該懷孕。美國全國各地有三百五十多個公共電視台，為什麼我們號稱「文化大國」的台灣，卻不能去迎接一個即將誕生的公視寶寶呢？[30]

在眾聲喧譁中，同年十二月，立法院表決公視法草案有關經費來源的條款，原審查會通過的條文，是三家商業無線電視台年度經營額百分之十與有線電視系統營業者年度經營額百分之一來支持公視，合計約十八億元，這代表幾乎所有傳播學者的主張。但在最後表決時，國民黨和民進黨聯手將它刪除，通過公視財政來源完全由政府編列預算，這表示朝野兩黨蓄意保護三台及有線電視業者，犧牲全民利益，這就是政黨沆瀣一

24《聯合晚報》（一九九五年一月十八日），第二版。
25《聯合報》（一九九六年七月八日），第四版。
26《聯合報》（一九九六年十月十七日），第十一版。
27《中國時報》（一九九六年十月九日）。
28《民生報》（一九九六年十月二十三日），第十五版。
29《聯合報》（一九九六年十月十三日），第三十七版。
30《民生報》（一九九六年十一月四日），第十五版。

氣[31]！公視法規定由政府每年編列預算支援公視，基於政府預算之間有相互排擠效應，編列給公視的預算不可能太多，這個決定注定未來公視的經費將非常不足，無法走出健康茁壯的大路，令人扼腕。證諸公視建台至今，一直因預算不足而無法製播精緻節目，其最大原因即在預算只能來自政府，不能得到業界之支援，又不能向收視戶收費，以致造成今日之慘澹局面。雖然公視法做此讓步，在少數委員的蓄意杯葛下，此次仍然沒有通過，這是公視建台的第三個波折。

一九九七年四月十七日，新聞報導國民黨中央政策會十六日進行黨政協調時，由於黨內反對公視的立委愈來愈多，現在要動員通過公共電視法並不容易，所以該協調會授權行政部門研究如何善後[32]。這件事情引起輿論一片譁然。翌日，林懷民先生在《聯合報》撰文痛批國民黨這個決定：

執政黨竟然在三十分鐘的會議中，就對一個已籌備了十多年、耗資五十一億公帑的公視，做出「死刑」的判決，如此倉促的決策，怎能說是一個重視文化、對公共政策負責的政黨。公視一開始就被各方政治角力踐踏，如今又被執政黨一扔了事，我實在看不出台灣的希望在那裡，我們政府的使命感、前瞻性在哪裡。[33]

我也隨即在同月二十日在《中國時報》發表三千餘字長文——〈期待一個清新而有品質的公視——我國公共電視台存廢之平議〉。我在文中指出：第一，我們必須要有一以我國文化為本位之公視。我們並非只要看莎翁與歌德，我們更要讓民眾知道李白與杜甫；我們並非只要看西洋芭蕾舞，更要讓我們的「雲門舞集」呈現在國民面前；我們並非只要看愛斯基摩人與印第安人的歷史變遷，我們更要知道我們原住民與蒙藏同胞的生活與文化。第二，解決之道：（一）根據一項民意調查（作者註：此指《聯合報》之民調）顯示，有五成五的民眾支持繼續建立公視台；對於是否應收費觀看公視，四成三表示願意付費。如果認為此項民調不足採信，則政府可以委託另外一些有公信力的民調機構做更多調查；（二）廣泛地諮詢全國大專院校大眾傳播學

者專家的意見；（三）假如上面所述一般性民眾與學者意見，都主張應該建台，政府及三黨即應該從善如流。第三，本人呼籲行政與立法部門，做此決定前應該還要考慮另一個重大問題——即國家文化建設問題。我們被國際社會嘲諷為「貪婪之島」、「賭博王國」。假如今天有公視台，則我們可將具有中華或世界之美的音樂、美術、文學、戲劇等有益身心之節目帶進每個家庭，這是否也凸顯我們是真正關心文化、提升心靈的國家？我在文章最後表示，今天公視面臨廢止或解散的命運，自己身為一個推動者，感到十二萬分的愧疚，實有罪無可赦之感[34]。

在這些強大的輿論抨擊下，行政院終於接受新聞局「小而美」的方案，即不做每日新聞，但可規畫深入報導的新聞性節目，如此可減少一些政治性爭議。

在公視重新有了呼吸之後，四月二十一日，有三十位大學校長表達支持公視建台[35]。四月二十四日，由「公共媒體催生聯盟」舉辦大型造勢活動，有中央研究院院長李遠哲、林懷民及本人參加。我在會中嚴詞抨擊廢台政策不符實質正義與程序正義。林懷民先生喊出一句非常感人的口號：「可以沒有雲門，不能沒有公視。」[36]

由於公視法在五月底將三讀，這時候社會朝野的力量開始動員。五月十六日，孫前院長在《聯合報》發表文章：

31《聯合報》（一九九六年十二月十四日），第六版。
32《中央日報》（一九九七年四月十七日），第三版。
33《聯合報》（一九九七年四月十八日），第十一版。
34《中國時報》（一九九七年四月二十日），第四版；《聯合報》（一九九七年四月十八日），第四版。
35《中國時報》（一九九七年四月二十二日）。
36《民生報》（一九九七年四月二十五日），第十版。

前後歷經數任行政院長、新聞局長之努力，立院每年預算之支持，致有今公共電視軟硬體設備之齊全，此運璿實感欣慰者！然公視法卻在立院姍姍數年，幾次排上院會，又在少數委員的強烈意見下，敗下陣來，運璿每見及此，無不覺痛心，深感國家公帑之浪費如此，對專業人員之打擊如此，實覺不忍。[37]

五月二十日，孫前院長前往立法院，向立法委員們親自拜託，請他們支持公視法。他特別與反對公視最力的新黨立委周荃見面，希望說服她。不過，周荃一開口就試圖說服孫院長，說明她反對公視的理由。孫回答說，他也不想與她辯論，因為「我也只是老百姓」，孫周兩人都沒有說服對方[38]。翌日，新聞局長李大維、政務委員蘇起及我本人聯袂前往立法院為公視請命。另外，前新聞局長宋楚瑜、張京育、胡志強也以書面方式懇請立委通過公視法[39]。在這些強大的壓力之下，新黨發生內訌，新黨的新科立委朱惠良、郝龍斌等人支持公視建台[40]。我也曾親自拜訪朱惠良委員，請其支持公視。

五月三十一日，公共電視法歷經五任行政院長、六任新聞局長、十七年努力、立法院長達八年的審議，終於完成三讀。立委對公視法贊成與反對比率大概維持在七比三，立法院同時通過四項附帶決議：公共電視開播前四年內不製作每日即時新聞；政府每年為公視編列十二億預算；公視籌委會督導級以上管理人員應辭職，讓位給公視成立後之繼任者；公視成立三年後，立法院應成立評估小組，評估是否繼續編列公視的捐贈預算[41]。

我對整個公視成立的過程有許多感慨。第一，公視建台過程充分顯現各政黨的心機與私利。雖然五位行政院長和六位新聞局長都支持公視建台，但國民黨內部有兩股逆流反對它。一股是很怕公視成為真正的「公共」媒體，其節目會有批評政府之虞，據告，此一逆流來自黨內高層，姑隱其名。另一股是黨政軍控制的三台商業電視台，它們不願拿出每年營業額之十分之一支援公視，這兩股逆流影響了黨政單位，以致它們無意建台。在野的民進黨最初怕公視變成政府的第四個電視台而予反對，後來覺得公視也許有「公共」的可能，會公平地對待在野黨，故轉而支持。新黨則內部有兩股力量，一股是不相信政府會使公視成為真正的公共電

視台，覺得投資太大而反對；另一股力量為何也執意反對？有人說是私心作祟，我不願揣測。所幸該黨第三屆新科立委，都站在支持公視的一邊，最後使得公視法得以通過。

第二，孫前院長從提議建台到最後開播，以他的政績和人望，終使一個很美好的理想得以實現，他是公視之父，應居首功，新聞局只不過想扮演助產士的角色，結果是動員了六位局長才畢其功。

第三，對公視前四年不得播出每日即時新聞的決定，這固然是一個迫於現實的折衷辦法，但是一股政治勢力居然能夠逼使政府接受其他外國公共電視台所無的作法，真是令人氣憤。我覺得國民黨的黨政高層及部分黨籍立法委員，竟不去支持他們從政同志經過精心考量的政策，這反映出該黨到了一九九〇年代，已變成一個欠缺理想、出爾反爾的政黨，見微知著、一葉知秋，這恐怕也說明為何國民黨在西元二〇〇〇年會失去政權。

第四，公共電視法對公視董監事產生方式之規定，完全基於政黨利益之考慮。公視法第十三條規定，董監事是由行政院提名，交由立法院推舉十一至十五名社會公正人士出任審查委員，提名人須經審查委員四分之三以上同意始得通過。由於審查委員是經由立法院政黨協商產生，任何政黨只要控制四分之一人數，即可否決他黨提名人士，這就造成公視近年來董監事一直難產之結果。

從二〇一〇年十一月起，提名選舉第五屆董事，迄二〇一三年六月，始選出十七名董事，共花費三十二個月，一共提名五次，「陣亡」被提名人數，計六十二名，可見其慘烈。而我最意外的是，在二〇一三年六月最後一次董事提名時，文化部長龍應台來電徵詢同意。我怎能拋棄當年推動公視之初衷？所以表示同意，

37《聯合報》(一九九七年五月十六日)，第十一版。
38《聯合報》(一九九七年五月二十一日)，第六版。
39《中國時報》(一九九七年五月二十三日)。
40《聯合報》(一九九七年六月一日)，第四版。
41 同上註，第一版。

並獲審查通過。但是，更令我意外的是，我竟獲董事會推選為公視文化事業基金會董事長，並兼「台灣公共廣播電視集團」董事長，該集團包括公視、華視、原住民電視台、客家電視台以及僑委會所屬之宏觀電視台。審視公視建台以來之紛擾與是非，實感任務艱鉅，但為了給全民一個良好的公視，我一定會全力以赴。

六、開辦台北國際書展

我到新聞局後，曾對台灣全國公立圖書館及大專院校圖書館藏書做過一番調查。我們全國所有圖書館之藏書總數是四千兩百萬冊，只是美國國會圖書館藏書之一倍而已。當時我們一百零八所大專院校藏書，有一千一百萬冊，而哈佛大學一校的藏書即為一千一百零三萬冊，可謂一校可抵全台院校。有鑑於台灣圖書數量之不足，我請出版處推動書香社會運動[42]。

記得一九六〇年代法國戴高樂總統在位時，日本一位首相赴歐訪問，記者問戴高樂：「你對日本這位首相有什麼看法？」戴高樂反問道：「你說的是哪一位？是不是那位賣電視機的日本商人？」對於一位有文化素養的戴高樂，他覺得日本基本上是個經濟的動物，這件事對我有很大啟發性，我覺得台灣不可只重發展經驗而不注重發揚文化。

在美國教書期間及回台後常赴國外出差，參觀過一些國際書展，會場琳瑯滿目、美不勝收。既然新聞局每年都舉辦全國書展，我決定將之擴大舉行，走向國際。

一九八七年十二月，新聞局和國立中央圖書館及幼獅出版公司合作，推出第一屆「台北國際書展」，展期七天。邀請了美、英、法、德等十二國，總計六十七家出版社，共設了八十五個攤位，展出各類圖書一萬多冊[43]。

我在開幕式致詞表示，中華民族是發明紙和印刷術的民族，紙和印刷合在一起便是一本書。因此，書不但是我們中華文化中最具特色、最值得驕傲的遺產，同時，也證明了我們確實是一個文明豐盛的國家。我還

引用波斯詩人歐馬開揚（Omar Khayyam）長詩的一節，來強調書的重要：

A Book of Verses underneath the Bough（在樹下的一本詩集）
A Jug of Wine, a Loaf of Bread--and Thou（一壺酒、一條麵包——還有妳）
Beside me singing in the Wilderness--（倚我身旁在荒野裡歌唱）
Oh, Wilderness were Paradise enow!（啊，這荒野即是天堂！）
所以，天堂的條件很簡單：一本書、一壺酒、一條麵包和一個你喜愛的人，但書為不可或缺之物。[44]

迄二〇一三年為止，台北國際書展已舉辦二十一屆。根據維基百科，它已是亞洲第一大、世界第四大之國際級書展，僅次於德國之法蘭克福、義大利之波隆那（Bologna）、美國書展（Book Exposition of America）等三大書展。能夠辦到今天這樣的規模，是我當時夢想不到的，實在為國家高興。但是我對台灣各級大學圖書館的藏書數量還是非常汗顏。教育部對於大學之設置，只重視師資、學費等問題，從沒有要求大專院校藏書，應具有一定的數量，例如一百萬本，這恐怕是我們高等教育重大缺失之一。

七、設立金曲獎

為獎勵優良流行歌曲，新聞局廣電處從一九八六年到八八年，連續辦了三年的「好歌大家唱」活動。我

42《聯合報》（一九八八年一月十七日），第二十三版。
43《青年日報》（一九八七年十二月十六日），第三版；《聯合報》（一九八七年十二月十五日），第六版。
44《聯合報》（一九八八年一月十七日），第二十三版。

在美國生活期間，曾經在電視上看過美國的葛萊美獎（Grammy Awards）頒獎典禮，該獎表揚每年對於流行音樂界表現優異人士，此獎與電視界之艾美獎（Emmy Awards）及電影界的奧斯卡獎（Oscar）鼎足而三。我個人覺得流行歌曲既然為全民所愛，與廣電及電影事業同等重要，所以決定把「好歌大家唱」提升為「金曲獎」（Golden Melody Awards），與廣播電視界的「金鐘獎」、電影界的「金馬獎」及出版事業的「金鼎獎」居於同等地位。

一九九〇年一月六日舉行第一屆「金曲獎」，我在典禮上致詞時說：

記得「六四天安門事件」前後，本地流行音樂工作者，同心合力錄製了「歷史的傷口」這首歌曲，這就是流行歌曲掌握社會脈動、反映真實人生的成功例證，也顯示了流行歌曲所具有的力量。

新聞局舉辦「金曲獎」的目的，即在於肯定通俗音樂工作者對社會的貢獻，深盼經由表彰這一年裡表現傑出的幕後人員，……能激勵這個行業的能人才士，致力於製作多采多姿的音樂，以美化國人的心靈、豐富國人的生活。

該獎先把「金鐘獎」的男女歌星獎併入，後來又把「金鼎獎」的唱片獎併入。除獎勵流行音樂外，還涵蓋了古典音樂、民族樂曲、地方戲劇、民俗曲藝、口語說講及兒童樂曲。它也取消參選者國籍和地區之限制，接受世界華人作品及大陸地區作品參賽，其唯一限制是，所有參賽作品，必須為在台灣註冊的唱片公司所製作，但這些作品可包含台灣以外的音樂人士。除國、台語的音樂外，它也包括客語及原住民的音樂。迄今，「金曲獎」已經辦了二十四屆，現在金曲獎分成「流行音樂金曲獎」及「傳統暨藝術金曲獎」兩項。在華人世界音樂獎中首屈一指，每年頒獎典禮，場面猗歟盛哉！

八、做李安大導演的小「推手」

新聞局每年頒發「優秀電影劇本獎」，行之多年。一九九〇年，新聞局決定提高獎金金額與名額，最佳劇本獎由原來之二十萬元，提高為四十萬元，共計五名；優等獎由原來之十五萬元，提高為二十萬元，亦為五名。由於獎金提高，使得該年吸引了一百五十二件劇本報名，為上年之一倍有餘。

結果，李安以《推手》劇本，獲得最佳劇本獎。另外，他與馮光遠合作的《喜宴》，也獲得優等劇本獎。記得當電影處同仁將得獎公文送請我簽字時，告訴我李安過去數年因為沒有固定工作，在家擔任家庭「煮夫」，經濟困窘，恐無法來台領獎，我聽後立即指示由新聞局支付來回機票。參加頒獎典禮，李安未帶西裝回台，還是本局一位科長借了套西裝給他接受頒獎。

中影公司，鑑於《推手》劇本獲得如此殊榮，決定請李安拍片，該片在一九九二年獲得亞太影展最佳影片大獎。中影在一九九二年也將《喜宴》拍片，觀眾反映甚佳。這兩部片子奠定李安在台灣電影界的地位，也打開了他日後在世界影壇的坦途。李安的成功完全來自自己的才華和努力，新聞局只是因緣際會，做了一個小小的「推手」。本人因頒獎，得以結識李導演，至為欣慰。

九、和證嚴上人結緣

久聞花蓮慈濟功德會證嚴上人之事蹟，她於一九六六年創立該會，當時僅三十名女弟子，皆為家庭主婦，她要求每位女弟子每天省下五角錢，做濟貧之用。到了一九九〇年，二十四年之後，她已經有八十幾萬的會眾，在社會上推動慈善、醫療、教育、人文、社區、環保等工作，成績斐然。

新聞局每年都有邀約媒體人及作家參觀國內建設或旅遊活動。一九九〇年七月，我請國內處顧問丘秀芷邀約此些人士五十餘人，前往拜會證嚴上人。上人在接見我們時，說了一段意義深長的話。她說，歷史上，

楚國無以為寶，以「善」為寶，我們台灣也應該以「善」為寶。她又說：「要建設台灣，我們需改良人心，要每個人把他的佛心啟發出來。凡夫是心、佛是性，有句話說人之初、性本善，這種善良的性就是佛性。性與心是同一樣東西，就像一杯白開水和一杯咖啡是一樣的，佛性就像一杯白開水，人心就像一杯咖啡，咖啡裡面少不了這一杯開水，所以『心佛眾生，三無差別』（作者註：即心、佛與眾生，這三者無差別），差別就差在我們有凡夫心、慾念，所以把社會搞亂了，才會把整個家庭鬧得快破碎了，子女也教得不是很好。」我是基督徒，向她表示，基督教也有類似的說法，認為人具有人性、也具神性，但應打破人性、追求神性，所謂「人的破碎，靈的出來」，與佛教教義也有相通之處。

但在這次訪談中，作家李潼問了上人將來接班人的問題。上人回答說：「孫運璿院長也曾對此事表示擔心，將來誰來接這敲鐘的人？不用擔心，我在創辦慈濟時，並沒有指定接棒人的觀念。我所說的接棒人不一定是我的弟子，因為在佛教裡，有很多很有知識、很有修養的人，只要我把我的志業很堅固地做好，將來要來接的，我想應該沒有問題，這一點不要操心。」對於上人這個回答，我當時沒在意，因為那時她才五十三歲。但時至今日，她已七十六歲，無數上人弟子或關心慈濟人士，對於上人之後接班一事，至為關心，現將她這個回答寫出，以供關心大眾參考[45]。此次見面，照佛家說法，就是一種緣分。據慈濟方面說，這是上人成立慈濟功德會以來，第一次接受媒體人士訪問，故這次出訪，開啟了慈濟與媒體密切的關係。

慈濟從一九九〇年八十萬信徒，到今天發展成一千萬以上信徒，國內外各半，可見其成長之速，已引起國內外廣泛注意與敬佩。我從結識上人以來，一直注意上人言行及慈濟的志業，身心獲益極大，所以對這次的訪問非常感恩。

訪問後不久，新聞局駐馬尼拉新聞組來信，希望我推薦某人士爭取菲律賓「麥格塞塞獎」（Ramon Magasaysay Award）（作者註：麥氏曾擔任菲律賓總統，我國獲該獎人士有孫運璿、李國鼎、林懷民等人），該獎一般被認為是亞洲版的諾貝爾和平獎。我決定改推薦證嚴上人為候選人，親自撰寫推薦書，天從人願，上人為該年度獎得主，這是我和上人的第二個緣分。

一九九七年六月，公共電視法通過立法，但該台到翌年七月始開播。在這之前，有三座大樓的公視台屬於閒置狀態。此時，證嚴上人決定成立「大愛電視台」。慈濟方面和公視聯絡，希望「大愛電視台」能租用公視台設備，於翌年一月開播。公視同意後，「大愛台」如期開播。而今大愛台已成為台灣最大之宗教電視台，上人每天都透過它和一千餘萬世界各地信徒講述佛法、激勵人心、造福世人。對於這件事，我非常開心，但也甚有感觸。自己千辛萬苦協助成立的公視台，使用其設備的第一家電視台，竟然不是公視台，而是「大愛台」，這是不是我和上人的另一個因緣呢？

還有一件與上人有緣的事。在二〇〇三年，證嚴上人涉入「一灘血」司法案件。事緣一九六六年上人赴花蓮某診所探訪病人，見診所地上有一灘血，據在場之李滿妹女士告知，係一原住民難產婦女陳秋吟所留下，她因無力繳納八千元保證金而被抬離診所，後死於回家途中。上人對此一人間悲劇深感悲慟，遂萌成立醫療機構為貧苦世人服務之志，此即醫療成為慈濟四大志業（慈善、醫療、教育、人文）之一之緣起。上人有時即以此「一灘血」故事，說明她興建醫院之原因。

二〇〇一年，李滿妹女士在接受媒體詢問時，說出此事並提及該診所負責人莊醫師之姓名。此事引起莊家子女不滿，指責「一灘血」故事為虛構，並向花蓮地方法院對上人及李女士提出告訴。

事實上，上人三十多年來講這則故事時，從未提過莊姓醫師的姓名。李滿妹在公開場合曾有四次都說此八千元是「保證金」，但她在法庭內應訊時未用「保證金」三個字，由於此一出入，地方法院在二〇〇三年八月所做判決中，指出李女士在「法庭內的陳述優於在法庭外的陳述」，所以判決上人敗訴，應付原告一百零一萬元補償金[46]。此一宣判，引起慈濟信徒一片譁然，幾乎所有信徒都堅持主張要上訴到底，以維持上人的清譽。

45 丘秀芷，〈台灣經驗動人的一章〉，《國魂月刊》，第五三九期（一九九〇年十月一日），頁六七—七五。
46《中央日報》（二〇〇三年八月二十六日），第五版；《聯合報》（二〇〇三年八月二十三日），A8版。

當我看到判決書全文後，使我憶起一九八七年新聞局和《自立晚報》的司法爭議。該報預謀派記者赴大陸採訪，卻先向新聞局申請前往東京採訪，抵東京後即轉往大陸，新聞局以該報及其記者填報不實而送請台北地方法院檢查處偵辦。此案最後由高等法院判決，完全無視該報及其記者之預謀，而判其無罪。此種「只見秋毫之末，而不見輿薪」之判決，與「一灘血」判決極其相似。我最擔心的是，慈濟如果上訴，法官仍依什麼「法庭內之陳述優於法庭外的陳述」等原則而再判上人敗訴，到時上人如何自處？社會大眾又會如何看待此一判決？我復認為上人為一代宗師，平常又以「慈悲喜捨」勉勵信眾，該老醫師子女為維護父親名譽而提出告訴，亦是可以理解之事，因此，我認為最好放棄上訴，以示上人之寬大為懷，所以我立刻上書上人表達以上想法，並代擬一不上訴之新聞稿，供其參考。

三個星期後，九月十七日，上人發表聲明，表示不再上訴。上人之決定當然來自於她自己的智慧。我覺得很榮幸的是，她的聲明部分文字採用了我的新聞稿。二〇一一年，我成為慈濟基金會「榮董」，深感惕勵，今後應為慈濟事業更加盡心盡力。

第十六章　開放兩岸新聞與文化交流

一、導言：我國大陸政策的內在局限

一九八七年十一月二日，政府開放老兵赴大陸探親，從此開啟了冰凍三十八年之兩岸關係，這包括人道、文化、經貿與政治等層面。新聞局的職責是處理兩岸新聞與文化之交流事務。

一九八八年三月，美國普林斯頓大學教授余英時，以「兩岸文化交流此其時矣」為文，主張兩岸應展開文化交流。他對台灣政府的大陸政策有下面的批評：

> 據我的觀察，一切問題的癥結恐怕在於國民黨對大陸政策沒有一個通盤的新構想，海峽兩岸的局勢都變化得太快太大，國民黨眼前的因應之道，似乎只是走一步看一步，這絕不是長遠的辦法，而且會帶來難以自解的矛盾。[1]

我完全同意余教授的看法。一九九〇年六月，我在國民黨中常會提出「新聞工作的新理念與新作法」的

1 余英時，〈兩岸文化交流此其時矣〉，《聯合報》（一九八八年三月十一日），第二版。

報告，內中指出：

出版、電影、廣播電視等事業，基本上是屬於文化的範疇，……新聞局謹建議全面開放我國好書、好報紙、好雜誌、好電影、好的廣電節目，透過不同管道進入大陸地區；如對方堅持對等待遇，為了達成我文化傳播的目的，似可考慮經過審核而開放部分大陸同類文化產品進入台灣地區。相反地，如果我方文化產品可以大量進入大陸地區，其影響與收益將無比深遠，利弊相較，值得去做。

值此海峽兩岸關係逐漸擴大的情況下，文化傳播的工作應可居不敗地位。根據以上看法，玉銘認為今後大陸政策應以文化傳播為先、經濟關係次之、政治統一則列為最後工作。[2]

此一報告見報後，引起大陸北京「中央電台」抨擊，認為是執行將台灣經驗推展到大陸的政策，是「同西方列強內外呼應，成為其反華反共戰略的一部分」[3]。

雖然我有這些理念，但新聞局只是政府的一環，必須要執行政府的大陸政策，它遭遇的困難有四：

一、政府對各機關處理大陸事務要求腳步齊一。政府雖然開放大陸探親，但仍堅守兩個基本立場：（一）反共復國之基本國策；（二）對中共「不接觸、不談判、不妥協」之三不政策。除此之外，政府對兩岸文教交流亦有三個原則：（一）去鬆來緊；（二）人嚴物寬；（三）審慎漸進。以上這些是黨政的共識，任何政府機關都須遵守，各機關不可以有自己的大陸政策。換言之，假如政府不同意經濟部開放企業界前往大陸進行經貿活動，政府也不會同意新聞局開放新聞媒體、廣播電視、出版及電影業界人士前往大陸活動。

二、我國是一個法治的國家，一切依法行政，沒有例外。雖然解除戒嚴，但是諸如「懲治叛亂條例」等法令仍在，內中對共產黨員之通緝及定刑都有具體規定，所以大陸人員來台，如具共產黨員身分，依照該條例，他們必須要申報並脫離共黨組織。此一規定，使具有中共黨員身分人士不願來台。

三、台灣內部對大陸政策欠缺共識。由於國內有統獨之爭，國民黨與民進黨對兩岸關係有不同看法，這

對政府各機關處理大陸事務帶來很大困擾。我曾在接受一項訪問時表示：「台灣今天有三種情結，彼此糾纏，是我們對大陸政策缺乏共識的原因：中國情結與台灣情結；大陸情結與海洋情結；中華文化情結與本土文化情結。」[4]

四、國外經驗移植台灣的困難性。我認為處理兩岸關係，西德政府之經驗應具極大參考價值。上任後便立即請新聞局駐漢堡、慕尼黑、波昂三個新聞處提出報告，詳細說明西德對東德有關新聞文化交流的具體作法。以西德為例，西德向東德輸出書籍、雜誌、電影、電視，使西德的自由民主思潮深入東德民心，終於導致一九八九年底東德垮台而與西德統一。新聞局雖然希望仿效西德作法，但是受到政府整體大陸政策的約束，無法充分仿效。

在我任內，新聞局處理兩岸新聞與文化交流，有以下幾個較為重要事件。

二、開放兩岸記者互相採訪

解除戒嚴三個半月後，政府於一九八七年十一月二日開放老兵赴大陸探親，少數記者也有以探親名義前往大陸採訪。於是我向俞院長建議，政府不准媒體前往採訪政策已被突破，不只新聞局威信受損，對整個政府之公信力亦有傷害，所以請俞院長，向層峰請求開放媒體赴大陸採訪。不久，俞院長告訴我所請不為層峰接受。

一九八八年九月，「國際科學總會」在北京舉行年會，我國科學界人士應邀參加，許多記者向我表示希

2《聯合報》（一九九〇年六月十四日）。
3《中華日報》（一九九〇年六月二十八日），第五版。
4《聯合晚報》（一九九〇年六月六日），第十五版。

望前往採訪。我於八月中旬向執政黨中央及行政院提出開放採訪建議，但無下文，媒體均表示失望，並對我有所抱怨。《中國時報》某記者即在報上以「大陸政策未決，新聞局難為」為題，寫道「新聞局長邵玉銘近日來身心飽受煎熬」等語[5]。此文刊登後，我即接到總統府某重要人士來電表示，記者能否採訪，新聞局應承擔全部責任，不可將黨政高層牽扯進去。高層既然做了決定，卻不願承擔責任，而讓下層機關左右為難，我不以為然。

一九八九年五月五日，第二十二屆「亞洲開發銀行」年會將在北京舉行，我國代表團，由財政部長郭婉容率領一個層級頗高的代表團前往參加。我知道屆時一定會有大批記者前往北京採訪，在四月即向俞院長表示，當亞銀年會五月在北京舉行，若新聞局仍不開放記者赴大陸採訪，到時候大批記者在北京發稿，新聞局的公信力將完全破產，我請院長再向總統府請示，這次終獲首肯，讓我舒一大口氣。

行政院為了處理開放探親後兩岸的各種問題，在一九八八年八月，成立「行政院大陸工作會報」，由行政院施啟揚副院長出任召集人、研考會主委馬英九為執行祕書、我為發言人。

新聞局在解嚴後所面對的問題，不僅是新聞媒體前往大陸採訪，還有廣播、電視事業前往大陸製作節目、電影事業前往大陸拍片問題。為求將這些問題一併解決，新聞局即向該工作會報提報「台灣地區大眾傳播事業赴大陸地區採訪、拍片、製作節目報備作業規定」，但工作會報一直未予處理。現在上層同意記者可赴大陸採訪，新聞局立刻要求對赴大陸製作節目與拍片亦應一併放行。一九八九年四月，工作會報終於同意本局所提規定。當我向外界宣布此一消息時，鑑於此時在天安門已聚集許多要求民主的學生，我因有歷史感，遂向記者表示：北京的學生常是中國青年運動的領袖或指標，現在在天安門也有學生進行民主運動，而今年是五四運動七十週年，我相信將有石破天驚的發展，請大家拭目以待[6]。後來竟然發生天安門屠殺學生的慘劇，被我不幸言中。

從《自立晚報》記者赴大陸採訪後，大陸政府對台灣記者前往採訪大表歡迎，認為有助於台灣人民了解大陸，可以加速統一的步伐。但是當我成功勸說政府開放記者赴大陸採訪的同時，使我非常尷尬、難以自圓

其說的是，新聞局卻無法開放大陸記者來台採訪，其中緣由，必須加以說明。

解嚴後，社會公、私立機構都想邀請大陸記者、學術、文化、體育、演藝人員來台參觀訪問，所以在一九九〇年六月，「大陸工作會報」終於通過「大陸專業人士申請來台訪問作業要點」。但是，如前所述，根據「懲治叛亂條例」，這些專業人士如具有共產黨員身分，必須據實填報脫離該組織的宣告書，因此，大陸記者來台也要比照辦理。對這個問題，會報執行祕書馬英九表示，我們是一個依法行政的民主社會，上述作業要點乃行政命令，不能改變「懲治叛亂條例」的法律規定，就連總統也無權通融。我因為是會報發言人，必須宣布此一規定，這當然引來外界批評。大陸方面立即反諷說：你們批評大陸沒有新聞自由，但起碼我們還歡迎你們記者來訪，而你們對我們記者去採訪還要訴諸於法，這是什麼新聞自由？最後，大陸方面決定在「懲治叛亂條例」之規定取消前，不來台採訪。

傳播學者王洪鈞，與我亦師亦友，對這個作業要點的規定，認為是「自欺欺人、口惠而實不至」[7]。《工商時報》社長張屏峰對此更為憤慨，對我的相關發言痛加斥責[8]。

在「大陸工作會報」會議中，為了爭取兩岸記者平等互訪，我常提出一些較為開放、進取性建言，但多數被否決。最令我難堪的是，任何一個我反對的決定或否決我建議之決定，記者會上，我還得以發言人身分，為這個決定辯護；假如這個決定不符社會期待，我還會遭受輿論攻擊，心中至為懊惱。有時難免跟記者吐苦水，記者就問我：「邵局長，那你的個人看法是什麼？」又不能將真正的看法告訴他們，只好以無奈、帶點生氣的語調回答：「從我上任新聞局長的第一天開始，我所告訴你們的說法都是政府的立場。至於我個人的看法，對不起，我沒辦法告訴你，也許有一天我寫回憶錄時再說。」

5《中國時報》（一九八八年九月九日），第二版。
6《中國時報》（一九八九年四月二十八日），第二版。
7《自立早報》（一九九〇年六月二十六日），第五版。
8《工商時報》（一九九〇年六月二十七日），第二版。

直到一九九一年五月，政府宣布終止「動員戡亂時期」，「懲治叛亂條例」亦隨之廢止，至此大陸記者來台不再受該條例之拘束。但當「大陸工作會報」討論開放大陸記者來台採訪事宜時，我建議多開放些名額，以讓大陸人民能更了解台灣實況，某情治單位負責人卻立即表示反對，說他的單位無法派出足夠人員來監視這些記者，在他的反對下，我的建議又被打消。八月，政府終於核准中共新華社記者范麗青和中新社記者郭偉峰兩人來台，但這距李永得、徐璐前往大陸採訪，已晚了將近四年，相較之下，我們政府動作之慢，令人汗顏。做為新聞局主管，這件事是我心中之痛，但是由於政府的大陸政策是整體的，新聞局也無法突破。范小姐現已高升為大陸「國台辦」（國務院對台事務辦公室）發言人，經常出現在電視鏡頭前。

不過，新聞局在職權範圍之內，對大陸記者在台期間之採訪活動，完全比照國內記者，一律平等對待，沒有任何額外規定。不過，大陸對台灣記者赴大陸採訪，有四大限制：限人、限時、限地點、限主題。台灣方面既然無任何限制，所以我當時就反將大陸一軍，呼籲北京也能取消這四大限制[9]。

三、開放大陸出版品來台

解除戒嚴後，政府內受到影響最大的機關之一是新聞局。如前所述，在戒嚴時期，出版品之審檢工作，由國防部所屬之台灣警備總司令部辦理。解嚴後此項工作改由新聞局及省市（縣市）地方政府辦理。出版品分為四類：一、國內出版品，包括報紙、雜誌、書籍、唱片等；二、中國大陸地區之出版品；三、民國三十八年以前，政府在大陸時期之出版品；四、外文出版品。

新聞局接辦此項業務和警備總部時期有以下幾點不同。一、法令依據不同。在警總時代，是根據戒嚴時期所訂各種嚴格管理辦法，現在新聞局所引用的是比較寬鬆的「出版法」；二、工作方式不同。警總是用「嚴查嚴扣」的政策，這包括蒐集情報、獲得毛本、全面監控、迅速審查至採取行動。其行動包括至印刷工廠查扣（挖根），或至經銷商處取締（砍幹），或至書報攤予以沒入（掃葉）。新聞局的方式是在出版品出版

後做事後審查，而且只處理出版品，不處理出版者。新聞局與地方新聞單位在此事之分工如下：一、新聞局負責審查內容及處理原則；二、查扣工作由省市、縣市政府新聞處負責；三、機場港口之檢查，由新聞局負責；四、大陸地區出版品及外文出版品之進口與管制，由新聞局負責。

新聞局接管原警總之文化審檢業務後，立即展開以下作業：

第一，增聘工作人員，計一〇八人，分配到新聞局、台灣省市新聞處及機場、港口、郵局等地工作。

第二，成立「出版品諮詢審議委員會」。出版品之審查工作，如全由新聞局人員負責，一來本局人員人數及能力有限，二來恐會引起外界對審議公正性之質疑，所以出版處決定成立一委員會，依政經、文史哲、社會、藝術、科技醫學體育等五大類，一共邀請七十餘位學者專家參加審議工作。

第三，增聘法律顧問。解嚴後，新聞局一切要依法行政，我決定成立「法規委員會」。在行政院尚未核定前，先行成立臨時法規委員會，由法律顧問楊鳴鐸、政大法律系教授法治斌、中興大學法律研究所所長楊崇森出任委員。第二年（一九八八年）六月，「法規委員會」正式成立，又增聘政大法律系教授蘇永欽、台大法律系教授廖義男、政大法律研究所所長施智謀等三人。我復要求局內各單位在處理任何涉及法律事項或案件時，沒有經過法規會審查通過者不得處理，以貫徹「依法行政」之決心。

除了成立法規會以外，我又敦請行政院院本部第一組組長廖正豪出任新聞局副局長。他畢業於台灣大學法律系，獲博士學位，又獲考試院甲等特考最優等及格。幸好俞院長體恤下情，慷慨同意他來局服務。從一九八八年十二月至一九九一年九月我離職，我倆共事將近三年之久。舉凡廣電、出版與電影處之公文及業務，我都常向他請教，並授權他對有關法律事項之大部分公文代為批行，如此我才能專注新聞局其他業務，故對他十分感謝。他憑其優秀學識與才幹，後來出任法務部長，政績斐然。

關於出版品之管理工作，我認為國家既然已經解嚴，對國內出版品應依法從寬處理。對於大陸出版品進

9《聯合晚報》（一九九一年八月十五日），第三版。

入台灣地區，新聞局有兩大規定。第一，中共機構及其人員之出版品一律禁止進口，但我國政府機關、學術研究及大眾傳播機構，因業務需要可專案申請進口；第二，大陸出版品的內容屬於科技、藝術及史類文獻者，我國出版事業可以個案申請進口，亦可在國內發行，但需重新排版，禁用簡體字。總之，新聞局處理出版品遵循四項原則：一、出版品不得違反國家政策，不得宣傳共產主義；二、盡量開放學術性著作；三、出版品審查必須慎重；四、對版權與版稅必須作合理安排。

不久，學者發出要求政府開放大陸出版品的呼聲。一九八八年一月七日，中央研究院歷史語言研究所所長丁邦新在《聯合報》，以「開放有先後，學術第一」為題，表示：

從政治而言，觀光出國的人都可以見到大陸書籍，探親的人已可返回大陸，更直接接觸中共的宣傳資料。自由與共產的分際，人民自有體會。如果對自己的民眾這一點信心都沒有，怎麼敢開放探親？……最奇怪一個現象是教授們回國所帶的大陸書籍海關要沒收，但到坊間一看，翻印的大陸著作琳瑯滿街，何必掩耳盜鈴呢？如果以管得著管不著做為藉口，那只是不敢負責的一種表現而已！所以我建議政府：開放大陸學術資料進口。[10]

一週後，政大歷史系教授蔣永敬，也在《聯合報》發表〈負起責任開放學術，勿再掩耳盜鈴〉文章。內中提到他在上年九月到香港參加學術會議，事後帶回一些中共史學出版品共十三冊，在機場海關被新聞局核驗中心查扣。他響應丁邦新教授的呼籲，他在結論說：

個人對於政府近年延攬知識分子和學人參與政府工作，一向抱著樂觀的看法。但亦希望知識分子和學人能夠體會政府這一措施的意義，本諸學術良知和道德勇氣，負起責任來！勿再掩耳盜鈴！[11]

看到這篇文章，我才突然想起，蔣教授在書籍被機場扣留之後，曾經透過我的祕書留話給我，告知這件事，我當時隨即囑咐屬下盡速發還，我以為這件事情早已解決，沒想到遭下屬拖延而未解決。

在拜讀這兩位教授的大作後，尤其是蔣永敬教授的文章，恐怕是衝著我而來，慚愧之餘，我除了向他道歉外，立刻下令出版處將蔣教授書籍發還。我同時指示，今後凡是學者或專家因工作或研究需要而從大陸帶回之書籍，只要他們以書面申明此種用途，即應發還；對其他國人，從大陸帶回的書籍，除非有違背出版法之規定，亦應從寬處理。在這樣的指示之下，出版處對於大陸出版品，除非有重大疑義者，始送前述「諮詢審議委員會」審查，否則新聞局內部自行從寬處理，以示便民。

其實，我做了這些開放的決定，還有個人的經驗做依據，因為我也曾是書籍被沒收的受害人。一九八二年底回國服務，由於我藏書甚多，曾經租了陽明海運貨櫃，運了兩百多箱的書回到台灣。抵台一個月後，到基隆海關取書，由一位警總年輕人負責查驗。當我打開貨櫃，他看到有兩百多箱，一時傻眼，如果認真查驗起來，可能要花上幾天工夫，他最後讓步，說只任意查驗十箱。結果在這十箱中，他發現有關列寧、史達林及毛澤東之英文書籍十二本，他要全部沒收。我抗辯說，這些都是批評此三人之書籍。他回答說，這些英文書，他看不懂，堅持沒收。我怕和他起爭執，會波及其他書籍，只好同意。沒想到兩年後，我奉派政大國關中心服務，某日圖書館王組長告訴我，有十二本我簽名的書從國家安全局送來館藏，我一看，正是我被沒收的書，我半開玩笑地說：「就由我代妳保管吧！」所以我又把自己的書「沒收」回來。此次看到蔣永敬兄之遭遇，亦是「秀才遇到兵，有理講不清」，同情心油然而生。

除開放大陸出版品來台之外，另一鬆綁措施是針對外文書報與雜誌進口台灣。在戒嚴時期，對於書報雜誌內容有審查制度，除妨害風化之出版品不准進口外，對「政治不正確」之外文出版品，有四種作法：一、

10《聯合報》（一九八八年一月七日），第二十二版。

11《聯合報》（一九八八年一月十四日），第二十二版。

不准進口；二、撕頁：將有問題之頁面撕掉，例如稱讚毛澤東、批評蔣中正之頁面；三、塗黑：將頁面上有問題之字句塗黑；四、蓋印：例如雜誌或報紙刊登毛澤東之照片，則蓋上「匪酋」印記。

我反對以上作法，有兩個原因：第一，政府已經解嚴，新聞局已經開放報禁，對於外文書報雜誌不應再因其內容與我國政治現實不合而予處理。第二，我在政大國關中心時，即反對對出版品帶有政治偏見，所以將《匪情月報》改名為《中國大陸研究》。因此，對上述四種作法，均不能同意。書籍有負面、也有正面意義，看你如何使用。譬如一本稱讚毛澤東的書，我們在知曉其內容後，才知如何駁斥，所以不應禁止進口。撕頁與塗黑更屬無益，因為訂戶或讀者會因好奇而設法搜尋，反而幫助這些頁面之流傳。蓋上「匪酋」印記，更屬荒唐，會讓人覺得這是阿Q式的自我安慰，顯得政府沒有肚量。

一九八九年九月十二日，《聯合晚報》以標題「南華早報那一頁不見了；新聞局：誰叫李鵬站在五星前」，報導說：

> 英文南華早報的訂戶發現，九月十日的報紙第九版和第十版那一頁「不見了」，經向代理商查詢後得知，失蹤的那一頁上刊登著法國政論作家與中共總理李鵬的訪談實錄，並配以李鵬站在中共「五星國徽」前演說的大幅照片，因此遭新聞局出版處「撕頁」處理。
>
> 出版處表示，由於該篇訪問內容偏重李鵬為六四天安門事件做政治辯解，有誤導讀者之虞，且所配照片中的「五星國徽」極其顯著，基於其為代表中共的象徵，該處依出版法第四十三條規定審查，決定「撕頁」處理。[12]

我看到這篇報導後，立即交代出版處，以後不可如此處理，應予放行。從此，外文出版品來台全予放行。

四、開放大陸「黃河大合唱」禁歌

隨著台灣禁歌的開放，其次就是面對在政府遷台前、尤其是抗戰時期歌曲的開禁問題。抗戰歌曲內有些作詞及作曲家是共產黨員，所以這類抗戰歌曲，在戒嚴時期都被查禁。現在政府已經解嚴，新聞局出版處主動蒐集兩百二十四首，包括「旗正飄飄」、「長城謠」、「滿江紅」、「白雲故鄉」、「我住長江頭」、「流亡三部曲」、「嘉陵江上」、「黃河大合唱」等，然後於一九八八年十一月邀請音樂界人士及中國近代史學者召開評審會議討論此事。

會議中，達成共識，今後不再依戒嚴時期的標準，應排除作詞、作曲者個人政治背景因素，只要歌曲內容無政治意涵、不宣揚共產主義及不違背善良風俗，均以環境變遷並尊重其藝術價值而通過，最後通過一百六十首，都可出版並演唱。至於部分未通過的歌曲，評審人員認為是共黨刻意做為政治宣傳之用，或詞意明顯扭曲抗戰史實[13]。

同年十二月，「台北愛樂文教基金會」成立，他們決定在翌年七月，由台北愛樂合唱團在國家音樂廳舉行演唱會，推出大型合唱曲「黃河大合唱」。

「黃河大合唱」這首在抗戰時期風靡全國的歌曲，如前所述，共分八個樂章。這首歌曲一方面唱出黃河的澎湃雄姿，讚頌祖國五千年的歷史文化；二方面是號召全民投入抗戰以救亡圖存。詞句感性有力，曲調奔放豪邁。在上述評審會議上，由於作詞及作曲人均為共黨黨員，處理比較慎重，其中兩個樂章：「黃河頌」和「黃水謠」無任何問題，但其餘六個樂章內有些詞句，或是有所影射或是有左傾含義，而未予通過。例如內中「太行山上打游擊」詞句，係指中共八路軍總司令朱德在太行山打游擊一事；「新中國已經破曉」詞

12《聯合晚報》（一九八九年九月十二日），第四版。
13《聯合報》（一九八八年十一月二十六日），第三版。

句，影射中共革命建立「新中國」；「向著全世界勞動的人民發出戰鬥的警號」詞句，直指國際共黨之革命行動[14]。但評審會議此一決定，將造成台北愛樂合唱團無法唱完「黃河大合唱」全曲之結果。

此事在媒體上引起許多音樂家、文藝界人士討論，大多數的意見是，應該將某些詞句修正後予以開放。事實上，自從解嚴以後，由大陸合唱團和樂團演出的「黃河大合唱」錄音帶，據估計在台早已銷售超過兩萬捲，並未引起查禁的問題，但現在要到國家音樂廳演唱，便成為一大問題[15]。作詞人黃瑩說：「該曲在抗戰時是全國人民大唱特唱的歌曲，政府遷台之後，中共一再演唱『黃河』，企圖讓人民以為八年抗戰都是中共打的，如果我們因此而禁此曲，豈不將抗戰的成就拱手讓給中共。」最後，新聞局於六月二十四日，約集了音樂人與歷史學者共十人再度開會，他們決定歌曲中「太行山上打游擊」一詞改為「敵後齊心打游擊」；「新中國已經破曉」一詞改為「全中國已經破曉」；「向著全世界勞動的人民發出戰鬥的警號」詞中「勞動」二字，改為「受難」，一共更動七個字後通過[16]。當這個會議的公文送到我桌上時，出版處一位同仁問我，「打游擊」是影射共軍在抗戰所扮演的角色，這三個字是否妥當？我思索了一下，回答說：「中共打游擊是歷史事實，不應有所更動。」此事就算定案。

七月一日，「黃河大合唱」在國家音樂廳正式演出，我受邀出席。音樂會的上半場，抗戰歌曲包括「八百壯士歌」、「旗正飄飄」、「嘉陵江上」、「流亡三部曲」等，由兩百多位合唱團員、七十位樂團團員演出，氣勢磅礡震撼。當我聽到「流亡三部曲」時，幼年記憶又上心頭，熱淚盈眶。到了下半場，則推出「黃河大合唱」。

表演結束時，我在深深感動之餘，首先起立鼓掌，全場觀眾亦隨之起立鼓掌，然後我上台向合唱團員致意，當我正走向台階時，兩百多位合唱團員對我齊喊：「謝謝邵局長！」對新聞局及時解禁表示感謝[17]。其實我對他們的感謝非常慚愧，「黃河大合唱」歷經七個月才通過審查，在這段期間，不知給合唱團指揮杜黑先生及兩百七十多位團員帶來多少焦慮與不安，我應該向他們道歉才是。

該場音樂會一炮而紅，兩天後，第二場音樂會，聽眾蜂擁而至、為之瘋狂。記者對現場的氣氛有如下感

人的描繪：

台下觀眾的情緒漸趨激昂，澎湃鏗鏘的歌詞與樂曲，觸動群眾心底對苦難中國最深層的悲痛。尤其到最後一樂章「怒吼吧！黃河」時，歌詞中有「五千年的民族，苦難真不少，鐵蹄下的民眾，苦痛受不了」，更使觀眾情緒沸騰到最高點。全曲結束時，全場安可聲不止，在觀眾殷切要求下，合唱團重唱了「保衛黃河」中的一段，安可聲依然不停，指揮杜黑再次上台謝幕，又在觀眾高喊「怒吼吧！黃河」的呼聲下，全體合唱團再次重唱「怒吼吧！黃河」樂章。終場時，現場群情激昂不散，第一排一位觀眾忍不住高呼「請大家起立」，國家音樂廳三層樓爆滿的觀眾，都隨之起立，為該曲的雄偉熱烈鼓掌致意。[18]

對「黃河大合唱」這件事，我有幾點感觸。第一，兩岸人民對中華民族榮辱存亡都有同樣深切的感受，並沒有因為海峽的隔離有所不同。第二，這首合唱曲，如同其他大陸時代出版品，被禁四十年後，對兩岸關係產生嚴重的後遺症。台灣戒嚴時期對於許多書籍禁止閱讀，對於歌曲、影片禁止演唱及放映，雖然有其時空的背景，但是這些禁令實在是太嚴格也太長久。同樣地，大陸對待有關中華民國或台灣出版品也是一體禁絕。經過四十年下來，造成兩岸人民沒有共同的歷史記憶，也沒有共同的民族情感，所以，台灣人民不能了解大陸民族主義之情懷；同樣的，大陸也不能了解台灣人民的歷史悲情，以致造成今日兩岸統一與獨立的糾

14《民生報》（一九八九年四月七日），第十四版。
15《民生報》（一九八九年六月二十三日），第十四版。
16《聯合報》（一九八九年六月二十五日），第九版。
17《聯合晚報》（一九八九年七月二日），第八版。
18《聯合報》（一九八九年七月四日），第九版。

葛。記得西元二〇〇〇年總統大選三天前，朱鎔基總理以非常強悍的民族主義語言，來教訓所謂的台灣獨立人士以及恫嚇台灣人民，結果造成許多人民的反感，反而幫助了陳水扁當選總統。「黃河大合唱」就是一個最好的例子，這首歌曲找回了兩岸人民共同的歷史記憶及共同的民族情感。所以，今後兩岸如要走向和解，兩岸文化交流必須加強。第三，我對更動原曲中七個字一事，認為可以再加思考。從現實政治的考量，這些更動可以理解；但從歷史的事實，或從智慧財產權的角度，對於那原來的七個字，我們是否可放寬胸懷而不予更動？中共在抗戰期間，確實是在後方從事游擊戰，而國軍則是在前線從事主力戰，這是歷史事實，今日中共當局也開始承認。所以，我們不必為了掩飾中共打游擊戰而更動其字眼，應以其他方式宣揚自己正面作戰，對抗戰有更大貢獻。但由於更動這七個字是大家開會之共識，我雖是新聞局負責人，為示尊重，未便取消。

新聞局在處理各種類似案件的模式，有時是主動介入，有時是當一個事件引起輿論關心後，新聞局再請學者專家及社會賢達一起會商、取得共識。這樣的好處是，因為共識是經過會議所達成，不會引起社會反彈；缺點是過程較嫌冗長，令人不耐。但是，假如新聞局逕自通過「黃河大合唱」，也可能引發政府內部不同意見而橫生枝節。

五、「林青霞事件」

一九八八年三月，片商要求進口去年獲得九項奧斯卡金像獎的《末代皇帝》影片。此片導演為義大利人，資金來自英國，既無大陸資金，也無大陸演員，只是在大陸拍攝，根據當時政府法規，沒有禁演的理由，新聞局當然准予進口。但在同時，一九八八年獲得柏林影展最佳影片之《紅高粱》，由於是大陸製作，依據「戡亂時期國片處理辦法」，新聞局無法核准播映，此事立刻引起影劇人士批評，認為新聞局標準不一。根據該一辦法，不僅大陸製作之電影不准進口，台灣、香港電影人員赴大陸拍攝之影片，也一律禁演。

這段期間，發生一件被廣為報導的「林青霞事件」。一九八八年三月，立法委員趙少康在立法院提出質詢，說林小姐已經向他請託多次，希望能協助她赴大陸拍攝由白先勇《謫仙記》改編的《最後的貴族》。我答覆時指出，目前行政院只開放探親，並無到大陸拍片的政策，所以新聞局無法開放[19]。

該片導演謝晉，是上海電影公司專屬的導演。除林青霞外，第二女主角及男主角都是大陸演員，根據當時法令，該片完成後，新聞局無法核准進口。另一個原因是，台灣演員公會堅決反對片商到大陸拍片並僱用大陸演員擔任主配角。記得有次「中華民國演員工會」理事長柯俊雄，帶領該會一批理事來見我。他拿出憲法全文，指其中第十五條有關人民有生存權及工作權等規定，要求新聞局予以保障，不可開放片商僱用大陸演員。當行政院「大陸工作會報」討論到此事時，經濟部表示，他們並未開放工商企業界到大陸經商，假如新聞局開放業者到大陸拍片，那經濟部將如何說服企業界？在這種邏輯下，大陸工作會報無法同意新聞局開放業者赴大陸拍片。

林青霞是一位愛國心極強的藝人，她曾說過：「我永遠是中華民國國民，無論在哪裡，我都會遵守中華民國法令。」但是在各報影劇版不停報導下，我怕她愛藝術心切而赴大陸拍片，拍片後新聞局又無法同意放映，將使該片陷入困境。所以，我在同年十月，在局裡約見她並予以慰勉。經過近一個小時的懇談，向她仔細分析新聞局無法同意她到大陸拍片的原因，最後，林小姐講出一句讓我非常感動的話：「我忠於藝術，更忠於國家！」[20]

某晚報事後以很聳動的標題「邵玉銘『約會』林青霞，相見歡，不做最後貴族，三千寵愛仍集身，俏佳人才華溢，軟語溫暖失落心」，報導我們的會面，內中還說：

19《民生報》（一九八八年三月二十九日），第十版。
20《民生報》（一九八八年十月二十日），第十版。

新聞局長邵玉銘昨天以「私人身分」會見電影紅星林青霞，這是邵局長上任以來首次和影人做私人交誼。

整個報導用語輕佻煽情，這是開放報禁後，許多影劇版用字遣詞之常態。報導又說，林青霞非常欣賞局長「肯為藝人花心思，不露痕跡的說服功力，讓人折服」等語[21]，這些話語恐又是記者信口開河。但是這篇報導用「約會」和「私人交誼」等字眼，我怕引人誤會我私下約會女明星，翌日遂以新聞局電影處名義，致函該報，說明我是在局長辦公室，由電影處處長陪見林小姐[22]。這種更正函，我在新聞局四年半任內，還真發了不少封。

這種依據「戡亂時期國片處理辦法」，造成新聞局處理中外影片進口標準不一的結果，引發電影界譏評新聞局「寧與外人，不與家奴」的批評。我知道此事如不早日解決，民怨更深。所以，新聞局一再向「行政院大陸工作會報」陳情，要求取消業者赴大陸拍片之限制，並廢止實施三十五年之久的「戡亂時期國片處理辦法」，該會報終於在一九八九年四及五月同意，從此電影界可以到大陸拍片，而新聞局之困擾也終於解除。

再隔一年，新聞局對大陸臨時演員僱用的定義，再加放寬，只要不「擔任主配角」，且非「中共黨、政、軍人員」，亦非「職業性」演出，大陸人士即可參與演出，而不再限定僅能擔任類似「跑龍套」的角色，這樣台灣電影界赴大陸拍片，可以就地取材，一方面可節省拍片費用，二方面又可僱用合適演員，使影片拍得更好。事實上，對這些解禁或放寬措施，我比業界還欣慰，因為它們終於卸下我肩上的重擔。

六、感想

政府解嚴並開放老兵探親後，海峽兩岸關係進入嶄新局面。新聞局面對社會各方面要求，用盡所能推動大幅度的開放措施。

但是政府在行政院設有「大陸工作會報」、執政黨設有「大陸事務小組」，事權並不統一。在以黨領政時代，總統又是執政黨主席，所以行政部門之權限有其局限。加上新聞局只是行政部門內一個單位，權限更小，在多數情形下，它是一個執行單位，而非決策單位，所以夾在黨政體制與人民要求之間，常有左支右絀之窘況。

我內心對大陸政策之一貫理念，是文化優先、經貿次之、政治殿後，有如前述。在此一理念下，台灣既然在新聞、出版、廣電與電影各項發展，與大陸相較，均占優勢，自應全面開放，進而影響大陸。我此一理念，黨政部門並未表示反對，但付諸實行時，則遭遇各種困難。身為政府發言人，新聞局的要求被拒絕後，我還不能對政府之決定表示異議。

另外，「行政院大陸工作會報」設立於一九八八年八月，處理兩岸事宜。至一九九一年一月，政府始成立大陸委員會。我因兼任該「會報」之發言人，在大陸委員會成立之前，我負責說明政府之大陸政策，一共兩年五個月之久。在此期間，民間或社會因為各種原因，都希望政府之大陸政策能在幅度與速度上盡量開放。但是政府採取的對策，則是瞻前顧後、審慎漸進。因此，我這發言人必須費盡唇舌、用盡詞彙，來為政府大陸政策辯護。其中苦衷，實非外人所能想像。

《聯合晚報》記者葉明華，是一位極其勤奮並能明察秋毫之優秀記者。一九八八年十二月，是我上任一年八個月後，他對我的苦衷，有如下的描寫：

> 行政院新聞局長邵玉銘每次談及大陸政策，總有若干一成不變的用語，反覆陳述，新聞界稱之為「邵語錄」：例如「大陸政策是嚴肅的課題，不是浪漫的憧憬」、「寧可求其謹慎，勿失之於草率」、「政府

21《聯合晚報》（一九八八年十月二日），第四版。

22《聯合晚報》（一九八八年十月三日）。

的大陸政策，新聞局一向是不超前、不落後」、「白與黑之間，還有很多灰色地帶」等。

最近「邵語錄」的內容又充實不少，邵玉銘在每次大陸工作會報的記者會中，總會強調我們的大陸政策，具有若干特性，即「民間性」、「漸進性」、「安全性」、「單向性」、「間接性」、「前瞻性」、「積極性」，數一數，共有七個「性」字，有人戲謔，「邵語錄」可改名為「性語錄」。[23]

明華可謂我之知音。不幸，他後來車禍去世，我特別在《聯合晚報》寫一追悼文。由於他英年早衰，經濟並不寬裕，我遂為其夫人安排一項工作，以維生計。每一憶之，實在敬佩他對我言行觀察之細微與對我工作苦衷之了解。在開放報禁後報業眾聲喧譁中，他是我很敬重的朋友。

許多政府官員對新聞記者，大多數人採取「敬鬼神而遠之」態度，少數人則「曲意承歡」。我在新聞局四年半，接觸過中外記者數千人，我的經驗是，只要政府官員認真從公、待人以誠，他們以其專業之訓練，是不會看錯人的。政府官員基於職責，對於其工作可以少說甚至不說，說出之語，必須真實，但記者無法容忍官員所說不實或故意誤導他們，那他們必定成為「修理業」、甚至「屠宰業」之急先鋒。

我另一更深的體會是，記者決定投入新聞事業，多抱有追求事實與社會正義之心態。對於所謂「清官」或「良吏」，他們有一定的尊重；有時「清官」或「良吏」遭受冤屈時，記者恐怕是這些公僕最早也是最終的救主。所以，在新聞局服務四年半，我和許多記者成了一生的朋友，大家尊重彼此之職責，也各自善盡此一職責。

23《聯合晚報》（一九八八年十二月四日），第二版。

第十七章　台灣向國際社會發聲發光

新聞局設有國際新聞處及駐外新聞單位，負責對國際社會闡明中華民國政策及國家重要發展。我以局長身分，每年總要抽出幾週到國外進行此一工作。任內，對國際傳播工作之最重要決定，是預備在六個國際重要都市成立「中華新聞文化中心」，以介紹台灣經驗及發揚中華文化。

一、從解除戒嚴到五二〇事件

從一九八六年九月起，政府陸續進行開放黨禁、解除戒嚴、准許老兵赴大陸探親、開啟兩岸人民交流、開放報禁、李登輝繼任總統等事宜，這六件大事是政府遷台四十餘年來最大的政治變革，並為兩岸關係開創新紀元。這些發展雖得到國際一些報導與稱讚，但我覺得做為一個政府發言人，有必要到美國各地做更深入的解說。然而在一九八八年啟程之前，發生了「五二〇農民抗爭」之重大事件。

五月二十日，雲林、嘉義等地共三千多農民前來台北，進行爭取權益之抗爭活動。從當天下午兩點至翌日上午七點，一共十六個小時，在警棍、石塊及汽油彈的互相攻擊下，造成遊行民眾與警察一百多人受傷、四百人收押、近八十人一審判刑，這是繼一九四七年「二二八事件」後，台北市所發生最嚴重的警民衝突流血事件。

由於被逮捕的群眾裡許多人並非農民，加上群眾不僅攻擊警察、燃燒車輛，甚至追打記者，所以警方以違反刑法及集會遊行法將他們扣留。相反的，遊行民眾認為警方強制驅離，因而控訴警察使用暴力。另外，有些示威領導人物來自民進黨，所以這個遊行也沾有政黨鬥爭的色彩。

這件事情發生後，有三百餘位學者連署，要求政府檢討農業政策，司法必須公平審理此一事件。他們事後並提出調查報告書，指出這件衝突凸顯了當時社會體制的問題，尤其是國會必須改選：

> 在思索五二〇事件的衝擊時，我們除了檢討農業政策的缺失之外，也應反省更為深沉的社會體制重建問題。……最明顯的例子是國會結構的問題……但在國會不必改選的體制下，三權分立的體制無法落實，影響所及，政府公信力遲遲未能建立，……一方面被有關單位做為強制鎮壓的護身符，另一方面卻成為民眾嘲諷與質疑的對象。如果五二〇事件具有歷史與社會意義，那便是它讓我們開始認真檢討整個台灣社會體制的重建問題。[1]

據美國紐約州眾議員索拉茲（Stephen Solarz）之統計，解除戒嚴以來，這是第一千四百七十七次民眾的聚會或示威。由於五二〇事件是所有示威活動中最激烈的一次，引起國際社會，尤其是海外華人，極大的關切。

我在政大國關中心服務時，曾僱用一位畢業於普林斯頓大學的劉小姐擔任英文祕書，她出身於一個華裔的書香世家，父親是美國達拉威爾（Delaware）州立大學教授，母親是作家。我到新聞局服務後，她已返美，我邀請她加入新聞局資料編譯處工作。她本來同意，但在五二〇事件後，突然從美來信，說其父母看到《中央日報》海外版對此事件的大幅報導，甚為恐慌，現已反對她再回台工作。她說：

> 我的父母當年為了躲避共黨統治而逃離大陸，因為這段經歷，他們有很嚴重的憂患意識。由於我不能向他們保證台灣將來不會有類似的動亂，做為一個孝順女兒，為讓他們安心，所以我只能痛苦地婉謝你

的邀請。

接到這封信後，我才知道五二〇事件已引起海外華僑極大的震撼，更加強我前往美國說明台灣現況的決心。

我於六月五日啟程，兩週內，前往七個城市公開演講。第一、二站是舊金山和洛杉磯，主辦單位都是「世界事務協會」（World Affairs Council）。該協會是由美國各大城市關心國際事務的市民所組成，邀請路過該城市的世界重要人士蒞會演講，由聽眾自行購買餐券入座聽講。演講第三站是休士頓，我榮獲德州州長頒贈榮譽州民及休士頓市長頒贈榮譽市民。在波士頓演講時，由剛贏得美國民主黨總統候選人的麻州州長杜凱吉思（Michael S. Dukakis）發表書面歡迎聲明。在華府，我於「美國企業研究所」（American Enterprise Institute）及「傳統基金會」（Heritage Foundation）等智庫發表演講，並接受《華盛頓郵報》董事長葛蘭姆夫人（Katherine Graham）之款宴。

在華府期間，拜會了美國眾議員索拉茲（Stephen Solarz）和參議員洛克斐勒（John D. Rockefeller IV），並接受眾議院人權特別小組（Human Rights Caucus）主席參議員藍托斯（Tom Lantos）、眾議員薛爾（James Haas Scheuer）及波特（John Edward Porter）等人之午宴。他們對台灣非常關切，詢問有無可協助之處。我半開玩笑地說：「希望你們華盛頓警察能來台灣，向我們警察講習如何應付示威場面；也希望你們農民團體來台，向我們農民講解如何遊行示威。」

我為了這趟旅行，準備了五篇演講稿。主要是說明台灣自一九四九年政府播遷來台後，如何從內戰的慘敗下，走出一條康莊大道。我提綱挈領地分析了台灣成功故事裡的六大因素：

第一，台灣是一移民社會，族群從隔閡而融合、因融合而壯大。我指出，一九四五至四九年約有一百多

1《五二〇事件調查書》（台北：社會運動觀察小組，一九八八），頁九〇—九一。

萬大陸各地的人民來到台灣，這是中華民族歷史上最大、也是最後的一批移民。這裡面主要包括四批人士，最大一批是六十萬國軍，他們後來承擔保衛台灣安全的責任；第二批是國民政府從中央到地方的各級官員，他們後來承擔了台灣各級政府的工作；第三批是反共的知識分子。由於在日據時代，日本政府培養台灣高級知識分子人數極少，因此，這些由大陸來台的知識分子就出任各級學校、尤其是中學與大學的教師，使台灣教育普及化，培養出大批優秀人才進入社會服務；第四批是在大陸沿海，尤其是江浙、山東一帶的企業界人士，他們開啟了台灣早期的輕工業（如紡織、麵粉等）與國際貿易之發展。

相對於這些大陸移民，台灣本地約有五百六十多萬人民，都是過去四百年間來台移民的後代，已在台居住數代甚至十餘代。他們之中，除少數原住民外，大多是閩南人和客家人。這些台灣人民中，以農業人口（包括地主與農民）最多，其次為工人、商人及技術人員（如醫生）等。這四種在台居民和大陸以上四批移民，由於職業不同而能相輔相成。雖然在四〇年代後期及五〇年代初期，雙方有語言、生活習慣的不同及政治上的衝突，但終因同屬漢人，經過近三十餘年共同努力，終能在七〇年代締造台灣的「經濟奇蹟」，以及在八〇年代進行政治民主化、經濟自由化、社會多元化的工作。所以，從「納百川以成大海」的角度觀之，台灣也是一個「民族大熔爐」。不過台灣基本上是一個大漢民族的大熔爐，而不似美國為世界許多民族的大熔爐。

第二，美國提供了安全保障與經濟援助。從一九五〇年韓戰爆發、美國第七艦隊協防台灣開始，台灣得以在安全無虞下進行一切建設。另外，從一九五〇年到一九六五年，美國又給予約十五億美元的經濟援助，這對台灣經濟的初期發展，有莫大貢獻。

第三，台灣經濟發展的策略正確。台灣經濟發展模式是先推農業、輕工業，再推重工業，並發展出以出口為導向的經濟。到了七〇年代後，政府更以十大建設來支撐經濟的進一步發展，先成立加工出口區，再建立科學園區。這一切的經濟發展模式是國家所引導（guided），但不是由國家所控制（controlled），所以許多企業最後都能轉為民營。另外，國民黨的民生主義強調平均財富，故台灣人民所得最高的二〇％人口與最低

的二〇％人口相比，為四．五比一，在世界上發展中國家裡，是貧富差距最小的國家之一。

第四，中國儒家文化是台灣社會發展的一股重要力量。儒家文化強調家庭倫理與工作勤勉，使台灣成為一個和諧而上進的社會。許多西方漢學家指出，儒家文化浸潤下的國家或地區，如日本、韓國、台灣、香港、新加坡，他們在二次大戰後的經濟發展都有卓越的成就。所以，儒家文化對東亞經濟發展，也扮演了韋伯（Max Weber）所稱「基督教倫理」（Protestant ethic）對近代西方資本主義發展的驅動角色。

第五，西方社會價值深入人心。台灣從五〇年代起，就有大批大學畢業生赴國外留學，其中以赴美國者為最多。到了八〇年代，每年平均回國人數有一、兩千人，都獲得博士或碩士學位。由於台灣與歐美社會的長期接觸，西方的民主政治、自由經濟制度、開放社會及人權觀念等，均已深入人心。到了八〇年代，隨著經濟發展，產生龐大的中產階級，在其推動下，台灣終於成為民主、自由、開放與均富的國家。

第六，政府順應時代潮流，力求革新，並有卓越團隊予以執行。蔣經國總統在八〇年代，一方面推動政治改革，一方面進行國民黨本土化，培養大批本省籍菁英進入黨政軍高階職位。同時，亦重用許多受過歐美高等教育的人才，進入政府服務。以八〇年代部會首長為例，幾乎百分之八十以上都獲有歐美與日本等國之博士學位。他們熟悉西方民主制度之運作，所以當政府決定解嚴、開放黨禁與報禁、開啟兩岸關係、推動經濟自由化等措施時，這些政務官即有能力加以推動。以開放報禁為例，我在新聞局就根據在美國所了解的言論自由理念，將報紙徹底開放。

關於五二〇事件，我指出，台灣經過三十八年的戒嚴，累積許多一直未能解開的民怨或瓶頸，在解嚴後一一浮現，這是一個社會轉型必經的過程。我以六〇年代美國社會為例，當時因為種族糾紛及越戰爭議，發生許多遊行甚至流血事件，但到了七〇年代中期後，美國社會已恢復常態。因此，我表示，台灣亦將走出目前的一些混亂和爭議。

當我在演講或參加座談會時，將以上各點一一說出，在座人士都表示理解，甚至報以掌聲。對於五二〇事件，索拉茲眾議員固然肯定我們民主的改革，但批評我政府步調不夠明快，他強調我國國會改革必須加速

進行，否則類似五二〇的事件會層出不窮。他並且表示，以我政府的國會改革方案來看，要到一九九八年甚至二〇〇四年才能完成。我則安慰他，絕不會拖到那麼久。事後證明，到一九九二年，我們就完成了國會改革，以後國大代表及立法委員將全部由台灣的選民選出，一九九六年更完成了總統直接民選。

在這短短兩週期間，無論公開或私下場合，海外華僑都向我表達對台灣的關切。在紐約，關心亞洲事務的最大團體「亞洲協會」（Asia Society），特別為我舉辦演講餐會，那天到會來賓有三、四百人，場面熱烈盛大。演講後，我接到了一位在座僑領滕紹駿的來信，他表達對台灣引領中國未來發展的期許：

在中國近代史上，每逢國家遭逢重大危難時，華僑們總會支援祖國。但在另一方面，最令海外華僑傷感的，就是目睹國家的內部紛爭。我們盼望你能轉達給國內同胞的是，在解決這些問題之時，中國百姓的身家性命不致再遭受傷害或毀損。中華民國已幾近於達成完全的民主化，每一位國民都有責任促其實現，而在台灣的中華民國全體國民都將是建設未來中國的模範，而在那個未來的中國中，其國民將能參與全部的民主政治程序，以及實行完全的自由經濟。

他的來信及前述劉小姐的來信，都感動了我，使我深深感到，在台灣的政府與人民必須要努力向前，不要因為內部的紛爭而刺傷海外華僑愛台灣的心，我們要恢復當年國父革命時代海內外華人一條心的傳統，來為台灣、為中華民族一起奮鬥。回國後，我接受一家報紙訪問，這位記者用「走訪美國七大城市，邵玉銘以我國聲譽鵲起為榮」為標題，說明美國社會對台灣近年進步的稱許。

二、六四天安門事件

一九八九年四月中旬起，北京的學生開始在天安門廣場進行各種抗議活動，這時許多外國記者開始詢問

我對此事件的看法。我當時認為假如我過早代表政府聲援這些學生，中共會污衊我政府在背後策動這些學生，這將對他們不利，所以我未多做評論。但是，到了五月二十日，中共當局在北京宣布戒嚴，對中外媒體實施新聞封鎖，並動用警力管制學生。該日，美國國務院發言人對此一發展表示關切。這時，我不能再保持緘默，否則國際社會將批評台灣冷漠，所以我發表聲明：中華民國政府支持大陸青年爭取自由民主的運動。

從此，我每天注意天安門廣場的變化，內心中有種不祥預感，擔心中共會對學生動武。六月四日凌晨四點半，台北中廣記者侯天佩打電話給我，告訴我該日凌晨中共人民解放軍以武力鎮壓學生，學生傷亡慘重。一聽之後，有如雷轟。我做的第一件事，是打電話給李總統的祕書，建議總統當天上午要準備發表談話。該日上午，適逢國民黨二中全會在陽明山開會，我立刻在會場召開記者會，由李總統發表聲明，譴責中共暴行，並宣示中華民國政府及人民全力支持學生民主運動之立場。

我當日也召開記者會發表談話：

今年是五四運動七十週年，中共建立政權四十週年，亦是法國大革命兩百週年，因此對追求自由民主的大陸人民而言，今年可說深具歷史意義，而中共此舉已喪失其統治的合法性，引起海內外中國人及全球人士同聲譴責。[2]

在隨後的一週，我接受了美國、歐洲、日本、香港等地區數十家媒體電視與文字專訪，代表政府發出譴責。我指出：一、一九八九年六月四日勢將成為中共統治大陸以來最黑暗的一天；二、天安門廣場的自由女神雕像，上面有「不自由，毋寧死」的字句，這是美國獨立革命時期所用的口號，證明學生所爭取的是西方式的民主；三、雖然有此天安門悲劇，但中華民國仍將持續其向大陸的開放政策，經由對大陸的探親、採訪

2《聯合報》（一九八九年六月五日），第六版。

和各種文化交流，我們希望能對大陸傳播「台灣經驗」。我的部分談話，經由美國哥倫比亞廣播公司（CBS）在全國性「晨間新聞」，以及美國國家廣播公司（ABC）在全國性「晚間新聞」分別播出，該兩電視台居美國三大電視台之二，收視聽眾遍及全國。

其次，新聞局隨即策畫在世界重要媒體刊登譴責廣告。新聞局協調了「中國人權協會」、「中國新聞學會」、「中華民國工商協進會」、「中華民國全國總工會」及「中華民國全國工業總會」，分三次刊登廣告。第一、二次以美國及港澳地區主要報紙為對象，第三次則包括歐洲、亞洲及中南美洲等大報。另外，新聞局針對天安門事件，蒐集世界主要媒體所發表有關社論、專欄，配合圖片，編輯成書，以六種文字對外發行。

此時，我決定再度前往美國巡迴演講。七月二十九日赴美，八月七日回國，全部行程八天，訪問了紐約、華府等許多城市，闡述天安門事件的歷史意義及中華民國的立場。

其中壓軸的一場演講，是八月二日出席由洛杉磯「世界事務協會」主辦之晚餐演講會，我以「革命吞噬了自己的兒女——對中國大陸民主運動的省思」為題發表演講。我首先介紹六四事件之前的一些重要民主運動：

大陸民主運動自一九五六年「百花齊放運動」時已揭開序幕，以後則波濤洶湧、從無間斷。事實上，在本次天安門事件前，另一個高潮是一九七六年四月五日的「天安門事件」。在天安門前，參加人士曾寫過一首著名的詩，來追悼周恩來總理，並表達他們向中共政權奮戰的決心：

欲悲聞鬼叫，我哭豺狼笑；
灑血祭雄傑，揚眉劍出鞘。

然後，我引用美國詩人惠特曼（Walt Whitman）的詩句稱讚這些英勇鬥士：

假如人民失去了他們堅韌與反抗的精神，則任何一週、一天或一小時內，獨裁暴政均會闖進這個國家——暴政永遠會闖進——沒有符咒，也沒有力量可以抵制——唯一的力量是靠一大群稟賦英勇的鬥士。

在結論中，我預測中國民主之光明前途：

中共的革命吞噬了自己的兒女，但是也產生了無數鬥士。中國及人類未來的歷史都要靠這些英勇的鬥士去創造，而民主也終必戰勝暴政。我堅信，中華民族的民主前途必定無比光明燦爛，因為我們擁有無數這樣的鬥士，讓我們一起向他們致敬！[3]

與會來賓多達四百餘人，創該會近年來所辦類似活動之最高紀錄，聽眾反應極為熱烈。這倒不是我的演講有多精采，應是天安門廣場學生的

3 邵玉銘，《遽變下——一個公僕的心路歷程》（台北：時報文化，一九九一），頁一七一—一七二。

在哈佛大學演講「邁進中的中華民國——自由化、民主化及中國統一問題」。（一九八八年六月）

英烈行動感動了他們。演講結束後，許多人和我握手致意，對我政府也表達強烈支持，延至十時許，人群始逐漸散去。這篇演講，經美國加州眾議員藍托斯（Thomas Lantos）提議，列入國會紀錄。藍托斯時任美國國會人權組織主席，過去在劉宜良命案時，曾對我政府大加撻伐，天安門事件後，對台灣轉趨友好。我這篇演講，也由美國《當今重要演講》（*Vital Speeches of the Day*）月刊轉載。

三、在國外成立「中華新聞文化中心」

新聞局負責國家形象之提升及向國際社會傳播中華文化。多年來，國際間對台灣成就之了解，多限於經濟方面。事實上，在一九八〇年代，我們國家平均國民所得尚不及一萬美金，與西方先進國家相比，我們只是中等所得國家。但是在同一年代，因為解除戒嚴等一連串民主改革，新增了一個「政治民主化」的國家形象，但是與西方民主先進國家相較，我們民主的品質仍有諸多需要改進之處。新聞局行銷中華民國形象，如僅從經濟自由化、政治民主化著手，在西方人眼中，我們只達到「孺子可教」的程度而已。因此，我認為唯有把台灣和世界四大文明體系之一的中華文明掛鉤，台灣才可以從四兩變成千金之重。

我這種看法，有實際的經驗為證。每次我陪外賓參觀台灣的經濟建設，如中鋼、中船等，他們雖然欣賞，但並不覺得特殊。向他們報告台灣政治民主化的發展，他們固然贊同，但亦無任何使其驚奇之處。不過，當我帶外賓去看故宮博物院時，他們突然警覺台灣代表五千年的中華文化，才開始對台灣刮目相看。根據此一經驗，我認為新聞局對外行銷，除了經濟繁榮、政治民主還不夠，一定要側重說明我們是中華文化的傳承者和發揚者，這是我在海外成立「中華新聞文化中心」的主要原因。

另外還有一個原因，是在一九五〇、六〇年代，大學畢業前後，我常到美國大使館所屬美國新聞處（位於台北市南海路）文化中心，閱讀美國的書籍、報章雜誌、看美國的電影、欣賞他們的音樂與藝術，這使我對美國有了極為良好的印象，也奠定了我一生研究美國歷史、政治與文化的志趣。所以到新聞局服務以後，

我決定要仿效美國，在國際重要大都市設立文化中心。

除了美國外，其他先進國家的作法，也使我起了效法的決心。英國在世界一百多個國家設立「英國文化協會」（British Council）；法國在一百四十個國家設立一千多個「法國文化協會」（Alliance Française）；德國在世界五十多國設立「歌德書院」（The Goethe - Institut）；日本在一九七二年成立「日本基金會」（Japan Foundation），現在國外設立二十三個文化中心。

我國教育部在我重要駐外單位設有文化參事處或文化組，從事國際教育交流工作；文建會雖負責國際文化交流的工作，但是並無駐外單位。新聞局國際處有四十九個駐外單位、駐外人員有一百五十人左右，規模僅次於外交部，所以如果新聞局能聯合教育部與文建會，即可在海外成立文化中心。因此，我和教育部長毛高文及文建會主委郭為藩商量，由我們三個單位合作，在世界六大城市（紐約、華府、東京、巴黎、漢城、香港）設立「中華新聞文化中心」，他們欣然同意。

我們選定在紐約市成立第一個中心。由於新聞局在紐約之新聞處人員有十餘人，決定由新聞局負責此一中心之規畫。新聞局駐紐約新聞處主任張敏智極為精明幹練，我請他在紐約先勘查三、五處精華地點，然後報局。正好一九八九年七月底、八月初我有赴美年度演講之行，路經紐約時，和他勘查了三處，選中了「洛克斐勒中心」做為文化中心所在地。該中心為紐約最顯眼之地標，附近有美國重要新聞媒體，如《新聞週刊》、《時代雜誌》、國家廣播公司；亦有藝文團體，如林肯中心、卡內基音樂廳、大都會美術館等單位，交通四通八達，為籌設中心之絕佳地點。

在選定中心地點後，十月，我和毛部長、郭主委一起聯名呈報行政院，李煥院長欣然同意，此事即開始進行。我們決定所設「中華新聞文化中心」，包括「新聞中心」與「文化中心」兩部分。「新聞中心」位於洛克斐勒中心著名出版公司「塞門與修斯特」（Simon & Schuster）大樓二樓，做為圖書館及我們三個單位的辦公處所。「文化中心」則設在一街之隔的另外一個美國著名出版公司「麥克勞—希爾」（McGraw-Hill）大樓地下層，此中心設置「台北劇場」，曾請林懷民先生前往勘查，他認為可用，有將近兩百五十個座位，供

藝文表演及放映電影之用；另外，設置「台北藝廊」，做展覽我國藝文作品之用。這兩個中心除地面相連之外，並有地下通道接通，極為方便。紐約市的唐人街，給外人一種落後、雜亂的印象。既然要成立新聞文化中心，我特別選擇洛克斐勒中心，使國際及美國人士對台灣有「一新耳目」或「驚豔」之感。成立後，在紐約地區的世界各駐外單位前來參觀，均表示其規模應名列世界前茅，一炮而紅，成為我國在世界其他都市成立新聞文化中心之藍本。

經過兩年規畫，中心之圖書館於一九九一年五月二十日先行啟用。有四萬餘冊藏書，中英各半。但為了與藏書豐富之哥倫比亞大學東亞圖書館藏書有所區隔，我決定中文書籍分為三類：介紹中華民國的占百分之五十，介紹中華文化的占百分之四十，介紹台灣對中共之研究成果占百分之十。除書籍外，該館還收藏中華民國政府所有出版品，中英文期刊兩百種、中英文報紙二十種與中央、聯合、中時三報微縮影片，以及上千種有關國情和文化的影視資料，使該館成為大紐約地區及美國東岸研究我國國情之重鎮。圖書館內並附設電腦中心，與美國各大圖書館、媒體及學術單位做電腦連線，這樣他們均可查詢到該館之資料。啟用儀式由我親自赴美主持，目睹我國國旗飄揚於洛克斐勒中心之廣場，心中感動不已。

啟用儀式後，五月二十三日，我赴波士頓訪問，由波士頓市長費林（Raymond Leo Flynn）親自頒發該市最高榮譽之「保羅・李維盃」（Paul Revere Bowl，保羅・李維是著名美國獨立革命英雄），頒獎儀式在儀杖隊手持中美兩國國旗下進行，莊嚴隆重，市長並宣布該日為「民主自由中國日」。致謝詞時，我以感性的口吻指出，二十六年前，我曾到該市附近佛萊契爾法律外交學院及哈佛大學進修，今日能獲贈如此尊貴的獎盃，是畢生榮幸。

同一日，大陸杭州市長亦在波士頓訪問，市長對他極為冷淡，相較之下，對我之接待相當隆重。一位當地華文報紙記者，以「波士頓的雙城記」為題寫道：

無可否認，六四後北京和台北在美國朝野的地位明顯地出現了此消彼長的變化，波士頓的情況也不例

外。無論哪個政府代表中國人，分裂的狀態使美國人自有一種冷熱取決於我的高傲，而中國人自尊則難免時常處於落落穆穆的境地。這是此一代中國人的悲哀，但下一代如何呢？[4]

同年八月十四日，「中華新聞文化中心」之「台北劇場」與「台北藝廊」揭幕。我特別來美，邀請駐美代表丁懋時先生前來共同主持揭幕典禮，並邀請紐約市長丁勤時（David Dinkins）剪綵，他宣布該日為中華文化日。當天到場人士包括美國參眾議員、州長、新聞界、學術界之中美嘉賓約一千五百餘人。美國前總統雷根特地錄製一段電視賀詞，稱讚該中心將使得許多美國民眾得以接觸中華文化，也將為紐約市增添一個豐富的文化資源等語。

揭幕當天，還有許多外國駐紐約地區的使節前來參加，紛紛向我表示，他們久聞近年台灣政治、經濟之各項進步，今日又見到此一美侖美奐

4《星島日報》（波士頓，一九九一年六月十一日）。

駐美代表丁懋時、紐約市長丁勤時（David Dinkins）與我共同為「中華新聞中心」揭幕剪綵。（一九九一年八月十四日）

的文化中心出現，他們頗為感佩並祝我國國運昌隆。一九九一年八月，正值大陸天安門事件後兩年，大陸形象已跌入谷底，而台灣之國際形象則如日中天，所以這些駐紐約使節才會說出許多溢美之詞。在場有一媒體向我詢問，該中心願否和大陸合作，我說：「隨時歡迎大陸在美人士來此學習中華文化。」

中華民國在國外的第一所文化中心終於成立。對我來說，它不僅複製並擴大了我在大學時代享用美國新聞處文化中心的經驗，更展現了中華民國政府遷台四十二年後的國家軟實力，面對各國人士之道賀，我很為自己國家感到驕傲。

這個中心到底有沒有達成它設立的目標？根據一九九九年該中心主任余玉照教授所做的統計，八年下來，有十七萬人次前來圖書館借閱圖書，書籍借閱流通量約達二十四萬冊。「台北劇場」方面，主要活動是由文建會統籌規畫音樂、舞蹈、戲劇節目，一共演出三百六十餘場，觀眾累積約一萬三千人次，所獲英文媒體各項報導及評論一共九十篇。一九九六年六月，《紐約時報》知名藝評家奧斯瑞克（James R. Oestreich）對劇場有如下的評述：「這個由台灣政府設立的場地，近年來，在紐約提供各項中華戲劇等藝術性活動，其價值就像其他偉大的資產一樣，不可等閒視之。『台北劇場』已在觀眾心中建立了既有價值且無法取代的地位，讓我們衷心祝福它能健康長存。」[5]《紐約時報》有一「文藝與休閒」（Arts and Leisure）版面，每星期二出版，該版經常介紹本中心之各種活動，頗能引起藝文界之注意。根據以上資料，我認為它達到了成立的目標。可惜到了二〇〇二年六月，中心租約到期，房東要求增加租金，扁政府決定將該中心關閉。此種金錢重於文化的決定，令人慨嘆！有年路過紐約，我特地走訪該中心原址，人去樓空，我不敢追問圖書館內那些文物去向如何，以免傷心。

第二個「中華新聞文化中心」，是設於巴黎之「台北新聞文化中心」，成立於一九九四年元月，於二〇〇六年八月更名為巴黎「台灣文化中心」，此中心則是由文建會負責規畫與營運。第三個中心，於同年四月，設於香港，名為「光華新聞文化中心」，由新聞局主導規畫，一直運作至今。另外，馬政府在二〇〇八年主政後，由文建會在東京成立了「台北文化中心」。台灣目前尚存的海外文化中心只有三座，不僅無法望

歐美先進國家之項背，連韓國都不如。馬總統在其二〇〇八年競選政見上，提出在國外建立「台灣書院」之構想，現僅成立三處。現在文化部已經成立，希望它能擴大在國際重要城市成立中華文化中心。

四、闡釋「中美兩大民族之使命感與命運論」

一九九一年五月，美國印第安那州佛蘭克林學院（Franklin College），決定頒贈榮譽法學博士給我，並邀請我在該校畢業典禮出任主講人（Commencement Speaker）。美國大學畢業典禮舉行時，除了全校師生外，來自全美甚至世界各地之畢業生親友，數千人共聚一堂，是一大盛會。「畢業典禮主講人」之演講，是典禮最高潮，我能獲此殊榮，即以「中美兩大民族之使命感與命運論」發表演說。

我這項榮譽是意外地來自於天安門事件。天安門事件發生後，該校校長馬丁（William Martin）博士來台訪問，到新聞局拜會。他是一位法學教授，對天安門事件及大陸情勢了解不多，遂向我請教。我花了半個多小時對這些事情做了深入的分析，他聽了豁然開朗，深表感謝。不意，第二天早上九點，他在旅館裡打電話給我，邀請我翌年五月赴該校接受榮譽法學博士學位，他還說要推薦我為畢業典禮的主講人。果然一年後他如約致邀，但正值李煥院長與郝柏村院長交接期間，實在抽不出空，所以雙方約定，延後一年辦理。

在這個演講中我指出，中美兩大民族對自己民族都賦有很強烈的使命感與命運論。首先我談到，美國從一六二〇年五月花號（Mayflower）登陸起，開創了一個與歐洲不同的「新世界」（New World）。到了一八四〇年代左右，美國出現了「明顯命運」（Manifest Destiny）的理論，這包含：一、宗教上的清教徒主義（Puritanism）；二、政治上的民主理想主義；三、領土的擴張主義。這種「明顯命運」理論的具體展現，先見於一八四〇年代，美國擊敗墨西哥而取得美國西南大部分土地；一八九〇年代和西班牙的戰爭，戰後美國

5 余玉照，〈辛勤耕耘在國際舞台上〉，《中央日報》（一九九九年九月十三日），第五版。

美國富蘭克林學院（Franklin College）頒贈榮譽法學博士，並擔任該校畢業典禮主講人。（一九九一年五月二十六日）

獲得古巴與菲律賓兩處殖民地，並隨即進入中國。在二十世紀裡，幾個凸顯「明顯命運」的例子是，美國參加兩次世界大戰；在二次大戰後，美和蘇聯又進行冷戰，最後促成九〇年代前後蘇聯等共黨國家之瓦解，美國獲得了完全的勝利，充分完成了他的使命感與命運論。

我指出中華民族與美國一樣，也有我們的使命感和命運論。儒家的世界觀，如詩經所言：「普天之下，莫非王土；率土之濱，莫非王臣。」文化觀則表現在孔子所稱的「華夷之辨」，此顯示了華夏文化對其他文化的優越感。美國人對於印地安人及其他有色民族、落後地區，認為他們都是「白種人的負擔」（The White Man's Burden），美國有義務推展其基督教文明來改造這些民族或地區。相對而言，中國人亦然，面對東夷、北狄、西戎、南蠻，中國人一向以中土自居、以文化自豪，並以文化服之。儒家復有「為天地立心，為生民立命，為往聖繼絕學，為萬世開太平」的抱負。總之，儒家這種使命感與美國基督教文明所強調的淑世精神極為一致。不過我指出，中國對外邦，多是用文化服人，而少以武力討伐。

談到近代中國歷史，我指出，孫中山先生所倡導的國民革命，是以林肯總統所主張的民有、民治、民享政府做為典範。他的世界觀是主張「濟弱扶傾」。孫先生的文化觀是力求鑄冶儒家文化與西方現代文明於一爐。這項努力自一九一二年建立中華民國開始，但以過去四十餘年在台灣實行的現代化最為成功，把台灣建設成一個自由、民主、均富的社會。從美國人的眼光觀之，台灣是美國推廣國力的「最後邊疆」（the last frontier）之一，故美國協助建設台灣，乃是其民族使命感的另一實證。台灣的成功故事，主要是由於台灣人

民的努力，但另一方面也受到美國的啟發（inspiration）與協助，因此，台灣可說是中美兩大民族合作的最佳象徵與成就。

最後在演講中，我指出雙方對於中國大陸的前途，亦有共同之目標，雙方都希望能將大陸轉變成為自由、民主、開放的社會，並進而有助於世界和平與人類福祉[6]。

在春光明媚的五月，面對該校上千名師生與親友，發表這樣的演講，實在是一種愉悅而榮幸的經驗。此外，該校馬丁校長還透露，這次畢業典禮的主講人，曾經過教授評審會討論決定，被提名者除我外，還有當時美國副總統奎爾（Dan Quayle），但是由於奎爾平時常發言不當，成為媒體取笑對象，知識分子為之側目，所以在校長力薦之下，經過教授投票，我竟然打敗了奎爾。得悉內情，固然感到光榮，但我一位外國人士竟能勝出美國副總統，亦覺得不可思議。

五、男女平權：國際新聞人員特考與外放

一九六〇年代美國有關民權運動法案的基本精神是，任何美國公民不可因種族、宗教、性別遭到歧視。在同一年代，女性平權主義亦極為風行，這些主義信徒爭取婦女在就學、就業獲得與男性平等之待遇。

我到新聞局服務前兩年，因為公務繁忙，對局內男女同仁是否獲得平等待遇一事，未及注意。但到一九八九年，發現新聞局無論在舉行國際新聞人員特考或同仁外放，均違反男女平等原則。

一九八七、八八年，新聞局該項特考錄取人數，每年男性為十人、女性僅兩人，而且還將男女錄取之差別名額，寫在報名表上。個人認為，我國男女在享受教育權利上既無性別歧視，怎可在就業考試上有性別歧視？立刻請新聞局主辦單位說明原委，他們給我的答覆是：女性同仁如派往國外，有時因夜晚參加宴會或夜

6《中央日報》（一九九一年六月七日），第一六版。

間接送飛機，有安全之顧慮，所以不宜錄取太多女性人員。我表示不能同意：第一，新聞局派駐的國家都是已開發或開發中國家，不似外交部，在非洲等落後國家也派有駐外人員；而這些已開發或開發中國家之首都，都是該國生活機能及安全環境較佳城市，並無生活或安全問題；第二，假如說新聞局女性人員在這些城市有生活或安全的問題，那居住在這些城市的當地女性，她們如何因應？所以我認為，新聞局女性同仁如因家庭因素，她可選擇放棄外放，但新聞局不可在未徵詢其意見前，即先剝奪她外放之權利。我復指出，以美國為例，婦女因遭受性別歧視而引起之訴訟，幾乎一律勝訴。假如報考新聞局國際新聞人員特考之女性，針對此種錄取名額之歧視提出告訴，新聞局將如何應付？所以，我堅持要平等開放。一九九〇年，由於新聞局採取錄取名額性別平等作法，而其他部會如外交部仍有性別限制，所以，該年新聞局舉辦特考時，女性報考人數暴增，新聞局當年錄取比率是男性六人、女性十六人，徹底消除性別歧視現象。

其次，新聞局女性同仁外放人數也遠較男性為低。一九八一年至一九八七年，七年之內只有七位女性同仁外放，平均一年一人。為求改進，在我四年任內，一共派出九位女性同仁，平均每年至少兩人。我另外發現，全局駐外新聞處主任（最高職位）人員，並無一人是女性，於是，我外派兩位具有主任資格之女性同仁，一位派赴我國駐波士頓新聞處主任，另位派赴我國駐休士頓新聞處主任。

一九九一年離職前，我復指示新聞局國際處研擬女性同仁應享有平等外放權利之報告，他們總算接受我的看法，做出「對具外派資格之女性同仁，其外派可一視同仁」之結論。至此，新聞局在招考人員與同仁外派兩事，女性終於獲得與男性同等之權利。但是我離職後，新聞局在招考人員上又故態復萌，至一九九六年起，新聞局始在錄取名額上再無性別限制。

中華民國憲法第七條「中華民國人民，無分男女、宗教、種族、階級、黨派，在法律上一律平等」。該憲法一九四七年施行，而我政府在將近五十年後，駐外人員考試才做到男女平等，以一個恪遵憲法的政府而言，能不汗顏乎？

本人並非女性平權運動者，但我一直好奇，台灣受過高等教育的女性菁英分子，為何從未提出過考試制

度中性別歧視之訴訟，或是要求大法官針對此事提出憲法解釋案？

二〇〇三年，國防部國防管理學院招生，法律系錄取名額規定，男生十二名，女生兩名。結果一名女生張穎華列為備取第一名，而同榜錄取之女生雷家佳，同時又考上政大法律系。雷家佳鑑於張姓女生家境清寒，決定犧牲自己，將名額讓她，而自己改讀政大，此事引起媒體廣泛報導。事後外界向國防部建議，為何不多錄取一名女生即可解決問題，該部回答說：「堅持制度的重要。」請問：一個歧視女性的制度，怎可堅持下去？

第十八章　惜別新聞局：依舊青山綠樹多

一、對大眾傳播事業之建議與協助

為了改善媒體之運作品質，我曾於一九八九年九月，在《中國時報》提出兩點看法：

第一，新聞媒體應設立「訴願人」（Ombudsman）制度。由報社設置訴願人，每日檢視自己的報導有無失實之處、處理讀者投書是否得宜、辦理新聞當事人的受害補償等事宜。

第二，記者職業榮譽及尊嚴之建立。我認為建立記者職業的榮譽與尊嚴，應從下列三方面著手：一、建立資深記者制度。目前我們的「記者」一行，只是一個通稱，很少報紙設有「資深記者」的制度，所以，很多優秀的記者在經過多年的歷練後，常被派轉任到報紙之行政部門工作，實在是讀者的損失。二、建立專欄作家（Columnist）制度。媒體應將優秀的「資深記者」提升為專欄作家。三、加強記者的在職進修。在今日多元化的社會裡，隔行如隔山，記者們更需要在職進修，如此記者的素質才會提升。[1]

1《中國時報》（一九八九年九月四日）。

以上建議中，關於訴願人、資深記者及專欄作家之設立，都是媒體本身要做的事，我無能為力。但是對於協助記者在職進修，由於當時國內絕大多數媒體均無此種計畫，我決定略盡棉薄。

在做此決定前，我曾猶豫再三。本來媒體人員之在職進修，應是媒體本身責任，由政府機關越俎代庖，難免有被懷疑是向記者「示好」，甚至「攏絡」之嫌，所以新聞局只能提供經費，本身不參與遴選事宜。我於是和「中華民國新聞評議委員會」與「中華民國大眾傳播教育協會」負責人士商討此事。由於此兩單位都是具有社會公信力之團體，如出面承辦此一計畫，即可確立其公正性，新聞局亦可避嫌。在會晤中，我保證新聞局除提供經費外，完全授權他們執行此項計畫，絕不干預任何細節。他們見我誠意十足，也為了提升新聞人員素質，決定接手。雙方決定推出兩項計畫：一是設立「中華民國傑出新聞人員研究獎」，每年選出四至五名傑出人士，每名金額以五十萬元為上限，赴國外新聞機構或大學進行三至六個月之考察與專題研究。遴選辦法是由申請人提出研究計畫，然後由「新聞評議委員會」審查，決定獲獎人選。

第二個計畫是資助新聞工作人員在國內進修，每年以十名左右為限。此又分成兩種項目：一是提供經費，供其進修碩士學位；二是供其進修專業課程。另外，如果因為參加此項計畫而被停薪，則本計畫將補發其薪水，以使彼等能專心向學。此項計畫由「大眾傳播教育協會」承辦。

以上兩項計畫，一共辦理十二年，第一項計畫一共獎助四十餘人；第二項計畫贊助百餘人。事後檢討，各方均認為此兩項計畫，對於提升新聞人員之工作能力頗有助益，其中部分人員，在其工作崗位上因表現優異，已在媒體界升任領導級職位，一位並出任行政院新聞局長（蘇正平）。至二〇〇三年，「傑出新聞人員研究獎」改由民間募資為主之「財團法人卓越新聞基金會」接手。個人認為，新聞局當年資助此一獎項，本係不得已之作為，現能夠由民間團體辦理，實更為理想。

二、對大眾傳播事業之評價

自一九八八年開放報禁以來，整體而言，我認為大眾傳播媒體對台灣社會的貢獻是正面而深遠。過去二十餘年來，台灣社會的發展，包括開放黨禁、解除戒嚴、開放探親、終止動員戡亂時期、國會全面改選、總統直選等發展，由於媒體對這些事件做了充分報導與評析，加速台灣成為一個真正自由民主與開放的社會。

到了二十一世紀，台灣媒體更扮演了一個撥亂反正或追求正義的角色。李登輝任內後期走向黑金政治，媒體對之口誅筆伐，有助於民進黨在二〇〇〇年執政，這是我國民主政治歷史上首次的政黨輪替。至於二〇〇四年總統大選前的「三一九槍擊案」，固然有助於陳水扁總統的連任，但是其後，媒體對阿扁總統任內的貪腐行為口誅筆伐、對二〇〇六年紅衫軍運動又給予鋪天蓋地的報導，這些報導，對馬英九在二〇〇八年當選總統貢獻極大，其所獲得之票數，高達百分之五十八，超過了李登輝總統一九九六年所獲得的百分之五十四票數。美國總統歐巴馬隸屬只占美國百分之十人口的非洲族裔，竟然能在二〇〇八年，先後打敗美國民主黨的第一夫人希拉蕊及共和黨的越戰英雄麥肯（John McCain），大家都認為這是美國、甚至是世界總統選舉史之奇蹟。相較於歐巴馬，馬英九隸屬於百分之十左右人口的外省族群，他能夠擊敗一個隸屬百分之七十人口閩南族群的謝長廷，這種勝利，它的驚人之處並不次於歐巴馬的勝利。

三、辭職

一九九一年七月，我借調四年期滿，決定辭職回政大教書。

既然決定重回學術生涯，就必須出版學術著作。一九八二年離美回台前，我曾將《司徒雷登與中美關係》六百多頁的初稿，寄往哈佛大學，請其考慮出版，哈佛希望我能夠酌為刪減，再予考慮。回台後，我一直不忘此一刪減工作。所以，一九九一年初將刪改後的書稿寄給哈佛大學，請其考慮。四月，接到哈佛大學

東亞研究協會主席麥克法夸爾（Roderick MacFarquhar）教授來信告知，我的《一位美國在華傳教士──司徒雷登與中美關係》書稿，先經過兩位評審審核，後由該協會委員已投票通過出版。他並附上一位評審對我書稿的評語：「一本令人震撼之作，它非常透徹地闡釋了美國與東亞間互動關係中，一個深具影響力的人物。」接到這封信，至為欣喜，做為一個學者，著作能夠由哈佛大學出版，實是一份榮幸。

五月，我赴美主持新聞局在紐約成立「中華新聞文化中心」圖書館之啟用典禮前，向郝院長報告此行時，院長突然問我：「你對教育工作有沒有興趣？」我心裡一驚，因為知道行政院近期要改組，這時我對從政之路已經厭倦，擬於七月政大借調期滿離職，我知道院長對我的工作表現尚稱滿意，假如這時告訴他我將離職，萬一他為了留我而調升職位，我再加拒絕，有辱院長厚愛，將更難辭職，所以我對院長的詢問支吾以對，以免進入實質討論。

政大在六月十二日正式通知我借調期滿是否歸建，請於七月三十一日前告知決定，否則必須辭職。所以，我在七月三十日正式向院長提出書面辭呈，結果院長批示慰留。此事見諸報端後，一位很有歷史素養的記者朋友，知道我一生非常敬仰蔣廷黻先生，他以〈邵局長也是邵教授〉寫了這樣一段極有深意的話，直接命中我的內心：

> 前中央研究院院士李濟曾向蔣廷黻問道：「你學的是歷史，到底是研究歷史還是創造歷史，帶給你更多的快樂？」蔣廷黻的回答很妙，他說：「你覺得知道司馬遷的人多，還是知道張騫的人多？」或許讓邵玉銘遲疑不決的關鍵原因，就在這種內斂研究與外鑠創造孰優孰劣的抉擇吧！[2]

八月十四日，紐約「中華新聞文化中心」的台北藝廊及圖書館正式揭幕，我前往主持後，即赴巴黎召開新聞局駐歐新聞單位工作協調會報，並討論在巴黎成立「中華新聞文化中心」事宜。隨後轉赴瑞典、波蘭、匈牙利等國考察在三國設置新聞局單位事宜，並展開一系列的演講。之所以決定在瑞典成立新聞處，是因為

瑞典是諾貝爾基金會所在地，假如新聞局能和該基金會建立關係，對國人獲得諾貝爾獎應有一些助力。到了瑞典，特地去拜訪馬悅然（David Malmqvist）教授，他是諾貝爾文學獎評審委員，向他表達希望他能介紹台灣作家給他的同儕。馬教授是一位研究現代中國文學的學者，也是聞一多的「粉絲」，曾將聞一多的《死水》詩集翻成瑞典文。迄今，雖然台灣的作家沒有得到諾貝爾文學獎，但是，高行健在二〇〇〇年能獲得諾貝爾文學獎，馬悅然應有很大功勞，因為他曾將高行健的《靈山》及劇作《彼岸》翻譯成瑞典文出版。

九月十二日，我以兩千餘字的報告，第三次向院長遞出辭呈。我諸多理由之一是，我已厭倦政治，極思重回學術之路：

> 職本一介書生，在此之前，一直服務於國內外教育界及學術界，自任職公職以來，由於公務繁忙，致使幾本學術論著無法完成，深以為憾。復以當前政局動盪、紛爭頻仍，職對政治已生厭感。

院長接到報告後，仍不為所動。

十八日政大開學，假如我再不能通知政大回校任教，學校就無法排課。所以，十七日下午兩點半，我面見院長，懇求道：「院長今天再不批准，我明日將無法回政大教書。」為了此次見面，我還特地帶了我的一些著作，讓他知道我到新聞局服務之前，一生都在美國及台灣的學術界服務。院長看我情詞懇切，又望了望我那批著作，最後讓步說：「假如你堅決要辭職的話，能否談談接替的人選？」我提出三位中英文俱佳且有行政歷練的人選。在三位中，他相中其中一位，就是後來接替我的胡志強兄。不過，這並非我推薦有功，院長對胡先生早有認識。

當晚，正逢我以晚宴招待新聞局所有科長之活動。我每年都有宴請新聞局科長一次的習慣。我認為處長

2《聯合晚報》（一九九一年八月四日），第十五版。

郝柏村院長頒發「一等功績獎章」後合影。（一九九一年九月）

級的同仁，職位與薪水均高，不必再錦上添花；但科長承上啟下，是新聞局的中堅分子，因此每年以晚宴慰勉他們的辛勞。晚宴席上，我知道辭職的消息明日會見報，對他們僅說了一句：「明天會有一個令你們驚訝的消息。」他們面面相望，不知我何所指。

第二天，我的辭職見報，前院長李煥親筆來信，多所慰勉，但反對我辭職。某報對我辭職的標題是「執著教育工作，毫不戀棧仕途。邵玉銘，堪稱官場異數」[3]。

同日上午八時半，郝院長為了嘉勉我，特別頒給我公務員最高獎章——「一等功績獎章」，首開政府首長離開行政院獲頒此一獎章之先例。他以一篇很長的致詞，稱讚我四年任內各種表現，表示他「不願意、也很勉強地接受」我的辭職，並希望我有機會能再回到政府機關服務。上午十一時半，行政院院會結束，我主持任內最後一次記者會，然後，與在場記者一一握別。臨走時，我特別仰望新聞局記者會場上的一幅對聯——「告訴民眾明瞭政府做些什麼；反映民情希望政府做些什麼」，這是蔣經國總統某年巡視新

蔣經國總統對行政院新聞局的工作指示。（見兩旁對聯：「告訴民眾，明瞭政府做些什麼；反映民情，希望政府做些什麼」。）

聞局時所給予的訓勉，我在新聞局新建大樓落成時，特別挑選將之掛上，這兩句話是我四年半工作的最好註腳。

下午，新聞局同仁舉行歡送茶會，行政院記者聯誼會特別做了個銀盤，上面刻著他們對過去一千六百多個與我晨昏相處日子的懷念語句，使我倍感溫馨。在致答謝詞說，我是全國每日讀報最勤快也最認真的讀者；我以新聞局為榮，一日為新聞局人，一輩子都是新聞局人。

同日，《中央日報》刊了我的一篇小文〈童年兩夢〉：

> 童年的經驗，帶給我一生兩個夢想。流浪逃離的經歷，使我立下「從公」的報國志願；另一方面，邊走邊看小說以致跌落水溝的癡迷，又使我醉心於怡情養性、創造自發的「從文」理想。這兩個內心世界始終盤根錯節，掙不脫其間的矛盾。
>
> 中年漸深，往事已不可追，但童年的兩個

3《自由時報》（一九九一年九月十八日）。

夢想仍時交織心頭。近幾年來服務公職，已實踐了童年的第一個夢想；今後只希望能早日步入第二個夢想——「從文」，此生也就無憾了。[4]

《新新聞》在上任第一天曾訪問我，在卸任最後一天，它的一位記者也來訪問我，這也是任內接受的最後一個訪問。在談到新聞局這四年的角色時，我說，最大的壓力來自社會要求新聞局在處理各項事務應大幅開放。這位記者問我：「那你迅速把所有尺度都開放不就得了？」我回答說：

我只是政府大機器中的一個輪子，車子往哪走，輪子就往哪走，哪有輪子自己走不管駕駛的？

這位記者又問我，局長的工作中，什麼事最令我不能忍受？我回答：

我想是「沒有尊嚴」！有時我看我們局裡的人到民意機關，一個個都得俯首稱是，真是感慨。經常有局裡的人為了抓地下電視台或第四台而被打，我家中也經常接到恐嚇、威脅的電話，說什麼要斷手斷腳的，公僕真的不好當。

她又問我說：「在立法院中，你是次於財政部長王建煊喜歡和立委鬥嘴、針鋒相對的官員，為什麼會如此？」我回答說：

人格的尊嚴總要堅持！我如果不加以反駁，如何能正視聽？何況局裡的人看到局長被人公然斥責卻束手無策，我如何能教部屬凡事據理力爭？[5]

新聞局成立五十週年局慶。（一九九七年五月）
歷任局長自右至左為胡志強、宋楚瑜、丁懋時、沈昌煥、錢復、張京育及本人。

翌日，我和胡局長志強辦理交接。有幾家報紙以社論對我四年半工作表示肯定，並祝我東山再起，其中一篇特別稱許我對成立公共電視台及在海外成立「中華新聞文化中心」之努力。盛情可感。

二十一日，一批電影界朋友為我舉行歡送茶會。中影總經理江奉琪在致詞時，特別提到在我任內，政府的電影預算已從原來的三千七百萬提高至下年度的三億元。他又表示：「電影不景氣，電影界雖窮，但窮朋友最有人情味。」他們又合唱「友情」為我送別。

從那天開始，我每天早上不必六點起床，看六份報紙及三家電視台新聞後才去上班；晚上也不必再接電話接到十二點半，使我每天睡眠不超過五小時。另外，我也不必過著每日的公務應酬。在新聞局任內，由於來來（現稱喜來登）飯店就在新聞局對面，故常在該飯店應酬。有個星期，七天之內，竟有在該飯店吃過十四頓午飯及晚飯的紀錄，我幾乎記得該飯店每個餐廳的主要菜色。

4《中央日報》（一九九一年九月十九日），第二版。
5《新新聞週刊》（一九九一年九月二十三日—二十九日），頁五二—五四。

好友張曉風教授，在我任內心力交瘁時，曾抄贈朱子〈水上行舟〉來勉勵我，這首詩最能代表我離開新聞局時的心情：

昨日扁舟雨一簑，
滿江風浪夜如何？
今朝試捲孤蓬看，
依舊青山綠樹多。

第十九章　重回學術界

一、重執教鞭：政治大學外交系所復課

一九九一年九月二十日，我重回政大校園，在政大外交系開了「英文外交名著選讀」、在外交研究所開了「日本外交政策」等課程，由於這兩門課過去曾教過多年，所以駕輕就熟。

我特別喜歡「日本外交政策」這門課，因為它可發人省思。每次講授「珍珠港事變」，就覺得一個國家的外交政策，事實上是個哲學問題。世人在日本二次大戰戰敗後，都認為以日本四個蕞爾小島，竟敢遠跨三千多浬外去轟炸珍珠港與美國作戰，覺得不可思議。事實上，日本轟炸珍珠港是經過縝密盤算。日本認為只要把這個美軍太平洋基地摧毀，美國約需兩年時間才能重建軍力再回到太平洋；但在這兩年時間，日本可以長驅南下，占領整個東南亞，尤其是印尼的油田，這樣就有了所需要的國防資源，建立強大兵力，如果美國敢再挑戰，日本此時居地利之便，應可贏得太平洋戰爭的勝利。日本復認為，蔣中正之所以不肯投降，就是在等候美國參戰而幫助中國打敗日本；所以一旦摧毀美軍在太平洋的基地，美國就算參戰，也無力援華，蔣中正就會被迫投降，這樣日本便能完成她建立「大東亞共榮圈」的美夢。

一九四一年六月，德國率領將近四百萬大軍，分三面進攻蘇聯。十二月一日，德軍已經逼近莫斯科僅十六公里之距離，在當時看來，德軍的勝利指日可待。日本認為，只要蘇聯一敗，希特勒一定大軍回返，再度

進攻英國，此時美國必定會馳援英國，這樣美國將更無力量在太平洋對抗日本，所以，日本決定依照計畫進攻珍珠港。

但日本以上如意算盤出了四個意外。第一，轟炸珍珠港當天，原本應該在珍珠港停泊的美國三艘航空母艦均有事出海，倖免於難。第二，美國龐大的工業生產力量，在珍珠港事變後，很快重建了她在太平洋的軍力，並沒有如日本預估，需要兩年之久。第三，一九四二年六月，日本重施突襲珍珠港故計，進攻中途島，未料此次美國已布下天羅地網，造成日本損失四艘航空母艦，從此日本在太平洋戰爭中一蹶不振。第四，一九四一年十二月以後，蘇聯天寒地凍，德軍的閃電戰術失靈，在蘇聯戰場陷入泥淖，而蘇聯軍隊愈戰愈勇，德軍終於潰敗。

所以我覺得，戰爭打到最高境界，何去何從，幾乎是個哲學問題。日本無論在面積、人口、資源、工業基礎及軍力，都遠遜於美國，居然想憑藉偷襲珍珠港及依賴德國進攻蘇聯的勝利，將自己國家命運孤注一擲，這實在是一個狂賭。更令人感慨的是，奉命執行進攻珍珠港的海軍大將山本五十六，曾就讀於美國哈佛大學，了解美國雄厚國力，他有次表示，任何人見識過美國底特律汽車工業及美國德州的油田，就知道跟美國作戰是自殺行為，但他竟奉命去執行一個他認為是自殺的行為。

為什麼他必須接受這樣的任務？這又牽涉到日本軍方內部的鬥爭。日本在一九四〇年九月，與德國、義大利建立軸心同盟，日本軍方預備以開闢第二戰場，來突破它在中國第一戰場的困境。日本陸軍認為從九一八事變開始，日本陸軍已作戰近十年，勢如破竹，現在海軍理應接手下一波行動。海軍為著自身的尊嚴，雖然知道和美軍作戰極其危險，也只得勉力以赴。更令人感喟的是，在日本進攻珍珠港三個月前的御前會議，日本軍事將領向天皇稟告偷襲珍珠港之決定，天皇甚感猶豫，甚至不愉，因為蘆溝橋事變後，日軍曾誇下海口，提出「三月亡華」論，天皇認為中日戰爭已拖了四年還不能解決，現在又要進攻美國，所以他吟念其祖父明治天皇的詩句來表達他的感慨：

四海之內，皆兄弟也，
在此一世界，為何波濤洶湧、狂風呼嘯？[1]

但日本軍方決定不惜一戰，這也展現日本軍人的武士道精神：寧折勿彎。我認為一九四一年的日本，除了進攻珍珠港，還有另外兩個選擇：一是維持現狀，繼續占領其在中國東半部江山；二是依蔣中正之要求，從關內撤軍至東北偽滿州國（其面積接近德國與法國之總和），如此即可和蔣中正達成停戰協議。無論日本繼續占領中國東半部江山或撤軍至東北，日本在中國已擁有大片江山，再加上朝鮮半島、台澎及本土四島，其帝國之規模已足夠龐大，日本大可專心在這一龐大土地上發展其帝國基業，靜待德國進攻蘇聯之結果，再另行定奪。但是日本軍人之帝國野心，遠不止於此，他們還要進占整個東南亞。一旦決定南進，為了預防美國干預，遂決定進攻珍珠港，導致最後戰敗之命運。所以，我一直認為「和」與「戰」有時不是軍事問題，是一思維或哲學問題，這就如我在第五章引述芝大吾師入江昭對日本帝國主義的評語：「日本帝國主義在中國的失敗，是一個思維的失敗（failure of ideas）。」

當我在課堂上與同學討論這些問題時，思緒如潮湧，常有新的體會。此刻，新聞局記者會鎂光燈的閃爍，立法院叫囂式的質詢，都離我遠去。教書的日子，輕鬆而愜意，每天早上九點開車到學校，晚上六點多回家。

二、哈佛大學出版《司徒雷登與中美關係》

哈佛大學既然願意出版我所撰之司徒雷登傳，為了使其內容更加充實，決定赴美再做些研究。正在做此

1 Edward Behr, *Hirohito Behind the Myth* (N. C.: Penguin Books, 1989), pp. 271-273.

打算之際，位於美國費城（Philadelphia）的「外交政策研究中心」（Foreign Policy Research Institute）派員來台物色學者，出任該中心胡柏（Thornton D. Hooper）研究講座。經過面談後，我立獲聘任，從一九九二年九月起，為期一年，條件甚為優渥，可從事任何國際關係之研究，當年九月，我前往費城履新。

該中心與美國國務院、國防部及其他政府部門均有合作關係，出版《奧比斯》（*Orbis*）季刊，是一份國際關係與外交政策的著名學術刊物。該中心位於常春藤盟校賓州大學校園旁，可使用該校豐富的圖書設備。從九月起，我開始往來於費城與哈佛大學之間，經過半年多的努力，終於將原稿修飾完成，在一九九二年底出版《一位美國在華傳教士——司徒雷登與中美關係》（*An American Missionary in China: John Leighton Stuart and Chinese—American Relations*），列為著名的「哈佛東亞專書」第一百五十八冊，全書共三百八十一頁，約二十餘萬字[2]。

司徒的父母於一八七四年抵達杭州，開始傳教生涯。一八七六年生下長子司徒雷登。司徒雷登後回美接受中學及大學教育。一九〇四年，司徒雷登攜同新婚妻子回到杭州，繼續父母的傳教工作。一九一九年六月至一九四六年七月，出任燕京大學「校務長」（受我國教育部規定所限，外國人不得出任校長，所以他的頭銜是『校務長』，但實質上是校長）。在二十七年之內，他將燕京辦成一個與北大、清華齊名的大學。另外，由於燕京大學與美國許多著名大學，如哈佛大學、普林斯頓大學、芝加哥大學等有密切合作關係，為中國其他大學所不及，遂使燕大成為中國與美國高等教育間最重要的橋梁。

司徒的基督教教育理念有三：一、教育中國青年，以應中國社會之需要，並與共產主義相抗衡；二、促進中國與西方文明間之交流；三、提供道德與精神教育，以提升中國青年之品德。司徒和燕大神學院同仁們多屬於基督教的「社會福音」派（social gospel），此派認為基督徒不應該只以拯救自己的靈魂為滿足，應該將他們的愛心拓展到社會關懷及國家發展之上。所以，司徒在燕大校園成立「燕大基督團契」（Yenta Christian Fellowship），歷年人數占學生總人數四分之一到五分之四不等。除了宗教活動以外，團契並從事社會服務工作，如為鄰近清寒子弟開設學堂，為鄰近村落提供急難救助。

司徒在燕大校務長任內，努力結交國民政府重要人物，一方面有助於推展校務，二方面也可以影響國民政府各種發展。他的言行很類似十八世紀耶穌會教士利瑪竇等人，透過跟官方接觸，以鞏固其宗教在中國之地位。

抗日戰爭爆發後，北平淪入日軍之手，許多大學都決定南遷。燕大因為是美國大學，不受日本控制，司徒決定將之留在北平，為淪陷區的中國學生服務。司徒與華北偽政府關係密切，直到一九四一年十二月珍珠港事變爆發前，他常向燕大在紐約的董事會提出對中日戰爭之觀察及從偽政府得知日軍動態的報告，而這些報告又由董事會轉送國務院主管中國事務官員參閱，部分報告甚至直達國務卿，此時司徒幾乎變成美國政府在北平的特派員。在這些報告中，司徒都要求美國堅決支持中國抗戰，不可對日本退讓。國務院政治顧問賀貝克（Stanley K. Hornbeck）對這些報告特別欣賞，有時閱後表示「頗為感動」，或說他的報告為「一針見血」之作。

在一九四一年下半年，美國國務院內部對如何因應中日戰爭分成兩派，以賀貝克為首的鷹派，認為美國對日本的最有效辦法就是不斷施壓，日本最後必定屈服；但是另一派，可稱為鴿派，以美國駐日大使葛魯（Joseph Grew）為首，他認為日本軍人具有寧折勿彎的武士道精神，假如美國對日本施壓過大，恐會促使日本軍方走上極端。這兩派不斷互相角力，最後鷹派勝出，所以一九四一年八月，美國決定對日本使出殺手鐧：石油禁運，並沒收日本在美國的財產，使日本無法購買軍事物資。在鴿、鷹兩派的角力中，司徒的許多報告被鷹派用來做為其主張之重要依據。從這個角度來說，司徒對促成美國介入中日戰爭有著很大的影響。

一九四一年十二月八日發生珍珠港事變，司徒和另外兩名美國醫師即被日軍軟禁，直到太平洋戰爭勝利，將近四年。司徒之所以被囚禁，是日本預備於萬一需要跟美國談和時，他可以扮演有用的角色。

2 Yu-ming Shaw, *An American Missionary: John Leighton Stuart and Chinese—American Relations* (Cambridge, Mass.: Council on East Asian Studies, Harvard University, 1992).

抗戰勝利後，他重掌燕大校務。一九四五年十二月，美國杜魯門總統派遣五星上將馬歇爾將軍來華，調停國共紛爭。馬帥覺得司徒在中國聲望崇隆，和中國各界政要（尤其與蔣中正）及知識分子關係深厚，再加上燕大有部分學生加入中共，所以覺得他是協助調停國共紛爭之最佳人選。一九四六年七月，馬帥向美國政府推薦司徒為美國駐華大使，任命發表後，國共雙方均極表歡迎。

但是，馬帥調停失敗，於一九四七年一月返美。司徒大使則繼續努力，在許多致國務院之報告中，建議美國繼續支持國民政府。到了一九四八年底，國共內戰急轉直下，翌年一月，蔣中正總統宣布引退，行政院決定遷往廣州，外交部通知各國使節隨之前往，只有蘇聯大使應命。司徒大使此時認為國民政府在內戰中大勢已去，中共早晚會渡過長江，身為一個傳教士，他認為美國必須與中國維持關係，以繼續發揮其影響力，因此決定留守南京，與中共進行接觸，各國大使也以司徒馬首是瞻，一起留京。

四月下旬，中共渡江進占南京。五月，中共派黃華出任南京市軍管會外事處處長。黃華是燕京校友，他出任此一職務，明顯是中共希望與司徒建立對話管道。司徒生日是六月二十四日，多年來一向在燕京校園度過。毛澤東與周恩來告知黃華，歡迎司徒依例來北平歡度壽誕，並將和他見面。司徒極思與毛、周一晤，立即向美國國務院請示，七月一日，美國白宮批示不准。《紐約時報》中國問題專家陶平（Seymor Topping）認為，假如司徒那次成行，至少可以為北京與華府之間建立一條溝通管道；他並認為，假使這條管道能一直持續下去，則「爾後整整二十年間在亞洲發生的許多誤解與痛苦，也許都可以避免」[3]。

由於美國國務院決定在八月初發表對華政策「白皮書」，內中將中國局勢演變的責任，歸諸於國共雙方，並對中共有所批評，為怕此種批評會引起中共遷怒於司徒，國務院決定在發表《白皮書》前電召司徒回國述職。司徒於八月二日離華，毛澤東於八月十八日特別發表〈別了，司徒雷登〉文章，文中對司徒大肆調侃：

> 人民解放軍橫渡長江，南京的美國殖民政府如鳥獸散。司徒雷登大使老爺卻坐著不動，睜起眼睛看

著，希望開設新店，撈一把。司徒雷登看見了什麼呢？除了看見人民解放軍一對一對地走過，工人、農民、學生一群一群地起來之外，他還看見了一種現象，就是中國的自由主義者或民主個人主義者們也大群地和工農兵學生等人一道喊口號、講革命。總之是沒有人去理他，使得他「煢煢孑立，形影相弔」，沒有什麼事做了，只好挾起皮包走路。

司徒雷登走了，白皮書來了，很好，很好。這兩件事都是值得慶祝的。[4]

我在這本書的結論裡，從三方面評論司徒在華一生功過。

第一，宗教教育家。

司徒可說是基督教「社會福音派」在華傳教者中最有成就的一位，他所關心的，不只是拯救靈魂的問題，同時也關心中國社會的改造與大眾的福祉。

司徒將基督教的神學與倫理，和中國的宗教與文化傳統，加以混合而成為一種新的宗教哲學觀。司徒相信，所有的宗教或精神體系均來自同一至高無上的本源，因此，中國人宗教與哲學都有其本身的價值與力量。就此點而言，他的立場可說是與其前輩先賢如利瑪竇等人不謀而合。司徒等於繼承並發揚十七與十八世紀期間，耶穌會教士及其華人皈依者所立下的傳統，即是將基督教教義與中國精神文明融為一體，而互映發光。

司徒對二十世紀中國另一貢獻，是他在燕大的教育工作。胡適曾預言：「司徒博士無疑將成為傳教士來

3 Ibid., pp. 261. 本人曾為文否定此種看法，認為當年美國和中共並無和解可能，"John Leighton Stuart and US—Chinese Communist Rapprochement in 1949: Was There Another 'Lost Chance in China'?" *The China Quarterly*, No. 89 (March 1982), pp. 74-96.

4 《毛澤東選集》，第四卷，頁一三八五。

華辦學史上永垂不朽的人物之一。」

芝大吾師入江昭，對美國海外擴張主義素有研究，他將十九世紀中葉以迄一九四〇年代期間，美國人士在東亞地區推行擴張主義的人物劃分為兩大類型：第一類是「民族主義派」，他們主張以武力來擴張美國勢力；第二類則是所謂的「自由主義派」，他們是藉由和平、非軍事之途徑，在東亞實現美國的理想。兼具兩者的人物則為威爾遜總統[5]。

第二，政治行動派。

總括來說，我認為，司徒是屬於威爾遜這一類型人物。從九一八事變至珍珠港事件的十年間，司徒主張美國以強硬手段對抗日本侵華行動，充分顯現司徒是一位「民族主義派」人物。

在一九四六至一九四九年擔任駐華大使期間，司徒也曾先後扮演「自由主義派」及「民族主義派」兩種角色。大使工作展開之初，他可說是一名「自由主義派」人物，主張美、蘇、中三國建立一理想的三邊合作關係；在一九四五至四六年期間，他力倡國共兩黨成立聯合政府之議，並一再表示他願充當調人促成此事。一九四七年開始，美蘇冷戰加劇，司徒即轉變成「民族主義派」人物，一再呼籲美國應以軍事行動支持國民政府。他反對中共與蘇共的激烈程度，較諸十年前之反日，毫不遜色。他在一九四九年離華之後，此時全球已進入冷戰時期，更反對美國與中共妥協，充分顯現他是一位「民族主義派」人物。司徒認為中國是美國在太平洋彼岸的姊妹共和國，因此拯救她免遭赤化是美國的責任。此外，司徒覺得自己是為中國而生，因此美國絕不能將中國拱手讓給唯蘇聯馬首是瞻的中共。在二十世紀所有熱愛中國的美國人中，他是堅持此一理念而終身不渝之典範。

但司徒在大使任內的表現，卻是一大失敗，其根本原因，就是他這種兼具「自由主義派」與「民族主義派」的思想與作法。一九四五至一九四九年，美國的反共戰略將重點放在歐洲，但在中國，美國只想與蘇聯及中共妥協，所以他那「民族主義派」支持國民政府反共到底的建議，無法為華府接受，更激怒了中共。至

於他的美式「自由主義」思想與建議，例如國共成立聯合政府，也未為國民政府所接納，最後美國、國民政府及中共三方面均排斥他。總之，他是一位壯志未伸、不受歡迎的大使[6]。

第三，中國觀察家。

對於司徒做為一名「中國觀察家」的表現與功力，我們可檢視他對中共政權的預測。他在晚年出版的《在中國五十年》回憶錄中指出，中國共產主義終將被「中國化」，同時他也認為中、蘇兩共終將失和。司徒並且認為，中共的專制統治，會造成民眾普遍不滿、經濟陷入困境，以及與蘇聯產生摩擦，最後極可能被迫轉向西方。在回憶錄他又表示，深信中共政權終將崩潰，因為它的意識型態本屬舶來品，與中國政治哲學格格不入，中國人民將難以長期忍受它的極權統治。

司徒對中蘇兩共終將失和的預測，在一九六〇年已經實現；他預期共產主義在中國將逐漸「中國化」，也證明正確；他預測中共會為解決其內外交迫的問題而轉向西方國家求助，這也在一九七〇年代實現；如今只剩下「中共政權終將崩潰」這一預測尚未成為事實。

鑑於中國大陸民主運動自一九七〇年代開始發展，其中以一九八九年六月「天安門事件」為最高潮。又鑑於一九九〇年代蘇聯解體及東歐變天，司徒所持中共政權終將崩塌的信念，並非沒有實現的可能[7]。（作者註：以上均為我在一九九二年出版司徒雷登一書所做的結語。）

但根據中國大陸自一九七八年改革開放以來的改變與成就，也許「崩潰」兩字並非妥當用語，「轉變」或「轉化」也許較為正確，即中共政權並不一定「崩潰」，但「轉變」或「轉化」仍屬可期。

5 Yu-ming Shaw, pp. 297-298.
6 Ibid., pp. 302.
7 Ibid., pp. 311.

司徒雷登一書中文本發表會。與會評論人士自左至右為監察院長錢復、哈佛大學教授孔復禮、美國在台協會處長包道格（Douglas Paal）、牧師周聯華、本人、中研院院士陳永發。

司徒堅信他這些預測終將一一實現。他的這些信念，也反映其所處時代基督教、西方和美國文明的信念，所以他也是這些文明的最佳代表人。在華五十年，為中美兩國的福祉奉獻一生，他終其一生是一位虔誠的宣道人。他在回憶錄的末尾，錄下英國詩人韓里（W. E. Henley）的詩句，表達他無憾的一生：

讓我蒙召，歸向寧靜西方，
日薄西山，死亡光輝而寧靜。[8]

書出版後，承蒙出版單位推薦，角逐「美國歷史學會」費正清（John King Fairbank）學術著作獎及「美國亞洲學會」李文森（Joseph R. Levenson）學術著作獎。各方書評皆甚為肯定。美國賓州大學（University of Pennsylvania）教授林蔚（Arthur Waldron）評說：「本書作者對中國政治背景有很豐富的洞察力，這本精緻的書是對於一個傑出人物及長久以來許多疑問的最佳導引。」[9]美國維吉尼亞大學教授易社強（John Israel）評說：「這是一本令人激賞並具權威性的著作。」[10]我國外交界名宿劉毓棠博士表示：「作者此一深入研究及均衡分析的書，對深入了解中美關係提供了極佳的服務。」[11]本書中文本更名為《傳教士、

教育家、大使：司徒雷登與中美關係》，於二〇〇三年由台北九歌出版社出版。

司徒雷登於一九六二年去世，晚年留下遺囑，希望有朝一日他的骨灰能回到燕京大學校園，與其夫人合葬。二〇〇八年，美國和中國關係已大幅改善，中國政府終於在司徒去世四十六年之後，同意他的骨灰埋葬在和其家庭有歷史淵源之杭州，而非原燕大校園，何以故？

一九五二年，中共政府在韓戰期間，沒收了美國在華十三所教會大學，包括燕京大學。後來，北京大學即遷入燕大校園，以迄於今。也許現今中共政府或北大當局，不願外界知曉現在北大校園即燕大舊址，所以未能滿足司徒埋骨於燕大之遺願。

近年來，大陸開始重新檢討中國和美國的歷史關係，對於司徒與燕大對中國教育和中美文化交流的貢獻多予肯定，此可見於二〇一一年十二月，大陸中央電視台製播了《司徒雷登和燕京大學》紀錄片，公開放映。個人相信，司徒一生獻身中國高等教育、支持中國抗戰、尋求中美兩大民族互助合作的努力，在不久將來，他在中國大陸一定會得到更高的評價。個人希望屆時大陸當局能將其骨灰遷葬原燕京校園。

當我在美國正優游學術山林之際，一九九二年十月初，接獲台北友人通知，我已被推薦列入國民黨不分區立法委員名單之中。雖然盛情可感，但我無意重返政壇，立即去函黨中央，表示婉謝與讓賢之意。[12]

一九九三年八月，結束一年美國之行，重回政大任教。

8　Ibid., pp. 291.

9　Arthur Waldron, "A Man of Virtue," *Orbis* (Spring, 1994), pp. 301-303.

10　John Israel, *The Journal of Asian Studies* (August 1995), pp. 840-842.

11　Yu-tang D. Liu, *Sino—American Relations* (Taipei, Winter, 1994), pp. 72-88.

12　《聯合報》（一九九二年十月二十八日），第四版。

三、兼任「聯合報系文化基金會」執行長

一九九一年十月，離開新聞局的第二個月，突然有一天，聯合報系王惕吾董事長邀宴，以為這大概是對我辭職給予慰勉。當走進宴會廳，赫然發現惕老家族所有重要成員均在座。他在席上邀請我出任他所創立的「聯合報系文化基金會」執行長。事出突然，我表示，為了辭職，花了三個月時間，才蒙郝院長批准，假如我現在接受你的邀約，又如何面對郝院長？第二天，惕老打電話給我，說他已向郝院長告知此事，院長表示樂觀其成。我這時實在沒有意願接受另一行政職務，仍然婉謝。直到翌年七月，小兒獲得美國芝加哥大學錄

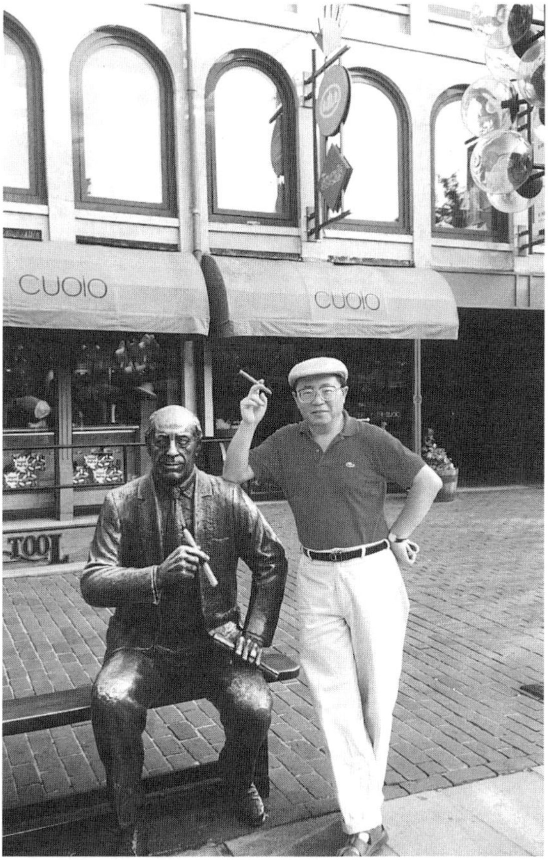

無官一身輕，在費城與美國開國元勳富蘭克林（Benjamin Franklin）共享雪茄之樂。（一九九二年九月）

取為大一新生，但每年學雜費需要四萬美元，以我政大教授之薪水，實無力負擔，所以最後還是接受惕老的邀約，出任該基金會執行長職務。

在執行長任內，決定要讓這個基金會成為國內外華人學者互相交流的機構，因此，基金會經常舉辦大型學術會議。

第一個大型國際華人會議，是「四十年來中國文學會議」，於一九九三年十二月在台北召開。這次會議由基金會、《聯合報》副刊及《聯合文學》雜誌社三個單位合辦。舉辦這個會議，主要是延續我在芝加哥大學求學時，關注二十世紀文學對中國政治及知識分子的深重影響。一九四九年，是二十世紀中國兩個不同政治體系的分水嶺。我們都知道一九四九年以前文學的景貌與內涵，但是我很好奇，其後中國人內心世界如何周轉翻騰，所以決定召開一九四九年以後兩岸四地（台灣、大陸、香港和海外）的中國文學會議。

籌畫這個會議，我敦請了台大外文系教授齊邦媛、美國哥倫比亞大學中國文學教授王德威及加州大學聖地牙哥校區比較文學教授鄭樹森三人，負責籌畫工作。會議邀請三百餘人參加，其規模恐是二十世紀中國文學界最盛大的一次會議。會議有四天議程，共發表二十七篇論文，作者、主持人及講評人共計八十四人。大陸及六四以後流亡海外人士共十三人，包括王蒙、劉再復、高行健等人；海外地區十一位，包括白先勇、鄭愁予、李歐梵等人。

我以會議發起人與召集人的身分，在會議當天十二月十六日，寫了一篇〈寫在「四十年來中國文學會議」之前〉，發表於《聯合報》副刊，指出一九四九年以來，中國大陸、台灣及海外地區華人社會發生巨變，要加以省思：

> 一九四九年，中國大陸進入另一個歷史階段。此後中國人民歷經：五〇年代的「抗美援朝」及「三面紅旗」；六〇年代開始的「十年文革」；七〇年代末期開始的「四個現代化」運動，以及今日如火如荼進行的「經濟改革」計畫。這四十年來，從北大荒到海南島，從浦東到新疆，整個大陸進行了一場社會

主義的大革命。「為有犧牲多壯志，敢教日月換新天」，這句毛詩道盡了大陸四十年來追求的目標，但也解釋為這目標所付出的代價。總之，大陸這四十年來的發展，是一首血淚交迸的民族史詩。

同樣的一九四九年。在台灣一個四分之三為高山的孤島，五百餘萬曾經生活於日本帝國主義下的遺民，加上兩百萬左右來台的大陸同胞，從當年光腳上學、地瓜果腹到今日所謂「錢淹腳目」，以及從昔日的風雨飄搖到現在品嘗實踐民主的果實與紛擾，台灣不僅是五千年來中華民族第一個真正的「民族大熔爐」，更是一個傳統與現代互相激盪與融會的實驗地。所以，台灣這四十年來從挫折到再起的生命，也是一首血淚交迸的民族史詩！

同樣的一九四九年，我們的同胞，有人前往港澳、有人移居歐美，以及世界其他各地。從舊金山麓到塞納河畔，從南澳大陸到北歐冰原，幾乎凡有人住的地方，就有我華人移居的足跡。他們之中，有的雖然花果飄零，但仍為延續儒家香火而盡心盡力，有的則縱身異域為謀生而再創新業。這批遠離炎黃土地的子民所嘗過的辛酸與悲歡，確實是有「不足為外人道者」！因而，這四十年來海外華人的生涯，也是一首血淚交迸的民族史詩。

面對今日民族分離的現實及對未來統一所抱持的憧憬，我們認為凡我炎黃子孫，應先對這四十年來民族的巨變做一省思。假如我們不能對民族經驗做一感性的擁抱與理性的檢視，我們又怎能恢復民族情感、建立共識，並進而邁向統一？

文學能反映時代，傾訴心懷並激發理想。……她既然有這些功能，應最有助於我們省思這四十年來民族的巨變，所以我們決定舉辦這一次會議。[13]

在這次會議，從法國來參加的作家高行健提出一篇論文〈沒有主義〉，主張文學應超越政治和意識型態而回歸本身。他說：

> 我應該說，無論政治還是文學，我什麼派都不是，不隸屬於任何主義，也包括民族主義和愛國主義。……把文學的社會性僅僅限制在政治功能或倫理規範狹小的框架裡，把文學變成了政治宣傳和道德說教，甚至成為政黨派別鬥爭的工具，則更是文學的不幸，中國大陸的文學至今尚未徹底從中解脫。……五四以來的新文學囿於中國政治和社會環境的限制，總為強加在文學頭上的種種論爭困擾不已，而無暇顧及文學自身的問題。那些強加在文學身上同文學創作本身無關的種種爭論該結束了。今天中國作家，更為確切說，華語作家，超越政治和意識型態的限制能聚集一堂，多少是個良好信號。[14]

王蒙以「清風、淨土、喜悅」為題發表專題演講，反對文學承擔過重的使命感與任務感，使文學不能成為文學，他說：

> 我還希望大家都能以寬容和大度來取代剪除異己的霸道、以客觀的歷史主義取代對於昨天的審判。我不希望以今天審判昨天，因為今天審判昨天的結果，常常形成明天審判今天，於是便不斷地審判、不斷地轉彎子。我也不希望以這種意識型態審判那種意識型態，以這種主義審判那種主義。……我們當然希望祖國富強、民主、法治、進步。但是文學畢竟只能做文學的事，廖沫沙先生受過很多迫害，他生前寫過兩句詩：「若是文章能誤國，興亡何必動吳鉤。」反過來說，若是文章能救國，世界上的事也就太好辦了。文學承擔了過重的使命感與任務感，反而使文學不能成為文學、使命不能成為使命。……讓文學給我們送來一點清風，讓文學給我們保留一塊淨土，讓文學給我們一點喜悅吧！[15]

13 張寶琴、邵玉銘、瘂弦主編，《四十年來中國文學》（台北：聯合文學，一九九四），頁九—一〇。
14 同上註，頁三五八—三六三。
15 同上註，頁五二五—五二八。

我個人對高行健與王蒙的這些看法，感觸良深。在一九四九年以前，那些左傾作家，反傳統意識型態掛帥，對中共革命起了推波助瀾的重大作用，而他們所頌揚的革命，在一九四九年建國至一九七六年文革結束，又給中國人民帶來多少災難?!到了一九九三年舉行的這個會議上，才有高行健和王蒙所發表的反省和感慨，但是這份遲來四十餘年的反省和感慨，竟是建立在一九四九年以後三十年，千千萬萬中國人民所遭受到的苦難之上，代價何其重大？覺醒何其遲晚？我在一九八八年出版《文學、政治、知識分子》的序言中，曾經有這樣的一段話：

文學，應是怡情養性；政治，應是民胞物與；知識分子，應是社會良心。這三者美滿的結合，應是一個「理想國」的出現；但是，一旦互不協調或各自出軌，則蒼生蒙塵、國運顛危。[16]

我深深認為：二十世紀許多中國知識分子，尤其是文學工作者，應為二十世紀中國許多悲劇負起責任！這個會議的論文集《四十年來中國文學》，於一九九四年出版，由三個主辦單位的負責人瘂弦、張寶琴與我具名出版，是一九四九年以來有關此一題材的第一本書。

會議籌備人之一之鄭樹森教授，指出此一會議「最有意義」，因為它是在一九九一年台灣廢止「動員戡亂時期臨時條款」、一九九二年十二月「海基會」與「海協會」達成「一個中國各自表述」的共識、以及一九九三年四月辜振甫與汪道涵在新加坡官方會談之後舉行，因此，會議是兩岸一九四九年以來之創舉，別具歷史意義。他復透露，王蒙之來台申請，由江澤民、李鵬親自核定，但卻故意拖到會議舉行前一天，以使台灣當局來不及完成審批手續，但是由於我方透過關係，政府在中正機場當場批准，使得王蒙得以出席翌日會議[17]。

第二個國際華人學術會議，是「中國歷史上的分與合」研討會。從一九七〇年代以來，中國大陸一直呼籲兩岸要統一，而自一九七九年美麗島事件後，台灣獨立運動風起雲湧，一九九一年，中華民國政府通過

「國家統一綱領」。面對統一與獨立這兩個迥然不同的選擇，我們究竟應何去何從？個人覺得應先檢視中華民族數千年歷史中，統一與分裂的原因、經過和結果，這對解決目前統獨爭議，應最具有參考價值。所以我邀集中央研究院及台大、師大與政大八位資深歷史學者組成籌備委員會，於一九九四年七月舉辦這次會議，共有國內外兩百多位華人學者與會。

開幕時，我以會議召集人身分致詞：

> 召開此次會議之目的，在求重新檢討中華民族歷史上的分與合的經驗。近一、二十年來，關於我民族與國家前途有許多爭議與看法。在兩岸關係上，有「一個中國」定義及政治上統一與分裂之爭議；在國家發展方向上，有應全力走向「蔚藍色海岸」或應兼顧開發大陸內陸之不同看法。在文學領域內，有鄉土文學論戰及台灣文學是否應自外於中國文學之辯論；在我民族未來發展問題上，有建立「大中華經濟圈」或「大中華文化圈」之倡議；在中國未來的政治體制上，亦有應採中央集權制，聯邦制或邦聯制的討論。
>
> 本次會議之召開，即係期望透過歷史的檢驗，來為上述問題試求一些答案，並進而找出我民族及國家未來更好的出路。[18]

兩百多人經過三天的腦力激盪，根據中國歷史上分與合的經驗，對海峽兩岸未來的分與合關係，提出以下幾個重要看法。

---

16 邵玉銘，《文學‧政治‧知識分子》，（台北：聯合文學，一九八八），頁九。
17 鄭樹森，〈一九八〇年代三地互動〉，《文訊》（台北：文訊雜誌社）二〇一二年十二月號，頁四四—四五。
18《中國歷史上的分與合學術研討會論文集》（台北：聯合報系文化基金會，一九九五），頁 i — ii。

第一，政治的分合必須以文化、經濟和社會的統合為基礎。余英時教授在專題演講中指出，政治層面的分與合，是表象而不實質。在其背後，往往靠文化、經濟和社會的力量發揮作用，例如秦漢政治統一是經過了春秋戰國五、六百年的醞釀才成熟的[19]。張玉法院士指出，從歷史上看來，分與合都不一定有絕對的價值，而是要使兩岸人民生活在地球村裡，能夠有尊嚴地活下去，而且今天海峽兩岸的分與合，並不是一個馬上要解決的問題[20]。

第二，「地域情結」之危害。新竹清華大學教授黃寬重之論文討論南宋之「地域情結」。他指出，在南宋之「南人」與自北方投奔南宋之「北人」，有政治與利益的衝突，這種衝突是最終造成南宋亡國的主要原因。他這篇論文，發人深省，針對在台灣數十年存在的省籍或地域情結，如不能徹底化解，也有可能成為台灣的致命傷[21]。

第三，應跳脫統獨格局。台灣大學教授黃俊傑，在其論文中指出，台灣四百年來的歷史基本是一個對中原的離心力與向心力的拉鋸戰，鄭成功是個最好的代表。黃教授對急統派的主張提出批評：

> 總而言之，「急統派」人士的主張，完全忽略了近百年來台灣歷史所孕育的歷史意識，以及從這種歷史意識中走向自立自主的新動向。

他對急獨派也提出批評：

> 「急獨派」人士由於台灣與大陸之間歷史的「斷裂」，而對於近代中國歷史意識有所忽略，他們未能正確理解民族主義在華人政治文化中的重要作用。

他在結論提議說，兩岸關係應尊重「人民的意願」，跳出「統一／獨立」的二分格局[22]。

第四，中國未來應走「邦聯」而非「大一統」形式。師大教授李國祁在其論文中，提出他的基本論點：

> 就中國歷史的發展言，……大一統的整合理念深植人心，使國人相信，中國只有一個，在任何一個分裂的局面時，仍然堅信中國必將合而為一。
>
> 但近代以來，由於海權的興起，對外貿易的興盛，以及西力的衝擊，於是對中國形成一種史無前例的變局，甚至於在政治理論上，民主政治的地方分權、尊重個體，亦漸取代了中央集權式的大一統帝國觀念，……故將來中國的合，應該是一種多元的邦聯式的，而絕非是大一統的、完全一致的，此應該可以預言的。[23]

這項會議結束後，出版了《中國歷史的分與合學術研討會論文集》，個人認為，這是迄今為止，對此一主題唯一也是最佳的指引，兩岸當局都應參考。

四、重返政大國關中心

一九九四年十月，政府高層突然派人邀請我重新回政大國關中心出任主任。據該人士告知，近幾年來在

19 同上註，頁九—一五。
20 同上註，頁四五〇—四五三。
21 同上註，頁一六九—一八九。
22 同上註，頁三八五—四一二。
23 同上註，頁四四三—四四四。

政治民主化、學術獨立化的潮流下，國關中心許多研究人員希望中心能實質併入政大，以提升中心之學術地位。另外，當時台灣政局的紛擾也影響了中心的政治生態。一九九三年，反對李登輝總統人士成立了新黨，國關中心一些研究人員加入，他們要求中心併入政大，以擺脫總統府對中心之控制。在這些情勢下，中心內部動盪不安，所以政府希望我能重回中心，穩定局面。

我對這個邀請非常遲疑。因為之所以到「聯合報系文化基金會」兼職，主要是為了要支付兒子在美國讀大學的學費，如回國關中心，即不便再兼職，所以我向高層之機要表示婉謝之意。但當我這樣表示後，該機要告訴我說，我要是不願意回去，政府對這個單位可能將不再支持等語。一聽話中有玄機，好像是如果我不回去，政府對這個單位可能將撤手，甚至裁掉。經過好幾天的天人交戰，覺得國關中心自一九五三年成立，已經有四十年歷史，如真的毀於一旦，會使國家失去一個重要的學術機構。為了替國家保留住這個機構，我最後決定接受邀請，於一九九四年十一月三日，那天是我五十五歲生日，回中心第二度擔任主任，直到一九九九年三月離職，在中心又服務了四年四個月。

在這第二度任內，鑑於國內政局自解嚴後一直動盪不安、藍綠分明，而藍營內部又有派系之爭，為了該中心之長遠生存，不受政局影響，我決心將它正式併入政大，成為校內一個院級單位。國關中心主任這個職位原本是十四職等，與政大校長同級，院長則為十二職等。為了向政大輸誠，我自動請降兩個職等。至於中心原有國際、中國大陸、國際共黨及經濟等四個研究組，將之改為第一研究所（歐美）、第二研究所（亞太）、第三研究所（中國大陸法律、政治）、第四研究所（中國大陸社會、經濟），使與政大其他研究所平行。政大方面覺得我非常有誠意，於一九九六年八月，經過校務會議，正式通過歸併。

另外，我為了日後主任完全由學者出任，不再由政府高層派任，特別在中心組織規程規定，中心主任由校長聘請本校教授或研究員兼任之，如此一來，任何校外人士欲來擔任主任，除非通過校內聘任程序，先聘為教授或研究員，否則不能出任主任。經過此一改制，確立了該中心為一完全學術機構，也保障了該中心此後不受政局變化，而能與政大同時長存，完成此一改制，算是我盡到對中心及國家的責任。西元二〇〇〇年

政權輪替，二〇〇八年政權再度輪替，但託改制之福，國關中心一直未受政局輪替影響。我於一九九九年離職，其後歷任主任，除一位外，均由校內學者出身，而非由校外高層決定。該唯一例外人士，即因不符中心組織規定，任期不久即離職。

五、重回學術外交之一：英國國會演說

一九九二年二月，我接到英國下議院議員耐特（Jill Knight）女爵士的邀請，參加當年六月在英國國會上議院舉行討論香港前途的會議。會議主辦單位邀請英國與美國國會議員、學術界、大眾傳播媒體重要人物及一些港台有關人士出席，我應邀為六位主要演講人之一。在距離香港回歸中國前五年舉行此一會議。

我以「香港——中國變遷的媒介」為題發表演講。先細述香港一百五十多年來，對中國大陸政治、經濟與文化所扮演的催化角色，然後強調香港在未來仍會繼續扮演此一角色，並協助中國大陸進入世界經濟秩序與國際社會。我在結論中指出，自一九四九年起，面對共產中國，香港一直成為西方世界經濟與政治思想的前哨站，堪稱為東方的「西柏林」，對整個中國大陸都有極大的影響與貢獻。演講最後，我力勸英國應善用剩餘的五年，讓香港經濟更繁榮、政治更民主、文化更多元，果能如此，當歷史未來評價英國統治香港之功過時，會說英國在這最後五年對香港所做的努力，有如英國在二次大戰時之英勇表現，成為大英民族另一個「最美好的時刻（the finest hour）」（作者註：英國邱吉爾首相對二次大戰中英國人民表現，即曾用此語加以讚揚）[24]。

這是我平生第一次在英國國會演說。記得一百五十多年前，在同樣的英國國會，英國為進入中國市場遭拒而決定向中國開戰，這就是鴉片戰爭的由來。試回想：當戰爭後中國被迫將香港割讓給英國時，香港只是一個漁村，但一九九七年——一百五十五年後——英國將香港歸還中國時，它已成為「東方明珠」，一個世

24《聯合報》（一九九二年六月二十二日），第四版。

界金融與貿易中心，其數個大學在亞洲大學中名列前茅，價值是原來的億萬倍。做為一個歷史學者，尤其是一個有民族自尊心的中國人，我不知道該如何面對英國對香港的殖民統治。那天在英國上議院回顧這段歷史時，我又想到，香港和新加坡均受過英國的殖民統治，但現今香港和新加坡，無論在經濟發展、政府效能與高等教育發展的表現，均超過受過中、日兩國治理的台灣，這是何一道理？當然，台灣也不必妄自菲薄，起碼在實施民主政治上，我們的成就遠大於香港和新加坡。

由於有以上感觸，在一九九七年七月一日香港主權移交中共當天，我對中英雙方領袖的表現曾仔細觀察。中共國家主席江澤民在致詞時，並無一句譴責英國的帝國主義；而英國查爾斯王子在致詞時，把香港今日的成就全部歸諸於香港人民的努力，亦無一語道及英國的貢獻。移交典禮結束後，查爾斯王子坐著英國的軍艦，飄然離去，當晚並沒留宿香港，很有「我揮一揮衣袖，不帶走一片雲彩」的瀟灑。我認為當日中英雙方的表現皆優雅而得體。不過後來據英國媒體報導，查爾斯王子對香港交接前中共解放軍進入香港一事，甚為不滿，認為此係一粗魯行為，並無必要。

六、重回學術外交之二：美國國會作證

一九九五年三月，美國在台協會副處長羅思德（Christopher LaFleur）到國關中心，和我討論李總統預備訪問母校康乃爾大學一事。他告訴我，由於中國大陸的堅決反對，美國國務院已做出決定，不會給予李總統簽證。我則向他表示，這件事恐怕不會就此落幕。我說，美國國會許多議員對台灣十分友好，這些議員都由美國人民選出，他們不會理會中國大陸的反對，所以他們不會支持國務院不發簽證的決定。我又說，美國行政部門對外交事務雖有決定權，但是美國國會對外交事務有建議及同意權（advise and consent），根據我對美國外交史的研究，國會扳倒行政部門的例子很多。李總統訪美，是一個傑出校友回到母校演講之事，竟因中共反對而不能成行，國會及媒體不會接受國務院不發簽證的決定。我又指出，柯林頓總統還想競選連任，恐

不願違逆國會與民意。但羅副處長很有信心地表示說，此事國務院已有決定，不會改變。

我的預感還真靈驗。五月二日，美國眾議院以三百九十六票對零票通過決議，要求柯林頓政府同意李總統訪美；參議院亦於五月九日以九十七票對一票通過同樣決議。隨後幾日內，《華盛頓郵報》與《紐約時報》的社論，以同樣的標題「給台灣總統簽證」支持李總統訪美。在這些壓力下，柯林頓總統果然推翻國務院的決定，國務院於五月二十二日宣布同意李總統訪美。中共為表示憤怒，除了召回駐美大使，並在七月二十一日至二十八日，於中國東海的公海上進行地對地飛彈發射訓練，並向彭佳嶼附近海域發射六枚導彈，對台灣進行武嚇。

美國國會在此些事情之前，四月七日，美國眾議院由索羅門（Gerald Solomon）及其他八位眾議員提出國會共同（Concurrent）決議案，要求美國政府採取行動督促聯合國，使台灣能夠在聯合國及其附屬機構取得席位。八月三日，美國眾議院國際關係委員會將為此決議案舉行聽證會，希望我方派遣人員前往作證，外交部希望我能前往。

這時中共在彭佳嶼海域軍事演習剛剛結束，其未來動向不得而知。我雖然知道眾議院此一決議案及聽證會，只是部分美國國會議員對台灣表達善意，美國政府不會為此採取任何行動，而我的證詞也不會發生什麼作用，但是外交部既然希望我前往，做一公民，我當然遵命。

我的證詞主要有兩點。

第一，聯合國應該彌補一九七一年聯合國二七五八號決議案的瑕疵。該決議案根據聯合國會籍「普遍原則」（principle of universality），同意中華人民共和國取代中華民國在聯合國所有席位。但該決議案，只解決了中華人民共和國的代表權問題，卻剝奪了兩千一百萬人民參與聯合國的權利。中華民國之人口，超過世界五分之三以上國家，聯合國應修正該決議案，同樣根據聯合國會籍「普遍原則」，恢復中華民國的聯合國會籍。

第二，假如中華民國得以重新進入聯合國，中華民國可對聯合國提供許多援助。我指出，中華民國國民

生產毛額居世界第十九位，台灣是世界第十四大經貿體，台灣的外匯存底高居世界第二[25]。

第三，如果中國大陸將來對台動武，美國政府根據「台灣關係法」必須支援台灣，但此將是美國單獨作為。設若中華民國重返聯合國後遭受大陸武力侵略，美國較易在聯合國爭取其聲援台灣之舉。

在這個聽證會中，代表美國政府立場的是美國國務院副助理國務卿魏德曼（Kent Wiedmann）。他表示聯合國會員是以國家為單位，如果中華民國重返聯合國，中國大陸會認為此係台灣邁向台獨之舉，因而會武力犯台，所以美國政府無法支持此議。我和魏德曼針鋒相對，各有立場。

我八月二日離開台北、三日在國會作證、四日離美、五日抵台，前後飛行五十幾個小時，算是盡了一份公民責任。

七、重回學術外交之三：台海危機與美中台三角關係

一九九六年三月二十三日，台灣進行首次總統直選。中共從三月八日至二十五日，舉行兩次飛彈發射及軍事演習，一共發射四枚飛彈，分別落於高雄及基隆外海。三月九日，美國政府決定派遣獨立號（USS Independence）及尼米茲號（USS Nimitz）航空母艦戰鬥群前往台海地區，這是一九五八年金馬砲戰以來，美國在西太平洋最大的一次軍力集結。在中共的軍事威脅下，李登輝總統以百分之五十四的高票當選總統，這整個事件引起全世界關注。對於李氏當選，國際輿論多有好評。四月一日，美國《時代》週刊指稱：「李登輝當選是一個轉變的時刻：它也許不會改變（兩岸）戰略的現實，但是它永遠改變了（兩岸）在道德力量上的對比。」

在國家發生這些重大事件後，身為研究國際關係機構之負責人，我覺得有職責應到美國重要學府及智庫說明台灣總統大選的意義及台灣對此次台海危機之看法。另外，對美國在台海危機前未能採取「預防性外交」（preventive diplomacy），致中共鋌而走險，我甚不以為然，也想藉此行對美國提出忠告。當我向美國一

些重要學府及智庫表達前往訪問之意後，立即獲得哥倫比亞大學、哈佛大學、加州大學柏克萊校區、史丹佛大學及華府幾個著名智庫之歡迎，所以我於三月三十一日赴美，四月十日回國。

在訪問期間，我對於這次大選，各位候選人得票情形加以說明：國民黨李登輝、連戰得五四%，證明支持維持現狀的選民為大多數；民進黨彭明敏、謝長廷只獲得二一%，證明台獨在這次選舉只獲五分之一選票；至於新黨的林洋港、郝柏村，以及無黨籍之陳履安、王清峰一共獲得二〇%左右，這反映傾向支持統一的選民，也是少數的政治現實。

其次，我批評美國處理美中台三角關係的作法。對於美國在台海危機期間派了兩艘航空母艦戰鬥群，我表示台灣政府與人民當然非常感激，但是對於美國上一年處理李總統訪美及此次因應台海危機的作法，提出以下批評：

第一，美國在李登輝提出訪美要求後，國務院不應事先貿然向大陸承諾不發給他簽證，這種違背美國國會、媒體及民意的決定，是一大錯誤。假如美國當時能先派遣高層特使（如國務卿或國家安全顧問）前往北京，向中共當局解釋美國三權分立體制、美國媒體對政府決策的影響，以及一位尋求連任的美國總統不能無視國會與民意等情事，並說明美國行政部門固然願意盡量尊重中共立場，但如此一立場遭遇重大挑戰時，恐將無法堅持，請求大陸諒解。假如有此事先溝通，當後來美國改變原先立場，中共就不會因為美國失信而憤怒。

第二，美國派遣航空母艦一事，也因事先未知會中共高層，可能會使雙方陷入兵戎相見之危機。事實上，美國海軍情報部門，二月初已經向美國政府提出報告，中共正開始調動導彈，並有一萬名部隊轉往福建。我認為，這時美國應該由國務卿或國家安全顧問前往北京，明白告訴中共，假如它在台海有任何軍事行動，美國根據「台灣關係法」，將無法坐視而必須有所回應，包括出兵台海，但是美國亦未採取此種「預防

25《聯合報》（一九九五年八月四日），第四版。

性外交」。我認為美國之所以沒有採取這樣作為，一方面是欠缺警覺，二方面是國務卿克里斯多夫（Warren Christopher）個人對中國與台灣有其私怨，而不願採取積極作為。記得克卿在一九七八年十二月底來台處理台美斷交事宜，時任美國國務院副國務卿，示威群眾之棍棒幾乎擊中其後腦，使他飽受驚嚇，對台灣印象極壞。他對大陸亦無好感，起因為他於一九九四年訪問中國大陸時，他對中共的人權問題提出批評，遭到中共總理李鵬反唇相譏，提起一九九一年洛杉磯發生警察毒打黑人而引起黑人暴動之事件，這使克卿非常難堪，故在其國務卿任內只訪問過大陸兩次。但克卿對處理其他地區之外交紛擾，則態度積極。例如在其任內，曾為了中東問題，前往以色列三十餘次、敘利亞二十餘次。除了克卿個人不喜中共因素外，一九八九年天安門事件及中國威脅論在西方世界甚囂塵上，使美國政府對中共印象極差，所以跟中共一直沒有建立高層人士直接溝通的機制。設若有此機制，在台海危機之前，柯林頓總統派大員或以熱線預先警告北京，對台灣不可用武力威嚇，則此次台海危機應可避免[26]。

在此次訪問演講中，針對中共對李總統訪美的解讀及對台灣大選的文攻武嚇，我也提出了我的批評：

> 第一，中共對美國政情不了解，反認為柯林頓政府允許李登輝總統訪美，是在打「台灣牌」，對中共有所制衡。實際上，柯林頓是在國會及輿論的壓力下才允許李總統訪美，與打「台灣牌」毫無關係。
>
> 第二，中共對台灣政治認知錯誤，將主張「台灣意識」和「台灣獨立」劃上等號。其實，約有百分之八十的台灣民眾主張維持現狀。但中共認為主張「台灣優先」及不贊成統一者，均是台獨。
>
> 第三，中共對國際社會不了解。當台灣在舉行總統大選時，世界民主國家都樂觀其成，認為這是一個民主國家應有的權利，但中共卻以飛彈及軍事演習相威脅，這必然引起美國強烈反彈及國際社會的譴責。[27]

另外，我在這次訪問期間，也提出對美、中、台三角關係中的隱憂：

這次，美國幾乎和中共兵戎相見，並不是一個好兆頭。美國派出航空母艦戰鬥群來保衛台灣，台灣當然感激，但是我希望美國要拿捏分寸，台灣並不希望美國和北京的關係惡化。美國和中國大陸都是核子大國，如果兩者關係惡化，或者兵戎相見，首當其衝受害的是台灣，此即俗語說「城門失火，殃及池魚」。

我的結論是，希望台灣、大陸和美國三贏：

我不僅希望台北和華府之間，也希望北京和華府之間都保持良好關係，當然我也希望海峽兩岸能早日恢復協商關係。台海問題一定要達到三贏，不要兩贏一輸，否則兩贏也保不住。[28]

對這次訪問，《中國時報》以「邵玉銘籲美採取『預防性外交』，創造『中』、美、台三贏局面，避免台海危機再發生」及「邵玉銘在美進行密集遊說」為標題加以報導，並指出我在華府發表演講時，白宮現任主管亞洲事務的高級官員克莉絲朵芙（Sandra Kristoff）及前任國防部長布朗（Harold Brown）均在座[29]。

此次訪問美國，美方對我一路的接待都非常熱心。美國此次仗義出兵，以維護台灣總統大選之如常舉行，是美國與台灣關係中的一個重要里程碑。中國古語說：「得道者多助。」台灣落實民主政治，才是美國願意馳援的根本原因。

26 邵玉銘，〈台海危機之檢討、警惕、前瞻〉，《中國時報》（一九九八年六月二十四日），第三版。
27《世界日報》（一九九六年四月八日）。
28《星島日報》（舊金山，一九九六年四月八日）。
29《中國時報》（一九九六年四月四日），第四版。

八、解讀李光耀資政

在政大國關中心服務期間，我曾多次前往新加坡參加學術會議。在新聞局服務期間亦曾陪過李前總統、俞國華院長及郝柏村院長三次訪問新加坡，在這三次訪問中，和李光耀資政有近距離的接觸與交談。他有一次向我詢問：「貴國政府除了總統與五院院長之外，還有什麼比較尊貴的職位？」我想了一下，回答說：「總統府資政。」他還請我將資政兩字寫出給他看。隔了不久，報紙發表他離開總理以後的新職，就是資政。我不敢說我有多少影響，相信他一定也請教過別人。

二〇〇〇年，台灣世界書局出版《李光耀回憶錄》，我應邀在新書發表會提出心得報告。首先，針對世人對李氏治國之評價，提出一些不同看法：

一、新加坡體制是「效能政治」（meritocracy）

多年來，許多政治學者或媒體，常喜歡用「民主」或「威權主義」（authoritarianism）的標準，來評量新加坡發展模式，個人覺得並不適合。我認為，用「效能政治」（meritocracy）來評價新加坡的政治制度，應較恰當。效能政治的理念可追溯到十九世紀邊沁（Jeremy Bentham）的功利主義——為最大多數人追求最大的幸福。新加坡政府的決策模式是經過科學和理性的思考，但最後的政策一定是追求大多數人的最大幸福。

二、亞洲價值與西方價值並重

近年來，大家常討論為什麼李資政常說「亞洲價值」，認為他忽略了西方的普世價值。我覺得這也是

一個對新加坡模式錯誤的評斷。的確，李先生出生在一個傳統儒家的家庭，但他受過最好的西方教育。他在早年留學於英國倫敦政經學院及劍橋大學四年之久，擔任總理以後，也赴哈佛大學進修。在這些世界級大學的教育下，他不可能只知道亞洲價值，他一定了解很多西方普世價值，所以新加坡推行的不僅是以儒家文化為主的亞洲價值，尚融合西方科技、現代企業經營與管理模式及厲行法治，是融合中西文化中最好的部分。

三、李光耀是一大開大闔的領袖

我對李先生個人功業，做一個大膽的評斷。我大學時代老師鄭震宇人才分三種的說法：第三流的人才追求一生無風無浪；第二流的人才是能乘風破浪；第一流的人才則是會興風作浪，這種人才能夠開天闢地、另創新局。李先生就是這樣的人物，他為新加坡帶來許多新的觀念、新的人才、新的技術及新的制度，真的是一個大開大闔的世界級領

陪同郝柏村院長拜會新加坡李光耀資政。（一九九〇年十二月）

袖。我們國父孫中山先生曾說過，革命事業就是要「鼓動風潮，造成時勢」，李先生亦是一位繼往開來的領袖。

四、李氏治國模式仍將長存

美國哈佛大學杭亭頓教授曾經表示對李氏治國模式的看法，他說李氏模式很可能將隨他入土為安，本人不表同意。李先生的整個精神、理念與實踐已和新加坡的人民及土地融合在一起。也許他的某些領導風格會不存在，但是一個把西方最好的科技、企業模式及儒家精神所融合出來的新加坡模式，其精髓必將長存。

後來，我把這篇心得報告，以「效能政治與人定勝天的典範」為題，在《聯合報》發表[30]，新加坡的《聯合早報》及英文的《海峽時報》（*The Straits Times*）均予轉載[31]。

總之，新加坡華人占總人口將近百分之八十，是一個以華人為主的國家。她在一九六五年被馬來西亞逐出後獨立，當時只是個第三世界的漁村小國，今日已成為華人地區最發達的第一世界國家，台灣之未來發展應多參考新加坡經驗。

30《聯合報》（二〇〇〇年九月二十三日），第十五版。
31《聯合早報》（二〇〇〇年九月三十日），第二十四版；*The Strait Times* (October 4, 2000), p.52.

第二十章　穿梭兩岸，搭建和平橋梁

從一九九二年至二〇一二年，在二十年內，我應大陸方面邀請參加兩岸關係會議、簽訂學術交流協定、會晤大陸「國務院台灣事務辦公室」（簡稱「國台辦」）之官員（如主任王兆國、副主任孫亞夫）、與海峽兩岸關係協會（簡稱海協會）之負責人士（即會長汪道涵與副會長唐樹備）深談，共有十餘次之多。這段期間，我因為擔任政大國關中心主任及總統府「國家統一委員會」研究委員，再加上曾在政府中服務，我自己揣測，大陸方面也許認為與我會晤，有助於他們了解台灣政府之立場，或可透過我來向台灣政府轉告他們的看法，所以這些會談全由對方主動安排，我鮮少主動往訪。

基於政治現實，在這段期間，不僅兩岸有決策權之領導人士無法見面，連陸委會與國台辦之負責人亦不能直接接觸。我和大陸國台辦及海協會負責人士數次談話紀錄，應有助於國人了解兩岸關係發展之曲折內幕。之所以要將這些紀錄在此首度公開，是希望兩岸朝野都能對其中爭論加以思考，大家今後不要再走冤枉路、再浪費時間，讓兩岸關係能邁向一條平順的大道。

在這二十年間，我亦常赴美國學術機構與智庫開會，會晤美國政府官員，對美國處理兩岸關係提出建言，以促進美、中、台關係三贏局面。

另外，在這段期間，我也曾在國內外，或撰文、或演講，討論兩岸及美中台三角關係。

一、兩岸應借鏡「德國經驗」與珍視「台灣經驗」（一九九二年）

一九九二年八月，大陸「中國社會科學院台灣研究所」（以下稱「社科院台研所」）等機構，於北京舉行第二屆「海峽兩岸關係研討會」，邀請我前往參加。

在新聞局長任內，我一向強調兩岸關係要以文化交流為第一優先。一九九二年我已恢復學者身分，為實踐自己的理念，所以決定應邀赴會，這是從一九四八年隨父母來台，四十四年後第一次回到中國大陸。在起程第二天，《聯合報》採訪總統府之記者發稿說：

（邵玉銘）因過去擔任新聞局長，職務相當重要和敏感。這次在卸職不到一年即到大陸訪問，高層普遍認為「突兀」，並說，這次雖然是以學者身分到大陸，仍嫌「早了一些」。1

雖然引起「高層」不滿，我仍決定開完會議，認為自己對兩岸關係既有許多意見，到北京去表達，比起在台灣自說自話有意義多了。在新聞局任內，擔任政府發言人，對大陸許多事情，包括「六四天安門事件」，曾經提出非常嚴厲的批評，所以我對大陸方面之邀請，有點意外。

在這次會議上我發表〈對中國統一問題及中國前途之我見〉論文。

首先，我指出兩岸共有以下三項問題，值得雙方研討：

一、「具有中國特色的社會主義」問題。孫中山先生之民生主義與中共之共產主義，均為矯正資本主義弊端的兩種社會主義。鄧小平的「具有中國特色的社會主義」，已有初步成果。台灣實踐的民生主義，其績效亦有目共睹，因此民生主義亦可稱為「具有中國特色之社會主義」，頗值中共當局研究參考。

二、台灣在國際社會生存空間問題。中共多年來在國際社會打壓台灣生存空間，此種不友善行為，徒增台灣朝野對中共當局之反感，助長「台獨意識」，中共當局應檢討改進。

三、平等對待問題。李登輝總統於一九九一年五月，宣布終止「動員戡亂時期」，表示雙方內戰結束，數十年來之敵對狀態立即終止。我政府在一九九一年通過之「國家統一綱領」中，提出雙方互不否認對方為政治實體，此一立場迄未為中共當局所接受。試問：台灣過去四十餘年來，若無一有效統治之政治實體，怎能產生國際公認的「經濟奇蹟」？另外，中共當局自一九四九年以來，從未占領或統治過台、澎、金、馬地區，又怎能否認台灣有一政治實體之存在？至於中共認為一九四九年以後，中華民國之法統即不存在，這是不尊重現實。

針對上述三項問題，提出以下解決之道：

(一)借鏡「德國經驗」。兩德先經過人民情感恢復、文化交流、經濟互補，始於一九九〇年統一，此一經驗應為台海兩岸所借鏡。

(二)珍視「台灣經驗」。「台灣經驗」之成功，是四十餘年來在台灣本地同胞與一九四九年左右大陸赴台同胞共同努力的結果，在中華民族數千年遷徙與融合歷史中，為最佳之成功範例。今日中國大陸社會結構相對於台灣社會結構，雙方也有許多相似和互補之處，故「台灣經驗」對大陸未來發展應具參考價值。

(三)中共今後對台政策應有全面考慮，不要為了打擊少數台獨分子而採取對整個台灣人民之不友善行動，這是本末倒置、因小失大[2]。

針對我論文以上觀點，大陸學者認為我所提德國模式或台灣為一政治實體，係製造「兩個中國」或「一中一台」之政治陰謀；對我論文中使用「中華民國」、「李總統」、「郝院長」等字眼，更不能接受，他們指出，一九四九年以來，在大陸沒有人敢使用此些字眼，於是在會上，對我的批評排山倒海而來。這使我回憶

1《聯合報》(一九九二年八月四日)，第二版。

2《聯合報》(一九九二年八月七日)，第十版。

起一九七一年九月，在美國密西根安娜堡國是大會中，被左派人士圍攻之場景，我因此回斥對方：

我雖然反對共產主義，但我熱愛中華民族、熱愛這一片錦繡河山。至於我使用「中華民國」稱號或「李總統」、「郝院長」等頭銜，因為這些都是正式名稱，我不能在台北用一個稱謂，到了北京就換一個。同樣地，你們對你們的黨政領導人物如何稱呼，到了台灣你們應也一樣不必改變，雙方應尊重彼此的習慣和平常用語。如果像這樣基本的尊重都無法得到的話，如何還能談兩岸文化交流，更遑論統一！[3]

沒想到雙方一來一往的辯駁，倒引起了在場台灣媒體記者的興趣，在國內大幅報導，引起廣泛注意。《中國時報》記者指出我「明白表達了台灣的各項立場，然而意外的是，也獲得大會最多的掌聲」[4]。立法委員黃主文對我在大陸的表現頗為欣賞，據報載：

立法委員黃主文提書面質詢，肯定邵玉銘堅持「中華民國」，不卑不亢，相較於吳大猷以中華民國現任中研院院長身分到大陸卻被矮化成地方官吏，邵玉銘所言所行「無愧於心」，陸委會及新聞局當本於陟罰臧否之精神給邵玉銘嘉勉。[5]

《新新聞》董事長周天瑞則有下面評論：

以筆者親眼所見，這次邵玉銘出席北京「海峽兩岸關係學術研討會」，既沒吃掉別人，也沒被人吃掉，該說的話全說了，該聽的話也全聽了，儘管引起一陣小小的爭論，卻得到並非做作的適當禮遇；相當程度地，還贏得對方的尊重與友誼，感受他內心的理念與情懷。[6]

會議結束後，國台辦主任王兆國在釣魚台設宴款待。

在北京開會只是為了實踐我一貫的理念。但重遊故土的錦繡河山和返鄉探親，是我四十多年來的宿願，所以，會後我遊覽了長城、明陵和故宮，當然還有天安門。我在北京待了兩、三天後，決定到哈爾濱探親，這真是應了古詩：「少小離家老大回，鄉音無改鬢毛催。」社科院台研所副所長余克禮表示要陪我回鄉，遂一起同行。

到達哈爾濱後翌日，與住在哈爾濱的親友碰面，竟有一百多人，大夥兒吃飯聊天，好不熱鬧。但是哈爾濱只是我小時候住過的地方，嫩江省蘭西縣才是我的家鄉，所以第三天，由幾位親戚陪同，租了輛小巴士回鄉。到了老家，我簡直無法相信我的眼睛。往日的深宅大院不見了，只看到一、兩間殘破不堪的矮房。進去見到我二大爺、二大娘（就是二伯父、二伯母）及一些親戚。二大爺已有八十多歲，瘦骨嶙峋，整個家族如今只剩下他們一家人仍留在鄉下務農，其餘親戚都到哈爾濱工作。我問為什麼沒住在以前寬敞的大院？他們說因為我們以前是大地主，一九五〇年代初，地方幹部就把所有家人趕出來，住到原先長工的房舍，而把我們原住的房子配給了長工。這是中共當年「三反、五反」對付地主的作法，我家自不例外。

廚房內忙碌的聲音傳來，準備了一、二十道菜招待我。席間閒聊，知道堂侄們多是中、小學畢業而已，此乃因為我家是地主家庭，是中共所謂的「黑五類」，不准其子女進入大學受教育。當天我看菜餚頗豐，家具亦稱可用，我就稱讚幾句，不意二大爺偷偷告訴我，這些家具是當地縣政府臨時搬來，做菜廚子亦是派來的，我聽後不禁辛酸，才知他們平日生活之清苦。

3《聯合報》（一九九二年八月五日），第二版。
4《中國時報》（一九九二年八月七日），第十一版。
5《自立晚報》（一九九二年八月七日），第二版。
6《新新聞週刊》（一九九二年八月十六日—二十二日），頁六。

掃墓那天下著雨，我們撐著傘乘坐板車朝祖先墳地駛去，祖墳設在村外野地上的一角。就在牧野蒼茫中，我馨香三炷，行三拜九叩之禮，對著歷代祖先，尤其是祖父母默禱，請他們原諒我多年未能盡孝之罪。默禱至此，自哈爾濱下機到現在一直壓抑的悲慟再也隱忍不住，眼淚終於奪眶而下。那天又逢大雨，全身濕透，我跪了大約半個鐘頭，才在親人的攙扶下離開。

回到哈爾濱旅館，親友又來了。我發現所有親戚都是工人階級，其中許多人才四十幾歲就退休了，讓我十分詫異。經他們解說，東北人早婚，二十歲左右成婚，到四十幾歲時，兒女已二十多歲，需要成家就業，由於當地政府規定，可以「子繼父業」，所以父母退休，把職位讓給他們子女。

我問他們這麼早退休，平日做些什麼？他們說就是帶帶孫子、孫女而已，但自己還身強力壯，卻沒有工作，頗感無聊。他們早聞台灣極需勞工，不免面帶赧色地悄聲探問我，可否安排他們到台灣來打工？我聽了後不太好意思，我告訴他們台灣目前的政策是只開放東南亞的外勞而已。對此他們頗不以為然，認為有工作機會為何不能嘉惠窮苦的大陸同胞，卻寧願照顧外人呢？望著他們失望的神色，我也黯然。最後，我權充「耶誕老人」，將身上帶著的美金換成人民幣，包成大小紅包，無論大人、小孩，見者有份，發完為止。

因為還需趕回台灣，只能在哈爾濱待個兩、三天。回台前，因當年到台灣之前，曾在上海住過數月，所以，決定在上海停留一天。我事先告訴余克禮副所長，這次到大陸來是開會，不願有政治活動，請勿做任何安排。不意，到上海的第二天，余副所長告知，大陸「海峽兩岸關係協會」會長汪道涵將設午宴款待，盛情難卻，只得赴宴。這是我第一次會晤汪先生，他溫文儒雅、談吐不凡，留下很好印象。

上海整個市容與一九四八年時幾無改變，站在黃浦江頭，浦東漆黑一片。我被安置在上海「老錦江」，是一著名旅館。但當晚一躺下床，整個人就下陷約五公分，翻開床墊一看，還是名牌「席夢思」，但因多年未換，已鬆軟不堪使用，恐怕是一九四九年前的產品。總之，一九九二年的上海，衰敗破舊，了無顏色。

這一次大陸之行，內心百感交集。重睹故國山川壯麗，令人激動；面對貧苦鄉親，令人悲戚；穿過大街小巷，破舊髒亂，令人嘆息。一共停留三個城市。在哈爾濱，晚上七點以後，幾乎沒有燈火；在北京，晚上

八點後也是一片漆黑；到上海，燈火則只延續至晚上九點左右而已。當時，這三個城市基本上並沒有什麼夜生活，旅館的電視只有三、五個頻道，內容枯燥乏味，所以我在大陸待了十天左右，就急於回台。

另外，大陸知識分子生活普遍清苦。一位北京大學教授告訴我：一個大學教授的月薪只有人民幣五百元左右，而計程車司機卻可掙得一、兩千人民幣。我一聽，不禁脫口而出：「這豈不是斯文掃地？」這位教授苦笑著說：「邵先生，『斯文』還不如『掃地』！」我一時為之語塞[7]。

初次訪問大陸，很坦白說，相當失望；回到台灣，對台灣的前途，信心滿滿。

二、從「江八點」到汪道涵之「邦聯制」（一九九五年）

一九九五年一月初，接獲大陸「社科院台研所」來函，邀請我於二月十六日，赴北京參加有關兩岸關係的會議。這時我回任國關中心主任已有兩、三個月，秉持一貫作風，大陸學術機構只要來邀，我一定前往。

該會在當日上午舉行一場會議即結束，台灣應邀學者亦只有十數人而已。在北京期間，由副總理李嵐清、國台辦主任王兆國、海協會會長汪道涵、副會長唐樹備等人接待。由於會議前半個月，中共總書記兼國家主席江澤民於一月三十日發表「江八點」，我認為此行，是大陸方面希望從我身上了解我政府對「江八點」之看法。

「江八點」之重點有四：一、堅持一個中國原則，反對台灣以搞「兩個中國」、「一中一台」為目的的所謂「擴大國際生存空間」活動；二、努力實現和平統一，中國人不打中國人，但不承諾放棄武力，絕不是針對台灣同胞，而是針對外國勢力和台獨分子（作者註：上年台灣省市長選舉期間，許多民進黨候選人喊出「大陸人是中國人，我們是台灣人」。江八點所謂「中國人不打中國人」，隱含凡是在台人士不承認為中國人者，中共仍可以武力對付

7 邵玉銘，《漂泊——中國人的新名字》（台北：希代書版，一九九七），頁二〇一—二二五。

之。）；三、加速實現直接「三通」；四、兩岸領導人以適當身分互訪，中國人的事我們自己辦，不需要藉助任何國際場合。

在北京期間，曾與唐樹備、汪道涵及王兆國分別交換意見。為存真計，將雙方談話要點簡述如下：

一、與唐樹備談話

邵：中共應給予台灣外交空間，如世界銀行、國際貨幣基金。反對黨一直拿這個做文章，都說我外交困難是國民黨堅持一個中國的政策造成，每次選舉都拿來宣傳。大陸應滿足台灣老百姓希望台灣政府參與國際組織的心理需求，而不應全面打壓。

唐：雙方應先坐下來談，良性互動，非惡性循環，這樣對雙方都不利，中共和國民黨會都為民進黨所利用。

邵：大陸對兩岸統一的時間表如何？

唐：據我所了解，兩岸統一不是短期能解決，必須水到渠成。但是江澤民說過「不能無限期拖下去」，現在台獨猖狂，加上西方勢力插手，兩岸問題拖愈久愈不好處理。

邵：唐先生所說的外國介入、台獨問題，是言過其實，外國勢力必須考慮到客觀現實這點，因此他們不會去支持台獨。

唐：美國介入韓戰以來，一直插手台灣問題，大陸方面對這段歷史的感受是比較深刻的。對大陸方面而言，台灣問題都是美國引起的，美國一直拿台灣來牽制中共，不願見到中國統一，他們客觀的作法，亦有助於兩岸的分離。另外，把西藏問題、人權問題和台灣問題連貫在一起，在某種程度上，美國中央情報局是支持民進黨的。

邵：雙方要達成正式協議，大陸要把台灣當作一個「政治實體」，台灣才有談判的身分和地位，否則台

灣怎麼談？事實上，政治實體是個通俗用語，非法律名稱，不否認或承認台灣為政治實體實在對中共無妨，大陸把小丘當大山，造成雙方的僵局，大陸方面如能讓一步，無傷大雅。

唐：事實上，大陸方面很難不說「台灣不是政治實體」，但如雙方同意一個統一中國的架構，大陸願意考慮台灣做為一個政治實體的說法。

與大陸海協會副會長唐樹備會晤。（一九九五年二月）。

在這次談話時，唐先生又表示，中共當局認為現在台灣之外省人逐漸年老凋謝，而在台灣生長的年輕人對大陸較無情感，故大陸對統一在時間上有緊迫感。

針對此一疑慮，我引用政大選舉研究中心上年（一九九四年）的一項統計資料加以說明。

關於台灣人民統獨立場趨勢分布，傾向維持現狀者約為五二％，傾向獨立者約為一一％，傾向統一者約為二○％，無意見者約為一五％。由此可見，主張台獨人數甚少，不足為慮。至於大陸政府認為台灣年輕人對大陸或統一較無興趣，我舉出同一資料說明這非事實。該項資料將年齡階層分為五類（二十至二十九歲；三十至三十九歲；四十至四十九歲；五十至五十九歲；六十歲以上），來調查其統獨立場。結果發現，在五個年齡階層中，主張統一者，雖然均在二○％至三○％左右，但以二十至二十九歲年齡階層主

張統一最高[8]。我個人認為，這些年輕人之所以比其他年齡階層對統一較有興趣，應是他們年輕，對於大陸較不具敵我意識，甚至對中國統一抱有一些憧憬。根據以上資料，我向唐樹備進言，大陸對於統一，不必有緊迫感，時間並不一定對大陸不利。二〇〇三年，唐樹備已經退休，他告訴我，他曾將這些資料呈報中共當局參考。我認為，過去十餘年來，大陸當局已不再表示對統一有急迫感，這些資料應有助益。

二、與汪道涵先生談話

兩人談話，主要涉及我方「國家統一綱領」中「不否定對方為政治實體」一語。雙方談話如下：

邵：台灣當局在擬訂「國統綱領」時，用字遣詞，均顧及到大陸是否能夠接受。由於大陸一向不承認「中華民國」與「中華民國政府」，亦不願採用「一國兩區」說法，所以在「綱領」中只用「政治實體」四字，並且只要求大陸「不否定」，而未要求大陸加以「承認」或「接受」，可說是用心良苦，是台灣立場之最底線。

汪：何謂「政治實體」？

邵：由於台灣政府可以向人民徵兵、可以要求人民納稅，它必須是一政治實體，才有執政能力。況且，假如台灣為一「虛體」，兩岸如何統一？若大陸連台灣為一「政治實體」都不接受，那請問：大陸如何定位台灣？

汪：（由於我臨時提問，他一時未能回答，略顯尷尬。）

邵：其次，我想對大陸方面一些用語表示意見。你們說我們是台灣「當局」，「當局」是authorities，但你們反對我們為「實體」entity。從英文字義看來，「當局」比「實體」還來得正式並有政治性，所以，我認為大陸恐怕是陷入一些文字迷障而走不出來。

另外，「一國兩制」實在範圍太小。就以未來中國的國家體制而言，就有聯邦、邦聯或是中央集權

等三種選擇。

汪：大家好商量，依我個人意見，鄧小平說中國人要使用中國人自我概念，不必使用西方概念。在一個中國原則之下，對香港實施聯邦制，但對台灣可實施邦聯制（講到此處，汪氏立即補充說，此係其個人意見，不代表官方立場），雙方不要把問題複雜化。

個人認為，汪先生所稱邦聯制，是一極大讓步，因為在邦聯制下，每一邦聯仍是主權獨立之國家，大英國協（British Commonwealth）中之各個國家均是如此，這是個人在過去二十年奔波兩岸以來，在所見大陸官員及學者中，他是唯一提出此種說法人士。我個人猜想，這一方面顯示汪先生的睿智及大度、二方面也可能是他覺得我方立場已夠委曲求全，受到感動。

三、與王兆國談話

邵：我認為兩岸關係中固應追「利」，但更要求「義」，前者忽有忽無，後者則永久深遠。江八點之框架，從悲觀角度看來，大陸仍不放棄武力、仍堅持「一國兩制」；但從積極看來，是有創意，也有善意，例如簽訂台商投資保護條例、結束敵對狀態、發揚中華文化、和領導人互訪等等。

王：台灣在一九九一年宣布結束動員戡亂之舉，我們認為是有利於結束雙方之敵對狀態。因為大陸方面從來就沒有承認過「動員戡亂」這一條，當台灣終止「動員戡亂」，大陸方面不可能向台北說謝謝，你不再把我當作土匪。

8《行政院大陸委員會民眾對統獨問題的看法——民意調查報告》（台北：國立政治大學選舉研究中心，一九九四年八月四日），頁八三。

邵：如果雙方簽訂了「結束敵對狀態協定」，這是否可以解釋為中共不否認或承認台灣為政治實體，以及是否也意謂中共放棄以武力解決台灣問題？如果答案都是正面的，這對兩岸關係很有益處。

王：（並未具體回答，但亦未提出異議）

邵：大陸方面如對此事做一讓步，可獲台灣人民好評。另有外人提議雙方領導人可在新加坡見面，請問意下如何？

王：這也可商量。

訪問結束回台後，我循例將以上談話簽報層峰及政府相關機構參考。

三、對國統會之建言（一九九五年）

一九九五年，我出任「總統府國家統一委員會」之研究委員。同年四月八日，國統會舉行第十次委員會議，我根據上述在北京訪談心得提出兩項建議：

第一，我政府應擴大編列預算，以加強兩岸文化交流，傳播台灣經驗。我指出，台灣朝野在理論上都同意兩岸關係應以文化交流為優先，而不可只以經貿為主軸。但政府對國際文化交流所使用經費遠高於兩岸交流。以「蔣經國國際學術交流基金會」為例，其本金有二十五億，每年孳息約有一億五千萬至兩億台幣，用於促進國際對中華文化及台灣之了解。但反觀陸委會為兩岸文化交流所設之「中華發展基金」，上年可支用預算僅七千萬台幣左右，以如此少的經費希望能傳播台灣經驗，實無可能，所以我建議「中華發展基金」預算應擴大編列。

第二，我政府應積極研究與大陸簽訂「終止敵對狀態協定」。我指出，我方對中共立場之不滿有二：一為不承認我為對等政治實體，二為中共不肯放棄武力犯台。我方如冀求中共主動宣布放棄這兩項立場，幾無

可能。但只要雙方簽訂「終止敵對狀態協定」，那麼從簽訂的那一刻起，中共武力犯台立場等於實質上取消，中共亦等於承認我為一對等政治實體[9]。

以上兩個建議，迄今已過十八年，政府尚無任何動靜。

四、政大國關中心與大陸「社會科學院台灣研究所」簽訂合作協定（一九九五年）

同年八月，由於大陸「社科院台研所」與國關中心關係日益密切，所以我主動向該所長姜殿銘提議雙方簽訂合作協議，姜所長立表同意。但是，簽訂合作協議，就出現雙方機構名稱如何落款問題。最初我建議仿照行政院所通過的「台灣地區與大陸地區兩岸關係條例」格式，將雙方單位稱為「大陸地區中國社會科學院台灣研究所」與「台灣地區國立政治大學國際關係研究中心」。姜所長表示大陸對一國兩區的名稱還有所保留，所以希望把「大陸地區」與「台灣地區」拿掉，如此雙方名稱將是「中國社會科學院台灣研究所」與「國立政治大學國際關係研究中心」。他又表示，大陸對台灣機構使用「國立」也有意見。我則表示，假如我方將「國立」拿掉，為求平等，那社會科學院前「中國」亦應省略。姜所長非常通達，建議雙方名稱都以簡稱為之，就可省去這些問題，最後雙方在協定中均用簡稱：「社科院台灣研究所」與「政大國際關係研究中心」。雙方合作項目包括，研究人員之互訪與駐點研究及交換出版品及資料等。八月底簽字後，台灣最大研究大陸之機構與大陸最大研究台灣之機構終於建立起合作關係。從一九九五年起至今，此一關係一直存在，對兩岸研究與互通聲氣都有很多幫助。

9《國家統一委員會第十次委員會議紀錄》（一九九五年四月八日），頁一三二—一三三。

五、為化解兩岸緊張關係建言（一九九五年）

一九九五年六月李登輝訪問母校康乃爾大學，中共至為不滿，對台展開文攻武嚇，兩岸關係有山雨欲來風滿樓之景況，我為了化解兩岸緊張關係，在九月七日《中國時報》發表〈化解政治僵局，加強兩岸交流〉專文，提出五點建言，並建議台商成立基金會加以推動：

在政治上既不能退讓，則我們今後對大陸政策應朝文化交流及強化民族情感方面著手。中共與大陸人民並非同義詞，我們所面對的對手是中共專制政權，非大陸十二億人民，而我國安全之最大保障，即在大陸人心之爭取及轉變大陸當局對我之觀感及政策。具體建議有五：

一、援助大陸農業計畫之推動。李總統在今年四月八日所發表之聲明中曾提及對大陸農業可給予支援。

二、支援大陸「希望工程」小學計畫。目前在大陸大約有一千萬名以上失學兒童。在大陸設立小學，尤其在偏遠地區，每所大約僅需一百至兩百萬台幣，一千所亦不過十至二十億台幣，此對大陸下一代及大陸人心之爭取，將有何等深遠之影響！

三、近來大陸發生水災，政府似可像證嚴法師主持之「慈濟基金會」，在前幾年大陸水災時，曾緊急為大陸災胞建蓋六萬戶民宅，在大陸人民間即引起極大的感動與反響。

四、成立「大陸地區和平服務團」。美國在六〇年代，由甘迺迪總統發起成立「和平工作團」（Peace Corps），號召美國青年前往有需要國家從事各項服務及建設工作，為美國贏得廣大的世界人心。我國也應成立類似組織，長年性或利用寒暑假深入大陸，幫助他們解決地方發展或建設問題。

五、擴編海峽兩岸文化交流基金，以支援兩岸各種文化與學術交流工作。僅以學術交流為例，如每年雙方能有五千名大學生及研究生、五百名大學教授互相交換學習或研究，這又可產生多大影響！可惜陸委會近二年來所編「中華發展基金」，每年通過者不及億元之數。

為籌募經費以進行以上五項工作，若以每項每年花費十億元估計，則每年共需五十億元。此一經費來源本可一部分來自政府預算，但鑑於立法院之生態，恐有些政黨不願採取此種大陸政策而使預算無法通過，本人建議是否可由台商大員組織一個基金會來推動以上工作。去年我對大陸貿易順差達美金一百四十億元（折合台幣至少三千五百億元），台商中有識之士若能拿出其中五十億元，順差既取之於大陸，以其中七十分之一回饋於大陸，亦係應為之事。

和平是兩岸同胞共同追求之事，我們在台同胞既然經濟能力較好，自可大方一點，否則兩岸繼續僵持下去，未來兄弟鬩牆之爭，血流成河，對雙方又有何益？[10]

這些建議，迄今已將二十年，沒有一項實現。

六、「兩岸簽訂和平協定」之研究報告（一九九六年）

一九九六年三月台灣進行首次總統直選，中共再度文攻武嚇，美國派遣兩艘航空母艦戰鬥群進入台灣海域，兩岸關係一時劍拔弩張。我因一向主張兩岸簽訂「終止敵對狀態」或「和平協定」，並在總統府國家統一委員會擔任研究委員，該會於三月十八日和我簽約，請我對此一問題提出研究報告。我邀請國關中心副主任吳安家、中山大學教授林中斌、文化大學教授陳純一、國關中心副研究員鄭端耀共同進行。

此一研究報告——《兩岸商談「終止敵對狀態協定」或「和平協定」之研究》，於五月一日完成。重點有三：

一、協定名稱：應為「兩岸和平協定」，而非「兩岸終止敵對狀態協定」；

10《中國時報》（一九九五年九月七日）。

二、協定內容：包括停戰分界線之劃分，非軍事區或中立區之設置，協定有效期間及監督機構等項；

三、談判方式：包括代表團組成、談判地點等項。

報告中復提出三項建議：

一、李總統在五月二十日總統就職演說中，正式宣告我政府願與中共當局進行「和平協定」談判之意願。

二、為求打開兩岸僵局起見，謹建議李總統在演說中，重申我政府信守「一個中國原則」（但為避免引起與中共爭議，對此一原則，不必給予解釋），並指出我尋求合理國際生存空間，只是回應人民需求並維持我在國際社會中應有之尊嚴，這與中共所謂追求「兩個中國」、「一中一台」或台獨毫不相干。

三、為明確表示我方尋求全面改善兩岸關係之意願，除「和平協定」外，我方願與大陸商討簽署以下協定：「兩岸文化交流協定」、「兩岸農業互助協定」及「台商投資保障協定」[11]。

這個研究報告提出後，亦被束之高閣。十六年後，馬英九總統在二〇一二年總統競選期間，提出兩岸簽訂和平協定之構思，引起民進黨之反彈，即束諸高閣，可見兩岸簽訂和平協議問題之複雜。雖然如此，我們這批學者總算盡了言責、無愧於心。

七、台灣處理兩岸關係之六項原則（一九九六年）

一九九六年三月台海危機後，大陸涉台機構於七月在北京召開第五屆「海峽兩岸關係研討會」。由於一九九五年李總統訪美，該會議停辦一屆，故此一會議之重新召開，特別引起注意，大陸與台灣各有四、五十人參加，其規模超過歷屆。

我根據多年之觀察與研究，整理出台灣在處理兩岸關係所遵循的一些原則，並將之歸納為六項。為求有助大陸政府及學者了解，在會議中加以解說。一、目標與過程並重原則：統一雖為台灣選項之一，但達成統

一之過程必須是和平的；二、漸進累積原則：對兩岸關係發展，中共希望先談原則、後談細節，我方則認為兩岸關係無法一蹴可幾，唯有賴雙方先從細節之逐漸累積，才能達成原則之共識；三、現實可行原則：台獨係事實不可行，台灣人民約有百分之八十不贊同台獨，故中共不必緊張；四、生存發展原則：在台灣求生存求發展是我們的權利，故有「務實外交」等爭取國際生存空間之活動，此與「兩個中國」、「一中一台」或台獨間毫無關係；五、歷史經驗原則：一八九五年至一九四五年，台灣受日本殖民統治五十年；一九四五年，國民政府收復台灣；一九四九年，國民政府遷台，故台灣人民生活在一個統一中國之經驗只有四年，而在此四年，又飽嘗二二八事件及中國內戰之苦果，故台灣人民在這一百年歷史經驗中，充滿悲情，中國大陸必須對之理解並予同情；六、統一匯合原則：兩岸三地（大陸、台灣、香港）未來之統一，唯有在情感與利益匯合（convergence）之下，才有可能達成，否則欲速則不達。最後，我表示假如中共不能了解並接受台灣以上六大原則，台灣不可能做出讓步[12]。我所述六大原則，是台灣學者第一次做出此種歸納，亦是大陸學者和官員第一次聽見，有一部分學者立刻表示同意，其他人士則表示尚需仔細研究。個人深信，這六大原則為台灣朝野所共信，如果中共不深入了解並接受，兩岸關係不可能有根本性改善。

回國後，依例將會議經過簽報層峰及政府相關機構參考。

八、汪道涵談馬英九（一九九八年）

根據前陸委會主委蘇起之研究，自一九九五年六月李登輝總統訪美後，中共在國際上加強對台灣之打壓與封鎖，任憑台北上百次呼籲兩岸復談，海基會也四次主動去函海協會，北京一概置之不理。迄一九九八年

11　此一報告現存總統府「國家統一委員會」。

12　《聯合報》（一九九六年七月十七日），第九版；《自立早報》（一九九六年七月十九日），第九版。

二月，行政院長蕭萬長在立法院之施政報告中，提議兩岸進行第二次辜汪會談，中共才表示願意協商。但將「會談」定位為「會晤」。為安排此事，海基會副祕書長詹志宏與海協會副祕書長李亞飛於四月二十二日至二十四日在北京開會，為會晤做程序性安排。

在詹李會面前五天（四月十七日），突然接到大陸社科院台研所所長許世銓來信，邀請我於五月三日至十日赴北京與上海訪問，並安排我與汪道涵、唐樹備會談。這一邀請很明顯是想了解我政府對辜汪「會晤」之立場與期待，我一如往昔，接受邀請前往大陸，當然，我也想了解對方立場，以供政府參考。

此次訪問期間和汪、唐及許等人談話要點如下：

第一，一個中國原則問題。

邵：一九九四年，大陸反對高雄主辦亞運會，已引起台灣全體民眾之反感，大陸對此種非政治性之體育活動，實不應加以反對。

汪：上次高雄市申請辦亞運會，中共持反對的立場主要是因為擔心李登輝先生會在亞運會上致詞，那會造成「兩個中國」或「一中一台」的國際形象。

第二，雙方為對等的政治實體問題。

唐：從一九九一年以後，台灣的要求愈來愈高，不只要求承認為政治實體，而且還要「對等」。大陸主張「平等」是指兩岸商談時的地位，「對等」則含有對立的成分，這是中共所要反對的。

邵：「對等」只指雙方是一個互相對稱之關係，並不包含有大小、強弱之分，亦無「對立」之意，但「平等」似乎涵義更廣，故大陸捨「對等」而取「平等」，令人不解，使台灣覺得這是咬文嚼字，實

無必要。

第三，台灣公民投票問題。

唐：如果國民黨在公民投票入憲一事對民進黨讓步，將極具爆炸性，因為公民投票一旦入憲，就成為法源，政客隨時可以利用群眾做為台獨運動的資源，因此，如果國民黨與民進黨做此等交易，將後患無窮。

邵：我會向政府轉達此一意見。

此次訪問後，我除了將會談紀錄簽報層峰及政府相關單位外，亦送請辜振甫先生參考。

此次訪問發生一件事，值得敘述。在五月八日與汪道涵會談時，他突然話鋒一轉，問我馬英九先生為什麼不競選台北市長？我因為自己對從政厭倦，所以回答得很單純，說馬先生對政治應也厭倦，和我一樣希望教書。汪先生表示不以為然。他說，在大陸看來，國民黨內唯有馬先生可以當選，但現在馬先生不參選，將台北市長大位拱手讓給陳水扁，中共方面懷疑是黨主席李登輝故意放水，以

拜會大陸「海峽兩岸關係協會」會長汪道涵。（一九九八年）

協助陳水扁連任市長。對他這個邏輯我聞所未聞，我說這應非事實。汪先生神情嚴肅地說，假如國民黨故意放水讓陳水扁連任，那我們兩岸未來關係將無寧日。這件事只是拜會時的插曲，我當時未以為意。

五月十日回台後，看到報紙報導有所謂「六義士」（即六位老兵）每日在馬英九所住公寓前駐守，勸進他參選市長。也知道黨內很多大老都有勸進行動，似乎也沒什麼效果。五月二十九日上午十點，我到政大國關中心上班。快到中心時，祕書告訴我：「主任，剛有六義士之稱的老兵打電話來說，他們知道你與馬英九先生是多年朋友，希望來國關中心拜會，請你勸進。」我一聽，與其跟這些老兵見面，還不如我直接跟英九兄見面，所以我跟祕書說：「請他們不必來了，我現在就直接去拜會馬先生。」

十時半，我和英九兄見面，他先說明不參選理由有二：一、他向政大法律系申請教職，有許多政大師長幫忙，現已通過，他要實踐對政大的諾言；二、他在這段期間對外說了兩、三百次不參選市長的話，假如他現在宣布參選，那他的誠信何在？我反駁說，當年我們在海外參加「反共愛國聯盟」，宣稱要為國家盡心盡力，這是我們對國家的承諾，此種承諾是大仁大義；至於對政大的承諾及對外界不選的承諾，那是小仁小義，應居於大仁大義之下。這樣談論了大概八十分鐘，相互辯論，沒有任何結果。最後我突然想起三個星期前，我和汪道涵先生有關此事的談話，所以我先將談話內容告訴他，然後說：「英九兄，雖然我知國民黨並無放水之意，但為了兩岸的長遠關係及台灣人民的福祉，你應該義無反顧地參選；假如你不參選，陳水扁注定連任，連任之後，他下一步一定是問鼎總統寶座，但陳水扁不可能為兩岸關係帶來好運，所以為了國家與兩岸關係，我希望你慎重地考慮參選。」當我講出此一理由時，他突然不講話，很認真的聽，再沒有任何反駁。隔了一會兒，他認真地跟我說，讓他回去會好好想一想。此時是中午十二點，他另有行程，所以我倆在沒有結論的情況下告別。我想在那段時間勸進的人很多，恐怕沒有人是用汪道涵的語言及我這個「愛盟」的邏輯來勸進。

到了第二天，我還是憂心忡忡，因為沒有看到他要參選的任何消息。到了下午三、四時，我突然看到電視轉播他父親馬鶴凌替他到台北市黨部登記參選的新聞，我一顆心才算放下來。我想，英九兄曾擔任陸委會

副主委，對兩岸關係一向關切，所以汪道涵的一番話，對他應有很大影響。

九、為汪道涵來台等相關事宜交換意見（一九九八年、一九九九年）

一九九八年十二月，海協會所屬「兩岸關係研究中心」舉辦第一次「兩岸關係座談會」，邀請我偕同中心三位同仁與會。會議前，十月舉行之「辜汪會晤」，已為兩岸關係融冰解凍，海基會與海協會將於翌年三月為第二次「辜汪會晤」舉行程序性事宜安排，所以大陸此次邀請，大概是想順便和我對相關事宜交換意見。

座談會後，大陸方面安排我於十二月二十六日與唐樹備在北京見面，以及翌年一月六日與汪道涵在上海見面會談，每次兩小時，會談內容要點如下：

一、關於汪道涵來台訪問之事

汪：一、今年肯定要去台灣。

二、兩岸關係建立在三個條件之上：一個中國原則，平等協商，共議統一。

唐：汪先生訪台最好能與辜先生研議出有哪些政治性的議題、哪些經濟性的議題、哪些事務性的議題可以放在往後的議程上討論。能先找出共同點，敲定議題，即是成果，推進了兩岸關係的進展。

邵：汪先生來比不來好，希望大陸要以「平常心」處理兩岸關係。

二、關於國際生存空間問題

汪：兩岸共議統一時，會考慮到台灣的地位，……必定會給台灣相當大的國際空間，比香港還大的外交

空間。

唐：在國際社會上，大陸堅持「一個中國」原則，不能讓步，但可以通過政治談判，協商台灣的外交空間。

邵：一、大陸聲稱給台灣經濟與文化的國際空間，但常食言，如反對台灣主辦亞運會。

二、大陸最好不要再挖我們的邦交國，這已傷害了台灣人民的感情。

三、大陸不要老是疑慮我們領導人出訪在搞「兩個中國」，要體察中華民國在國際社會中，有時我們要盡責任，有時我們要爭取應有的權益，因此領導人物有必要出訪，此與「兩個中國」或「一中一台」無關。

三、關於政治談判

汪：一、中國尚未統一，兩岸共同締造一個統一的中國，是現在進行式，共議統一，和平統一。

二、主權共享的提法，容易疑為「兩個中國」，若提「一個中國下主權共享」則可接受。

唐：台灣必須回歸憲法，不變更版圖，應宣示主權與領土不可分割。

邵：一、對一個中國原則如能擱置表述或各自表述，則兩岸政治談判較為有利。

二、當台灣朝野有共識時，才能進行政治談判，這需要時間；緩談比早談好，若在不成熟情形貿然談判而破裂，反而不好。

四、關於台灣選舉

汪：陳水扁以省籍問題去攻擊馬英九而落敗，馬英九以既是台灣人又是中國人而取得優勢。

邵：近年來台灣人民認同自己是台灣人，以及認同既是台灣人又是中國人的比例均有上升，但認同自己

只是中國人的比例則大幅下降，此恐與中共這些年來一再強調台灣是中華人民共和國一省或一部分有關，大陸要加以反省，要對台灣更加寬厚，孟子曰：「以大事小，仁者之事也。」即是此意。

五、中共「寄希望於台灣人民」政策

唐：中共對台政策中「寄希望於台灣人民」的具體作法有：

一、承認台灣的司法終審權，已正式承認民法部分。

二、給予赴大陸投資台商出入境方便。

三、放寬台灣人民在大陸的各種限制。

邵：大陸既然「寄希望於台灣人民」，則大陸對台任何政策，都要以「同理心」來理解台灣人民需求，如此才能落實此一政策。

有關此次會面，我在一月十二日向層峰提出兩項建議：

一、從汪道涵、唐樹備的談話中，明顯流露出中共極希望兩岸關係能有所進展，中共試圖以兩岸政府授權的「辜汪會」形式，逐步推進兩岸關係。上次辜先生訪問大陸以「參訪」為基調，打開兩岸僵局，緩和了兩岸緊張局勢；這回汪先生訪問台灣，則想共同敲定兩岸未來的協商議題，推進兩岸關係，並為下一回合談判做準備。建議政府各有關部門應就各項議題，如「和平協定」（或「終止敵對狀態協定」）、外交空間、三通、農業合作、文化交流、司法協助等，盡早做充分準備。

二、政府可考慮由兩岸重要學術機構或智庫人員，針對兩岸各種問題進行意見交換，互相探測對方立場之上限及下限，再研究如何進行政治協商。由於此一交往並非代表政府，應定位為第二軌道（Track II）之交往，其運作以協助第一軌道（即海基海協兩會）為原則。

一九九九年七月九日，李登輝接受「德國之聲」專訪時，正式推出「兩國論」：「一九九一年修憲以來，已將兩岸關係定位在國家與國家，至少是特殊的國與國的關係。也由於兩岸關係定位在特殊的國與國關係，因此沒有再宣布台灣獨立的必要。」此一「兩國論」推出後，兩岸關係整個崩盤，美國對李總統此一主張，亦深不以為然，美台關係立即陷入緊張狀態。

李登輝在其《李登輝執政告白實錄》中解釋他推出「兩國論」的原因：

汪道涵預定九月間來訪（作者註：應為十月之筆誤），中共十月一日要擴大慶祝建政五十年國慶，「一個中國、一國兩制」勢必成為國際宣傳的重點，台灣必須預為因應，「因此我搶在前面」，申明兩岸的現實是特殊國與國關係。[13]

在我一月十二日之報告中，很清楚反映汪、唐兩氏十月來台，將與辜振甫就政治、經濟及文化等三大議題進行廣泛討論。究竟我這份報告對李總統「兩國論」有無催化作用，不得而知。但是我這份報告讓李總統清楚知道，大陸極希望兩岸關係能有所進展，甚至突破。個人推測李總統推出「兩國論」的主要原因之一，是他不願兩岸關係有太大進展。

十、哈佛大學討論李登輝「兩國論」（一九九九年）

李總統於七月九日推出「兩國論」後，十一日，中共國台辦發言人發表談話，「嚴正警告台灣分裂勢力，立即懸崖勒馬，放棄玩火行為。」

許多國際媒體，如《華盛頓郵報》，報導「台北已經放棄一個中國原則」，這變成一個震撼彈。本來預定來台訪問的海協會會長汪道涵，也在十二日表示「兩會接觸、交流、對話的基礎不復存在」。

在這段期間，中共戰鬥機飛越台海中線，台海情勢陷於極度緊張。

根據鄒景雯所撰的《李登輝執政告白實錄》，李登輝在一九九八年八月成立「強化中華民國主權國家地位」小組，由蔡英文、張榮豐、陳必照、林碧昭等人參加，於一九九九年五月完成初步研究報告，內中建議明確定位兩岸關係，至少應為「特殊國與國關係」，報告也建議，以分階段的方法逐步落實，包括修憲、修法與廢除「國統綱領」。

在美國及中共的壓力之下，九月上旬，我國國安會祕書長丁懋時奉命前往美國進行高層對話，向美方傳達台灣的大陸政策並未改變，因此未來不會進行修憲與修法，國統會與國統綱領也仍將繼續運作。

哈佛大學在一年前（一九九八年）曾致函辜振甫與汪道涵先生，表達該校願對兩岸關係之改善有所盡力。事後哈佛大學「費正清東亞研究中心」主任傅高義（Ezra Vogel）與我聯絡此事，我立即告知總統府副祕書長蘇起。該年十月，哈佛大學邀請我與中國社會科學院美國研究所所長王輯思見面，討論三邊會議一事，王所長表示此案已獲汪道涵同意進行。最後三方同意於翌年在哈佛大學舉行三邊會議。

李總統「兩國論」引起軒然大波後，哈佛與台灣及大陸三方決定於九月十二日至十四日舉行「第二軌道」（Track II）會議。美方代表共計九人，均為哈佛大學、麻省理工學院等附近大學極負聲望的中國問題專家，由哈佛大學費正清中心主任裴利（Elizabeth Perry）教授領隊，美方並邀請當時國務院負責東亞事務的一位重要官員參加。我方除本人為領隊外，還有國關中心主任何思因、政大教授劉義周、中央研究院研究員胡春田。大陸則由王輯思所長為首，以及其他兩位與政府關係密切的學者參加（作者註：由於第二軌道會議為閉門會議，在未徵求美國與大陸其他參加人士同意前，不便透露他們的姓名）。

在會議中，美方與會人士，有六人對「兩國論」採取質疑或持負面看法，另外三人採取中性立場。採質疑或持負面看法人士，代表美國中國政策學者群之主流意見：一、「兩國論」之提出，增加了台海的不穩定

13　鄒景雯，前書，頁二三七。

性，有違美國國家利益；二、美國十分擔心這是台灣走向台獨的第一步，是台灣對大陸政策的根本改變，將美國拖下海；三、李總統為了國內政治目的而提出「兩國論」，致使東亞不穩定，是不負責任的行為；四、「兩國論」使兩岸關係更複雜，亦使美、中、台三方都更難處理兩岸關係；五、台灣確實逐漸遠離「一個中國」立場，此舉有違美國利益；六、台灣不可以再用美國國會來牽制行政部門的中國政策，這只會增加行政部門對台灣的反感；七、美國之所以重視台灣，是因為台灣對中國未來發展具有影響力，如果台灣宣布台獨，表示台灣自我放棄了這個影響力，這不僅違反了美國對中共的戰略目標，也會把美國拖下水，美國屆時應棄守台灣。

中共方面學者意見如下：一、「兩國論」提出後，使大陸對台的鴿派無法在政策辯論中出線，現在都是鷹派的聲音；二、大陸今後將加強打壓台灣的國際生存空間；三、兩岸問題主要是李總統個人引起的問題；四、台灣問題其實是中共與美國之間的問題，中美關係的問題解決了，就沒有台灣問題。

我個人雖然不同意李總統提出「兩國論」，但不便在外人面前批評國家元首，所以我在會中將個人一九九二年以來和大陸交往的經驗，做了一些陳述，以爭取與會人士之同情。我特別指出，從一九九一年成立國統會、九二年通過「國統綱領」，內中提出「互不否定對方為政治實體」，連此一最低要求都一直未獲中共接受，這使台灣有很大的挫折感。另外，中共一直打壓台灣之國際生存空間，造成台灣人民對中國大陸普遍反感。會中，我方代表還表達其他意見：一、台灣之大陸政策並無改變，只是陳述中華民國是一主權國家之事實；二、中共不必每天仔細研究台灣領導人之一言一行，而忽略台灣整個民主政治之運作與民意之重要。

美、台、中一共十六位學者，經過兩個整天、三個晚宴、二十餘小時密集討論，將美、中、台三角關係做了徹底的溝通，氣氛良好，建立了相當的互信，為歷來會議僅見。雖然大多數美方學者對「兩國論」本身有很大意見，但是鑑於過去幾十年來兩岸關係中，台灣一直是處於被打壓的一方，所以他們對台灣還是同情大於責備。至於他們反對台灣獨立，並希望台灣繼續扮演催化大陸走向民主之立場，在我多年和他們交往的經驗中，以此次說得最為坦白，也說明美國主流學者反對台獨之立場。至於中共對台政策，他們也有許多批

評，認為中共對台應採取懷柔政策。這個會議的內容，事後我寫成報告簽報層峰及政府相關單位參考。李總統在其《李登輝執政告白實錄》曾提及本次會議，並透露上述國務院官員為國務院亞太事務副助理國務卿謝淑麗（Susan L. Shirk）[14]，但未說明美方主流意見反對「兩國論」。

我從一九八二年底回國後，至此次來哈佛開會，十七年內到哈佛演講或開會不下十次之多。無論是以台灣政府官員或學者身分，都承蒙他們不棄，優予接待，對我的意見大致都能接受（否則他們不會邀請我這麼多次）。他們一再邀約的原因是：一、台灣在這十餘年間，無論政治、經濟與社會一直朝向更自由、更民主的方向前進，他們想多加了解；二、由於兩岸關係總是一波三折，他們希望我以當事人現身說法，以助他們了解實情。美國政府常徵召學者進入政府服務，為了加強和他們之關係，我一直都願千里跋涉與他們交往。以此次三邊會議為例，其中一位美國學者，在幾年後，即被徵召出任國務院亞太事務之副助理國務卿。

十一、解讀李登輝總統

我和李總統初識於政大國關中心，他時任副總統，但彼此往來不多。一九八七年四月到行政院新聞局服務，我即成了他的發言人，有三年之久。我在服務公職期間，堅守「大夫無私交」之古訓，對長官只有公務來往，不發展私人關係，我對他待以長官之禮，他對我也客氣尊重。

我一九九一年九月離開新聞局時，曾到總統府向他辭行，他問我願不願意到立法院外交委員會出任國民黨的不分區立委，我問何以故？他說，希望我到該委員會，可對民進黨某立委有所制衡。我這時候既然決心要離開政界，自不願再和民進黨立委有所糾纏，所以我婉謝他的好意。

李總統於一九九〇年十月成立「國家統一委員會」，並於一九九一年二月制訂「國統綱領」，可見起碼

14 同上註，頁二五三。

至一九九一年初為止，李總統對兩岸關係是持正面態度，並認同終極統一，更談不上支持民進黨。

但是為何李總統最後逐漸走向反對中國大陸的道路、並且在一九九九年七月提出「兩國論」、其後更公開支持民進黨？外界對他這樣的轉變有兩種說法：一種是，他終於展現了內心真正的心願，換言之，大眾一直被其矇騙。另一種說法是，他是一位不甘寂寞的政治機會主義者，要有自己的政治舞台。主張此說人士指出，二〇〇〇年陳水扁當選總統，許多國民黨人士遷怒於他，並於二〇〇一年九月將他註銷黨籍。該年八月，「台灣團結聯盟」成立，並奉他為精神領袖，從此逐漸走向反國民黨、反中華民國、並支持台獨與民進黨的道路。

前台灣大學法學院院長許介鱗教授（東京大學法學博士），認識李登輝多年，對李氏政治轉變則有另一種解釋。許教授指出，促成李登輝這種轉變的第一個原因，是司馬遼太郎對他的洗腦。許氏指出司馬遼太郎在一九九三年及一九九四年，與李登輝有過三次懇談，一九九四年五月，在日本《週刊朝日》以「身為台灣人的悲哀」為題，發表歷次談話內容。許教授指出，在這些談話裡，司馬遼太郎的洗腦方法是，先讚美日本對台灣的殖民統治，說有了日本的殖民統治，台灣才得以變成「文明國」。然後，司馬遼太郎闡述戰後的台灣史，是「邪惡的中國人」欺負「善良的台灣人」，結論是中國應該分裂，李登輝提出的「出埃及記」，即表示台灣要邁向新時代。許教授提出第二個原因，是日本堅決反對兩岸統一，因為統一後的台灣海峽，將成為中國內海，控制了日本在東亞的海上通道。所以，日本決定採取一系列謀略操弄李登輝，使其走向反中親日之道路。

日本的操弄謀略之一是，一九九四年八月，日本政府透過媒體放出風聲，將邀請李氏參加十月在廣島舉行之亞運會，風聲一出，中共表示反對，然後日本政府即表示因中共反對只好打消此意。謀略之二是，一九九五年十一月，「亞太經濟合作組織」會議將於大阪召開，日本政府也先表示願意邀請李氏參加，但後來亦以中國反對為理由而取消邀請[15]。謀略之三是，一九九七年十一月，京都大學舉辦創校一百週年紀念典禮，日本政府又先表示願意邀請李氏參加，但後來又以中國反對為理由不讓李氏參加。許教授最後指出：

> 李登輝是一個憨直的人，哪裡知道日本政府的詭計。經過媒體的一再炒作，他把不能訪日的不滿，全歸罪給中共，而激起「仇視中國」之心，……而不知日本在籌畫、炒作台灣的「反中國」情緒，切斷兩岸的關係，執行「中、台隔離」政策。實際上，日本是一個主權獨立的國家，要不要讓李登輝到日本，完全由日本政府依「國家利益」和權謀決定，日本怎麼會是中國的哈巴狗呢？[16]

我自己在撰寫司徒雷登傳記時，閱讀過許多三〇年代日本軍閥所採取的「以華制華」資料，日本網羅汪精衛、王克敏、梁鴻志這些人士成為日本在華偽政府的傀儡，所以日本政府操弄中國政治人物有其傳統及經驗，因此，我認為許教授對李登輝政治立場轉變的說法，最為可信。

另外一位影響李總統對中國大陸看法的人，是前「東京外國語大學」校長中嶋嶺雄。一九八九年六月，政大國關中心奉李總統之命，與中嶋嶺雄率領的日本親台人士舉行「第一屆亞洲展望會」。我在一九九四年第二次回任國關中心後，奉命繼續接辦該一會議。有一年，中嶋帶了一批日本媒體朋友參加會議，由於會議係公開場合，也邀請許多國內媒體出席。會議結束後，中嶋要求我安排日本媒體單獨採訪李總統。我表示，如果我以會議主辦單位安排日本媒體採訪，也必須邀請本國媒體採訪，以示公平。中嶋堅持日本媒體單獨採訪。我當時還有一層顧慮，即司馬遼太郎所寫的〈身為台灣人的悲哀〉一文，已引起外界重大批評，我擔心李總統到時重演對司馬遼太郎那種掏心挖肺之言行，將會再度引起軒然大波。這時中嶋威脅我，假如此事不能安排，翌日他將帶領所有日本出席會議人士離台回日，表示抗議。此事為總統府知曉後，李總統表示同意單獨接受日本媒體之採訪，我曾將我的顧慮報告府方，但是李總統還是願意單獨接見。中嶋是一個非常反中

15 據李總統之解釋，日本雖發邀請函，但又在事前，派人向其表示希望他不要參加，見李登輝，《台灣的主張》（台北：遠流，一九九九），頁一九一。

16 許介鱗，《「對日外交」II——為什麼盲信？李登輝、陳水扁時代》（台北：文英堂，二〇〇九），頁三—一三。

共的右翼學者，李總統深受其影響。李總統在一九九九年五月出版《台灣的主張》一書中，他主張中國大陸應該讓文化與發展程度各不相同的地區（如台灣、西藏、新疆、蒙古、東北等七個區域）享有充分的自主權，相互競爭，此一主張即來自中嶋先生之著作[17]。

除了以上影響李總統走向與大陸對抗之因素外，我個人認為另兩個原因，亦有決定性影響：一是一九九六年，他以百分之五十四高票當選總統，認為已有堅實民意基礎，他覺得可以大展鴻圖，推動他的「兩國論」；二是對於美國在一九九六年台海危機時，派遣兩艘航空母艦戰鬥群，他認為這證明美國對台灣之支持至為堅定，不會因為他對大陸採取強硬措施（如「兩國論」）而對他或台灣做出反彈，就算有所反彈，最終亦可化解。不過，事實證明，在美國與大陸強烈反彈下，李總統只得讓步，此後即不再推動兩國論，亦不敢照原訂計畫去修憲、修法與廢除「國統綱領」。

但是李總統之親日態度持續不變，此可見於他在二〇〇二年，發表「釣魚台是日本領土」的談話；二〇〇七年，他第三次訪日，還前往靖國神社參拜其亡兄李登欽（作者註：許介鱗教授指出，事實上李登欽的神牌在台灣，靖國神社只登錄他的名字而已[18]）。

我個人對於李前總統多年一直提倡台灣主體意識、「新台灣人」論等，都能體諒、尊重甚至部分支持，因為台灣只能以民主對抗專制，只能凝聚民氣以對抗大陸之文攻武嚇。但是我對李總統最近呼籲台灣應修改憲法，將「中華民國」改為「台灣國」一事，實在不能苟同。

二〇一三年六月，李總統出版新書：《二十一世紀台灣要到哪裡去》。內中他說：

> 因為台灣目前還面臨一個巨大問題，那就是——到今天為止我們都自稱為「中華民國」，那麼，是否可以改為「台灣」？……目前台灣不論事實上還是法律上，都已經擁有主權獨立國家的地位，所以，我們應進行修憲，讓憲法和「台灣化」的實際狀況不再乖離。

李總統這個主張，有下面幾個問題：

第一，修憲需四分之三以上立法委員贊成，方能通過。依台灣多年藍綠政治板塊甚為固定之狀況，試問：台灣何一政黨在立法院能具有四分之三之多數？

第二，就算憲法修正案在立法院能夠通過，尚須經台灣地區選舉人投票複決，必須獲得超過選舉人總額之半數，始能通過。台灣多年來民調，支持維持現狀之人數，至少有百分之五十，有時甚至超過百分之七十。再加上，「中華民國」國名，已成為台灣民眾之最大公約數，試問：以打破現狀之國名修正案，能獲得過半數選舉人之支持嗎？

第三，中國大陸在二〇〇五年通過《反分裂國家法》，內中第八條規定：

「台獨」分裂勢力以任何名義、任何方式造成台灣從中國分裂出去的事實，或者發生將會導致台灣從中國分裂出去的重大事變，或者和平統一的可能性完全喪失，國家得採取非和平方式及其他必要措施，捍衛國家主權和領土完整。

試問：假如台灣用修憲改國號為「台灣國」，中共依該法對台採取武力手段，試問：台灣將如何因應？

第四，李總統執政十二年，修憲六次，陳水扁總統執政八年，曾發動正名制憲，兩人合計二十年，均未能達成修憲正名之目標。李總統現在要求國人修憲正名，試問：此一要求，有無正當性或合理性？

對以上四個問題之答案，都是否定的，亦即修憲正名或無可能或會帶來國家災難，那麼，請問：李總統這種建議或呼籲，是何用意？個人認為台灣已深陷藍綠惡鬥十年以上，國家不斷內耗，今後，如再去修憲正

17 李登輝，前書，頁二四一。
18 許介鱗，前書，頁一七。

名而引起政局與社會之動盪，甚至分裂，請問：台灣可承受得起？

其次，個人一直不解為何李總統一直要去「中華民國」而後快？吾人可置其曾擔任中華民國總統並宣誓效忠憲法於不問，究竟「中華民國」對台灣有何不宜或不當之處而必須去除？

國父孫中山革命時，曾三次來台，台灣共有七十六人參加同盟會，其中羅福星還參加黃花崗起義。當年台灣同胞對國父之革命都表支持，在史料上，並未發現有何反對事證，因此中華民國之建國，並未違反台灣同胞之民意。

中華民國憲法，於一九四六年在南京制訂。在一三五五位國大代表中，台灣地區選出連震東、李萬居等十八位代表。憲法制訂後，台灣地區又選出國民大會代表二十七人，選出立法委員八人，參與憲政運作。所以，這部中華民國憲法之制訂與運作，均有台灣選出之人士參加。因此，個人實在不能理解，李總統為何對中華民國與憲法如此不能接受？

李總統曾是我長官，又曾是我國元首，本不應提出以上批評。但是鑒於其言行仍有影響力，台灣社會已多年陷入惡鬥與內耗，再加上大陸對台仍有其圖謀，故必須坦白直言如上。

十二、捍衛中華民國（二〇〇〇年）

二〇〇〇年三月總統大選，陳水扁當選總統。二〇〇〇年七月，第九屆「海峽兩岸關係研討會」在杭州舉行，我又受邀參加。在會場上，針對國民黨輸掉政權、陳水扁當選總統，中共學者與他們所邀請的台灣新黨及統派學者對此事大肆抨擊。

其實，我對此次前往參加，也是感觸萬分。從一九九二年八月第一次前往大陸開會，一直到二〇〇〇年民進黨執政，我在大陸開會多次。有時我會提出一個類似順口溜的「名言」：「沒有國民黨，就沒有共產黨；沒有共產黨，就沒有民進黨。」意思是，沒有國民黨在一九四五至四九年之失政無能，不會有共產黨之

革命成功；沒有共產黨多年對中華民國之打壓、對台灣之文攻武嚇，不會有民進黨之執政。我的理由是，中共不僅不接受「國統綱領」，在任何國際組織及場合均打壓台灣，選舉期間又文攻武嚇，而國民黨政府始終一籌莫展，這才使民進黨的台獨聲勢逐漸興起；再加上二〇〇〇年總統大選，連戰與宋楚瑜分裂，遂使陳水扁以三九％的選票贏得大選。所以，我在訪問大陸期間，時常勸告大陸重要人士，切勿在台灣選舉期間恫嚇台灣選民，這等於幫民進黨助選。但是我這些「苦口婆心」的話，常被當成耳邊風。他們認為國民黨之江山如同中共一樣，都是銅牆鐵壁，民進黨不可能執政。因此，二〇〇〇年國民黨在總統大選失敗，對中共的震撼恐不次於國民黨。

在此可再舉一例，說明中共不尊重「中華民國」存在之政治現實。我在杭州入境時，填寫入境表「國籍」一欄時，我寫下「中華民國」，這引起入境官員不滿，他質問為何如此填法？我回答說：「大陸尚未統一台灣，我不敢『高攀』而寫下『中國』；我也不能寫『台灣』，因為台灣尚未獨立成為國家；我目前國籍只有『中華民國』。」他大概從未碰過我這種「頑固分子」，一時又無法反駁，就將「中華民國」之「華」與「民」兩字劃掉而讓我入境。據悉，「國籍」欄，在二〇〇七年廢除，另設「港澳台」同胞欄。

會議中，我和中共學者、台灣統派學者及反國民黨之新黨學者唇槍舌戰，引起台灣媒體之興趣，曾大幅報導。現擇其一、二，以見實況：

其一，《聯合報》報導，標題是「邵玉銘捍衛中華民國發言，引來圍攻」：

> 邵玉銘指出，中共壓縮中華民國的空間，使國民黨腹背受敵，造成今日結果。現在中共要求台灣領導人的「三個明確」——承認自己是中國人、承認一個中國原則及明確追求統一目標，這些都是當年國民黨執政時「國統綱領」所接受的，但中共卻對中華民國百般打壓及不接受，以致造成今日局面。[19]

19《聯合報》（二〇〇〇年七月十四日），第十三版。

其二，《聯合報》報導，其標題是「邵玉銘一席話，再引起激辯」：

邵玉銘在大會上發言，要求中共尊重歷史，承認中華民國存在的現實，兩岸才能共同追求統一。邵玉銘首先表示，……中共不接受中華民國存在的事實，等於是否認台灣兩千三百萬人的國籍和生存的合法性，這樣做，無法獲得台灣人民認同，又如何與台灣談統一？[20]

大陸外貿部台港澳司司長王某，在會中批評國民黨於台灣推行自由民主路線，使台獨主張從非法到合法，是導致國民黨垮台的因素，所以共產黨是絕對不會效法的。我則加以反駁說，國民黨這次選舉失敗，不是因為推行自由民主路線，而是國民黨內部連宋的分裂，這跟政治民主化無關。我還預言，只要國民黨不分裂，我們會用同樣的手法重新執政[21]。西元二〇〇八年，馬總統當選後，我應香港「香江論壇」江素惠主席之邀請，赴香港演講，正好又碰到這位司長（此時他已經調職香港），當面指出，這次國民黨團結一致，經過同樣民主程序贏回政權，這次他已不再發言反對了。

十三、對大陸進忠告（二〇〇八年）

二〇〇八年十月，應北京聯合大學台灣研究院之邀請，參加兩岸關係研究會議，這距離我初次到大陸開會已過了十六年。會中我應邀致詞，做了一些比較感性的發言：

第一，大陸這段期間變化之大，令人震撼。記得一九九二年來大陸，哈爾濱、北京及上海，到了夜晚，既少燈光又少活動，但是現在大陸許多城市夜晚燈火通明，幾乎變成不夜城，大陸硬體之進步，可謂一日千里。

第二，兩岸認知之異同。十六年來，國台辦主任從王兆國到陳雲林，海協會會長從汪道涵到陳雲林，都

和他們有過多次談話的經驗。先舉雙方認知不同的例子。前海協會副會長唐樹備，基於工作習慣，對台灣來客，一向制式地發言批評台獨。記得我和他第二次見面時，他又重複反台獨言論，我就阻止他說：「唐先生，不要低估很多在台灣的人，他們之中也有許多人堅持一個中國原則。假如大陸認為日月潭、阿里山是屬於在大陸的中國人的地方，對我們這些人來說，長江與黃河也屬於在台灣的中國人的河流。」唐先生聽了一愣，問我什麼意思？我說，大陸不要以為台灣人只想獨立，台灣也有很多人還預備跟你們逐鹿中原、共治天下！我甚至還半開玩笑地說，假如大陸有朝一日開放黨禁，並有民主選舉，國民黨會派馬英九同志跟你們共產黨競選國家最高領導人。

但是我也指出兩岸認知相同之例子。汪道涵先生在一九九五年曾對我表示，大陸對香港採聯邦制，但大陸對台灣可以採邦聯制，這是我十六年來在大陸所聽到最有智慧的見解。我指出國民黨黨主席連戰在二〇〇一年亦提出邦聯制之主張，後因顧及在台灣會引發統獨爭議，而未將之列入國民黨之政綱。另外，汪道涵一九九七年十一月所說另一句名言：「一個中國並不等於中華人民共和國，也不等於中華民國，而是兩岸同胞共同締造統一的中國。」汪先生又說統一要「平等協商、共議統一」，這種開明務實的立場，深獲台灣許多關心兩岸關係人士之共鳴。

第三，大陸對台政策錯失許多良機。一九九一年通過的「國統綱領」，內中明列「一個中國原則」，但大陸對該綱領從未公開支持，終被陳水扁總統在任內實質廢除。台灣政治現實轉換很快，馬英九總統於二〇〇八年上任後，已不便恢復國統會及「國統綱領」。中國古語說：「此情可待成追憶，只是當時已惘然。」最足以說明國統會與「國統綱領」的命運。

第四，希望大陸徹底執行其「寄希望於台灣人民」之對台政策。胡錦濤主席在二〇〇七年，說明此一政

20《聯合報》（二〇〇〇年七月十五日），第十三版。

21 同上註。

策「凡是對台灣同胞有利的事情，凡是對維護台海和平有利的事情，凡是對促進祖國和平統一有利的事情，我們都會盡最大努力做好」。此是極為正確之政策，但在實踐上，大陸又不能以同理心面對台灣之一些要求，例如台灣希望能進入世界衛生組織（WHO）、世界銀行、國際貨幣基金等機構。這些機構之會員都是以國家為單位，就算中共不願意台灣成為會員，但起碼也應協助台灣成為觀察員，才能贏得台灣朝野之好感。

第五，大陸不要對台採取「以商圍政」，而應加強文化交流，包括宗教交流。台灣四大佛教系統均由大陸來台法師所創辦或啟發，這包括慈濟、佛光山、法鼓山與中台禪寺。這四個宗教團體多年來都對大陸作出許多回饋，可以為大陸建立「和諧社會」做出重大貢獻。另外，國民黨原來也是一個列寧式政黨，但是經過民主化洗禮，已成為一個民主政黨。北京人民大學某位前副校長曾建議，中國共產黨要研究中國國民黨，以有所借鏡，我認為大陸應重視此一建議。我在結論中說，兩岸目前的關係有如「山窮水盡疑無路，柳暗花明又一村」；至於兩岸長程的遠景，假如兩岸的人民都有智慧、都有決心，應是走向一個整合、而不是分裂的道路。

二〇〇八年是我最後一次參加兩岸關係研討會，這篇發言，是對大陸說出我的感言或忠告。

十四、開放大陸學生來台留學之呼籲（二〇〇九年）

二〇〇八年，政府擬開放大陸學生來台就學，引起民進黨強烈反對，國民黨與民進黨立委在立法院甚至爆發流血衝突。針對此一爭議，我於二〇〇九年一月一日在《中國時報》發表專文〈開放陸生，可有更高層次思維〉，一方面譴責民進黨立委之短視，一方面也批評政府開放陸生來台之消極作法，並建議應由兩岸經商人士成立「兩岸青年學術交流基金」，來解決此一問題。全文大要如下：

一、廣招大陸學生可從根本上改善兩岸關係

我舉美國為例，說明美國之所以廣收外國學生留美，即在為美國吸取人才，即使這些留學生畢業後返回其母國，他們也都是美國和這些母國來往之橋梁或親美分子。然後我說：

今日台灣與大陸之關係，軍事之差距無法彌補，經濟關係的密切固然是互利互補，但是已造成台灣對大陸之依賴愈來愈深，這種相互爭利的經濟關係隨時可啟、隨時可斷，並不能夠解決兩岸真正的矛盾與保障台灣的安全，只有大陸未來能夠走向自由民主，才是台灣安全的最大保障。陸生在台灣求學，回到大陸一、二十年之後，大多會成為社會的中堅分子。大陸每年中學畢業生約一千萬人，而其中能夠進入大學不超過六百萬人，假如未能入學四百萬學生中的一部分能到台灣完成高等教育，他們應會對台灣產生飲水思源的感情，對台灣自由民主的思想與制度、對中華文化一定有所感染，回到大陸後絕對可以有助於大陸自由民主之發展，也會將中華文化的精髓傳播各地。所以個人認為陸生來台幾乎是一件百利而無一害之事，不僅不應該過度限制，反而應該在可能範圍內廣為招收。

二、教育部對陸生來台所訂「三限六不」政策之不智

據報載，教育部正在研擬開放招收陸生來台就讀大專院校案。依教育部規畫方案，全國招收陸生總數，不得超過大專院校年度招生總量的百分之一，亦即不得超過兩千人。行政院近日表示，政府將依教育部所提「三限六不」原則，審慎推動。

「三限」包括限制中國大陸高中、大學學歷承認、醫事學歷採認及來台陸生總量。「六不」則是不加分、政府不編列獎學金、不得打工或工作、畢業後不得在台就業、不准報考公職及不影響台灣原本招生名額。

但是這種對陸生侮辱性的「三限六不」政策，已造成大陸學生之反感。根據教育部二〇一一年七月公布之資料，陸生限額雖有兩千名，但實際報考並錄取之名額僅九百七十五名，一半都不到，而且錄取之陸生，超過六成五在今年大陸高考成績是在「二本線」（為大陸省辦大學錄取）、而非「一本線」（為大陸著名大學錄取）的學生。所以，陸生對「三限六不」政策等於打了台灣一個耳光，而我們也未招到最優秀之學生。

三、解決之道

為求解決陸生來台無法獲得獎學金問題，個人建議，應由我們在大陸的台商協會，會同大陸從事對台貿易之陸商單位，本「取之於民，用之於民」之精神，號召獲利較豐之兩岸企業家，共同集資成立「兩岸青年學術交流基金」，協助兩岸資質優秀但家境貧寒之子弟赴對岸留學。海基會與海協會應共同協助此一基金會之成立。[22]

個人二〇〇九年提出之建言，已四年半。馬總統於二〇一二年一月連任後，指示教育部應對「三限六不」規定加以修訂，但迄今無任何重大突破。

十五、大陸必須接受中華民國之存在（二〇一二年）

二〇一二年十月，在台北之「中美文化經濟協會」有北京參訪之行，我應邀參加，同行者有邱進益、林中斌等人，共計拜會北京大學、清華大學，國台辦、外交部及中國社會科學院台灣研究所等單位。

此行中，我主要提出三項論點：

第一，大陸對台港之政策必須大幅度地改變。我指出，二〇一一年，香港大學一項民調，香港人願意自

稱為中國人者，不到百分之十七。根據台灣二〇一一年《遠見》雜誌的民調，台灣有近七成民眾不願和大陸統一。這顯示光靠加強經濟合作不能贏得民眾認同，更重要的是大陸要進行政治改革，幫助台灣擴大國際事務參與空間，加強兩岸文化交流，以贏得台港民心。

第二，兩岸化解歧見。大陸應作更大讓步。我指出，台灣政權之輪替，一切取決於選舉，在此壓力下，無論朝野政黨都不敢對大陸過多讓步。但大陸是一黨專政，又無議會政治之掣肘，再加上大陸已是超級大國，以大事小，對台灣可以更加寬容。

第三，大陸應接受中華民國存在之事實，以避免台灣走向地域化。我指出，大陸不接受中華民國，造成中華民國走不進國際社會，在台灣內部又遭受民進黨之質疑。當我們一行拜會「國台辦」說到此事時，孫亞夫副主任表示說：

> 台灣近來呼籲大陸正視「中華民國」存在的事實，我們有認真研究過，但希望台灣能明確說明「中華民國」國家疆域的定義到底為何？如果中華民國是李登輝所提「中華民國在台灣」；陳水扁所提「中華民國是台灣」，或蔡英文所提「中華民國等於台灣」，這幾種說詞都隱含「去中國化」概念，我們都不接受。我們希望的是包含全中國的中華民國。

我隨即回答說：

> 中華民國憲法第四條明訂「中華民國領土，依其固有疆域，非經國民大會之決議，不得改變之」。因此，中華民國之疆域當然包含全中國。

22《中國時報》（二〇〇九年一月一日），A14版。

我最後拜訪的單位是中國社會科學院台灣研究所。遇見余克禮所長，他是二十年（一九九二年）前邀請我赴北京參加會議的人。這時我已自政府退休，而他不久也將屆齡退休。回想兩人在過去二十年間，從互相討論、甚至爭辯兩岸關係的對手，現已變成老朋友。對我來說，由於兩岸關係還是充滿荊棘，自是感慨良多。我向他問了一個多年不得其解的問題：「現在台灣已經沒有國統會與『國統綱領』，為何大陸不在一九九一年接受這個機構與文件？」他回答說：「當時我們很多老一輩的人士，認為國民黨已經被打到台灣，怎可由台灣來為統一提出條件和定調？」我回答說：「這就造成這個機構與文件都不存在的後果，以及今天的難局。」然後兩人陷入無言。

從一九九二年至二〇一二年，共計二十年。以上，是我這二十年和大陸高層與學界人士交往的經過，以及我對兩岸關係的建言與活動。

十六、總結：改善兩岸關係唯靠孟子良言

西元二〇〇〇年，陳水扁出任總統，就職時曾提出較溫和的「四不一沒有」政策，其中一沒有，是指「沒有廢除『國統綱領』與國統會的問題」。但上任後，即連續推出「公投入憲」、「入聯公投」、「正名制憲」及「一邊一國」等激進主張，終於迫使中國大陸在二〇〇五年通過「反分裂法」，對台獨劃出紅線，展示其必要時將以武力對付之決心。所以，當馬英九在二〇〇八年出任總統後，大陸才改弦更張，從接受「九二共識」、同意「外交休兵」（例如同意台灣以觀察員身分參加『世界衛生組織』年會，並不再挖我邦交國）到簽訂ECFA，做出許多對台灣「讓利」之措施，這一切可說是亡羊補牢、猶未晚矣。

但是今日之台灣，其內部政治現實，已與一九九一年通過「國統綱領」時期有了重大變化，現在台灣人民有將近七成反對最終與大陸統一。根據二〇一一年四月《遠見雜誌》民調：

目前台灣民眾對兩岸的統獨立場，維持現狀占五三・五％、獨立占二七％、統一占七・五％；不贊成終極統一的高達六九・六％。

而在「民眾終極統獨觀」的調查中，如果兩岸在經濟、政治、社會各方面條件差不多時，六七・一％的民眾認為「沒必要統一」。

當泛藍立場民眾被問及贊不贊成台灣與大陸最後應該統一時，有六五・六％不贊成，即使籍貫為大陸省市者，也有五二・二％表示不贊成，顯示台灣民眾目前反對兩岸走向「終極統一」，維持高度且穩定的共識。

這份民調也說明為何馬總統對主權問題，已不再提「國統綱領」內的「主權共享」的理念。二〇一一年三月九日，在慶祝海基會成立二十週年典禮上，馬總統說：

互不承認主權，互不否認治權，不論是哪一黨、哪一種思想，都要認清這個政治現實。

今日檢討過去二十餘年兩岸關係之發展，兩岸政府都有失誤之處，但是個人認為大陸方面要負較大責任。台灣實行民主政治，無論何一政黨執政，其大陸政策都不敢逆民意而行，這也說明為何今日馬英九總統，對兩岸關係只能採取「不統、不獨、不武」立場，他也無法將「國統綱領」及國統會復生。

今後，如求兩岸關係有所突破，願意提出兩點建議：

第一，兩岸關係要走向「邦聯制」。如前所述，汪道涵在一九九五年與我討論大陸、香港、台灣之關係時，曾大方表示，大陸與香港雖為聯邦制，但大陸與台灣可採邦聯制。他雖然說這純屬個人意見，但我深為感動，因為在邦聯制下，中華民國仍為一個主權獨立的國家。他是我奔走兩岸二十年唯一表達此一睿智高見之人，難能可貴。連戰先生在西元二〇〇一年國民黨十六大全會時亦公開主張邦聯制。他說，該制基本上是

做為一個過渡期，是以「九二共識」做為基礎，追求一個民主、均富、統一的國家。他並特別強調，這與李登輝的「兩國論」完全不同，因為「兩國論」並沒有統一的目標。

第二，在國際關係上，兩岸應設法以「一國兩席」方式參加國際組織。二〇一三年三月，大陸清華大學國際關係研究院長閻學通表示，兩岸加入聯合國可仿效蘇聯當年（一九四五）參加聯合國模式，即一國三席：除蘇維埃聯邦共和國外，尚有白俄羅斯及烏克蘭兩個加盟共和國。但他補充說，台灣要避開身分上的矛盾，不可採取兩個中國。

對於這項建議，《聯合報》隨即以社論回應，認為此一提議具有開創性與建設性，值得歡迎與珍惜。該社論指出，蘇聯模式之所以能夠成功，是因為白俄羅斯與烏克蘭都是「蘇維埃社會主義共和國聯盟」的加盟國。但由於兩岸並無加盟關係，今日欲採蘇聯模式，兩岸必須先建立一種類似關係。該社論呼籲採取其主張多年之「大屋頂中國」模式，即中華民國是民主中國，中華人民共和國是社會主義中國，兩者皆是一部分中國，同屬一個中國，只有在此一模式下，方有聯合國採行中國「一國兩席」之可能。[23]

不論兩岸能否找出活路，我認為兩岸朝野必須要記取孟子在兩千年前有關諸侯相處之箴言：

> 惟仁者，為能以大事小……惟智者，為能以小事大……。以大事小者，樂天者也，以小事大者，畏天者也。樂天者，保天下；畏天者，保其國。

過去二十年間，在兩岸關係的道路上，我可說是一名馬前卒，只知向前，從不後退，但現已是一個老兵，正逐漸凋零。回首這二十年兩岸關係之起起伏伏，豈僅令人感慨而已。個人衷心希望，今後兩岸政府與人民都能遵照孟子對「仁」者與「智」者的勉勵，共同努力為兩岸打開一個雙贏的局面。

23《聯合報》（二〇一三年四月四日），A2版。

第二十一章 中華民國生存之意義

一、海洋中國與大陸中國

全世界恐怕只有兩個民族，她們國內人口與海外人口互相扶持、影響，而能共存共榮，一個是猶太民族，一個是中華民族。

以色列國內猶太人人口為五百四十餘萬人，海外猶太人人口為八百餘萬人。根據一九九二年《經濟學人》雜誌的一篇報導，一九九〇年，在中國大陸以外，亞洲地區共有五千一百萬華人，包括台灣的兩千三百萬人、香港的七百萬人及新加坡近四百萬華人，這些華人之國民生產毛額達四千五百億美元，比中國大陸當年的國民生產毛額多出四分之一。另外，外國在中國大陸的私人投資中，香港和台灣的投資合起來占三分之二，東南亞華僑投資占百分之十到十五，隨著這些投資而來的是技術、管理技巧和出口外銷，因此大大提升了中國大陸的經濟[1]。除了亞洲地區外，美籍華人人口約三百五十四萬人，加拿大籍華人人口約一百三十五萬人，共計約五百萬人。加上亞洲地區華人，總共五千六百萬華人，其居住地區可通稱「海洋中國」。

中共從七〇年代後期走向改革與開放，經過三十餘年之努力，其經濟成就舉世稱羨。二〇一一年五月一

1《中央日報》（一九九二年七月二十八日）。

日，《華盛頓郵報》刊出一位美國經濟學者文章，文中指出，根據國際貨幣基金會，美國二〇一〇年國民生產毛額為十四・七兆美元，超過中國大陸五・八兆美元數字之兩倍，故一般美國人民較一般中國大陸人民富裕十一倍以上。但此學者指出，如依購買力平均金額計算，二〇一〇年中國大陸經濟總值為十四・八兆美元，超越美國，如此，一般美國人民較一般中國大陸人民僅富裕四倍。此位學者又估計，如依購買力平均金額計算，中國大陸在二〇三〇年，其經濟規模將為美國之兩倍[2]。

但今日世界許多人不知道的是，五千六百萬的海外華人，是大陸地區以外的第二個華人經濟體，由於這第二個經濟體對第一個經濟體的支援，大陸的經濟發展才有今日耀眼的成績。

二、台灣之歷史角色、經驗與抱負

一五九三年，日本豐臣秀吉將軍描寫日本對中國之蠍型戰略：

> 北攻朝鮮，南取滿洲，下遼東，入長城，猶如蠍首之螯；往南則直取琉球，進占台灣，再據以進逼福建、浙江，攻取南京——台灣即是此戰略中的蠍尾螯針。[3]

十九世紀，客家人所寫的〈渡台悲歌〉：

> 勸君切莫過台灣，台灣恰似鬼門關，
> 千個人去無人轉，知生知死都是難。[4]

十九世紀，形容福建移民渡海來台的艱難：

唐山過台灣，心肝結成丸；
六死三留一回頭；
過番剩一半，過台灣無底看！[5]

一九一一年，梁啟超應邀訪台，曾賦詩描寫海峽兩岸兄弟之情：

破碎山河誰料得
艱難兄弟自相親[6]

一九四一年八月十日，台南名醫吳新榮在日記中，提出以台灣為中心的世界觀：

台灣為東南亞最中心地，故可稱地理上的聖地。
台灣之東為世界最大洋即太平洋，西為世界最大大陸即亞細亞洲。
若說山東半島與海南島是中國大陸的兩耳，則台灣正是鼻子。[7]

---

2 *Washington Post* (May 1, 2001), A23.

3 經典雜誌編著，《赤日炎炎——台灣一八九五—一九四五》（台北：經典，二〇〇五），頁五四。

4 經典雜誌編著，《島與陸——唐山過台灣、台灣進唐山》（台北：經典，二〇〇四），頁三六。

5 同上註，頁二六。

6 黃俊傑，《台灣意識與台灣文化》（台北：台大出版中心，二〇〇九），頁一五五。

7 黃俊傑，《戰後台灣的轉型及其展望》（台北：台大出版中心，二〇一〇），頁二〇七。

一九六七年，宜蘭出生的詩人林煥彰，寫過一首對中國非常纏綿深情的詩〈中國　中國〉，部分如下：

攤開我的雙手，多掌紋的雙手
上地理課的時候
我總是忍不住的，
呼喚著你
中國　中國
……
而山在見證
海願涵納
縱流盡了我脈管中的血
躺著的河床也會甲骨文一般的寫著你
　　　　　　　　　　寫著我
中國　中國[8]

這首詩說明，有些台灣人對中國的情懷濃得化不開，也許由於距離與隔閡，使他們對中國更加理想化。

一九七一年十月，我在美國芝加哥出版的《留學生評論》發表文章，其結論是：

我們目前應該不分省籍，共獻心力，先將台灣建設成一個自由民主的省分，而將來如果情勢許可，我們再將這份自由民主帶到整個大陸去，而建設成一個富強康樂的新中國。[9]

一九九三年，王永慶在《自由時報》發表文章，指出兩岸關係為唇齒相依：

> 今後要在台灣繼續推動勞力密集產業，發展空間確屬有限必須設法轉移。……其轉移的唯一選擇即為大陸，此一情勢必將促成雙方今後關係如同唇齒，彼此相依為命。如果我們切實體認，至此除大陸以外再無其他地方可以前去謀求出路，今後我對大陸的關係自然就會珍貴惜之。……隨著時代腳步的推移，以及憑著中國人的民族情感和智慧，兩岸關係終將循此方向逐步往前邁進。[10]

二〇〇一年，荷蘭旅遊作家蘭伯特（Lambert van der Aalsvoort）出版《風中之葉——福爾摩沙見聞錄》，內中對台灣四百年來不能自主的命運，有如下的總結：

> 中外通商始於十七世紀，其後，十九世紀的鴉片戰爭更打開中國的門戶。荷蘭人、西班牙人、英國人、美國人、普魯士人及法國人，均曾向其國人詳細地報導台灣。透過商人、傳教士、領事、投機分子、探險家及科學家的觀點，我們可以意外客觀地拼湊出台灣的命運——身為風中之葉，幾乎完全不得自主的命運。[11]

二〇〇五年，大陸上海大學歷史系教授朱學勤撰文，他對台灣極為推崇，說台灣比中國更中國，是中國的過去，更是中國的未來：

---

8 林煥彰，《無心論》（台北：文鏡文化，一九八六）。
9 邵玉銘，《留學生評論》，第二期（芝加哥，一九七一年十月），頁一四。
10 《自由時報》（一九九三年二月二十一日）。
11 蘭伯特（Lambert van der Aalsvoort），《風中之葉——福爾摩沙見聞錄》（台北：經典雜誌，二〇〇二），頁二二。

五十年家國之恨，遺恨綿綿。大陸、香港、台灣，誰是傳統中國，一脈相傳？八年前我曾去台灣尋問，大街小巷遊蕩，鬧市陋里辨認，不意間卻看到了一個傳統中國。我厭棄那個遠逝的王朝，卻認同那塊土地上的民風人情。我甚至喜歡台北的國語，她帶有南音特有的親切，恰好剔除另一種語音中的霸蠻。我有更多次的機會去香港，喜歡那裡的樓廈，喜歡那裡的海風，卻產生不了親切感。我當然喜愛英國文明，它只滋養嶺南一隅，並不能涵攝中原。而在台灣，我能聽出更多省分的口音：江浙音、湖廣音、川陝音，直至閩南音。從飛機上看下去，台灣翠綠欲滴，真如一葉孤舟，漂浮在萬頃波濤，使人憂，使人愁。寶島非別處，她比中國更中國，她是我們的過去，更是我們的未來。[12]

二〇一一年三月，余光中先生以〈瑰奇的祖母綠〉一詩，形容台灣的歷史身影：

最初是葡萄牙人的瞳孔
反映這美麗的海島
驚呼了一聲 Ilha Formosa！

一塊瑰奇的祖母綠
用潔白的浪花鑲崁
別在南中國的胸前
讓西班牙與荷蘭的水手
都望呆了
羽禽起落
鹿角出沒

帆檣來去
最後是明末孤墳的大纛
由北望的國姓爺升起[13]

二〇一一年八月，美國、也是國際著名學者福山（Francis Fukuyama），指出台灣自八〇年代以來對中國大陸所發生的影響：

> 早在八〇年代，外界就觀察到台灣對大陸經濟發展模式有很大影響。在政治上，台灣成功運作的民主也打破了所謂「中華文化缺乏民主價值」的說法。做為一個發展成熟的民主政體，台灣應可在中國的民主化中扮演積極的角色。[14]

以上的敘述，說明了台灣在中國歷史上的角色與經驗及在未來將發揮的作用。我對台灣與大陸未來關係有很深的期許。日本一八六八年明治維新之前，位於日本西南的薩摩（Satsuma）與長州（Choshu）兩藩，扮演了明治天皇重掌國政的關鍵角色，使日本從鎖國走向維新之道。我認為台灣和香港，將來應扮演類似角色，協助中國走向自由民主及富強之道。當然，擴大言之，新加坡、其他南洋華僑及北美洲的華人，都可以扮演同樣的角色。

12《聯合文學》，第二四八期（二〇〇五年六月），頁三三。

13 余光中，〈瑰奇的祖母綠〉，http://tw.myblog.yahoo.com/jw!T3x2gbefERuiNJJPLPZ5KS1d/article?mid=9193&sc=1。

14 郭崇倫，〈陸民主化，台扮要角〉，《中國時報》（二〇一一年八月三十日）。

三、台灣之安全與出路

一九七九年一月，美國和台灣斷交；一九八〇年底，「中美共同防禦條約」終止。其間，雖然有美國國會通過的「台灣關係法」，對台灣的安全提供某種程度的保障，但是台灣的安全問題，一直是國人關切的重大事項。所幸在其後的三十年，台灣的安全並沒有遭受太大的威脅。但是明顯的現實是，隨著中共改革開放的成功，不僅成為世界第二大經濟體，她的軍事力量也急速上升，對台灣的安全也構成一大威脅。

我想在這回憶錄的結尾，特別對台灣的安全與出路提出個人的看法。這些看法的形成，主要是根據過去三十年來，與美國有關中國事務及國際戰略學者和官員交換意見的結果。我想在這裡提出兩位對中華民國友善人士的看法，供國人參考。

第一位，是曾於二〇〇一年至二〇〇五年，出任美國國務院亞太事務助理國務卿的凱利（James A. Kelly）。他在出任該職之前，是設於夏威夷的「太平洋論壇」（Pacific Forum）之主席，該論壇和政大國關中心有密切合作關係，所以我和他多年一起參加許多會議，日久成為朋友。

二〇〇四年年初，陳水扁以「公投制憲」做為競選總統主軸，同年四月，凱利時任亞太助卿，在美國眾議院聽證會作證，對美、中、台三角關係提出證詞。他首先表示，美國不支持台灣獨立，也不支持兩岸改變「我們所定義的現狀」（the status quo as we define it）的片面行為，因為這將使美國防止中共犯台的努力失敗，他說：

> 布希總統和政府高層再三向中共領導人明確表示，美國將履行台灣關係法所規定的義務，協助台灣自衛。我們同時十分憂心，如果北京當局確信台灣在走台獨路線，準備永遠和中國分離，最終做出非制止台灣獨立不可的結論時，美國旨在阻止中共威脅的努力可能會失敗。[15]

這是他代表美國政府對阿扁公投制憲一事之不滿，這說明了美國對兩岸的政策。

第二位評友，是庫格勒（Jacek Kugler）教授，任教於美國加州「克萊蒙研究大學」（Claremont Graduate University），在美國政治學界頗富盛名。二〇〇三年十二月，淡江大學主辦一項學術研討會，庫教授提出討論台灣安全問題的論文。他認為台灣的安全，主要是繫於美國跟中共軍事的對比。他舉出美國海軍學院，在一九九四年所做中美雙方在二〇二〇年台海交戰之兵棋推演。假如雙方在台海發生戰爭，中共那些由衛星導引的反軍艦飛彈會向美國艦隊發射，其結果是，美國的航空母艦艦隊將被迫要遠離中國的海岸。其結論是：第一，中美雙方軍力的對比，時間將站在中國這一邊，亦即中共軍力與美國軍力之差距將逐漸縮小。第二，假若中共對台灣採取軍事行動，在未來的二十至三十年內，美國還有能力迫使中共退讓，超過二、三十年後則不然，屆時如果美國仍為了台灣而與中共開火的話，雙方可能爆發核子戰爭。第三，台灣必須和大陸談判雙方關係，希望能達成雙方滿意的結果。在這件事上，他建議台灣、香港、新加坡和大陸各華人地區，都要動員民間及官方關係，互相腦力激盪以協助達成滿意結果[16]。

我是庫教授論文的評論人，完全同意他的分析。二〇〇六年四月，我在《聯合報》撰文指出，兩岸關係絕對不能走上軍事解決。台灣沒有攻擊性的武器，而且飛彈也無法重創對岸重要設施與城市，但是中共的飛彈卻可以直接摧毀台灣所有重要設施與城市。一旦開火，就算台灣在美國的協助下，最後能夠僥倖獲勝，一個戰後的台灣將是一個瘡痍滿目的家園，所以兩岸關係必須要和平解決[17]。依照庫教授在二〇〇三年的分析，美國能夠有效的防衛台灣，只有二、三十年之久，亦即最多到二〇二〇至三〇年左右。所以，依他之見，台灣在未來二十年內，必須和中共達成雙方和平而雙贏的關係。

15《聯合報》（二〇〇四年四月二十三日），A13版。

16《二〇〇三年淡江國際論壇學術研討會》（二〇〇三年十二月六—七日），頁二五六—二六二。

17《聯合報》（二〇〇六年四月二十日），A15版。

不料，庫教授預估美國到二〇二〇年或二〇三〇年還可保衛台灣安全，現被證明為失測。美國《華盛頓郵報》（*Washington Post*）專欄作家侯格蘭（Jim Hoagland，曾獲普立茲獎），在二〇一三年三月九日之專文指出，美國五角大廈現已接受一項事實，由於大陸在其沿海滿布飛彈，已改變了台海的戰力平衡。美國現已無法再以「盾」的角色，來抵擋大陸對台灣之攻擊。由於美國具有巨大報復的軍力，除非它願意對大陸扮演「矛」的角色，否則難以嚇阻大陸對台動武。

侯格蘭這篇專文，充分說明台灣安全之危機。他認為美國仍有「矛」的能力，但我們要問的是：美國會為了台灣而去攻擊大陸嗎？我們能夠如此期待美國嗎？

台灣的安全問題跟以色列有兩大不同。第一，美國對以色列安全的承諾是長遠可期的，而美國軍力又強大到足以協助以色列將其阿拉伯敵國一一擊敗。但二、三十年後的中國大陸，將變成世界第一大經濟體，有足夠的經濟能力來發展它的軍事力量，屆時美國在台海地區恐將失去嚇阻能力。第二，以色列所面對的是一個充滿矛盾的阿拉伯世界，但台灣所面對的是一個團結且具高度民族主義的中國大陸，所以台灣如不能妥善處理她和大陸的關係，台灣的生存與發展勢將遭受重大威脅。

台灣既然不能依恃軍事力量保衛自己，我認為台灣就必須採取一些創造性（creative）與轉化性（transformative）措施，來改善兩岸關係。我們要以台灣的「軟實力」，因應大陸的「硬實力」；我們要「以德化人」，來因應大陸的「以力服人」。

二〇〇六年四月，陳長文律師在報紙撰文，反對馬英九主席擬將現在國防預算從國民生產毛額（GDP）百分之二點三一上調至百分之三的構想，並主張將每年三千億國防預算拿出兩千五百億來做社會福利、教育、醫療保健及經濟建設等用途，認為比較有意義。

針對陳長文律師的大文，我參照以上兩位美國諍友對台灣安全之意見，在同月，以〈何謂「合理」國防預算？〉一文，響應陳律師意見，指出除非台灣走向台獨，大陸並無意願對台動武，並建議國防預算應列在所有民生預算之後：

中共多年來宣稱，對台灣用兵必須台灣發生三種狀況：一、台灣正式走向獨立；二、台灣內部發生大規模動亂（例如因族群問題或政治鬥爭而發生大規模的流血事件）；三、台灣一直拒絕與大陸討論統一問題（但中共從未提出其統一時間表，而且近年來一再強調其基本立場是追求和平統一）。所以只要我們不蓄意或採取挑釁式的行動造成這三種狀況的出現，則兩岸在可見未來並無發生戰爭的可能。再加上中共上下在目前及可見未來是以追求經濟發展、改善城鄉差距及社會安定為其主要目標，因此中共並無主客觀意願對台動武。

如以上分析尚稱合情合理，則我國國防支出並無其迫切性，並無提高預算之必須性。但是一個國家的國防力量非一蹴可幾，需經多年的努力始能達成，所以我們每年也必須編列所謂「合理」的國防預算。何謂「合理」的國防預算？個人認為由於兩岸並無「明顯」及「立即」的戰爭風險，則依照處事應有輕重緩急之分原則，則合理的國防預算應是在扣除陳長文先生所列社會福利、教育、醫療保健及經濟建設等預算外，個人認為亦應再扣除包括文化、環保、觀光、休閒等建設之預算，最後所剩餘的財源就是國防預算，無論多少。

個人深信，台灣的安全不在武力的大小，而在我們在國際社會和大陸朝野心目中之形象，以及台灣所能彰顯出來的生存價值與意義。只要我們能在民主、自由、人權、均富、社會開放與公義等普世價值上表現卓越，這些就是一般所謂國家的「軟實力」，我們必能得到國際社會的肯定，大陸對我們不僅沒有動武的藉口，還可以得到他們內心的尊敬。當然要得到大陸此種善意的回應，其前提是我們不能走向獨立。[18]

事實上，個人對於台灣安全並不太過憂心，主要原因之一是台灣海峽的存在，它寬達一百浬，足以提供

18 同上註。

一個安全的國防屏障。一九四〇年，德國之所以無法登陸英國，是因為德國海軍無法運輸足夠兵力登陸英國本土。分隔法國與英國之英倫海峽，最短處僅十八浬，德國海軍卻無力橫渡。所以，希特勒被迫放棄登陸而改以轟炸來重創英國。反觀兩岸，我認為，除非台灣宣布獨立，中共不會對台灣採取軍事行動，再加上中共海軍無力運輸足夠軍力攻台，台灣安全有其一定程度之保障。也因為如此，我從不認為和大陸統一是台灣終極的唯一選項。除非三、五十年以後，台灣人民決定和大陸統一，否則兩岸可繼續維持目前之局面。

我甚至認為，觀光事業也間接擔負保衛台灣安全的任務。二〇〇八年以前，每年來台觀光客不超過四百萬人，到了馬政府上任後，兩岸關係大幅改善，在二〇一二年，來台觀光客已躍升為七百萬人次，躍升的來源，即是兩百五十八萬人次的大陸觀光客，占百分之三十五。假如，大陸觀光客每年能成長到五百萬人次，甚或一千萬人次，他們即可扮演鞏固台灣國防的角色。因為，大陸如有一日武力犯台，她第一步必須要先中止大陸觀光客來台，這豈不是給台灣帶來預警？其實，五百萬或一千萬人次大陸觀光客來台，並非不可及之目標。以香港為例，二〇一〇年，香港觀光客總數為三千六百萬人次，大陸觀光客即占兩千兩百七十萬人次。二〇一〇年，新加坡之觀光客即達一千兩百萬人次。台灣面積遠大於香港與新加坡，所以，在理論上，只要台灣能夠提升觀光資源，並和大陸發展出更好關係，每年吸引上千萬人次大陸觀光客來台，應屬可期。記得馬總統二〇〇八年總統大選之政見中，即包含成立「文化觀光部」。但當選後，只成立文化部，觀光不在其內。個人認為，觀光事業有助台灣國防，應將之單獨提升為一部會單位。

結語

從二〇〇一年至二〇〇三年，我奉派出任《中央日報》董事長兼發行人。二〇〇三年應邀前往中國文化大學史學研究所任教，後又接任該校美國研究所所長。二〇〇九年五月，應政府邀請，出任「行政院北美事務協調委員會」主任委員，該會主要職掌是支援外交部，處理美國與台灣關係。

一九七九年一月，美國和中華民國斷交。斷交前，對於如何處理雙方關係，蔣經國總統提出五項原則，其中第五項就是雙方必須是政府對政府的關係。美國表示無法接受，堅持未來美台關係是非官方關係，因而成立「美國在台協會」（American Institute in Taiwan），號稱為一「非營利法人」（non-profit corporation），其總部設在華盛頓附近維吉尼亞州的阿靈頓（Arlington）市。我方被迫在美方提供的一連串名稱當中，選擇了「北美事務協調委員會」做為「美國在台協會」之對口機構。但政府為凸顯我對美關係之重視，將之置於行政院內，為一部會層級單位，雙方當時同意對彼此作法均不予批駁。我政府即以「北美事務協調會」名義，在美國十三個城市成立代表處及辦事處，繼續處理美台關係。

由於「北美事務協調委員會」名稱，未能顯示係台灣政府所設置之機構，造成許多不便。一九九四年，美台雙方同意將本會名稱之外，增加一新頭銜：「駐美國台北經濟文化代表處總部」，此一新加頭銜上有「台北」兩字，這樣才能使美國各界了解該會在美各單位與台北之關係。美國能夠同意此一新加頭銜，也顯示美國和台灣關係更上層樓。

目前中華民國處理對外關係共有三副白手套，除北美事務協調委員會外，另外一副白手套是處理兩岸關係之「海峽交流基金會」（簡稱「海基會」），其背後指導單位為「行政院大陸委員會」；其對口單位是大陸之「海峽兩岸關係協會」（簡稱「海協會」），它的背後指導單位是「國務院台灣事務辦公室」。至於處理台灣與日本關係，自一九七二年台日斷交後，我們成立「亞東關係協會」，背後指導單位為我外交部；日方則成立「財團法人交流協會」（別稱「日本交流協會」），背後指導單位是日本外務省，這是另一副白手套。

回憶一九七九年一月至四月，曾到美國國會為「台灣關係法」展開遊說工作。不意三十年後，竟被派在「台灣關係法」架構下所設之機構服務，實屬意外。這使我能重拾一九六五年在外交部北美司處理與美國關係之工作，人生之際遇，實在無法逆料。

二〇一二年五月，我隨著政府內閣總辭，卸下該協會三年職務。本以為這是一生公職生涯之結束，但不意在二〇一三年七月，竟獲選為「公共電視文化事業基金會」董事長，已見前述。現年已屆七十四歲高齡，相信公視新職，應是一生公職服務的最後一站。

一生兢兢業業、孳孳不息，回首前塵，自省多於感慨，感恩大於一切。

聖經《提摩太後書》四章七節有這樣一段話：

那美好的仗，我已經打過了；
該跑的路程，我已經跑盡了；
當守的信仰，我已經守住了。

我的一生，雖不能言已達到以上的境界，但確曾盡心盡力地加以追求。希望一切無愧於己，亦無負於國家。

謝啟

經過三年半的努力，這本書終於完成，我必須要對協助我的朋友們，表達我真誠的謝意。

在看完全稿的朋友中，我特別要感謝《聯合報》顧問（前社長）張作錦兄，以他一生數十年編務與寫作的經驗，對於本書在體裁與鋪陳上，做了許多精闢的建議。承他和該報總主筆黃年厚愛，還將本書稿推薦給聯經出版公司。芝加哥大學老同學陳紀安博士，尤其他的夫人吳瑞卿博士，他們兩人也都是作家，對本書提出許多建議並給予鼓勵，由於瑞卿嫂的建言，我決定了本書的正書名——此生不渝。行政院新聞局前副局長顏榮昌，看過原稿八次，並訂正一些錯誤，其細心與盛情令人感動。《中央日報》副總編輯魏瀚、其夫人余思宙及副總編輯梁嘉木女士，對原稿曾加潤色。

在看過部分章節之朋友中，我要特別感謝中央研究院張玉法院士，他看過原稿中三章，並給予指教。前《中央日報》社長姚朋先生，年過八十，仍勉力看過三章。東吳大學劉源俊教授，因為參加過保衛釣魚台運動，對本書第八章（關於保釣運動）提出過許多寶貴意見。前香港科技大學齊錫生教授看過該章後，勉勵我應坦率直書，不必有所避諱。新聞局前副局長洪瓊娟女士，看過原稿有關廣播電視之章節；美國南卡羅林納州立大學謝復生教授，曾任新聞局主任祕書，看過原稿部分章節；大愛電視台顧問張平，曾任職新聞局廣電處，看過本書有關公共電視部分；國立台南藝術大學井迎瑞教授，曾任國家電影資料館館長，看過原稿有關電影部分；行政院文化部文化資產局王壽來局長，曾任新聞局國際處長，看過原稿有關國際文宣部分。小兒

邵漢儀（國立政治大學「國際法學研究中心」研究員）與小女邵梅儀（香港科技大學人文學院助理教授），也都看過原稿許多章節並發表看法。

在提供資訊方面，監察院洪德旋監委，曾任新聞局出版處長，特別費心說明該處在政府解嚴後之業務狀況；行政院中央選舉委員會副主委劉義周博士，提供有關台灣統獨民調資料；行政院大陸委員會參事陳崇弘，提供有關兩岸關係資料；新聞局出版處副處長陳俊華，代為蒐集有關該處業務資料。新聞局資深攝影師古金堂，提供本書許多照片；新聞局人事處陳春雪科長，提供一些人事資料；政治大學國際關係研究中心副研究員彭慧鸞，提供該中心有關資料；「美國在台協會」美國文化中心李詩懷與王梅馨小姐，提供許多美國方面資料。

本書承蒙聯經出版公司發行人林載爵厚愛，願意出版，表示誠摯之謝意。該公司編輯黃崇凱及編輯林俶萍認真處理本書編務，一併致謝。另外，特別要感謝李男先生為我精心設計的封面。

在文字整理上，蘇祥慧和葉芝秀兩位小姐，尤其是後者，都提供卓越之服務。由於我中文打字過慢，沒有她們的協助，這本書是無法完成的。她們的另一貢獻，是替我到各處蒐集資料，充實本書內容。

一生大事紀

- 一九三九年生於嫩江省（今屬黑龍江省）蘭西縣。

◆一九四五年

- 六歲，與母親萬里追尋父親。從哈爾濱經河南省開封市至陝西省西安市，一路費時四個月。
- 在西安先寄養於西安市兒童教養院。

◆一九四七年

- 父親畢業於中央警官學校，派赴東北遼寧省警察局服務，全家住瀋陽市。

◆一九四八年

- 長春國軍被圍，瀋陽岌岌可危，父母攜我從瀋陽逃難南下，經錦州、秦皇島至上海。
- 從上海坐華聯輪來台灣。
- 父親被派至台中市警察局服務，我就讀台中市忠孝國民小學四年級。

◆一九五〇年
・進高雄中學一年級。
◆一九五七年
・就讀台北成功中學高三。
・五月二十四日，發生「劉自然事件」。為求將來在外交界為國爭光，考入國立政治大學外交系。
◆一九六一年
・政大外交系畢業。
・經外交部及教育部選派，赴日本參加國際學生會議，擔任首席代表。
◆一九六四年
・通過外交特考，進入外交部北美司擔任薦任科員。
◆一九六五年
・駐美大使蔣廷黻建議，年輕外交官應赴美國塔夫茲（Tufts）大學佛萊契爾法律暨外交學院（The Fletcher School of Law and Diplomacy）進修。考取「中山獎學金」後前往就讀。
◆一九六七年
・佛萊契爾學院畢業，獲碩士學位。
・應聘美國南卡羅納（South Carolina）州新伯利學院（Newberry College）歷史系，出任助理教授，講授

世界通史、美國現代史及中國、日本現代史。

◆一九六八年

- 赴芝加哥大學（University of Chicago）歷史系，攻讀博士學位，主修美國外交史、美國南方史及中國現代史。

◆一九七一年

- 參加一月三十日在芝加哥舉行之中國學生保衛釣魚台大遊行。
- 九月初，參加在密西根大學附近舉行之「安娜堡國是大會」，遭左派學生包圍，雙方立場對立。
- 十二月底，參加在華府舉行之「全美中國同學反共愛國會議」，會後加入「全美中國同學反共愛國聯盟」，主張革新保台。

◆一九七二年

- 離開芝加哥大學，回新伯利學院任教。
- 尼克森總統訪問中國大陸，中美雙方發表「上海公報」。

◆一九七三年

- 應聘至印地安那州聖母大學（University of Notre Dame）歷史系任教。講授美國與東亞關係、中日現代史、俄國現代史、珍珠港事變、越戰等課程。

◆一九七四年

・九月，小兒漢儀出生。

◆一九七五年

・六月自芝加哥大學歷史系畢業，獲博士學位，升任聖母大學助理教授。

◆一九七九年

・一月，美國與中華民國斷交，與中華人民共和國建交

・一月至四月，與一些留美學人進行各種挽救美台關係活動，包括赴華府國會山莊，為「台灣關係法」進行遊說工作。

・四月底，應聘中央研究院美國研究所，出任「客座專家」，為期三個月。

・八月，返回聖母大學繼續任教。

・九月，小女梅儀出生。

◆一九八一年

・春季，升任聖母大學歷史系副教授，並獲「終身職」（tenure）。

・六月，中央研究院美國研究所續聘為「客座專家」，為期半年，研究大陸為何淪陷及美國對華政策。

◆一九八二年

・十二月，應外交界元老杭立武邀請，出任其所領導之「亞洲與世界社」主任，並兼其為理事長之「中國人權協會」常務理事。

• 十二月底，攜家帶眷回國服務。

◆一九八三年

• 二月，獲國立政治大學外交研究所聘為教授。
• 「中國人權協會」進行「解除戒嚴專題研究案」，擔任執行祕書。該案完成後，送請蔣經國總統參考，並建請政府盡速解除戒嚴。

◆一九八四年

• 八月，政大聘為該校「國際關係研究中心」主任。

◆一九八五年

• 國際著名之《外交事務》（*Foreign Affairs*）夏季號，刊出本人論文〈台灣之未來：台北觀點〉。
• 八月，赴巴黎參加「國際政治學會」年會提出報告，爭取與中國大陸平等入會。

◆一九八七年

• 四月，奉派出任行政院新聞局局長，擔任政府、總統及行政院長之發言人。
• 籌畫解除報禁事宜。
• 七月，代表政府宣布解除戒嚴。新聞局承接原由國防部所屬「台灣警備總司令部」所掌管之各種文化審檢工作。
• 十一月，代表政府宣布開放老兵赴大陸探親。
• 十二月，新聞局推出中華民國第一屆「台北國際書展」。

◆一九八八年

- 一月，正式宣布政府開放報禁。
- 一月，蔣經國總統逝世，李登輝總統繼任。
- 一月，新聞局實施電影分為「普通」、「輔導」及「限制」三級制。
- 五月，發生「五二〇」農民爭取權益事件，是一九四七年「二二八事件」後，在台北市所發生最嚴重之警民衝突流血事件。
- 六月，赴美國七大城市發表演講，除說明「五二〇事件」外，並闡述自一九四九年政府遷台以來，如何將台灣建設成一個自由民主社會。
- 八月，政府成立「行政院大陸工作會報」，處理兩岸事務，施啟揚副院長出任召集人，研考會主委馬英九出任執行祕書，我出任發言人。
- 本年起，新聞局開放國內禁歌、開放原被禁唱之大陸歌曲、開放大陸出版品等進口事宜。

◆一九八九年

- 四月，「行政院大陸工作會報」通過新聞局提案，開放新聞記者赴大陸採訪，電影及廣電從業人員赴大陸拍片及製作節目。
- 五月，行政院長俞國華辭職，由李煥接任，我奉命續任新聞局長。
- 六月，大陸發生「天安門事件」，我代表政府發出譴責聲明，接受國際媒體採訪。
- 七月，赴美國華府等重要城市，闡述天安門事件及中華民國立場，在洛杉磯之演講被列入國會紀錄。
- 十月，與教育部長毛高文及文化建設委員會主委郭為藩聯名向行政院李煥院長提出報告，呈請在紐約、華府、東京、巴黎、漢城、香港成立「中華新聞文化中心」，奉核同意。

◆一九九〇年

• 一月，新聞局推出「金曲獎」，獎勵流行歌曲。
• 四月，總統府任命邱進益副祕書長為總統府發言人，我正式卸下總統發言人任務。
• 五月，行政院長李煥辭職，由國防部長郝柏村繼任，我奉命續任新聞局長。
• 七月，新聞局提名二十二人為「公共電視台籌備委員會」委員。
• 七月，率領媒體人與作家，赴花蓮拜訪證嚴上人，此為上人第一次接受媒體與作家之訪問。

◆一九九一年

• 五月，在紐約「中華新聞文化中心」之「圖書館」啟用典禮，我親往主持。
• 同月，美國印第安那州之佛蘭克林學院（Franklin College）頒發榮譽法律博士學位，並出任該校畢業典禮之主講人（commencement speaker），以「中美兩大民族之使命感與命運論」為題發表演說。
• 八月，紐約「中華新聞文化中心」之「台北劇場」與「台北藝廊」啟用，與駐美代表丁懋時、紐約市長丁勤時（David Dinkins）共同主持啟用典禮，美國各界貴賓一千五百餘人出席。
• 九月，自政大借調新聞局四年期滿，請辭回校教書，郝院長親頒「一等功績獎章」。

◆一九九二年

• 六月，「香港前途會議」假英國上議院舉行，應邀發表「香港——中國變遷的媒介」演說。
• 八月，應中國社會科學院台灣研究所邀請，赴北京參加第二屆「海峽關係研討會」，發表論文。會後與大陸「國務院台灣事務辦公室」主任王兆國及「海峽兩岸關係協會」會長汪道涵會談。
• 九月，赴美國費城出任「美國外交政策研究中心」（Foreign Policy Research Institute）之桑頓胡柏（Thornton D. Hooper）研究講座一年。

- 十二月，美國哈佛大學出版所著《一個美國在華傳教士：司徒雷登與中美關係》（*An American Missionary in China: John Leighton Stuart and Chinese – American Relations*）。

◆**一九九三年**

- 七月，接受《聯合報》王惕吾董事長邀請，出任「聯合報系文化基金會」執行長。
- 九月，自美回國，重回政大外交系所任教。
- 十二月，該基金會召開「四十年來中國文學會議」，共有三百餘人參加，其規模應是上世紀中國文學界最盛大之會議。

◆**一九九四年**

- 七月，「聯合報系文化基金會」籌辦「中國歷史上的分與合」學術研討會。
- 十一月，奉邀重回政大國際關係中心出任主任。任內將該中心併入政大，成為一個院級單位，以提高其學術地位，其運作亦不再受政府指揮。

◆**一九九五年**

- 出任總統府「國家統一委員會」研究委員，建議政府與大陸簽訂「終止敵對狀態協定」。
- 二月，赴北京出席會議，會後，與汪道涵、唐樹備會談。汪道涵表示，在一個中國原則之下，大陸與香港關係為「聯邦制」，但大陸和台灣關係可為「邦聯制」。
- 八月，政大國關中心與中國社會科學院台灣研究所簽訂合作協定。
- 八月，赴美國眾議院國際關係委員會為中華民國重返聯合國發表證詞。

◆一九九六年

•三月，台灣首次總統直選，李登輝當選總統。大陸進行文攻武嚇，美國派遣兩艘航空母艦戰鬥群來台海支援。

•同月赴美國哈佛、哥倫比亞、加州大學、史丹佛等大學及智庫演說，說明台海危機經過並批評美國未能採行「預防外交」措施。

•五月，應總統府國家統一委員會之請，提出「兩岸商談終止『敵對狀態協定』或『和平協定』之研究」報告。

•七月，赴大陸參加第五屆「海峽兩岸關係研討會」，提出「台灣處理兩岸關係之六大原則」論文。

◆一九九八年

•五月，應邀前往大陸訪問，與汪道涵、唐樹備會談，討論兩岸關係。

◆一九九九年

•一月，應邀前往大陸訪問，與汪道涵、唐樹備討論汪氏十月訪台等事宜。

•七月，李登輝發表「兩國論：兩岸關係為特殊的國與國關係」，兩岸關係崩盤，汪道涵表示：兩岸「接觸、交流、對話基礎不復存在」。

•九月，哈佛大學邀請兩岸學者前往哈佛大學舉行三邊會議，討論美中台三角關係，我率四人代表團前往參加。會中美方對「兩國論」嚴加批評，並表示，如果台灣放棄促進大陸走向自由民主之努力，美國將不再支持台灣。

◆二〇〇〇年

• 七月，赴大陸杭州，參加第九屆「海峽兩岸關係研討會」，會中大陸人士對國民黨失去政權大肆批評。

◆二〇〇一年

• 出任《中央日報》董事長兼發行人。

◆二〇〇三年

• 一月，辭《中央日報》職務。
• 二月，應聘中國文化大學史學研究所教授。

◆二〇〇八年

• 十月，應北京聯合大學邀請，參加兩岸關係會議。

◆二〇〇九年

• 一月，在《中國時報》發表專文，批評教育部對大陸學生來台所訂「三限六不」政策之不當，建議應由在大陸之台商與大陸民間對台經貿人士，成立「兩岸青年學術交流基金」，支援兩岸青年學術交流工作。
• 五月，奉派出任「行政院北美事務協調委員會」主任委員，該會之對口單位為設於華府之「美國在台協會」總部，共同處理兩國關係事宜。

◆二〇一二年

• 五月，隨內閣總辭，卸任「行政院北美事務協調委員會」主任委員職務。

• 十月，赴北京拜會北京大學、清華大學、外交部、國台辦及中國社會科學院台灣研究所等單位，討論兩岸關係。

◆二〇一三年

• 七月，獲選為「財團法人公共電視文化事業基金會」董事長，暨「台灣公共廣播電視集團」（包括公視、華視、原住民電視台、客家電視台及宏觀電視台）董事長。

歷史大講堂

此生不渝：我的台灣、美國、大陸歲月

2013年8月初版　定價：新臺幣450元

			著者	邵 玉 銘	
			發行人	林 載 爵	
出版者	聯經出版事業股份有限公司		叢書主編	胡 金 倫	
地址	台北市基隆路一段180號4樓		叢書編輯	黃 崇 凱	
編輯部地址	台北市基隆路一段180號4樓		特約編輯	林 俶 萍	
叢書主編電話	(02)87876242轉225		封面設計	李 男	
台北聯經書房	台北市新生南路三段94號				
電話	(02)23620308				
台中分公司	台中市北區健行路321號1樓				
暨門市電話	(04)22371234ext.5				
郵政劃撥帳戶第0100559-3號					
郵撥電話	(02)23620308				
印刷者	世和印製企業有限公司				
總經銷	聯合發行股份有限公司				
發行所	新北市新店區寶橋路235巷6弄6號2樓				
電話	(02)29178022				

行政院新聞局出版事業登記證局版臺業字第0130號

本書如有缺頁，破損，倒裝請寄回台北聯經書房更換。　ISBN　978-957-08-4241-8 (軟精裝)
聯經網址：www.linkingbooks.com.tw
電子信箱：linking@udngroup.com

國家圖書館出版品預行編目資料

此生不渝：我的台灣、美國、大陸歲月/
邵玉銘著．初版．臺北市．聯經．2013年8月（民
102年）．464面．17×23公分（歷史大講堂）
ISBN 978-957-08-4241-8（軟精裝）

1.邵玉銘 2.台灣傳記

783.3886 102014139